आधुनिक भारत का इतिहास
(1857 से 1964 तक)

आधुनिक भारत का इतिहास
(1857 से 1964 तक)

डॉ. राजीव कुमार गोहित

रजत प्रकाशन
नई दिल्ली-110002

रजत प्रकाशन

4675/21, गणपति भवन, अंसारी रोड, दरियागंज
नई दिल्ली-110 002 (भारत)
फोन नं.-23267924, 22507277
ई. मेल—rajat_publication@yahoo.com

आधुनिक भारत का इतिहास (1857 से 1964 तक)

संस्करण : 2026

ISBN 978-93-80534-05-3

भारत में मुद्रित

रजत प्रकाशन, नई दिल्ली के लिए पुल्कित वासन द्वारा प्रकाशित तथा एशियन ऑफसेट, दिल्ली द्वारा मुद्रित।

प्रस्तावना

भारत के इतिहास में प्राचीन काल से लेकर आधुनिक काल तक विभिन्न लोगों ने हमारे देश पर शासन किया तथा युद्ध किये। हमारे देश पर मुसलमानों, यूरोपियों तथा ब्रिटिश लोगों ने शासन किया। हमारे देश की धन-दौलत तथा कीमती वस्तुओं को लूटकर अपने देश में ले गये। इससे हमारे देश की कीमती वस्तुएँ अन्य देशों में चली गयी। ब्रिटिश काल के बाद हमारे देश के नौजवानों ने देश को अंग्रेजों से आजाद कराने की सोची। इसके लिए उन्हें काफी संघर्ष करना पड़ा, इस संघ के बाद अन्ततः 15 अगस्त 1947 को हमारा देश स्वतन्त्र हो गया तथा 26 जनवरी 1950 को हमारे देश का संविधान लागू हुआ। 1950 से हमारे देश की सत्ता भारतीयों के हाथ में आ गयी। आज हम आधुनिक युग में निवास कर रहे हैं। किन्तु हमें अपने पूर्वजों से जो सभ्यता व संस्कृति विरासत् में मिली है, उन पर हमें आज भी गर्व है। आज भी उस आदर्शवादिता को नहीं भूले हैं, जिसका प्राचीन शिक्षा द्वारा छात्रों के मन और मस्तिष्क में समावेश किया जाता था। इससे स्वाभाविक यही निष्कर्ष निकलता है कि प्राचीन आदर्शवादिता को आधुनिक शिक्षा में स्थान दिया जा सकता है।

प्रस्तुत पुस्तक आधुनिक भारत के इतिहास में 1857 का विद्रोह, तात्कालिक घटनाएँ, विद्रोह का प्रसार, ब्रिदोह की असफलता तथा 1857 के विद्रोह का स्वरूप, प्रशासनिक व्यवस्था में परिवर्तन प्रशासनिक विकास 1858-1906 भूमि तथा आर्थिक

विकास में सुधार, अंग्रेजी साम्राज्य 1858-1905 का उल्लेख किया गया है। समाज तथा धर्म सुधार आंदोलन समाज सुधार के प्रमुख सहायक तत्व, समाज सुधार आंदोलन का स्वरूप, 19वीं सदी के उत्तरार्द्ध का समाज सुधार, मुसलमानों में समाज सुधार आंदोलन, ब्रिटिशों का भारतीय समाज के प्रति अवधारणा, धर्म सुधार आंदोलन, स्वामी विवेकानन्द और रामकृष्ण परमहंस का उल्लेख किया गया है। राजनीतिक चेतना, क्रान्तिकारी आंदोलन, राजनीति रंगमंच, भारत की राजनीति में महात्मा गांधी का आगमन और उनकी विचारधारा, राष्ट्रीय आंदोलन, स्वतन्त्रता तथा देश विभाजन, स्वातंत्रयोत्तर भारत (1947-1964) विदेश नीति 1947 से 1964, गुट निरपेक्ष आंदोलन, कश्मीर सिंधु नदी जल विवाद, चीन, तिब्बत विवाद, भारत चीन सीमा पर तनाव, 1962 का चीनी, तिब्बत विवाद, भारत चीन सीमा पर तनाव, 1962 का चीनी आक्रमण, दक्षिण और दक्षिण पूर्व एशिया, पश्चिमी एशिया, संयुक्त राज्य अमेरिका, फ्रांस, जापान, अफ्रीकी देश आदि का इस पुस्तक में उल्लेख किया गया है।

प्रस्तुत पुस्तक आधुनिक भारत के इतिहास को आप विज्ञ पाठकों के हाथ में सौपते हुए हमें बहुत खुशी होगी। मौलिक अथवा संकलन दोनों ही रूपों में पुस्तक लेखन एक श्रम साध्य अकादमिक कार्य है। प्रस्तुत पुस्तक के लेखन एवं आद्यतन सूचनाओं के संग्रहण के लिए प्रमुख विद्वानों और लेखकों के अधिगृत प्रकाशनों, उद्धरणों, टिप्पणियों शोधों, वाङ्मय से सहायता ली गयी है। पुस्तक की रचना करने में प्रत्यक्ष व अप्रत्यक्ष रूप से सहयोग करने वाले उन सभी लोगों का आभारी हूँ, जिनके सहयोग से पुस्तक की रचना की गयी है। पुस्तक की भाषा सरल व सुबोध रखी गयी है। आशा है कि पुस्तक अध्येताओं का मार्गदर्शन करेगी।

—लेखक

अनुक्रम

है। उन विद्रोहों के पीछे सामंती असंतोष तो था ही, साथ ही किसी भी समाज में सामाजिक असंतोष की अभिव्यक्ति प्रचलित माध्यम से ही हो सकती थी। यह माध्यम सामंत और सेना ही थे।

अंग्रेजी साम्राज्य विस्तार भारतवासियों के लिए विभिन्न प्रकार की आपत्तियों तथा असुविधाओं का जनक बना। प्रशासनिक, आर्थिक, सामाजिक तथा धार्मिक क्षेत्रों में अंग्रेजी नीति ने पुरानी प्रचलित व्यवस्था को अस्त-व्यस्त कर दिया। विभिन्न वर्गों के जीवन-निर्वाह के लिए अंग्रेजी साम्राज्य विनाशकारी सिद्ध हुआ। असन्तोष की व्यापकता के फलस्वरूप ही 1857 में भारत के विभिन्न वर्गों ने अंग्रेजी साम्राज्य के विरुद्ध विद्रोह किया। इसलिए विद्रोह के कारणों की समीक्षा पिछले सौ वर्षों के अन्दर उत्पन्न परिवर्तित परिस्थिति के परिवेश में ही की जा सकती है। इस विद्रोह के मुख्य कारण निम्नलिखित थे—

असंतोष—आर्थिक और राजनीतिक शोषण से भी अधिक व्यापक असंतोष अंग्रेज अधिकारियों द्वारा भारतीयों के प्रति तिरस्कारपूर्ण दृष्टिकोण तथा ईसाई मिशनरियों के पक्षपातपूर्ण समर्थन से उत्पन्न हुआ। अंग्रेज अपनी जातीय सभ्यता उच्चता में विश्वास रखते थे और प्रत्येक भारतीय को उसकी हीनता से अवगत कराना चाहते थे। राजा राममोहन राय, सर सैयद अहमद खाँ और अन्य सम्मानित भारतीय नेताओं को अपने जीवन में अंग्रेजों के तिरस्कारपूर्ण व्यवहार का अनुभव करना पड़ा। समाचार पत्रों में विभिन्न ऐसी घटनाओं का वर्णन होता रहता था जिनमें अंग्रेजों के भारतीयों पर घातक प्रहार करने पर भी न्यायालय द्वारा उन्हें निर्दोष घोषित कर दिया जाता था। इससे भी अधिक असंतोष अंग्रेज अधिकारियों द्वारा पादरियों (ईसाई मिशनरियों) के समर्थन से पैदा हुआ था। 19वीं सदी के पूर्वार्द्ध में ईसाई मिशनरियों की कार्यवाही से व्यापक असंतोष फैला हुआ था। सर सैयद ने अपनी पुस्तक **'असबाब बगावत-ए-हिन्द'** (भारतीय विप्लव के कारण) में इस विषय पर पर्याप्त प्रकाश डाला है। मिशनरी स्कूलों में पढ़े भारतीय विद्यार्थियों द्वारा भारतीय धर्मों की खुली आलोचना से यह विश्वास बड़ी सरलता से फैलता गया कि मिशनरी स्कूल भारतवासियों को ईसाई बनाने के साधन मात्र थे। बहुत से अंग्रेज अधिकारी (मैकाले की भाँति) इस विचार का स्पष्ट समर्थन करते थे। सरकारी स्कूलों में बाइबिल की शिक्षा अनिवार्य थी। विद्यार्थियों को हिंदू धर्म की आलोचना तथा ईसाई धर्म की सर्वोच्चता बताई जाती थी। अकालपीड़ितों, बंदियों, विधवाओं, अनाथ बालकों को बलपूर्वक ईसाई बना लिया जाता था। बहुत से अधिकारी भी मिशनरियों के इस तर्क का समर्थन करते थे कि जैसे भारत में राजनीतिक एकता स्थापित हुई उसी प्रकार

एक ही धर्म की प्रधानता भी स्थापित हो जानी चाहिए। 1850—1856 ई. के समाज सुधार अधिनियम हिंदू समाज पर खुले प्रहार थे। रेलों का निर्माण भी उस दूषित वातावरण में हिंदू समाज पर एक आक्षेप समझा गया। सर सैयद अहमद के अनुसार हर बड़ा-छोटा व्यक्ति यह विश्वास करता था कि सरकार वास्तव में हिंदू तथा मुसलमान जनता को ईसाई बनाना चाहती थी। अंग्रेज अधिकारियों ने इस व्यापक संदेह को दूर करने का कोई प्रयत्न नहीं किया। भारतवासियों को अपने धर्म के संबंध में अंग्रेजी नीति के प्रति भारी संदेह था। यह संदेह ईसाई मिशनरियों की गतिविधियों का ही परिणाम था। इसी संदेह के वातावरण में चरबी वाले कारतूस की घटना हुई जिससे विद्रोह भड़क उठा।

आर्थिक शोषण—लघु एवं कुटीर उद्योगों का 18 वीं सदी के अन्तिम दौर में पतन होना शुरू हो गया था परन्तु 19वीं सदी के आरंभ में भारत का आर्थिक शोषण स्पष्ट होने लगा था। मुक्त व्यापार, अंग्रेज व्यापारियों के भारत आने और इंग्लैंड के निर्मित वस्त्रों को अधिकाधिक मात्रा में भारत में बेचने से यहाँ के कुटीर उद्योग प्रायः लुप्त ही हो गए। अंग्रेजी प्रशासन से निर्धनता बड़ी तेजी से बढ़ रही थी। अंग्रेजों ने प्रशासनिक अधिकार से लाभ उठाकर भारतीय व्यापार, वाणिज्य और कुटीर उद्योगों को अपने नियंत्रण में कर लिया। प्रतिवर्ष जितना अतिरिक्त निर्यात (आयात से अधिक) होता था वह धन निष्कासन के समान था। अंग्रेजी राज्य के आर्थिक शोषण से पुराना जमींदार वर्ग भी समाप्त हो गया। स्थायी और रैयतवाड़ी प्रथा के कृषकों पर अत्यन्त हानिकारक प्रभाव हुए। अवध में ताल्लुकेदारों के समस्त अधिकार 1856 ई. के भूमि प्रबन्ध से समाप्त कर दिए गए।

परम्परागत चली आ रही कर मुक्त भूमि को अंग्रेजों ने फिर से अपने अधीन करने का फैसला किया। इसके लिए प्रमुख रूप से कानून बनायें व जारी किये गये। करमुक्त जागीरों के स्वामियों से शिक्षा, ज्ञान अथवा परमार्थ के लिए मिली हुई भूमि के स्वामित्व के पक्ष में प्रमाण प्रस्तुत करने के लिए कहा गया जो लोग ऐसा करने में असमर्थ रहे उनकी भूमि छीन ली गई। इस निर्णय से बहुत से सम्मानित व्यक्तियों को जीविका की तलाश में मारे-मारे फिरना पड़ा। यह नीति बैंटिंक के समय में आरंभ हो चुकी थी लेकिन डलहौजी के समय में इस नीति को बड़ी कठोरता से लागू किया गया। 1852 ई. में इनाम आयोग ने दक्षिणी भारत में हजारों जमींदारों की भूमि छीन ली। इससे भारी असंतोष उत्पन्न हुआ।

अंग्रेजी आर्थिक नीतियों से कृषक, शिल्पी, जमींदार, व्यापारी सभी वर्ग दुःखी थे, केवल वे लोग प्रसन्न थे जो अंग्रेजी नीतियों के फलस्वरूप समाज में नया स्थान

प्राप्त करने के इच्छुक थे। सरकारी नौकरियों के इच्छुक अंग्रेजी पढ़े-लिखे नवयुवक अथवा बंगाल का जमींदार वर्ग या वकीलों को छोड़कर समाज के अन्य बहुसंख्यक वर्ग अंग्रेजी साम्राज्य की नीतियों से दुःखी थे।

राजनीतिक तथा प्रशासकीय कारण—भारत पर ब्रिटिश का अधिकार होने से यहाँ के अनेक राजाओं एवं राजवंशों का विलय हो गया। इसका प्रभाव केवल कुछ व्यक्तियों तक ही सीमित नहीं था बल्कि उन पर आश्रित सामंतों, सैनिकों, शिल्पियों तथा अन्य वर्गों पर भी पड़ा था। डलहौजी की राज्य अपहरण नीति से यह संभावना भी उत्पन्न हो गई थी कि भारत के शेष राज्यों को भी किसी-न-किसी बहाने से अंग्रेजी साम्राज्य में मिला लिया जाएगा। अवध से अधिक अंग्रेजों का समर्थक तथा आज्ञाकारी राज्य अन्य कोई भी नहीं था। सतारा से पुराने अथवा नागपुर से अधिक प्रतिष्ठित राजघराने कम ही थे। जब इन राज्यों को ही अंग्रेजी साम्राज्य में मिला लिया गया तब शेष राज्यों का अस्तित्त्व कभी भी समाप्त किया जा सकता था। केवल अपदस्थ राज्यों में ही नहीं बल्कि शेष राज्यों में भी यह भय उत्पन्न हो गया कि बढ़ते हुए अंग्रेजी साम्राज्यवाद के सामने उनके हित सुरक्षित नहीं हैं।

प्राचीन भारतीय व्यवस्था को ब्रिटिश साम्राज्य द्वारा किये गये सुधारों ने पूर्व रूप से उगामोल कर दिया। कागज पर देखने में भले ही ये परिवर्तन सुधार दिखाई देते हों लेकिन व्यावहारिक दृष्टि से अत्यंत अलोकप्रिय तथा कष्टप्रद परिवर्तन थे। इन परिवर्तनों में दो विशेष रूप से उल्लेखनीय हैं : न्याय प्रशासन तथा भूराजस्व प्रबंध। अंग्रेजी न्याय प्रशासन एक भिन्न प्रशासनिक व्यवस्था का प्रतीक था। विधि प्रणाली और संपत्ति अधिकार पूरी तरह से नए थे। सामान्य भारतीय उनसे पूरी तरह अपरिचित था। न्याय प्रणाली में अत्यधिक धन तथा समय नष्ट होता और फिर भी निर्णय अनिश्चित था। भूराजस्व प्रणाली को नियमित बनाने में राजस्व का बोझ कृषकों पर अधिक बढ़ गया था। प्रायः प्रत्येक भूराजस्व प्रणाली—स्थायी, रैयतवाड़ी, महलवाड़ी—का एक ही परिणाम था कि कृषकों से पहले की अपेक्षा दुगुने से भी अधिक लगान लिया गया।

अंग्रेजों ने अपने शासन काल में प्रजातीय भेद-भाव की नीति का प्रयोग किया। कार्नवालिस ने भारतवासियों को उच्च पदों से वंचित करके उनके प्रति अविश्वास की मनोवृत्ति को बढ़ावा दिया। यद्यपि 1833 ई. के चार्टर एक्ट में जाति का अथवा रंग के आधार पर भेद की नीति को समाप्त करने की घोषणा की गई थी, लेकिन यह घोषणा मात्र ही रह गई। राजा राममोहन राय के लड़के को उच्च पद देना चाहकर भी बोर्ड ऑफ कंट्रोल असमर्थ रहा। शिक्षित तथा सम्मानित भारतीयों के प्रति भी

अंग्रेजों का दृष्टिकोण अहंकार भरा हुआ होता था। दीनबन्धु मित्र द्वारा रचित 'नील दर्पण' में नीलाहों के दुर्व्यवहार का अच्छा चित्रण किया गया। विभिन्न तात्कालिक समाचारपत्रों में अंग्रेजों के अमानवीय व्यवहार का वर्णन होता था। प्रशासन में व्यक्तिगत संपर्क का पूर्ण अभाव था। अंग्रेज अधिकारी अपने आप को पूरी तरह से अलग-थलग रखते थे, इससे भी उनमें और भारतीयों के बीच एक बहुत बड़ा भेद पैदा हो जाता था।

सैनिक असंतोष—ब्रिटिश काल में सेना प्रमुख रूप से दो भागों में विभाजित थी। पहले भाग में मात्र अंग्रेज ही होते थे और दूसरे भाग में भारतीय सैनिक परन्तु भारतीय सैनिक में सैनिक अफसर अंग्रेज ही होता था। बंगाल, बंबई और मद्रास प्रांतों की अलग-अलग सेनाएँ थीं। बंगाल सेनाध्यक्ष कंपनी की समस्त सेना का अध्यक्ष माना जाता था। बंगाल सेना में अधिकांश सैनिक उत्तरी भारत (मुख्यतः आधुनिक उत्तर प्रदेश) से भर्ती होते थे। इस सेना में बंगाली सैनिक बहुत कम होते थे। हिंदू सैनिकों में अधिकांश ऊँची जातियों के ब्राह्मण, राजपूत और जाट होते थे। बंबई और मद्रास की सेनाओं में मोपला तथा तमिल और तेलगू क्षेत्र के सिपाही (जिन्हें तिलंगा कहते थे) होते थे।

भारतीय सैनिकों को अफसर पद पर पहुँचने के लिए न के बराबर अवसर प्राप्त होते थे। सेना में इनका प्रवेश यूरोपीय अफसरों को रिश्वत दिए बिना कम होता था। उनका सामान्य वेतन सात या आठ रुपए मासिक होता था। इसमें उन्हें अपनी वर्दी तथा खाने का खर्च देना पड़ता था जिसे वे उधार लेकर देते थे। वेतन के दिन उन्हें सामान्यतः एक रुपया या डेढ़ रुपए से अधिक नहीं मिलता था। पदोन्नति वरिष्ठता के आधार पर होती थी और तब भी नौ रुपए मासिक से अधिक उन्हें नहीं मिलता था। अंग्रेजी सैनिकों को उनसे कई गुना अधिक वेतन मिलता था। पूरी भारतीय सेना में अंग्रेजी सैनिकों की संख्या एक छठे भाग से कम थी। लेकिन सैनिक खर्च का आधे से अधिक अंग्रेजों पर ही किया जाता था। मामूली कार्यों पर भारतीय सैनिकों को ही लगाया जाता और लूट के समय अधिकांश माल अंग्रेजों में ही बाँटा जाता था। सेना का गठन ही इस प्रकार से किया हुआ था कि इन दोनों भागों में बहुत मनमुटाव था। हिंदुस्तानी सैनिकों को शिकायत के पर्याप्त उदाहरण उपलब्ध रहते थे।

भारतीय सैनिकों ने 1806 से 1856 तक अंग्रेजों के उस भेदभाव व व्यवहार के खिलाफ कई बार विद्रोह किये। 1806 ई. में वैलोर में मद्रास सेना में एक विशेष प्रकार की पगड़ी पहनने, दाढ़ी मुँड़वाने तथा तिलक न लगाने के आदेशों के विरुद्ध

विद्रोह हुआ। 1824 ई. में बैरकपुर की छावनी में दोहरे भत्ते के बिना रंगून जाने के प्रश्न पर उपद्रव हुआ जिसमें सैकड़ों सैनिक मारे गए। भारतीय सैनिकों को आश्वासन देकर भी भत्ता न दिए जाने की घटनाएँ सामान्य थीं। 1830 ई. में शोलापुर में, 1842 ई. में हैदराबाद में, 1842-43 ई. में सिंध में भेजी गई सेनाओं में, विद्रोह हुए। इन सब विद्रोहों को कठोरता से दबा तो दिया गया लेकिन सैनिकों में अंग्रेज अधिकारियों द्वारा दिए गए आश्वासनों के प्रति अविश्वास पैदा हो गया। यही कारण था कि 1857 ई. में अंग्रेज सेना अधिकारियों द्वारा दिए गए आश्वासन सिपाहियों को शांत करने में पूरी तरह असमर्थ रहे।

बंगाल सेना को बाह्य देशों में युद्ध करने के लिए भेजना भी विद्रोह का एक महत्त्वपूर्ण कारण माना जाता है। भारत से बाहर जाने पर उनके जाति से बहिष्कृत होने की आशंका रहती थी। उस समय सेना का सामान्य जनता से दैनिक जीवन में संपर्क बना रहता था इसलिए ईसाई मिशनरियों की गतिविधियों के संबंध में जनता की प्रतिक्रिया का भी उन्हें पूरा ज्ञान था। सेना में अधिकारियों के प्रति अविश्वास पहले से ही व्याप्त था। ऐसे वातावरण में चरबी वाले कारतूस की घटना हुई। 1 जनवरी, 1857 ई. को एन्फील्ड राइफल का प्रयोग अंग्रेज सेना अधिकारियों द्वारा आरंभ किया गया। इस राइफल में चरबी लगे विशेष प्रकार के छर्रे वाले कारतूस प्रयोग किए जाते थे। यह छर्रे एक विशेष चिकनाई (जो गाय और सूअर की चर्बी से तैयार होती थी) में लपेटकर कारतूस (गोली कोश) में रखे रहते थे। उन्हें मुँह से काटकर राइफल में भरा जाता था। इन कारतूसों का प्रयोग आरंभ हो जाने के पश्चात दमदम अस्त्रागार में एक खलासी ने ब्राह्मण के लोटे से पानी पीने का आग्रह किया। ब्राह्मण को अपने जाति से पतित हो जाने का भय था। उसके मना करने पर खलासी ने उसे व्यंग्य किया कि उसकी जाति नए कारतूसों के प्रयोग के पश्चात समाप्त हो जाएगी। इस घटना का अंग्रेज अधिकारियों ने वर्णन किया है।

मार्च, 1857 ई. में सेना अध्ययक्ष एन सन ने सैनिकों के विरोध करने पर गोलाबारी अभ्यास को कुछ समय के लिए स्थगित कर दिया लेकिन लार्ड कैनिंग ने अप्रैल में आदेश दिए कि गोलाबारी अभ्यास चलता रहे और जो सिपाही इस अभ्यास से मना करे उसे सैनिक रीति से दंड दिया जाए। कुछ अन्य स्थानों पर चरबी की अपेक्षा उस कारतूस में लगे विशेष प्रकार के चमकीले कागज पर आपत्ति उठाई गई। इन आपत्तियों की ओर अंग्रेजी अधिकारियों का दृष्टिकोण अनुशासनिक होता था। वे भारतीय सैनिकों को निरस्त्र करना ही पर्याप्त समझते थे। इस नीति से असन्तोष कम होने के स्थान पर और भी ज्यादा फैल गया।

तात्कालिक घटनाएँ

बंगाल सेना में चरबी वाले कारतूसों की खबर जनवरी, 1857 से फैलनी शुरू हो गयी। यह खबर दमदम के तोपखाने में काम करने वाले एक खलासी ने एक ब्राह्मण सिपाही को व्यंगात्मक रूप से दी थी। इससे बैरकपुर (कलकत्ता से 15 मील दूर) में बंगाल सेना की टुकड़ी (34 एन.आई.) में सबसे अधिक अशांति फैली। इसी टुकड़ी की कुछ कंपनियाँ फरवरी में बरहामपुर (कलकत्ता से 120 मील दूर) पहुँची और 26 फरवरी, 1857 ई. को बरहामपुर में 19 एन.आई. के सिपाहियों ने चरबी लगे कारतूसों के प्रयोग करने से मना कर दिया। सिपाहियों के बाद में आज्ञापालन पर भी कैनिंग ने उस पूरी टुकड़ी को भंग करने के आदेश दिए। इससे 34 एन.आई. के सैनिकों में असंतोष बढ़ा और मंगल पांडे नामक सैनिक ने अकेले अनुशासन भंग करने का निश्चय किया। 29 मार्च, 1857 ई. को उसने अपनी सेना के दो अंग्रेज अधिकारियों को घायल कर दिया। लेकिन उस समय अन्य सैनिकों ने उसका साथ नहीं दिया। तब भी अंग्रेजों ने 34 एन.आई. को भंग कर दिया। इस प्रकार अप्रैल के आरंभ में इन दोनों सेनाओं के सिपाहियों ने अवध में अपने घर पहुँचकर चरबी वाले कारतूसों की बात फैलाई। इसी प्रकार की घटनाएँ अंबाला में हुई थीं। 2 मई, को ऐसी ही एक घटना लखनऊ में 7वीं अवध रेजीमेंट के साथ हुई जिसने कारतूसों का प्रयोग करने से मना कर दिया। अवध के चीफ कमिश्नर हेनरी लारेंस ने दूसरे दिन इस रेजीमेंट को पूर्ण रूप से भंग या नष्ट कर दिया।

इन घटनाओं से संगठन कमजोर होने लगा लेकिन इसी समय उत्तरी भारत में चपातियाँ एक स्थान से दूसरे स्थान पर भेजी गईं। इन चपातियों के साथ किसी निश्चित सूचना का ज्ञान उपलब्ध नहीं है। कुछ लोग इसको अंग्रेजी सरकार द्वारा आरंभ किया हुआ मानते थे, दूसरे लोग इसे किसी आने वाली विपत्ति से बचने का उपाय समझते थे। चपातियों के वितरण के संबंध में अधिक-से-अधिक यह कहा गया है कि नाना (विद्रोह के एक नेता) के गुरु ने नाना को बताया था कि जितने क्षेत्र में ये चपातियाँ पहुँचाई जा सकेंगी वह उसके पक्ष में हो जाएगा।

मेरठ में भी चरबी वाले कारतूसों की खबर शीघ्र ही फैल गयी। अप्रैल, 1857 ई. में तीसरी लाइट कैवेलरी के अधिकारी कारमाइकेल स्मिथ ने स्थिति को बिगाड़ने में बहुत सहायता की। यह अत्यंत अहंकारी अधिकारी था। सेना में व्यापक असंतोष का पता होते हुए भी उसने 24 अप्रैल, को 3 एल.सी. की परेड का आदेश दिया। 90 घुड़सवारों में से 85 ने नए कारतूसों को लेने से मना कर दिया। आज्ञा उल्लंघन

के अपराध में उन 85 सवारों को कोर्ट मार्शल द्वारा 5 वर्ष का कारावास दे दिया गया और 9 मई, को मेरठ छावनी के सैनिकों के समक्ष अपमानित करके उन्हें सामान्य अपराधियों के कपड़े तथा बेड़ियाँ पहना दी गईं। उन्होंने अन्य सैनिक साथियों को इस अपमान का बदला लेने के लिए चुनौती दी। उसी दिन रात्रि के समय अंग्रेज अधिकारियों को इस अफवाह का ज्ञान हुआ कि अगले दिन (अर्थात 10 मई, 1857 ई.) विद्रोह होने वाला था। 10 मई को इतवार का दिन था और अंग्रेजों की सायंकाल की सामूहिक प्रार्थना का समय 6.30 बजे था। विद्रोह सायं 5 और 6 बजे के मध्य आरंभ हुआ। विद्रोह पहले पैदल टुकड़ी (20 एन.आई.) में आरंभ हुआ और बाद में 3 एल.सी. में फैल गया। कारमाइकेल स्मिथ अपने प्राणों की रक्षा करने लिए अन्य आला अफसरों के निवास स्थानों में शरण लेने हेतु इधर-उधर भागता रहा और उसने विद्रोह को दबाने के लिए कोई रास्ता ढूढ़ने का प्रयास नहीं किया।

प्रसिद्ध भारतीय इतिहासकार डॉ. सुरेन्द्रनाथ ने विद्रोह या उपद्रव प्रारंभ होने का कारण 10 मई की सायंकाल की सैनिक परेड और एक खानसामा की अफवाह को माना है। उन्होंने इसकी आकस्मिकता पर अत्यधिक बल दिया है। किंतु यह ठीक नहीं है। इस विद्रोह की पूर्व सूचना 9 मई को अंग्रेज अधिकारियों को थी। मेरठ में 3 एल.सी. के कमांडर लेफ्टिनेंट गफ को यह सूचना दी गई कि विद्रोह पैदल सेना द्वारा आरंभ होगा और बाद में घुड़सवार (एल.सी.) टुकड़ी उसमें सम्मिलित हो जाएगी। विद्रोह ठीक उसी क्रम से हुआ जिसकी पूर्व सूचना गफ को दी गई थी। इसके अतिरिक्त दिल्ली और मेरठ में तार संबंध 4 बजे के पूर्व ही कट चुके थे। ये दोनों घटनाएँ इस बात को स्पष्ट करती हैं कि 10 मई का विद्रोह किसी योजना का ही परिणाम था। सैनिकों का तुरन्त दिल्ली के लिए प्रस्थान भी इस बात को स्पष्ट करता है कि विद्रोह आरंभ करने के पूर्व योजना का कुछ प्रारूप तैयार हो चुका था। 10 मई, 1857 ई. की घटनाएँ आकस्मिक कम और सुनियोजित अधिक थीं, इसलिए इस विद्रोह के समय से पूर्व आरंभ होने की बात भी सही प्रतीत नहीं होती। कारमाइकेल स्मिथ ने अपनी अयोग्यता तथा कायरता को छिपाने के लिए अपने कार्य को अत्यंत बुद्धिमानी का बताया था क्योंकि उसने विद्रोह को समय से पूर्व ही आरंभ करवाकर विद्रोह कुचलवाने में सहायता की थी। यदि विद्रोह दो-तीन सप्ताह पश्चात आरंभ होना था तब सैनिकों द्वारा 10 मई की योजना के तैयार करने का प्रश्न ही नहीं उठता था। 10 मई, 1857 ई. में खड़ा विद्रोह 85 घुड़सवार सैनिकों को मुक्त करवाने हेतु शुरू नहीं हुआ था।

विद्रोह का प्रसार

मेरठ के विद्रोही सैनिक 11 मई, 1857 ई. को दिल्ली आ पहुँचे और बहादुरशाह (मुगल उत्तराधिकारी) को भारत का राजा घोषित कर दिया। बहादुरशाह ने पहले इस विद्रोह का नेतृत्व स्वीकार करने में संकोच किया तथा उत्तर पश्चिमी (वर्तमान यू.पी.) प्रांत के उप- गवर्नर को इसकी सूचना भी भिजवाई। अंग्रेजों ने बहादुरशाह को ही विद्रोह के लिए उत्तरदायी समझ लिया, जबकि बहादुरशाह ने विवश होकर इसका औपचारिक नेतृत्व स्वीकार किया। कुछ ही दिनों में उत्तरी भारत के अधिकांश भाग में यह विद्रोह फैल गया। उत्तर पश्चिम प्रांत में विद्रोह के प्रमुख केन्द्र कानपुर, बरेली, फर्रुखाबाद, बिजनौर, मुरादाबाद, शाहजहाँपुर, बदायूँ, अलीगढ़, मथुरा, आगरा, मुजफ्फरनगर आदि थे। अवध राज्य के सभी क्षेत्र इस विद्रोह में सम्मिलित थे। झाँसी, नागपुर तथा बिहार के अधिकांश भाग भी इस विद्रोह में सम्मिलित हो गए। अन्य क्षेत्रों में इस विद्रोह का प्रभाव सीमित तथा आंशिक रूप में पड़ा। राजस्थान में नसीराबाद की सैनिक छावनी में 28 मई को, नीमच में 3 जून को विद्रोह हुआ लेकिन विद्रोह के मुख्य केन्द्र कोटा और आवा रहे। जोधपुर में एरनपुरा में पहले विद्रोह हुआ। इसमें आवा के ठाकुर तथा मेवाड़ और मारवाड़ के कुछ जागीरदार सम्मिलित हो गए। जोधपुर के शासक द्वारा भेजी गई सेना को बड़ी सरलता से हराया जा सका। दिल्ली पर अंग्रेजों का अधिकार हो जाने से भी इस विद्रोह पर विशेष प्रभाव नहीं हुआ। कोटा में अंग्रेज विरोधी भावनाएँ अधिक थीं। वहाँ अंग्रेज रेजिडेंट की हत्या कर दी गई और शासक को घेर लिया गया। अंग्रेजों को इस विद्रोह को कुचलने के लिए विशेष सेना भेजनी पड़ी और विद्रोह में शामिल व्यक्तियों को बड़ी निर्दयता पूर्वक कुचल दिया गया।

प्रायः यह आशा जतायी जाती थी कि पंजाब में जहाँ अंग्रेजी राज्य की स्थापना हुए अधिक समय नहीं बीता था, उपद्रव हो जाता लेकिन वहाँ ऐसा नहीं हुआ। विरोध के स्थान पर सतलुज के पूर्वी तट के सिक्ख राज्यों ने अंग्रेजी साम्राज्य का समर्थन करना ही अधिक उचित समझा। कुछ आधुनिक इतिहासकार यह तर्क प्रस्तुत करते हैं कि सिक्खों में बंगाल सेना (जिसने पंजाब विजय में अंग्रेजों का साथ दिया था) से प्रतिशोध लेने की भावना थी अथवा सिक्ख किसी भी प्रकार से दिल्ली के मुगल सम्राट का जिसने गुरु तेग बहादुर को मरवाया था, समर्थन करने के लिए तैयार नहीं थे। इसलिए वे अंग्रेजों के समर्थक बने रहे। एक अन्य तर्क यह भी दिया गया है कि पुराना सिक्ख कुलीन वर्ग अपनी पराजय से स्तब्ध था और पतन की ओर जा

रहा था। पंजाब में बड़े जमींदार भी नहीं थे, 1849—57 ई. के मध्य अंग्रेज प्रशासकों ने जनता का समर्थन प्राप्त कर लिया।

वास्तविक रूप से दिये गये उपरोक्त दोनों तर्क उचित नहीं मालूम पड़ते। पंजाब में अंग्रेजी प्रशासनिक नीति से व्यापक राजनीतिक असन्तोष था। अंग्रेज विरोधी भावना कूका आंदोलन में साकार हुई। पंजाब के पुराने कुलीन सामंत नेता लगभग मर चुके थे अथवा पंजाब के बाहर जा चुके थे। पंजाब का नया जमींदार वर्ग सुरक्षा को अराजकता में बदलने के लिए तैयार नहीं था। इसके अतिरिक्त पंजाब के इस विद्रोह में भाग न लेने का एक प्रमुख कारण पंजाबी सैनिकों की सहायता से नई सेनाओं का गठन था। तीन महीनों में 34,000 सैनिक भर्ती किए गए। इस भर्ती में पठानों और उत्तर पश्चिमी सीमा के लोगों को अधिक अवसर दिया गया। इससे जहाँ एक ओर अंग्रेजों को सैनिक मिल गए वहीं दूसरी ओर पंजाब में भंग किए गए सैनिकों के समक्ष अंग्रेजी सेना में भर्ती का आकर्षण पैदा हो गया। पंजाब को अंग्रेजी नियंत्रण में रखने के लिए जॉन लारेंस ने विद्रोह की शंका पर भी बर्बरतापूर्ण दंड देने की नीति अपनाई। कहीं-कहीं सैनिकों की पूरी रेजीमेंटों को तोप से उड़वा दिया गया। कई गाँवों में आग लगा दिये गये। कुछ क्षेत्रों में गाँव के सभी पुरुषों को मार दिया गया।

अवध में विद्रोह—ब्रिटिश साम्राज्य में अवध को सम्मिलित किये जाने से जमींदार अथवा सामंती परिवारों में असन्तोष फैलना सुनिश्चित था। अंग्रेजों ने केवल राज्य प्रशासन पर ही अधिकार करने तक अपनी नीति सीमित नहीं रखी बल्कि उन्होंने नवाब के महलों पर, ताल्लुकेदारों की जागीरों पर अधिकार किया; और व्यापारियों, कृषकों पर नए करों का बोझ लाद दिया। शाही परिवार के कुछ सदस्यों को कई अवसरों पर आर्थिक कठिनाइयों का सामना करना पड़ा। जब अंग्रेजी राज्य में विलय के एक वर्ष के भीतर ही इतना हानिकारक प्रभाव हो सकता था तब कालांतर में अंग्रेजी राज्य के परिणाम की कल्पना भी नहीं की जा सकती थी। इस प्रकार अवध में अंग्रेजी नीति के विरुद्ध व्यापक असन्तोष था। यह असन्तोष इसलिए और अधिक बन गया कि सैनिकों और सामान्य प्रजा में अलगाव नहीं था। बंगाल सेना के अधिकांश सैनिक अवध के निवासी ही होते थे।

सर्वप्रथम 3 मई, 1757 को लखनऊ में सैनिकों ने विद्रोह प्रारंभ किया परन्तु यह शीघ्र ही कुचल दिया गया। इसके पश्चात 30-31 मई को विद्रोह हुआ जो शीघ्र ही अवध के विभिन्न भागों में फैल गया। 10-15 दिनों के भीतर ही ऐसा दिखाई देने लगा जैसे अंग्रेजी प्रशासन वहाँ कभी रहा ही न हो। लखनऊ का नवाब तो अवश्य

कलकत्ता में एक राजनीतिक बंदी के रूप में रह रहा था लेकिन उसके अवयस्क पुत्र, बिरजीस कद्र को नवाब घोषित कर दिया गया और प्रशासन बेगम हजरत महल द्वारा चलाया गया। अवध के विभिन्न क्षेत्रों में ताल्लुकेदारों और जमींदारों ने अपना-अपना प्रशासन स्थापित किया। 20 जून 1757 ई. को ब्रिटिश सेना और विद्रोहियों में चिनहट नामक स्थान पर भिड़त हो गयी जिसमें अंग्रेजी सेना बहुत बुरी तरह से मात खायी इसी के दूसरे दिन अर्थात् 21 जून को लखनऊ में स्थित अंग्रेज अधिकारी लखनऊ रेजीडेंसी में घिर गए और यह घेरा 8 महीनों तक चलता रहा। इस बीच कई बार अंग्रेजों ने रेजीडेंसी में घिरे हुए अधिकारियों और सैनिकों को बचाना चाहा, किंतु वे असफल रहे। जून-जुलाई में अधिकांश ताल्लुकेदारों ने अपनी-अपनी जागीरों और जमींदारों पर अधिकार कर लिया। अवध के विभिन्न ताल्लुकेदारों और जमींदारी ने अगस्त, 1857 ई. के पश्चात ही लखनऊ विद्रोहियों का समर्थन किया था। यह संयोग की बात है कि हेवलाक की रेजिडेंसी में घिरे अंग्रेजों की सहायता में असफलता भी अगस्त के पहले सप्ताह तक स्पष्ट हो चुकी थी। डॉ. मजूमदार ने तिथिक्रम पर ध्यान देकर यह तर्क प्रस्तुत किया है कि हेवलाक की असफलता के पश्चात ही ताल्लुकेदारों ने विद्रोह का समर्थन किया। तिथिक्रम पर आधारित होते हुए भी यह अधिक महत्त्वपूर्ण नहीं है। डॉ. मजूमदार का दृष्टिकोण उस समय स्पष्ट हो जाता है जब वह यह कहते हैं कि उन ताल्लुकेदारों में से कुछ केवल अपनी 'अवैधानिक' उपलब्धियों को सुरक्षित रखने के लिए अंत तक लड़ते रहे। क्या अंग्रेजों का अवध पर अतिक्रमण और अधिकार वैधानिक था?

इस व्रिदोह में कुछ प्रमुख व्यक्तियों ने महत्त्वपूर्ण भूमिका निभाई है जो भारतीय इतिहास में अमर हैं, उन व्यक्तियों के विषय में संक्षेप में प्रकाश डाला गया है—

कानपुर के नाना साहब : 1818 ई. में पेशवा बाजीराव द्वितीय के समर्पण के पश्चात उसे कानपुर के कुछ मील दूर बिठूर में रखा गया। 1851 ई. में बाजीराव द्वितीय की मृत्यु हो गई। उस समय उसके दो गोद लिए हुए पुत्र—नाना साहब तथा बाला साहब जीवित थे। बाजीराव को 8 लाख रुपए की वार्षिक पेंशन मिलती थी। कई अवसरों पर यह बात स्पष्ट कर दी गई थी कि यह पेंशन केवल बाजीराव के जीवन काल में ही मिलेगी। बाजीराव ने अपनी वसीयत में नाना साहब को अपना एकमात्र उत्तराधिकारी घोषित किया। बाजीराव को मिलने वाली पेंशन को नाना साहब लेना चाहते थे परन्तु उन्हें वह पेंशन नहीं दी गयी।

मेरठ में विद्रोह खड़ा हो गया। जब उसकी सूचना कानपुर में तैनात अंग्रेज अधिकारियों को मिली तो वे लोग नाना साहब से मदद प्राप्त करने के लिए खजाने

तथा बारूदघर की सुरक्षा का उत्तरदायित्व नाना साहब के सिपाहियों को सौंप दिया। 4 जून को कानपुर में विद्रोह आरंभ हो गया। 5 जून को यह विद्रोह अधिक व्यापक बन गया। 6 जून को नाना के नेतृत्व में ये सिपाही देहली जाने के बजाय वापस कानपुर आ गए। नाना के योगदान के संबंध में परस्पर विरोधी वर्णन उपलब्ध हैं। कुछ नाना साहब का सिपाहियों के साथ गठबंधन पहले से मानते हैं तथा एक अन्य मान्यता यह है कि नाना ने विवश होकर सिपाहियों का समर्थन किया। अंग्रेजों ने अपने छिपने और शरण लेने के लिए एक अस्थायी शिविर बना लिया। 25 जून तक इस शिविर को जीता जा सका। नाना ने 26 जून को अंग्रेजों को इलाहाबाद भेजने का आश्वासन दिया। 27 जून को जब अंग्रेज किश्तियों में बैठ चुके तब किसी आकस्मिक संकेत पर नाविकों ने किश्तियों को छोड़ दिया। अंग्रेजों ने पहले गोली चलाई और बाद में सिपाहियों ने आक्रमण कर दिया। नाना उस स्थान पर उपस्थित नहीं था। नाना साहब ने बिठूर में पेशवा का स्थान ग्रहण किया।

इस घटना की सूचना पाते ही अंग्रेजों ने इलाहाबाद से सैनिक बल की एक टुकड़ी भेजी 16 जुलाई को कानपुर पर पुनः अधिकार कर लिया गया था। इस दिन कानपुर के बीबीघर नामक मकान में कुछ अंग्रेज स्त्रियों और बच्चों की हत्या कर दी गई। कानपुर पर अधिकार करने के पश्चात अंग्रेजों ने जी खोलकर प्रतिशोध लिया। उनके भय से कानपुर की साधारण जनता घर छोड़कर भाग रही थी। अंग्रेज सैनिक प्रत्येक भारतीय को नाना का समर्थक समझकर उसे मार रहे थे। अंग्रेज सेनाधिकारी नील ने आदेश दिया था कि प्रत्येक व्यक्ति से कोड़े मार-मारकर बीबीघर में लगे खून के दाग साफ कराकर उसे मृत्युदंड दे दिया जाए। दीवानी के एक मुसलमान अधिकारी को फर्श का खून जीभ से साफ करने का आदेश दिया गया। नील ने ब्राह्मणों को जिन्दा दफनवा दिया और मुसलमानों को आग की लपक में झोंक दिया। टाइम्स इसल के पत्रकार ने नील द्वारा किये गये भारतीयों के संहार के सन्दर्भ में लिखा है कि—नील की सैनिक टुकड़ी के एक सहायक अधिकारी ने उसकी व्यापक रक्तपात की नीति का प्रतिरोध यह कहकर किया कि यदि उसने प्रदेश को निर्जन उजाड़ बना दिया तो उसकी सेना के लिए खाद्य सामग्री उपलब्ध नहीं हो सकेगी। अंग्रेजों ने बिठूर पर अधिकार करने के लिए दो बार युद्ध किया था। 19 जुलाई, 1857 ई. को पहली बार बिठूर पर निर्विरोध अधिकार कर लिया गया। नाना के महल आदि को आग लगा दी गई। सामान पूरी तरह लूट लिया गया। एक अंग्रेज अधिकारी ने एक सोने की जंजीर, चाँदी की प्लेट उठा ली। उसके एक सहयोगी ने अंग्रेजी कुत्तों का जोड़ा, दूसरे ने एक पालतू बंदर (जो बाद में लंदन के जू में रखा गया) ले लिया। धन-संपत्ति तो सब सैनिकों के ही हाथ लगी। कुछ अधिकारियों को

यह संदेह हुआ कि धन दीवारों में गड़ा हुआ था इसलिए एक मह़ीने पश्चात महल की एक-एक ईंट उखाड़ दी गई। एक अधिकारी ने बिठूर महल के निकट कुएँ को खाली कराकर उसमें से पुराने सोने-चाँदी की वस्तुएँ प्राप्त कीं। सोने का एक भारी कलश जिसका वजन 41 पौंड था, प्राप्त हुआ। 3 जनवरी, 1858 ई. को एक अंग्रेज अधिकारी ने लिखा कि सिपाहियों को इतना अधिक सोना-चाँदी कुएँ से मिला कि वे ले जा नहीं सकते थे। नाना का अता-पता जनवरी, 1858 ई. के पश्चात अनिश्चित-सा हो गया था। बाद में नाना नेपाल चले गए और उनके अंत के संबंध में निश्चित रूप से नहीं कहा जा सकता।

कुंवर सिंह : बिहार के जगदीशपुर (शाहबाद) के जमींदार कुंवर सिंह थे। इनकी अवस्था 1857 में 70 वर्ष थी। उनकी जमींदारी काफी बड़ी थी लेकिन उनकी आर्थिक स्थिति खराब थी। वह अंग्रेज अधिकारियों के सहयोग से अपनी जमींदारी का प्रबंध बोर्ड ऑफ रेवेन्यू को सौंपना चाहते थे। लेकिन यह प्रस्ताव अंततः स्वीकृत नहीं हुआ। इससे कुंवर सिंह दिवालियेपन की स्थिति में पहुँच गये। बिहार में सबसे पहले सैनिक विद्रोह दानापुर में हुआ। विद्रोहियों ने आरा पहुँचकर कुंवर सिंह को भी उसके गाँव से बुलवा भेजा और अंग्रेजों के विरुद्ध संघर्ष संचालन का उत्तरदायित्व उसे सौंप दिया। यह घटना जुलाई, 1857 ई. के अंतिम सप्ताह की थी। शाहबाद जिले में विद्रोहियों ने नीलाहों की संपत्ति को सबसे अधिक नुकसान पहुँचाया। यह उस जातीय भेद तथा शोषण की नीति का परिणाम था जो अंग्रेज प्रशासकों के संरक्षण में नीलाहों ने अपनाई थी। अगस्त, 1857 ई. में कुंवर सिंह ने आरा से लखनऊ की तरफ प्रस्थान किया नवंबर में वह कालपी पहुँचा लेकिन कानपुर पर आक्रमण करने में उसे कोई विशेष सफलता नहीं मिली। बाद में वह आजमगढ़ की ओर चल दिया और मार्च, 1858 ई. में उस स्थान पर अधिकार कर लिया। यह उसकी सबसे बड़ी सफलता थी लेकिन उसमें युद्ध कुशलता की अपेक्षा व्यूह कौशल कम था। अंग्रेजों ने आजमगढ़ पर आक्रमण किया। दो ओर से सेनाओं को भेजकर कुंवर सिंह को घेर लिया गया। स्थिति को अपने अनुकूल न देखकर वह शाहबाद वापस पहुँच गया। इस अभियान में उसने अपना समस्त रण-कौशल दिखाया। समस्त क्षेत्र में अंग्रेजों के विरुद्ध प्रायः एक वर्ष तक संघर्ष चलता रहा। अंग्रेज इस सफल विद्रोह से इतने खीझ उठे थे कि मेजर आयर ने जगदीशपुर के महल और मंदिरों को तहस-नहस कर अपने दिल की भड़ास निकाली।

झांसी की रानी लक्ष्मीबाई : 1853 ई. में झाँसी के शासक गंगाधर राव की मृत्यु हो गई। अंग्रेजी सरकार ने उत्तराधिकारी के अभाव में 1854 ई. में झाँसी को

अंग्रेजी राज्य में मिला लिया। झाँसी की रानी की पेंशन निश्चित कर दी गई। लक्ष्मीबाई दुर्ग में रहना छोड़कर एक सामान्य विधवा की भाँति महल में रहने लगी। 5 जून, 1857 ई. को झाँसी की सेना ने उपद्रव कर दिया। लक्ष्मीबाई ने आरंभ में विद्रोहियों का समर्थन नहीं किया। विद्रोहियों ने अंग्रेज सेना अधिकारियों को दुर्ग में घेर लिया और 8 जून को उनकी हत्या कर दी। उसी दिन लक्ष्मीबाई के सैनिकों ने विद्रोहियों का समर्थन करना आरंभ किया। रानी लक्ष्मीबाई ने कुछ दिनों तक अंग्रेजों के प्रति मैत्रीपूर्ण दृष्टिकोण रखा और 12-14 जून, 1857 ई. को सागर डिवीजन के कमिश्नर-अर्सकाइन को अपनी स्थिति स्पष्ट करते हुए पत्र भी लिखे। अर्सकाइन ने लक्ष्मीबाई को अंग्रेजों की ओर से झाँसी के प्रशासन संचालन का उत्तरदायित्व भी सौंपा। किंतु अंग्रेजी सरकार को झाँसी में अंग्रेजों की हत्या के लिए बलि के बकरे की आवश्यकता थी इसलिए उन्होंने उन सब समाचारों को ही ठीक मान लिया जिनके अनुसार झाँसी की रानी को दोषी ठहराया गया था। झाँसी की स्थिति का समाचार सुनकर ओर्छा और दतिया के शासकों ने झाँसी पर आक्रमण कर दिया। लक्ष्मीबाई अंग्रेजों से सहायता चाहती थी और अंग्रेज उस पर संदेह की दृष्टि रखते थे। लक्ष्मीबाई के सामने दो मार्ग खुले थे—पहला यह कि वह अंग्रेजों के सामने आत्मसर्म्पण करे या उनके विरुद्ध संघर्ष करें। संघर्ष करना उसने उचित समझा झाँसी की सुरक्षा असंभव समझकर रानी लक्ष्मीबाई 4 अप्रैल, 1858 ई. को रात के अँधेरे में निकल पड़ी और बड़ी बहादुरी से लड़ती हुई कालपी पहुँची। कालपी में उस समय मध्य भारत के सब विद्रोही नेता एकत्रित थे। मई, 1858 ई. में कालपी पर भी अंग्रेजों का अधिकार स्थापित हो गया। इसके पश्चात सभी नेताओं में सिंधिया की सेना की सहायता से ग्वालियर के दुर्ग पर अधिकार कर लिया, यद्यपि ग्वालियर का राजा अंग्रेजों का भक्त था। ग्वालियर की रक्षा का प्रबंध करते हुए लक्ष्मीबाई को वीरगति प्राप्त हुई। रानी लक्ष्मीबाई की वीरता पर विभिन्न लोकगाथाएँ बन गई हैं। भारतीय लोक परंपरा में उनकी स्मृति अत्यंत वीर, देशप्रेम से ओत-प्रोत, साहसी सेनानी के रूप में सुरक्षित है।

विद्रोह की असफलता

आरंभिक दौर में अंग्रेज सैनिक और उसके अफसरों ने मेरठ विद्रोह के स्वरूप की कल्पना भी नहीं कर सके। मेरठ में विद्रोह के बाद अंग्रेजी सेना ने दो दिन तक कोई विशेष ध्यान नहीं दियां। मई, 1857 ई. में कलकत्ता में जीवन सामान्य रहा। कैनिंग तथा सेनाध्यक्ष जार्ज एनसन दोनों ने ही विद्रोह को बहुत कम महत्त्व दिया।

सेनाध्यक्ष ऐंनसन को युद्ध का बहुत कम अनुभव था। जॉन लारेंस द्वारा दिल्ली पर तुरंत आक्रमण का सुझाव मिलने पर भी एनसन ने इसे स्वीकार नहीं किया। लेकिन शीघ्र ही उसकी मृत्यु हो गई। इसके बाद ही दिल्ली पर आक्रमण की तैयार की गई।

दिल्ली के भारतीय सैनिकों में कुशल युद्ध संचालकों का अभाव था। उन्होंने अपना ध्यान अंग्रेजों को दिल्ली रिज (लम्बा पहाड़ी टीला) से हटाने पर केंद्रित किया। वे पंजाब से पहुँचने वाली सहायता को रोकने में असमर्थ रहे। इस बीच यद्यपि भारतीय सैनिकों की संख्या में वृद्धि होती रही फिर भी वे अपनी सैनिक शक्ति को अधिक नहीं बढ़ा सके। अगस्त, सितम्बर में पंजाब से बड़ी तोपें दिल्ली पहुँच गईं और 14-20 सितंबर के मध्य दिल्ली के विभिन्न स्थानों पर अधिकार कर लिया गया। 21 सितंबर को बहादुरशाह, उसकी बेगम जीनत महल और उसके पुत्र को बंदी बना लिया गया। इसके बाद अंग्रेजों ने दिल्ली में बेकसूर लोगों की हत्या कर डाली, सामान्य तौर पर इन हत्याओं का कोई वर्णन नहीं किया गया बल्कि भारतीय सिपाहियों द्वारा की गई अंग्रेजों की हत्या का वर्णन अंग्रेज इतिहासकारों अथवा लेखकों द्वारा लिखा हुआ मिलता है लेकिन अंग्रेजों द्वारा किए गए अत्यांचार का वर्णन कम उपलब्ध होता है। न तो विद्रोही नेताओं का वर्णन लिखित था और न ही कोई उनमें जीवित बचा जो बाद में अपने संस्मरण लिख सकता। अंग्रेजों और विद्रोही सिपाहियों द्वारा की गई हत्याओं में केवल अंतर इतना था कि विद्रोही सैनिकों ने अंग्रेजों को प्रशासक वर्ग का प्रतिनिधि समझकर मारा था। वे हत्याएँ प्रतिशोध की पहली घड़ी में ही हुई थीं तथा अधिकांश अवसरों पर ये हत्याएँ नेताओं के आदेशों के अभाव में हुईं। इसके विपरीत अंग्रेजों द्वारा रक्तपात अधिकारियों की अनुमति से तथा निष्ठुर प्रतिशोध की भावना से किया गया। अंग्रेजों ने केवल सैनिकों का ही नहीं अपितु साधारण नागरिकों का भी रक्तपात किया। यह रक्तपात युद्ध अथवा संघर्ष के समय नहीं हुआ (जैसा विद्रोही सैनिकों ने किया था), बल्कि भारतीय जनसंख्या को एक पाठ पढ़ाने के लिए विद्रोह समाप्ति के पश्चात किया गया।

दिल्ली पर सफलता प्राप्त करने में पंजाब के सरदार तथा अन्य सिपाहियों की भूमिका काफी सराहनीय है। कुछ इतिहासकारों का मानना है कि अंग्रेजों ने गुरु तेगबहादुर की सिक्खों द्वारा दिल्ली के मुगल सम्राट से प्रतिशोध लेने की भविष्यवाणी की अफवाह फैलाई थी। दिल्ली की विजय के पूर्व ही प्राइज एजेंट (युद्ध लुंठित नौसामग्री के निर्णायक दलाल) नियुक्त कर दिए गए थे। एक अंग्रेज अधिकारी का सुझाव कि दिल्ली को कार्थेज की भाँति नष्ट करके केवल एक गिरजाघर को ही छोड़ दिया जाए, स्वीकृत नहीं हुआ। दिल्ली की लूट और विनाश

सामान्य जनता का विद्रोह बताया। यह विप्लव केवल एक सामंतीय विद्रोह नहीं था। जमींदारों और ताल्लुकेदारों ने केवल सामंतीय पद्धति के आधार पर संघर्ष में भाग नहीं लिया। उनके समर्थक उनके अधीन रहने वाली कृषक प्रजा मात्र ही नहीं थी, बल्कि उस क्षेत्र की समस्त जनता उनका समर्थन कर रही थी। आर्थिक तत्त्वों को प्रमुख बताने के लिए '1857 ई. एक संगोष्ठी' पूरनचंद्र जोशी द्वारा संपादित-प्रकाशित हुई। लेकिन ये सब विद्वान किसी एक मत पर सहमत नहीं हो सके हैं और विवाद उसी प्रकार हैं। शशीभूषण चौधरी की पुस्तक का प्रति उत्तर डॉ. मजूमदार ने 'ब्रिटिश पैरामाउंटसी एंड इंडियन रेनेसां' में दिया और डॉ. मजूमदार का प्रभावशाली उत्तर प्रो. चौधरी ने अपनी पुस्तक 'थियोरीज ऑफ दि इंडियन म्यूटनी' में दिया।

उपर्युक्त में दिये गये तर्कों के आधार पर यह स्पष्ट रूप से कहा जा सकता है कि 1857 का विद्रोह मात्र सैनिक विद्रोह नहीं था अपितु इससे अधिक वह क्या था, इस पर भारी मतभेद है। डॉ. ताराचंद ने यह मत प्रतिपादित किया है कि यह विप्लव मध्ययुगीन विशिष्ट किंतु अशक्त वर्गों का अपनी खोई हुई सत्ता को प्राप्त करने का अंतिम प्रयास था। ये वर्ग अंग्रेजी नियंत्रण से मुक्ति चाहते थे क्योंकि अंग्रेजी प्रशासकीय नीतियों से उन विशिष्ट वर्गों के हितों को हानि पहुँचती थी। पूरनचंद जोशी इसे राष्ट्रीय और सामान्य जनता तक फैला हुआ विप्लव मानते हैं। बैंजेमिन डिज़्रैली ने इंग्लैंड की संसद में इस विद्रोह को एक राष्ट्रीय विद्रोह कहा था। डॉ. के.एल. श्रीवास्तव के अनुसार 1857 ई. के विप्लव में कृषकों के संघर्ष सामाजिक संघर्ष और स्वतंत्रता संग्राम के तत्त्व मिले हुए थे। पामर इस विवाद को तय करने के लिए यह प्रश्न उठाते हैं कि एक विद्रोह को कितना व्यापक होना चाहिए कि वह सामान्य विप्लव कहा जा सके? उनके अनुसार केवल कुछ सैनिकों अथवा एक टुकड़ी के विद्रोह (नियम उल्लंघन) को ही सैनिक विद्रोह कहा जा सकता है। पूरी सेना के सामान्य विद्रोह को सैनिक विद्रोह नहीं कहा जा सकता। विशेषकर उस स्थिति में जब सैनिकों और सामान्य नागरिकों में उतना घनिष्ठ संबंध हो जितना बंगाल सेना के सैनिकों में और अवध तथा बिहार और उत्तर-पश्चिमी प्रांत के नागरिकों में था। बंगाल सेना के सैनिकों में एकता केवल सैनिक अनुशासन पर ही आधारित नहीं थी बल्कि व्यवसाय, आर्थिक स्थिति और क्षेत्रीय आधार पर भी थी। विश्व में अन्य (फ्रांस और रूस) व्यापक क्रांतियाँ भी एक जन-समुदाय द्वारा ही आरंभ हुई हैं। इन सब उदाहरणों में सम्मिलित असंतोष के साथ-साथ सत्ताधारी वर्ग की नियत पर संदेह ने उस जन-समुदाय को संघर्ष के लिए प्रेरित किया।

1857 के विप्लव के स्वरूप पर एक और विवाद खड़ा होता है कि साधारण जनता ने इस विद्रोह में भाग किस समय लिया? सैनिक विद्रोह से पहले अथवा बाद में? इस सन्दर्भ में डॉ. मजूमदार का मानना है कि जनता का विद्रोह उस समय हुआ जब अंग्रेजी प्रशासन सैनिक विद्रोह के फलस्वरूप समाप्त हो चुका था। डॉ. चौधरी के अनुसार विभिन्न स्थानों पर जनता ने पहले विद्रोह किया और बाद में सेना ने। अंग्रेजी सत्ता का भारत के विभिन्न भागों से समाप्त किया जाना सैनिक विद्रोह पर कम और साधारण जनता के विद्रोह पर अधिक निर्भर करता था। इस आधार पर वे इसे केवल सैनिक विद्रोह नहीं मानते हैं। उन्होंने कुछ समकालीन ग्रंथों के आधार पर यह बताया है कि अंग्रेजों ने स्वयं इसे एक सामान्य जनता का विद्रोह बताया था। डॉ. मजूमदार ने विद्रोह के स्वरूप निर्धारण में बहादुरशाह, लक्ष्मीबाई, नानासाहब, कुंवरसिंह आदि नेताओं के व्यक्तिगत स्वार्थों को अधिक निर्णायक बनाया है। यदि यह मान लिया जाए कि 1857 ई. की घटनाएँ इन नेताओं के प्रयत्नों द्वारा आरंभ हुईं तब उन नेताओं के उद्‌देश्यों को 1857 ई. के स्वरूप के लिए निर्धारक मानना चाहिए। यदि इन नेताओं ने अनिच्छा और विवशता से 1857 ई. की क्रांति में भाग लिया हो जैसा वास्तव में था और यदि क्रांति उन नेताओं के विद्रोह के पूर्व ही आरंभ हो गई हो तब केवल इन चार प्रमुख नेताओं के स्वार्थों को इस क्रांति के कारण अथवा स्वरूप निर्धारण में प्रमुख नहीं माना जा सकता था। डॉ. चौधरी के द्वारा कहा गया यह लक्ष्य सत्य ही है कि अत्यधिक प्रचलित नेताओं या प्रतिनिधियों के वैयक्तिक हितों व स्वार्थों का '1857' ई. के आरंभ होने में कोई योगदान नहीं था। इन चार नेताओं के व्यक्तिगत स्वार्थों और हितों पर 1857 ई. के स्वरूप का निर्धारण ऐतिहासिक तथ्यों की अनदेखी करना है।

1857 ई. में हुए विद्रोह के असली जड़ तक पहुँचने के लिए हमें सबसे पहले विश्व में हुए अन्य विद्रोहों व क्रान्तियों का अध्ययन कर लेना चाहिए। किसी भी क्रांति का स्वरूप केवल उस क्रांति के आरंभ करने वालों के लक्ष्यों द्वारा निर्धारित नहीं होता। निर्धारक तथ्य यह है कि राष्ट्रीय स्मृति में उस क्रांति की क्या छाप रह जाती है अथवा वह आने वाली घटनाओं को किस प्रकार प्रभावित करती है? उदाहरणार्थः मेग्नाकार्टा वास्तव में सामंतों द्वारा अपने अधिकारों की सुरक्षा के लिए प्राप्त किया गया अधिकार मात्र था लेकिन इंग्लैंड में इतिहासकारों तथा राजनीतिज्ञों ने इसे अंग्रेजी स्वतंत्रता की आधारशिला, संविधान की बाइबिल आदि माना है। कालांतर में इस मेग्नाकार्टा का महत्त्व उन बातों में नहीं था जो उसमें लिखी हुई थीं बल्कि उन अर्थों में था जिनको आदर्श बनाकर उसमें ढूँढ़ा गया और जो आने वाली पीढ़ियों को प्रभावित

करती रही। इसी प्रकार 1688 ई. की रक्तहीन क्रांति को गौरवपूर्ण कहा जाता है। वास्तव में उस क्रांति में कोई भी कार्य गौरवपूर्ण नहीं था। एक बाह्य राजकुमार तथा सेना की सहायता से इंग्लैंड के निवासियों ने अपने उन अधिकारों को प्राप्त किया था जिन्हें उन्होंने स्वयं आपसी फूट से खोया था। इंग्लैंड में इस क्रांति से प्रजातंत्र की स्थापना अथवा सवैधानिक विकास की दिशा में कोई प्रगति नहीं हुई। लेकिन इंग्लैंड के इतिहास में इस क्रांति को गौरवपूर्ण कहते हैं। 1789 ई. की फ्रांसीसी क्रांति का आरंभ सामंतीय वर्ग द्वारा राजा की निरंकुशता पर नियंत्रण लगाने के फलस्वरूप हुआ। लेकिन इतिहास में फ्रांस की क्रांति को राष्ट्रीयता और प्रजातंत्र का जनक मानते हैं।

हमें 1857 ई. के विप्लव या विद्रोह का मापन एवं मूल्यांकन करते समय इस तथ्य पर गौर करना चाहिए कि विद्रोही नेताओं की अंग्रेजों के प्रति क्या रवैया था? निस्सन्देह वे अंग्रेजों को 'काफिर', 'फिरंगी' कहते थे और उन्हें भारत से निकालना चाहते थे। विभिन्न घोषणाओं में अंग्रेज विरोधी भावनाएँ स्पष्ट थीं। इस विद्रोह का लक्ष्य विभिन्न नेताओं के भाषणों के आधार पर ही निर्धारित किया जा सकता है और यह लक्ष्य अंग्रेजों को भारत से निकालना था। इससे बढ़कर स्वतंत्रता संघर्ष के लिए और कोई लक्ष्य नहीं हो सकता। डॉ. ताराचंद भी यह स्वीकार करते हैं कि विद्रोहियों को संगठित करने वाला एकमात्र तत्त्व विदेशी शासन को समाप्त करने की भावना थी। इस लक्ष्य की प्राप्ति के लिए ही संघर्ष हुआ और इसी की सुरक्षा के लिए यह संघर्ष 1857 ई. के अंत तक चलता रहा। डॉ. मजूमदार का यह कथन सही नहीं प्रतीत होता कि सामान्य जनता का अंग्रेजों के प्रति दृष्टिकोण सहानुभूतिपूर्ण था। हालांकि कतिपय अंग्रेज इतिहासकारों ने आम जनता की सहानुभूति पर प्रकाश डाला है तो कुछ ने जनता द्वारा कष्ट दिये जाने की बात कही है। अंग्रेज अधिकारियों का सामान्य निहत्थी जनता के प्रति निर्मम एवं कठोर व्यवहार उनके प्रतिशोध का सूचक था। डॉ. सेन ने एक स्थान पर ठीक ही लिखा है कि जो संघर्ष धर्म सुरक्षा के लिए आरंभ हुआ, उसका अंत स्वतंत्रता संघर्श के रूप में हुआ। इसमें लेशमात्र भी संदेह नहीं कि विद्रोह के नेता अंग्रेजी प्रशासन को समाप्त करके मुगल सम्राट और पुरानी व्यवस्था को पुनः स्थापित करना चाहते थे।

ब्रिटिश विरोधी दृष्टिकोण मात्र अंग्रेजों के खिलाफ ही स्पष्ट नहीं किया गया है, अपितु अंग्रेज समर्थक भारतीय व्यापारी तथा अधिकारी वर्ग (विशेषकर बनिया वर्ग) के विरुद्ध भी थी। जमींदारों और कृषकों की आर्थिक कठिनाइयों का लाभ उठाकर वनियों ने अंग्रेजी न्यायालयों की सहायता से भूमि पर अधिकार कर लिया था,

इसलिए अवध और अन्य क्षेत्रों में कृषकों और पुराने जमींदारों ने बनियों और नए भूस्वामियों के विरुद्ध विद्रोह किया।

कुछ अंग्रेज इतिहासकारों ने इस विद्रोह के कारण या स्वरूप और महत्त्व को यह स्पष्ट करते हुए कम करने का प्रयास किया कि 1857 का विद्रोह व्यापक रूप से विस्तृत नहीं था। वास्तविकता यह है कि इसका मुख्य केंद्र आधुनिक उत्तर प्रदेश, बिहार, हरियाणा और मध्य प्रदेश के कुछ भाग थे किंतु भारत के अन्य भागों में भी इसका प्रभाव रहा। बंगाल और दक्षिणी भारत के कुछ भाग को छोड़कर शेष भारत में प्रमुख स्थानों पर विद्रोह हुए। इतने व्यापक क्षेत्र में इससे पहले कभी इतना अधिक विद्रोह नहीं हुआ था। यदि यह विद्रोह अधिक व्यापक नहीं हो सका तो भारत की भौगोलिक विशालता तथा यातायात की दुर्गमता इसके लिए उत्तरदायी थी।

1857-58 ई. के विप्लव की असफलता से यह स्पष्ट हो गया कि अंग्रेजों के विरुद्ध सैनिक विद्रोह व्यर्थ था, किंतु भारतीय परंपरा में 1857 ई. की क्रांति और इसके प्रसिद्ध नेता अंग्रेजों के विरुद्ध स्वतंत्रता संघर्ष के प्रतीक बनकर रहे। यह संघर्ष भावी पीढ़ियों को भारत की स्वतंत्रता की ओर प्रेरित करता रहा। सामंतीय तत्त्वों का नेतृत्व अवश्य उपलब्ध रहा लेकिन उस समय 'सामंतीय भक्ति और निष्ठा ही देशभक्ति की पर्यायवाची थी।' किसी भी आंदोलन की लोकप्रियता का अनुमान लगाते समय हमें यह नहीं भूलना चाहिए कि किसी भी विद्रोह में एक अल्पसंख्यक वर्ग ही दृढ़संकल्प वाला होता है और किसी भी समय में किसी भी देश में एक क्रांति का शत-प्रतिशत समर्थन नहीं होता।

1857 की असफलता के प्रमुख कारण

भारत में हुए 1857 ई. के विद्रोह की असफलता पहले ही तय हो चुकी थी, इस असफलता के लिए निम्नलिखित तत्त्व या कारण उत्तरदायी थे—

(1) केंद्रीय योजना अथवा संगठन की कमी : यद्यपि विद्रोह के पूर्व संगठन अथवा योजना अवश्य रही थी लेकिन इस योजना का क्रमबद्ध रूप नहीं था, न ही कोई केंद्रीय संस्था अथवा संगठन इसके संचालन के लिए उत्तरदायी था। सेनाओं के दिल्ली पहुँचने तक तो किसी योजना का रूप दिखाई पड़ता है लेकिन बाद में यह समाप्त-सा दिखाई पड़ता है। इस योजना, संगठन अथवा नेतृत्व के अभाव को कुछ आलोचकों ने विद्रोह में राष्ट्रीयता के तत्त्व का अभाव मान लिया है, लेकिन यह गलत है। विद्रोहियों के उत्साह अथवा प्रेरणा में कोई कमी नहीं थी, उनके लिए सामंतीय नेतृत्व ही पर्याप्त था। राष्ट्रीयता का उस समय कोई प्रश्न नहीं था। दुर्भाग्य की बात

यह थी कि विभिन्न सामंती नेता आपस में सहमत नहीं हो सके। सैनिक अभियान की सफलता की दृष्टि से भले ही यह कहा जा सके कि एक क्षेत्र तक कार्य सीमित रखना सफलता में सहायक था किंतु कोई नेता ऐसा भी होना चाहिए था जो अंग्रेजों की गतिविधियों को ध्यान में रखकर सब क्षेत्रों के कार्यों के संचालन को समन्वित कर सकता। उदाहरणार्थ–झाँसी और बुंदेलखंड में विद्रोह उस समय आरंभ हुआ जबकि दिल्ली और कानपुर पर अंग्रेजी सफलता स्थापित हो चुकी थी। संभवतः 1857 ई. के नेताओं में इस प्रकार का दृष्टिकोण विकसित होना संभव नहीं था। इसके लिए पहले से योजना और संगठन की आवश्यकता थी इसीलिए यह कहा जा सकता है कि 1857 ई. के विद्रोह आरंभ करने के पीछे भले ही कुछ योजना अथवा संगठन रहा हो लेकिन इसका संचालन (मई, 1857 ई. से मई, 1858 ई. तक) किसी योजना के अधीन नहीं था।

(2) साकार लक्ष्यों की कमी : 1857 ई. के विद्रोह में अधिकांश भारतीय विद्रोही प्रतिनिधियों ने विद्रोह में दिल से हिस्सा नहीं लिया था। बहादुरशाह, कुंवर सिंह, नाना साहब, रानी लक्ष्मीबाई आदि नेता परिस्थितियों के आधार पर विद्रोह में शामिल होते गये। इनमें से किसी ने भी इस विद्रोह की योजना नहीं बनाई थी। सैनिकों अथवा सामान्य जनता के विद्रोह आरंभ कर देने के पश्चात भी कुछ समय तक नेता अंग्रेजों से अपने निजी लाभ और स्वार्थों की उचित व्यवस्था चाहते थे। निराशा मिलने पर ही उन्होंने विद्रोहियों का समर्थन किया। ऐसी स्थिति में इस विद्रोह के समक्ष साकार लक्ष्यों का अभाव था। इन नेताओं के निजी पत्रों और वक्तव्यों को देखकर ही यह सहज धारणा बन जाती है कि 1857 ई. के विप्लव के पीछे उनकी कोई योजना नहीं थी। ऐसे व्यापक आंदोलन अथवा विप्लव का आरंभ बिना योजना के संभव ही नहीं था। इसके संयोजक कौन लोग थे, इस प्रश्न का उत्तर नहीं दिया जा सकता क्योंकि विद्रोहियों और उनके समर्थकों का विनाश पूरी तरह किया गया। विद्रोह में भाग लेने वालों का दृष्टिकोण व्यक्तिनिष्ठ था। अंग्रेजी शासन को समाप्त करने का भ्रांतिपूर्ण अर्थ उन्होंने अंग्रेज अधिकारियों को समाप्त कर देना ही समझा। वे यह नहीं समझते थे कि कुछ अंग्रेजों को समाप्त कर देने से ही अंग्रेजी हुकूमत का पतन नहीं हो सकता।

(3) कुशल नेतृत्व की कमी : विद्रोह में शामिल भारतीय नेताओं में सैनिक कुशलता तथा संगठित होकर कार्य करने का अभाव था। नाना साहब, लक्ष्मीबाई, कुंवर सिंह, बहादुरशाह मिलकर कार्य नहीं कर सके। इनमें से किसी भी नेता में कुशल सैन्य संचालन के गुणों का अभाव था। यह तथ्य दिल्ली, कानपुर, झाँसी,

ग्वालियर के अभियानों से स्पष्ट हो जाता है। दिल्ली में अंग्रेजों को बाहर से सैनिक सहायता उपलब्ध हो जाने देना सैनिक अदूरदर्शिता का प्रतीक था। व्यक्तिगत साहस ही युद्ध में सफलता दिलवाने के लिए पर्याप्त नहीं होता। विद्रोह आरंभ करने वाले सैनिक प्रशिक्षित अंग्रेजी सेना के अंग थे। अंग्रेजी सेना में वे सफलता से लड़े थे, लेकिन अंग्रेजों के विरुद्ध उनकी सैनिक योग्यता का भली-भाँति प्रयोग नहीं किया जा सका। अंग्रेजी विजयी सेना में उनसे अधिक प्रशिक्षित सैनिक कम ही थे लेकिन भारतीय सैनिकों की सबसे बड़ी कमी कुशल नेतृत्व की कमी थी।

(4) साधनों (आर्थिक एवं सैनिक साधनों) की कमी : अंग्रेज सैनिक एवं शासकों की तुलना में भारतीय सैनिक तथा नेताओं के पास साधनों की कमी थी। अंग्रेजी सरकार की सहायता के लिए अधिकांश भारतीय नरेश, पंजाब, बंगाल और मद्रास, बंबई प्रांतों का अधिकांश राजस्व उपलब्ध था। सैन्य सामग्री इंग्लैंड के उद्योगों से पर्याप्त मात्रा में उपलब्ध हो सकती थी। भारतीय नेताओं के आर्थिक और सैनिक साधन बहुत सीमित थे, यद्यपि उनके पास जनसंख्या अधिक थी। बहुत अवसरों पर भारतीय सैनिकों के पास सामान्य शस्त्र भी नहीं होते थे, अधिक विकसित शस्त्रों के समक्ष मानव शक्ति अधिक समय तक नहीं टिक सकती। इन नेताओं की आर्थिक कठिनाइयाँ भी सामान्य ही थीं।

इन साधनों में अंग्रेज सरकार के पास तार और रेल की सुविधा थी। मेरठ से देहली और आगरा तक तार के माध्यम से सीधा संबंध था। देहली से तार संपर्क तो विद्रोहियों ने काट दिया था लेकिन आगरा के तार काटने में थोड़ा विलंब हुआ और मेरठ के सैनिक विद्रोह की सूचना आगरा 10 मई, 1857 ई. की रात को पहुँच गई। विद्रोहियों के पास ऐसे कोई साधन नहीं थे। एक विद्रोही नेता ने तार को विद्रोह की फाँसी की रस्सी ठहराया था।

2

प्रशासनिक व्यवस्था में परिवर्तन

भारत पर अंग्रेजों ने काफी समय तक राज्य किया। ये अपने शासन काल में भारतीयों के प्रति विभिन्न प्रकार के भेदभाव रखते थे। अंग्रेजी हुकूमत में जो भारतीय सैनिक सम्मिलित थे, उन पर विभिन्न प्रकार के प्रतिबन्ध लगये गये, उन्हें तोप खानें से दूर ही रखा जाता था और विभिन्न प्रदेशों तथा जातियों को विभाजित करने के लिए उन्हें अलग-अलग रेजिमेंटों में गठित करना आदि इस बदली हुई नीति के सैनिक क्षेत्र में कुछ स्पष्ट प्रमाण थे।

प्रशासनिक जगत में भारतीय कहलाने वाले व्यक्तियों को सर्वोच्च पदों पर न रखना और उंन्हें अकुशल ठहराना और उनके प्रति रंगभेद की नीति पर अब अधिक बल देना आरंभ किया गया। 1857 ई. के पूर्व भी अंग्रेज भारतीयों से सामाजिक स्तर पर मिलना पसंद नहीं करते थे। लेकिन अब वे अपनी उच्चता और प्रधानता को बनाए रखने के लिए भारतीयों के साथ सामाजिक संपर्क प्रायः कम रखते थे।

1857 ई. के विप्लव का सबसे व्यापक प्रभाव भारतीयों और अंग्रेजों के परस्पर संबंधों पर पड़ा। ऊपर से देखने में स्थिति पूर्व की भाँति थी। लेकिन वास्तव में स्थिति आमूल रूप में परिवर्तित हो चुकी थी। एक वर्ष के प्रजातीय संघर्ष, परस्पर द्वेष और रक्तपात का परिणाम यह हुआ कि अंग्रेजों ने अपने आपको शत्रु क्षेत्र में एक घिरी हुई सेना के रूप में समझा। नौकरों अथवा निम्न वर्ग के सदस्यों के अतिरिक्त

भारतीय समाज के किसी वर्ग विशेष से उनका संपर्क प्रायः नहीं था। प्रजातीय विभेद की नीति अधिक वेग से अपनाई गई। भारत की जनसंख्या के विभिन्न भागों में विभाजन को अधिक प्रोत्साहन दिया गया।

आर्थिक एवं व्यावसायिक दृष्टि से ईस्ट इण्डिया कंपनी सम्पूर्ण रूप से इंग्लैंड में स्थापित आर्थिक भावनाओं पर आधारित थी। 1858 ई. में ईस्ट इंडिया कंपनी की समाप्ति के पश्चात् उन विचारों का प्रभाव बढ़ा। भारतीय आर्थिक स्थिति इंग्लैंड की नीतियों के अधीन हो गई और भारत का आर्थिक शोषण और अधिक बढ़ गया।

कंपनी संचालकों की ओर से कंपनी के अस्तित्त्व को बनाए रखने के पक्ष में यह सबसे बड़ा तर्क दिया गया कि इसकी समस्त नीतियों पर इंग्लैंड सरकार को नियंत्रण उपलब्ध था और कंपनी के होने से इंग्लैंड सरकार के आदेशों के पालन में विघ्न नहीं पड़ता था। इंग्लैण्ड सरकार ने कंपनी द्वारा जारी की गयी नीतियों को पहले ही मान्यता प्रदान कर दी थी, इसलिए 1857 ई. के विद्रोह का दोष कंपनी के सिर नहीं थोपा जा सकता। इंग्लैंड सरकार ने कंपनी को समाप्त करते समय मुख्य बल प्रशासनिक सुविधा पर दिया। वह विलंब जो संचालक समिति और बोर्ड ऑफ कंट्रोल के मध्य कागजों के आदान-प्रदान से होता था, अब समाप्त हो जाएगा। 1857-58 ई. का विद्रोह कंपनी के अधिकारों को समाप्त करने का अवसर मात्र था, कारण नहीं। 19वीं सदी के मध्य में इंग्लैंड के राजनीतिक विचारक इतने बड़े साम्राज्य का एक व्यापारिक कंपनी द्वारा संचालन समय के विपरीत समझते थे। यह अधिकार केवल इंग्लैंड के शासक में ही निहित होना चाहिए। 1858 ई. में पारित भारत सरकार अधिनियम की मुख्य धाराएँ निम्नलिखित थीं–

1. इंडिया कौंसिल के निर्णय बहुमत के आधार पर होंगे लेकिन भारत सचिव को अपनी कौंसिल के बहुमत के विपरीत भी कार्य करने का अधिकार होगा। इंडिया कौंसिल के सदस्यों को इंग्लैंड संसद में बैठने अथवा मत देने का अधिकार नहीं होगा। भारत सचिव और उनकी कौंसिल का खर्च भारतीय राज्य क़ोष से दिया जाएगा, अंग्रेजी राज्य कोष से नहीं। इसलिए यह इंग्लैंड की संसद के अधीन भी कम रहता था। संसद के अधिकांश सदस्य भारतीय विषयों की चर्चा के समय उपस्थित भी नहीं रहते थे।

2. ईस्ट इंडिया कंपनी द्वारा अधिकार का प्रयोग अब इंग्लैंड के शासक द्वारा तथा उसके नाम से किया जाएगा। बोर्ड ऑफ कंट्रोल, संचालक समिति तथा प्रोपराइटर्स द्वारा किए जाने वाले कार्य अब एक मंत्री, भारत सचिव, द्वारा किए जाएँगे।

3. भारत सचिव के परामर्श के लिए 15 सदस्यों की एक इंडिया कौंसिल का गठन किया गया। इसमें से 7 संचालक समिति द्वारा मनोनीत किए जाएँगे और 8 इंग्लैंड सरकार द्वारा। 15 सदस्यों में से 9 सदस्य ऐसे होने चाहिए जो 10 वर्ष भारत में रह चुके हों और भारत से इंग्लैंड लौटे हुए उन्हें दस वर्ष से अधिक न हुए हों।

इस अधिनियम के अन्तर्गत मात्र भारतीय सचिव एवं इंग्लैण्ड के प्रधानमंत्री द्वारा प्रशासन सँभालने से संबद्ध व्यवस्था का उल्लेख था। 1858 ई. के ऐक्ट द्वारा स्थापित परिवर्तन केवल औपचारिक तथा नाममात्र के थे। इनसे कोई महत्त्वपूर्ण अथवा वास्तविक परिवर्तन नहीं हुआ। भारत सचिव वास्तव में बोर्ड ऑफ कंट्रोल के अध्यक्ष का ही दूसरा नाम था। इंडिया कौंसिल के 15 सदस्यों में 8 इंग्लैंड के शासक द्वारा मनोनीत और 7 संचालक समिति के सदस्य थे। 1853 ई. के ऐक्ट के अनुसार 1/3 संचालक (अर्थात् 6 सदस्य) इंग्लैंड के शासक द्वारा नियुक्त किए जाते थे। अब 18 के स्थान पर 15 सदस्यों की इंडिया कौंसिल बनाई गई जिसमें 6 के स्थान पर 8 इंग्लैंड के शासक द्वारा नियुक्त होंगे। इस प्रकार स्थिति पूर्व की भाँति ही रही केवल नाम का अंतर अवश्य हो गया।

इंग्लैण्ड सरकार ने भारत पर अपना नियंत्रण स्थापित करते समय कंपनी के सार्वजनिक ऋण, मूलधन आदि को भारत के राजस्व पर ऋण के रूप में डाल दिया। इस प्रकार कंपनी द्वारा भारत जीतने के संबंध में खर्च को भी भारत की जनता को भुगतना पड़ा। यह पूर्णतया अनुचित तथा अन्यायपूर्ण था तथा उपनिवेशवाद और साम्राज्यवाद के इतिहास में भी अद्वितीय था। इंग्लैंड सरकार ने अफ्रीका और अमरीका में अन्य व्यापारिक कंपनियों के अधीन राज्य क्षेत्र पर अधिकार करते समय उन्हें मुआवजा मात्र दिया। 1869 ई. में इंग्लैंड सरकार ने 'हडसन बे कंपनी' को 4 लाख पौंड, 1900 ई. में नाइजीरिया के लिए 'रायलनाइजर कंपनी' को 5 लाख 65 हजार पौंड का मुआवजा दिया।

विक्टोरिया घोषणा : 1858 ई. में कंपनी के समाप्त कर दिए जाने और इंग्लैंड सरकार द्वारा प्रबन्ध अपने हाथ में लेने की जानकारी रानी विक्टोरिया के घोषणापत्र द्वारा दी गई। इस घोषणापत्र में गवर्नर जनरल कैनिंग के लिए वायसराय की उपाधि का भी प्रयोग किया गया। इस घोषणा में वर्णित आश्वासन दो प्रकार के थे, कुछ पिछली नीतियों से संबंधित और कुछ आगामी काल में अपनाई जाने वाली नीतियों के संबंध में थे।

प्रथम वर्ग के अन्तर्गत आश्वासन मात्र उन तीन समस्याओं से संबंधित थे जो 1857 ई. के विद्रोह के लिए उत्तरदायी समझी जाती थीं—अंग्रेजी राज्य अपहरण नीति

पर भारतीय नरेशों का क्षोभ, भारतीय जनता में बलपूर्वक ईसाई बनाने का भय और कृषकों तथा भूस्वामियों को भूमि अपहरण की शंका। 1858 ई. की घोषणा को ध्यान से पढ़ने पर उन तीनों आश्वासनों की भाषा में उल्लेखनीय अंतर दिखाई पड़ता है। धार्मिक क्षेत्र में रानी विक्टोरिया ने ईसाई धर्म की सच्चाई में विश्वास रखते हुए भी अपने धर्म को भारतवासियों पर थोपने की इच्छा का ही नहीं बल्कि ऐसा कर सकने के अपने अधिकार का भी स्वत्व त्याग दिया। अपने अधीनस्थ अधिकारियों को भी भारतीय जनता के धार्मिक जीवन में किसी प्रकार से हस्तक्षेप न करने का आदेश दिया। इस क्षेत्र में अधिकारियों का आज्ञा उल्लंघन रानी की अत्यधिक अप्रसन्नता का कारण होगा।

रानी विक्टोरिया ने भूमि सम्बन्धी अधिकारों में भारतवासियों के अपने पैतृक भूमि से लगाव और परंपरागत अधिकारों को स्वीकार ही नहीं किया बल्कि उनकी रक्षा करने की भी इच्छा व्यक्त की। किंतु अपने इस आश्वासन को उसी समय तक निभाने की बात भी कही जब तक राज्य द्वारा लगाए गए करों का कृषक वर्ग भुगतान करता रहे। उन्होंने यह आदेश भी दिया कि भूमि व्यवस्था से संबंधित नियमों का निर्माण और संचालन करते समय सरकार भारतीयों के परंपरागत अधिकारों का उचित सम्मान करेगी। भारतीय नरेशों को विक्टोरिया ने अपनी ओर से समस्त संधियों के पालन करने का आश्वासन दिया लेकिन साथ ही नरेशों से भी उसी प्रकार के पालन की आशा की। अपने राज्यक्षेत्र के विस्तार करने की अनिच्छा की अभिव्यक्ति के साथ-साथ उन्होंने अपने राज्यक्षेत्र अथवा अधिकारों का अतिक्रमण सहन न करने तथा दूसरों पर अतिक्रमण न करने की बात कही। ये तीनों आश्वासन 1857 ई. की घटनाओं पर उल्लेखनीय प्रकाश डालते हैं। इनसे यह स्पष्ट हो जाता है कि इंग्लैंड सरकार ने ईसाई धर्म प्रचारकों, भूमि व्यवस्था से उत्पन्न असंतोष तथा भारतीय नरेशों को अपने राज्य अपहरण का भय इसी क्रम में विप्लव के लिए उत्तरदायी समझे। ईसाई मिशनरियों के संबंध में विक्टोरिया की घोषणा अत्यधिक महत्त्वपूर्ण है क्योंकि यह वक्तव्य राज्याध्यक्ष द्वारा दिया गया था।

आने वाले समयों में लागू की जाने वाली नीतियों व कानूनों के विषय में इस घोषणा के अन्तर्गत विभिन्न आश्वासन प्रदान किये गये जो इस प्रकार है—

(1) राजकीय सेवाओं में जाति और धर्म के भेद का ध्यान रखे बगैर प्रत्येक व्यक्ति को निष्पक्षता से उसकी क्षमता, योग्यता, शिक्षा और निष्ठा के आधार पर स्थान दिया जाए।

(2) आंतरिक शांति स्थापना के पश्चात् भारत में उद्योगों की वृद्धि, लोकहित तथा सार्वजनिक कार्यों का निर्माण तथा प्रशासन का संचालन समस्त निवासियों के लाभ के लिए किया जाए।

(3) भारतीय नागरिकों के प्रति कर्तव्य अन्य नागरिकों के समान निभाए जाएँगे।

उपर्युक्त वर्णित इन तीनों व्यापक आश्वासनों का उचित उल्लंघन अगले 90 वर्षों के इतिहास से भली-भाँति स्पष्ट हो जाता है। ये वायदे संभवतः भारतीय जनता को धोखा देने के लिए किए गए। अंग्रेजी सरकार का इन वायदों को पूरा करने का कोई दृढ़ विचार कभी नहीं था। इसलिए ये आश्वासन केवल शुभेच्छाओं से अधिक नहीं बढ़ सके, वास्तव में विक्टोरिया ने इस घोषणापत्र की भाषा को अत्यंत मधुर और संतोषजनक बनाने के लिए विशेष आदेश दिया था।

प्रशासनिक विकास : 1858—1906

भारत सचिव तथा भारतीय परिषद् को सन् 1858 में स्थापित किया गया था, इसे गृह सरकार के नाम से सम्बोधित किया जाता था। भारत सचिव का खर्च भारत राजस्व से दिए जाने का परिणाम यह हुआ कि इंग्लैंड संसद के समक्ष सैद्धांतिक रूप में उत्तरदायी होते हुए भी वह प्रायः निरंकुश अथवा नियंत्रण से मुक्त हो गया। ईस्ट इंडिया कंपनी के चार्टर नवीनीकरण के समय भारतीय प्रशासन पर काफी चर्चा हो जाती थी लेकिन 1858 ई. के पश्चात् यह अवसर भी जाता रहा। भारतीय नेता बहुत समय तक इस भ्रांति में रहे कि पार्लियामेंट के सदस्यों को भारतीय परिस्थितियों से अवगत कराकर स्थिति और नीति में कुछ परिवर्तन कराया जा सकता था। 20वीं सदी के आरंभ तक निराशा और असफलता तथा उग्र राष्ट्रवादियों के उत्थान के पश्चात् यह मान्यता समाप्त हुई।

भारत सचिव तथा भारतीय परिषद् : 1858 में स्थापित भारतीय परिषद् अथवा इंडिया कौंसिल को समुचित अधिकार प्रदान किये गये थे। वित्तीय अधिकार तथा प्रशासनिक कार्यों पर नियंत्रण रखने के लिए व्यवस्था की गई। 1869 ई. में कौंसिल के रिक्त स्थानों की पूर्ति का अधिकार भारत सचिव को दे दिया गया तथा कौंसिल के सदस्यों का कार्यकाल (जो आरंभ में अस्पष्ट था) घटाकर दस वर्ष कर दिया गया। 1889 ई. में कौंसिल के सदस्यों की संख्या भी घटाकर 10 कर दी गई। भारत सचिव को आवश्यक कार्यों पर कौंसिल की अनुमति के बिना गोपनीय आदेश देने का अधिकार था। केवल वित्तीय मामलों में इंडिया कौंसिल के बहुमत की

आवश्यकता होती थी। इस प्रावधान को भारत सचिव ने बड़ी सरलता से निरर्थक कर दिया। वह अपने कार्यों के लिए इंग्लैंड संसद के प्रति उत्तरदायी होता था और कैबिनेट के अनुमोदन के पश्चात् उसे अत्यधिक मनोबल मिल जाता था इसलिए व्यावहारिक रूप में इंडिया कौंसिल का वित्तीय नियंत्रण औपचारिक मात्र रहा।

भारत के अन्तर्गत प्रशासन का संपादन गवर्नर जनरल के माध्यम से होता था। भारत सचिव को 'नियंत्रण तथा निदेशन का अधिकार' उपलब्ध था। 1858 ई. के पूर्व भारतीय प्रशासन को काफी स्वतंत्रता थी और संचालक समिति अथवा बोर्ड ऑफ कट्रोल की स्वीकृति बहुधा औपचारिक होती थी लेकिन अब स्थिति में आमूल परिवर्तन हुआ। 1858 ई. में भारतीय राजस्व से खर्च की स्वीकृति देने का अधिकार भारत सचिव को ही दिया गया। 1861 ई. के एक्ट से भारत सचिव को भारतीय लेजिस्लेटिव कौंसिल द्वारा पारित नियमों को अस्वीकृत करने का अधिकार था। इसलिए विधेयक का प्रारूप पहले भारत सचिव द्वारा स्वीकृत कराने की परंपरा आरंभ हुई। गवर्नर जनरल की कौंसिल के सदस्यों की नियुक्ति भारत सचिव अपनी कौंसिल के परामर्श से ही किया करता था। इसके अतिरिक्त अन्य नियुक्तियाँ भी जो इंग्लैंड सम्राट द्वारा की जाती थीं, भारत सचिव के परामर्श पर ही होती थीं। 1868-70 ई. के मध्य स्वेज नहर के निर्माण और समुद्री तार के माध्यम से इंग्लैंड द्वारा भारतीय प्रशासन पर नियंत्रण अधिक सरल हो गया, इंग्लैंड से अब विस्तृत आदेश शीघ्रता से भेजे जा सकते थे।

भारत सचिव ने सन् 1979 में कांट्रेक्ट एक्ट तथा एविडेंस एक्ट को मान्यता प्रदान कर दी। गवर्नर जनरल मेयो के विरोध करने पर भी उसे वे दोनों अधिनियम पास करने पड़े। नार्थब्रुक ने भारतीय सरकार की वित्तीय स्वाधीनता का तर्क प्रस्तुत करना चाहा, किंतु यह स्वीकृत नहीं हुआ। भारत सचिव सेलिसबरी ने पार्लियामेंट के समक्ष भारत सचिव के पूरी तरह से उत्तरदायी होने तथा पार्लियामेंट के सर्वोच्च अधिकारों की दुहाई देकर भारतीय प्रशासन पर सचिव के नियंत्रण का औचित्य बताया। इतना अवश्य कहा जा सकता है कि यह नियंत्रण बहुत अंशों में व्यक्तिगत (गवर्नर जनरल और भारत सचिव) योग्यताओं और क्षमता पर काफी घटता-बढ़ता रहता था। आर्थिक और साम्राज्यवादी हितों के प्रश्न पर इंग्लैंड में व्यापारी, उद्योगपति अथवा अन्य वर्ग बहुत जागरूक रहते थे। बहुधा इंग्लैंड और भारत के हितों में परस्पर विरोध भी होता था किंतु ऐसी स्थिति में सदा ही इंग्लैंड के हितों को प्रधानता दी जाती थी।

यह बात 19वीं सदीं के अन्तिम समयों में उस दौरान पूर्ण रूप से सामने आयी जिस दौरान लिटन और रिपन के समय में लंकाशायर और मेंचेस्टर के उद्योगपतियों

इस कौंसिल के गठन से इंग्लैंड की संसद के अधिकारों पर किसी प्रकार की रोक नहीं लगाई गई।

2. इस एक्ट से बंबई और मद्रास प्रांतों के गवर्नरों को कम-से-कम 4 और अधिक-से-अधिक 8 अतिरिक्त सदस्यों की नियुक्ति का अधिकार दिया गया जिनमें से आधे सदस्य गैर-सरकारी होते थे। ये सदस्य कार्यकारिणी की उन बैठकों में, जो नियम पास करने के लिए बुलाई जाए, भाग ले सकते थे। उनका कार्यकाल 2 वर्ष था। प्रांतों में भी लेजिस्लेटिव कौंसिल का पृथक अस्तित्त्व नहीं था। इन कौंसिलों का कार्यक्षेत्र प्रांतीय विषयों तक सीमित था। बहुत से विषयों से संबंधित विधेयक पास करने के लिए उन्हें केंद्र से अनुमति लेनी पड़ती थी।

3. गवर्नर जनरल की कौंसिल में एक सदस्य और बढ़ा दिया गया। अब 5 सामान्य सदस्य हो गए। पूर्व की भाँति सेनाध्यक्ष को कौंसिल का विशिष्ट सदस्य बनाए रखा गया।

4. गवर्नर जनरल को अपनी कौंसिल के सदस्यों में कार्य विभाजन का अधिकार दिया गया। विभिन्न विभागों का प्रशासन कुछ सदस्यों के नियंत्रण में कर देने से गवर्नर जनरल के प्रभाव में वृद्धि और कौंसिल के महत्त्व में कमी हुई। सप्ताह में एक बार कौंसिल का प्रत्येक सदस्य तथा प्रत्येक विभाग का सचिव गवर्नर जनरल से अलग-अलग भेंट करते थे। अत्यंत महत्त्वपूर्ण अथवा सामान्य हित के विषयों को कौंसिल के समक्ष प्रस्तुत किया जाता और वहाँ निर्णय बहुमत के आधार पर होता था जब तक कि गवर्नर जनरल अपने विशेष अधिकार का प्रयोग न करे।

5. लेजिस्लेटिव कौंसिल के गठन के संबंध में यह मौलिक सिद्धांत लागू किया गया कि जिस समय कार्यकारिणी के सदस्य किसी बिल को पास करने के लिए बैठक करें उस समय कुछ अतिरिक्त सदस्य उस बैठक में सम्मिलित हों। कार्यकारिणी की उस बैठक को जिसमें अतिरिक्त सदस्यों को कानून बनाने के लिए आमंत्रित किया गया हो लेजिस्लेटिव कौंसिल की बैठक कहते थे। ये अतिरिक्त सदस्य केवल बिल पास करने के समय ही कौंसिल के अधिवेशन में सम्मिलित हो सकते थे। इन अतिरिक्त सदस्यों की संख्या कम-से-कम 6 और अधिक-से-अधिक 12 रखी गई, जिनमें से आधे गैर-सरकारी सदस्य होंगे। इन सदस्यों का कार्यकाल 2 वर्ष होता था यद्यपि उन्हें पुनः नियुक्त किया जा सकता था।

इस अधिनियम के पास हो जाने से राज्यों को बिल की स्वीकृति प्रदान करने के सन्दर्भ में कुछ आजादी जरूर मिल गयी परन्तु केन्द्र का नियंत्रण ज्यों का त्यों ही पड़ा रहा! इतना लाभ अवश्य हआ कि कुछ भारतीयों को अंग्रेजी प्रशासन के साथ

संबद्ध कर दिया गया। इन अतिरिक्त सदस्यों को प्रश्न पूछने अथवा कार्यकारिणी के कार्यक्षेत्र में हस्तक्षेप करने का अधिकार नहीं था। आरंभ में कुछ ऐसे जमींदारों अथवा सामंतों को सदस्य नियुक्त किया गया जो भारतीय भावनाओं तथा आकांक्षाओं से अपरिचित थे लेकिन बाद में ऐसे सदस्यों की नियुक्ति कम होती चली गई। 1861 ई. का एक्ट 1853 ई. की तुलना में प्रतिगामी था। 1853 ई. में लेजिस्लेटिव कौंसिल का गठन संसदात्मक प्रणाली पर था। 1861 ई. में इसके स्थान पर गवर्नर जनरल और उसकी कार्यकारिणी की निरंकुशता बढ़ाई गई। भारत सचिव, सर चार्ल्स वुड, ने कैनिंग के उत्तराधिकारी एलगिन को स्पष्ट लिखा : 'तुम्हारी कौंसिल कभी-कभी कानून बनाती है और उस समय कुछ अतिरिक्त व्यक्ति तुम्हारी कौंसिल में बैठते हैं—लेकिन तुम्हारी कौंसिल एक ही है—हमने बड़े ध्यान से अधिनियम में ऐसा कोई प्रावधान नहीं रखा जिससे इस लेजिस्लेटिव कौंसिल के पृथक अस्तित्त्व को बल मिल सके। लार्ड डलहौजी ने गलती से ऐसा समझ लिया था। हमने बड़े परिश्रम से उसकी गलती को ठीक किया है।' एक अन्य प्रतिक्रियावादी कार्य यह किया गया कि गवर्नर जनरल को कौंसिल की अनुमति अथवा पूर्व सूचना के बिना अध्यादेश प्रसारित करने का अधिकार दे दिया गया। ये अध्यादेश 6 महीने तक वैध रहते थे। यह अधिकार अंग्रेजी प्रशासक अंत तक प्रयोग में लाते रहे। इस कौंसिल के गैर-सरकारी सदस्य गवर्नर जनरल अथवा उसकी कार्यकारिणी के विरुद्ध जाने का साहस नहीं करते थे। नवाब रामपुर और पटियाला महाराज अपनी सदस्यता काल की 36 बैठकों में केवल 3 और 8 में क्रमशः उपस्थित रहे। कार्यकारिणी के सदस्यों की उन्नति की संभावना मात्र गवर्नर जनरल ही कर सकता है।

गवर्नर जनरल के अधिकारों को कार्यकारिणी की अपेक्षा अधिक बढ़ावा देने में भारत सचिव के साथ निजी पत्र-व्यवहार की पद्धति सहायक हुई। भारत सचिव भी अपनी इंडिया कौंसिल के नियंत्रण से मुक्ति और भारतीय प्रशासन पर अपना अधिकार स्थापित करना चाहता था। इसलिए महत्त्वपूर्ण विषयों से संबंधित निर्णय वह गवर्नर जनरल से निजी स्तर पर विचार-विमर्श करके ले लिया करता था। वह भारत सरकार से अपनी इच्छानुसार प्रस्ताव भी मनवा लेता और फिर इंडिया कौंसिल से उसे पास कराने में कोई कठिनाई नहीं होती थी। यही पद्धति गवर्नर जनरल को भी बहुत से विवादास्पद नीतियों के निर्णय में सहायक होती थी। यह निजी पत्र-व्यवहार तो पहले भी होता था लेकिन अब इसका प्रभाव अधिक व्यापक हो गया।

अन्य सदस्यों मे से कुछ के न सम्मिलित होने और विधान परिषद् (लेजिस्लेटिव कौंसिल) के अधिकारों के कम होने से भी इस प्रणाली में उन्नति की जरूरत महसूस

की जा रही थी। अंग्रेज अधिकारी यह समझते थे कि भारतीयों के दृष्टिकोण से उन्हें लाभ हुआ था, वे प्रतिष्ठित एवं सम्मानित सामंतों की अपेक्षा शिक्षित और पश्चिमी विचारों से प्रभावित भारतवासियों को भी अवसर प्रदान करना चाहते थे। लार्ड डरफिन ने सर जार्ज चेनी की अध्यक्षता में एक समिति का गठन किया जिसने लेजिस्लेटिव कौंसिलों को छोटी पार्लियामेंट के रूप में विकसित करने के पक्ष में सिफारिश की, यद्यपि वह भारत में पार्लियामेंटरी प्रणाली स्थापित करने के पक्ष में नहीं। इसने गैर-सरकारी सदस्यों में से कुछ को निर्वाचन के आधार पर भी नियुक्त किए जाने की सिफारिश की।

दूसरी तरफ भारतीय जनमत काफी सुदृढ़ हो रही थी। भारतीय राष्ट्रीय कांग्रेस ने इस जनमत को संगठित तथा संस्थागत रूप में प्रस्तुत किया। इंडियन लेजिस्लेटिव कौंसिल के ढाँचे में सुधार के लिए प्रायः प्रतिवर्ष प्रस्ताव पास किए जाते रहे। प्रमुख समाचार-पत्र, राजनीतिक संगठन तथा प्रतिष्ठित व्यक्ति विभिन्न अवसरों पर अधिक भारतीय सदस्यों की नियुक्ति तथा कौंसिलों को अधिक अधिकार दिए जाने की समस्या पर सरकार का ध्यान आकर्षित करते थे। इंग्लैंड में भी कांग्रेस ने एक प्रकार आंदोलन आरंभ किया जिससे संसद के अधिक सदस्य भारतीय दृष्टिकोण को समझ सकें। 1889 ई. में कांग्रेस द्वारा पारित प्रस्ताव के आधार पर हाउस ऑफ कामंस के एक सदस्य ब्रैड ला ने 1890 ई. में एक विधेयक प्रस्तुत किया। इंग्लैंड सरकार ने भी इस प्रस्ताव का श्रेय लेने के लिए एक विधेयक प्रस्तुत किया जिसे 1892 ई. में इंडियन कौंसिल एक्ट के रूप में पास किया।

1892 के अधिनियम की मुख्य धाराएँ : 1892 के अधिनियम के अन्तर्गत प्रमुख रूप से तीन नियमों में परिवर्तन किया गया जो निम्नवत हैं—

(1) अतिरिक्त सदस्यों की संख्या बढ़ा दी गई। केंद्रीय कौंसिल में अब कम-से-कम 10 और अधिक-से-अधिक 16 अतिरिक्त सदस्य नियुक्त किए गए। बंबई और मद्रास की प्रांतीय कौंसिलों मे 8 से 20 तक, बंगाल और उत्तर पश्चिम प्रांत की कौंसिल में क्रमशः 20 और अतिरिक्त सदस्य नियुक्त किए गए।

(2) इन सदस्यों को कुछ अधिक अधिकार भी दे दिए गए। वार्षिक बजट पर वाद-विवाद हो सकता था तथा संबंधित प्रश्न भी पूछे जा सकते थे। लेकिन उस पर मत विभाजन तथा कोई संबंधित प्रस्ताव पास नहीं हो सकता था। इस प्रकार बजट से संबंधित निर्णय में अतिरिक्त सदस्यों का योगदान नहीं था। अतिरिक्त सदस्यों को प्रशासन से संबंधित प्रश्न पूछने का अधिकार दे दिया गया लेकिन लेजिस्लेटिव कौंसिल के अध्यक्ष को किसी भी प्रश्न के अस्वीकार करने का अधिकार था। प्रश्न

के उत्तर पर वाद-विवाद का अधिकार नहीं था। प्रश्न सूचनात्मक ही हो सकते थे। पूरक प्रश्नों का अधिकार नहीं दिया गया।

(3) अतिरिक्त सदस्यों में 2/5 सदस्य गैर सरकारी होंगे। इन गैर सरकारी सदस्यों की नियुक्ति के लिए एक ऐसी प्रणाली अपनाई गई। जो निर्वाचन और मनोनयन के मध्य थी तथा जिसमें प्रतिनिधित्व का कुछ अंश सम्मिलित था। एक्ट में इस संबंध में कोई स्पष्ट व्याख्या नहीं की गई। कुछ निदेशात्मक तत्त्वों के अनुसार गवर्नर जनरल की कौंसिल भारत सचिव और इंडियन कौंसिल की सहमति से समय-समय पर नियम बना सकती थी।

इस अधिनियम में संशोधित किये गये उपनियमों के आधार पर अतिरिक्त सदस्यों को भारतीय समाज के विभिन्न वर्गों, जातियों तथा विशिष्ट हितों के आधार पर नियुक्त किया गया। यह परंपरा कालांतर में भारतीय राष्ट्रीय एकता के विकास में बाधक बनी। फलस्वरूप भारतीय समाज के विभिन्न वर्गों में अपने विशिष्ट हितों के प्रति भावनाएँ विकसित हुई। उदाहरणार्थ : बंबई प्रांत में 8 अतिरिक्त सदस्यों में 2 बंबई विश्वविद्यालय के, 2 यूरोपीय व्यापारियों के, 1 सिंध के जमींदारों का, 1 दक्खिन के सरदारों का और 2 सामान्य जनता के प्रतिनिधि नियुक्त किए गए।

विधान परिषद् के प्रति कार्यकारिणी अपनी नीतियों हेतु जिम्मेदार नहीं थी परन्तु अतिरिक्त सदस्यों की संख्या बढ़ने से गवर्नर जनरल की कौंसिल के सदस्य एक गठित मंडल की भाँति कार्य करने लगे। कौंसिल के सदस्यों को सरकारी नीति से अलग मत व्यक्त करने की स्वतंत्रता नहीं रही। कई अवसरों पर भारत सचिव के आदेशानुसार ऐसे बिल भी लेजिस्लेटिव कौंसिल में सरकारी सदस्यों के समर्थन से पास किए गए जो स्पष्ट रूप से भारतीय हितों के विरुद्ध थे। गैर-सरकारी सदस्यों की अल्पसंख्या किसी भी विवाद के प्रत्यक्ष परिणामों को बदलने में असमर्थ रहती थी इसलिए कौंसिलों में वाद-विवाद का लाभप्रद प्रभाव नहीं हुआ।

इस अधिनियम के पास हो जाने से असंतोष और अधिक बढ़ हो गया। क्योंकि भारतीय सदस्यों को प्रशासन में अधिक-से-अधिक सक्रिय भाग लेने का अवसर नहीं मिला, यद्यपि 1861 ई. की अपेक्षा स्थिति में कुछ लाभदायक परिवर्तन हुए लेकिन भारतीयों को बहस करने के अधिकार मात्र से संतुष्ट नहीं किया जा सकता था। बहुत बार सार्वजनिक हित का तर्क प्रस्तुत करके कौंसिल में वाद-विवाद को समाप्त कर दिया जाता था। यह अंग्रेजी सरकार की असफलता थी कि वह बदलती परिस्थितियों के साथ अपनी नीति में परिवर्तन करके जागरूक भारतीयों की आकांक्षाओं को पूरा नहीं कर सकी। यह संभावना थी कि यदि इस समय प्रतिनिधित्व

प्रणाली को वास्तव में आरंभ कर दिया जाता तो 20वीं सदी के आरंभ में क्रांतिकारी और अंग्रेज विरोधी भावनाओं का विकास इतना तीव्र और गहन रूप में न हो जाता।

संसद में इस अधिनियम पर चर्चा होते समय यह उम्मीद जतायी जा रही थी कि निर्वाचन पद्धति भारत में स्थापित हो जाए। लेकिन एक्ट के अधीन बनाए गए नियमों ने निर्वाचन की संभावना को समाप्त ही कर दिया। इससे भारतीय नेताओं को यह अनुभव हुआ कि अंग्रेजी नौकरशाही भारतीय आकांक्षाओं से सहानुभूति नहीं रखती थी।

इस अधिनियम के अन्तर्गत दोष विद्यमान होते हुए भी यह सही दिशा में एक प्रयास था। लार्ड कर्जन के समय में विभिन्न प्रतिक्रियावादी कानून बना देने से कौंसिलों के विरुद्ध आलोचना अधिक बढ़ी। भारतीय प्रतिनिधि ऐसे नियमों को पास होने से रोकने में असमर्थ रहे। उसी समय कुछ ऐसी परिस्थितियां भी देश में अथवा देश के बाहर हुई जिनके फलस्वरूप अंग्रेजी साम्राज्यवादी नीतियों की आलोचना अधिक बढ़ी। 1905 ई. के बंग विभाजन से स्थिति में मौलिक परिवर्तन हो गया। उग्र विचारधारा अधिक वेग से बढ़ी और सरकार को शीघ्र ही एक नए अधिनियम की आवश्यकता अनुभव हुई। लेकिन इस अधिनियम से अंग्रेजी साम्राज्यवादियों की कूटनीति तथा भेदनीति अधिक स्पष्ट हुई।

भूमि तथा आर्थिक व्यवस्था में सुधार (1858–1869)

1857 ई. के विद्रोह पर सफलता पाने के बाद ब्रिटिश सत्ता को समृद्धि एवं जनप्रिय बनाने हेतु कैनिंग ने भारत के जमीदारों अथवा सामंती वर्गों का समर्थन हासिल करने के लिए काफी प्रयास किया। वह जानता था कि भारत में अंग्रेजी सेना की संख्या भी अत्यधिक नहीं बढ़ाई जा सकती थी और अंग्रेजी जनसंख्या भारतीय जनसंख्या का अत्यंत छोटा भाग ही रहेगी। इसलिए भारतीय कुलीन वर्गों को अंग्रेजी साम्राज्य का समर्थक बनाने की अत्यधिक आवश्यकता थी। उसकी शांतिप्रियता तथा कोमल हृदयता, उसकी कूटनीति का आवश्यक अंग थी। उसे मालूम था कि यदि भारत के सभी वर्गों पर विश्वास किया गया तब अंग्रेजी साम्राज्य भारत में सुरक्षित नहीं रह सकता था। भारतीय समाज के उच्चवर्गों—राजाओं, जमींदारों तथा कर्मचारियों से अंग्रेजों के प्रति भक्ति और निष्ठा की आशा की जा सकती थी, अंग्रेज सरकार द्वारा उनके प्रति नरम नीति अपनाए जाने के पश्चात यह भक्ति और निष्ठा काफी बढ़ जाने की आशा थी। अंग्रेजी सेना की उपस्थिति और विशेषकर तोपखाने पर अंग्रेजी नियंत्रण साम्राज्य की सुरक्षा में सहायक था लेकिन एक यूरोपीय युद्ध के समय

अंग्रेजी सेना की यूरोप में अधिक आवश्यकता होगी इसलिए वह चाहता था कि भारत के प्रभावशाली वर्गों में एक ऐसी भावना पैदा की जाए जिससे अंग्रेज आवश्यकता के समय आंतरिक शांति और सुरक्षा के उत्तरदायित्व का बोझ उनके कंधों पर डाल सकें।

कैनिंग ने भारत के राजाओं व नरेशों के पक्ष में संशोधित नीति की घोषणा करने हेतु लाहौर तथा आगरा में अलग-अलग सभाओं का आयोजन किया। उन नरेशों के जिन्होंने अंग्रेजों का समर्थन किया था, पुरस्कृत किया गया। भारतीय नरेशों को गोद लेने के अधिकार की पूरी छूट दे दी गई। नरेशों के अतिरिक्त कैनिंग ने जमींदारों और ताल्लुकेदारों को अपने पक्ष में करने का प्रयत्न किया। अवध में ताल्लुकेदारों का पूरा समर्थन किया गया उन्हें अपने क्षेत्र में मुकदमे तय करने का भी अधिकार दे दिया गया। उन्हें जिले के अधिकारियों से सीधे संपर्क का भी अधिकार प्रदान किया गया।

बड़े-बड़े कृषकों का समर्थन हासिल करने की नीति मात्र अवध तक ही नहीं लागू की गयी बल्कि इस नीति द्वारा बंगाल, उत्तर पश्चिमी प्रांत, तथा पंजाब में भी परिवर्तन किए गए। बंगाल में जमींदारों को छोटे मुकदमे सुनने का अधिकार दिया गया। उत्तर पश्चिमी प्रांत (आधुनिक यू.पी.) में पहले का जमींदार वर्ग तो प्रायः समाप्त ही हो चुका था, ढूँढ़-ढूँढ़कर 57 व्यक्तियों को जिनमें 13 अंग्रेज थे न्यायायिक अधिकार दिए गए। पंजाब में पिछले 10 वर्षों से चली आ रही नीति (बड़ी जमींदारियों को समाप्त करना) को उलट दिया गया और भूस्वामियों को अधिक अधिकार दिए गए। मध्य प्रदेश में मालगुजारी के अधिकारों को बढ़ावा दिया गया। उनको भी न्यायिक अधिकार दे दिए गए। इस नीति से कैनिंग का लक्ष्य यह था कि परोक्ष रूप से अंग्रेजों और भारतवासियों के मध्य संबंध अधिक मधुर हो सकेंगे। भारतवासियों को सरकार द्वारा उचित सम्मान दिए जाने का प्रभाव अंग्रेजों पर अनुकूल ही होगा।

कैनिंग की अभिजात वर्गों के समर्थन की नीति भारतीय राजनीतिक परिस्थिति की पृष्ठभूमि में तैयार हुई थी। यह नीति तत्कालीन अंग्रेजी विचारधाराओं के अनुकूल भी थी। 19वीं सदी के मध्य में उदारवादी विचारधारा भी संपन्न व्यापारिक और पूँजीपति वर्ग की प्रधानता में आस्था रखने लगी थी। इंग्लैंड में वह युग एक विशिष्ट वर्ग के नेतृत्व में विश्वास रखता था जो समाज के पिछड़े हुए वर्ग का भी संरक्षण कर सके। इंग्लैंड में उदारवादियों के 'लेसे फेयर' सिद्धांत ने भारत के जमींदारों और भूस्वामियों के पुनरुत्थान में अधिक योगदान दिया।

अंग्रेजी सरकार को इस नीति से जमीदारों तथा भूस्वामियों का समर्थन प्राप्त हो गया परन्तु समाज के एक बहुसंख्यक वर्ग का शोषण आरंभ हो गया। आरंभ में लगान वसूली की निश्चितता और 19वीं सदी के मध्य में राजनीतिक निष्ठा और समर्थन प्राप्त करने के लिए भूमि से संबंधित अधिकार अंग्रेजों ने लगान जमा कराने वाले जमींदारों को दिए। इन अधिकारों को न्यायालयों और विधि व्यवस्था से स्थिर कर दिया गया। 1818 ई. के पश्चात आंतरिक युद्धों तथा विदेशी आक्रमणाभाव में देश की जनसंख्या में वृद्धि हुई जिसका जमींदार कृषक संबंधों पर काफी प्रभाव पड़ा। साथ ही कृषक उत्पादन वस्तुओं के मूल्यों में वृद्धि हुई जिससे भूराजस्व में वृद्धि के लिए औचित्य प्राप्त हुआ।

उक्त वर्णित तत्त्वों ने मिश्रित रूप स्थिति को काफी समस्यात्मक बना दिया। जमींदार कृषक संबंध परंपरा की अपेक्षा विधि प्रधान होते गए। इंग्लैंड में भारत सचिव इस आदर्श की व्याख्या करते थे कि भूमि व्यवस्था में कृषकों के परंपरागत अधिकारों को सुरक्षित रखा जाए किंतु किसी भी परंपरागत स्थिति को विदेशी विधि व्यवस्था से सुरक्षित रखना ही कठिन था। इंग्लैंड के अधिकांश नेता उस उदारवादी वातावरण के समर्थक थे जिसमें पूँजीवादी जमींदार वर्ग की उपस्थिति आर्थिक विकास में सहायक हुई थी। फलस्वरूप किसी भी ऐसी व्यवस्था का जो जमींदारों के स्वच्छंद अधिकारियों पर प्रतिबंध दिखाई पड़े विरोध किया जाता था।

भारत के कई राज्यों में जमींदारी एवं कृषक समर्थक दृष्टिकोण पाया जाता था बंगाल में अधिकांश ब्रिटिश अधिकारी जमींदारों का ही साथ देते थे। पंजाब में अधिकांश अधिकारी उदार निरंकुशवाद में विश्वास रखते थे इसलिए कृषकों का अधिक समर्थन करते थे। अंग्रेज न्यायाधीश कृषकों को मुकदमेबाजी का इच्छुक समझते थे। भारतीय राज्यों में अंग्रेज रेजिडेंट (जिनका स्थानांतरण होता रहता है) कुलीन वर्गों के समर्थक थे इसलिए 19वीं सदी के मध्य में कृषकों से संबंधित विधि निर्माण में वाद-विवाद अधिक हुआ।

बंगाल में 1859 ई. का 'टेनेन्सी एक्ट' जमींदारों के पक्ष में था यद्यपि इस एक्ट का उद्देश्य 12 वर्ष से लगातार खेती करने वाले कृषकों को लगान वृद्धि से बचाना था। एक्ट पास होने के पश्चात सर्वोच्च न्यायालय के मुख्य न्यायाधीश, पीकाक, ने एक्ट की व्याख्या इस प्रकार से की कि कृषकों को किसी प्रकार की सुरक्षा ही उपलब्ध न रही। 1865 ई. में कलकत्ता हाईकोर्ट ने पीकाक के निर्णय को बहुमत से बदल दिया और 12 वर्षीय नियम का पालन करने पर जोर दिया। लेकिन जमींदारों ने विभिन्न प्रकार से एक्ट का उल्लंघन आरंभ किया। कृषकों को

एक खेत से दूसरे पर भेजकर अथवा पटवारी के रिकार्ड में परिवर्तन कराकर 12 वर्षीय नियम का उल्लंघन सरल था। कृषकों में बढ़ते हुए असंतोष को दूर करने के लिए 1879 ई. में एक 'रेंट कमीशन' नियुक्त किया गया और इसकी सिफारिशों के अनुसार 1885 ई. में पुनः एक एक्ट पास किया गया जिसमें 12 वर्षीय सिद्धांत की उदार व्याख्या की गई। लेकिन जमींदारों की मुकदमेबाजी की धमकी, खर्च और परेशानी से बचने के लिए कृषकों के पास लगान वृद्धि से सहमत होने के अतिरिक्त अन्य विकल्प नहीं था।

बंगाल के कृषकों की समस्याओं की अपेक्षा अवध के कृषकों की समस्याएं अत्यधिक जटिल थी। कैनिंग को ताल्लुकेदारों के समर्थन के लिए कृषकों की कोई चिंता नहीं थी। उसने अपनी नीति को क्रियान्वित करने का उत्तरदायित्व अवध के चीफ कमिश्नर, चार्ल्स विंगफील्ड को सौंप दिया। विंगफील्ड ने कृषकों को किसी भी प्रकार के अधिकार प्रदान करने से मना कर दिया। उसने पट्टेदार कृषक, काश्तकार अथवा रैयत में किसी प्रकार के भेद को स्वीकार नहीं किया। इस नीति का कुछ अधिकारियों ने विरोध भी किया था लेकिन वे अत्यंत अल्पसंख्यक थे। 1864 ई. में सर जॉन लारेंस के गवर्नर जनरल बन जाने के बाद यह समस्या अधिक विवादास्पद हो गई। लारेंस पंजाब में मुख्य अधिकारी रह चुका था और पंजाब अधिकारियों की परंपरा के आधार पर वहाँ के किसानों के पक्ष में था। 1858 ई. में कैनिंग द्वारा दिए गए आश्वासनों को वह बदल भी नहीं सकता था लेकिन साथ ही वह कृषकों के समर्थन में कुछ कार्य करना चाहता था। 1864 ई. में डेवीज की अध्यक्षता में कृषकों के स्वामित्व के विषय में एक जाँच आयोग की नियुक्ति की गई। इस आयोग के समक्ष दोनों पक्षों ने अपने समर्थन में तर्क प्रस्तुत किए। इसका निष्कर्ष कृषकों के स्वामित्व के पक्ष में अवश्य था लेकिन सब कृषकों ने यह स्वीकार किया था कि उन्हें ताल्लुकेदारों के विरुद्ध अधिकार नहीं थे। 1856 ई. से पूर्व कृषक कम उपलब्ध रहते थे, भूमि अधिक रहती थी। तथा ताल्लुकेदारों को नवाब के अधिकारियों के विरुद्ध कृषकों की आवश्यकता रहती थी। इसलिए कृषकों के प्रति उनके व्यवहार में उदारता थी। 1858 ई. के पश्चात परिस्थितियाँ बदल चुकी थीं। ताल्लुकेदारों को किसी नवाब के विरुद्ध कृषकों की सहायता नहीं चाहिए थी। ब्रिटिश सरकार सम्पूर्ण रूप से उनका सहयोगी अथवा समर्थक था। 1860 ई. के पश्चात प्रतिवर्ष रैयत से लिए जाने वाले लगान की मात्रा और रैयत के विरुद्ध लगान की वसूली मुकदमों की संख्या में वृद्धि होती गई। डेवीज ने कब्जादारी कृषकों के समर्थन में किसी भी नियम को पास करने का समर्थन किया।

अवध का चीफ कमिश्नर, विंगफील्ड, ताल्लुकेदारों का उग्र समर्थक था। इसके कुछ व्यक्तिगत कारण थे। 1857-58 ई. के विप्लव में जब वह बहराइच से भागा तब ताल्लुकेदारों ने ही उसकी तथा इसके अन्य साथियों की रक्षा की थी। विंगफील्ड के विरोध के बावजूद जॉन लारेंस ने कृषकों के समर्थन में कुछ नियम पास करने को सोची। तुरंत ही गैर-सरकारी अंग्रेजों—प्लांटर्स, व्यापारी तथा बंगाल के जमींदारों ने इस योजना का विरोध करना आरंभ किया। भारतीय सचिव वुड ने भी लारेंस को न्यूनतम समर्थन प्रदान किया।

विंगफीस्ड के यहाँ से चले जाने के पश्चात् सन् 1866 में लारेंस के अवध का चीफ कमिश्नर जॉन स्ट्रेची को नियुक्त किया। स्ट्रेची को कृषकों के अधिकारों की सुरक्षा के लिए विशेष आदेश दिए गए। स्ट्रेची ने अवध की स्थिति की विवशता को देखते हुए ताल्लुकेदारों की सहमति से ही कुछ समझौता करना उचित समझा। अगस्त 1866 ई. में किए गए समझौते के आधार पर अवध 'रेंट एक्ट' 1868 में पास किया गया। इस एक्ट के अनुसार उन सब कृषकों को जिन्हें 1856 ई. के पूर्व 30 वर्षों में स्वामित्व का अधिकार उपलब्ध था, भूमि पर कब्जे का अधिकार प्रदान कर दिया गया। ताल्लुकेदारों ने इस श्रेणी के कृषकों से 12½% कम लगान लेना स्वीकार किया। लेकिन भविष्य में इन कृषकों को अन्य कोई अधिकार नहीं होंगे। इस श्रेणी के कृषकों को अपने अधिकार (1856 ई. के पूर्व) न्यायालय में सिद्ध करने थे। अन्य कृषकों के संबंध में किसी भी न्यायालय को लगान संबंधी मुकदमे सुनने का अधिकार नहीं होगा।

अवध रेंट एक्ट का मूल्यांकन : इस सन्धि अथवा समझौते की चीफ कमिश्नर स्ट्रेची ने काफी प्रशंसा की और अपनी प्रसिद्धि को अत्यधिक बढ़ा चढ़ा कर बतलाया। लारेंस और स्ट्रेची का अनुमान था कि 20% कृषकों को कब्जा दिलाया जा सकेगा लेकिन वास्तव में केवल 1% कृषकों को ही लाभ हुआ। शेष 99% को पूरी तरह ताल्लुकेदारों की कृपा पर छोड़ दिया गया। लारेंस कृषकों के अधिकारों को सुरक्षित रखने में असफल रहा। यह समझौता अवध की कृषक जनता के लिए अत्यधिक घातक था। रेंट एक्ट ने ताल्लुकेदारों को कृषकों की बेदखली के असीमित अधिकार प्रदान किए। कृषकों की स्थिति सुधारने की अपेक्षा एक्ट ने उनकी स्थिति को और अधिक खराब कर दिया। इस एक्ट के माध्यम से आशा से अधिक ताल्लुकेदारों के हितों का पोषण हुआ। एक्ट के पास होने के पश्चात मुकदमेबाजी में किस सीमा तक वृद्धि हुई इसका अनुमान निम्नलिखित सारणी से स्पष्ट किया जा सकता है।

मुकदमे दायरा करना	1865-66 से 1868-69 का वार्षिक औसत	1869-70	1870-71	1871-72
कृषकों द्वारा				
(अ) अत्यधिक लगान वृद्धि के विरुद्ध	2,468	1,964	1,950	1,214
(ब) बेदखल किए जाने के विरुद्ध	3,025	2,716	1,996	1,446
जमींदारों द्वारा				
(अ) पिछला बकाया लगान वसूली के लिए*	34,516	35,768	41,736	41,903
(ब) बेदखली किए जाने के लिए	4,812	5,359	6,365	2,893

* इन मुकदमों का अभिप्राय कृषकों की अधिक लगान की माँग को स्वीकार करने के लिए बाध्य करना होता था।

सन् 1886 में अवध के किसानों में व्याप्त असंतोष को खत्म करने लिए एक अन्य अधिनियम बनाया गया। परन्तु इससे भी स्थिति में कोई विशेष सुधार नहीं हुआ। इसमें कृषकों के किसी भी भूमि पर 7 वर्षों तक खेती करने के अधिकारों को सुरक्षित रखा गया। उसके पश्चात उसे 6½% लगान वृद्धि के लिए सहमत होना पड़ता था लेकिन इससे ताल्लुकेदारों के अधिकार पर कोई नियंत्रण नहीं लगा। ताल्लुकेदारों ने कृषकों से लगान वृद्धि के अतिरिक्त नजराना लेना आरंभ किया जिसके बिना उन्हें बेदखल कर दिया जाता था। ताल्लुकेदारों के निरंकुश अधिकार ही 1920-21 के असहयोग आंदोलन को कृषकों में अत्यधिक लोकप्रिय बना सके।

पंजाब प्रान्त के अन्तर्गत किसानों को कृषि करने का अधिकार 12 वर्षीय नियम के आधार पर दिया गया। 1857-58 ई. में पंजाब में विद्रोह का प्रभाव बहुत कम था लेकिन कैनिंग द्वारा अभिजात वर्ग के समर्थन की नीति का प्रभाव पंजाब पर भी पड़ा। 1866 ई. में अमृतसर के कमिश्नर, प्रिंसेप ने जमींदार वर्ग का समर्थन प्राप्त करने के लिए कृषकों के आधिपत्य अधिकार को कम करने का प्रयत्न किया। उसका यह तर्क था कि सिक्ख प्रशासन में कृषकों को आधिपत्य अधिकार उपलब्ध नहीं था। वह समझता था कि कृषकों को आधिपत्य अधिकार प्रदान करने से जमींदारों

में असंतोष पैदा होगा। पंजाब और अवध में अंतर इतना था कि अवध में कृषकों को अधिकार दिलवाने के लिए प्रचलित व्यवस्था को समाप्त करने का सुझाव था। पंजाब में कृषकों को अधिकार उपलब्ध थे। उन्हें समाप्त करने के लिए प्रचलित व्यवस्था को बदलना आवश्यक था। गवर्नर जनरल की कौंसिल के विधि सदस्य, सर हेनरी मेन, ने लारेंस की नीति का समर्थन 'संपत्ति के अधिकार की सुरक्षा' के आधार पर किया। कृषकों को पंजाब में और ताल्लुकेदारों को अवध में संपत्ति अधिकार उपलब्ध था, इसलिए परिवर्तन नहीं किया गया। 1868 ई. के पंजाब रेंट एक्ट में सामान्यतः पुरानी स्थिति को प्रचलित रखा गया किंतु आधिपत्य प्राप्त कृषकों को मुआवजा देकर बेदखल किया जा सकता था। इस प्रकार जमींदारों को एक अधिकार उपलब्ध हुआ जो पहले नहीं था।

भारतीय परिषद् में विंगफील्ड, मोंटगुमरी आदि ने कृषकों के अधिकारों के विरुद्ध बहुत कुछ कहा, लेकिन उसका भारत सरकार पर कोई विशेष प्रभाव नहीं हुआ। भारत सचिव का विचार था कि बड़े जमींदार ही भारत की प्रगति में सहायक हो सकते थे लेकिन उसने गवर्नर जनरल का विरोध करना उचित नहीं समझा।

इन तीनों नियमों का मूल्यांकन करने के पश्चात् हम इस निष्कर्ष पर पहुँचते है कि 1857 के बाद भारत के अन्तर्गत अंग्रेजी प्रशासनिक अवधारणा जमींदारी लाभों का समर्थक बन गया था। भारत में गैर-सरकारी अंग्रेज भी संपत्ति अधिकार की अत्यधिक सुरक्षा चाहते थे। भारत सचिव और उसकी कौंसिल के अधिकांश सदस्य भूस्वामियों और जमींदारों के समर्थक थे। 19वीं सदी के अंतिम चतुर्थांश में अंग्रेजी सरकार ने राष्ट्रवादियों के व्यापक प्रभाव को कम करने के लिए अपने आपको रैयत के हितों का भी पोषक कहा। संयोगवश इंडियन नेशनल कांग्रेस में बहुत समय तक नए मध्यम वर्गों (जिसमें जमींदार भी थे) का प्रभुत्व था इसलिए अंग्रेज सरकार अपना बाह्य रूप साधारण कृषक के पक्ष में बनाए रख सकी। लेकिन वास्तव में सरकार कुलीन वर्गों के हितों का ही समर्थन करती रही। बढ़ते हुए राष्ट्रीयता के प्रभाव को अभिजात वर्ग ही रोकने में सहायक हो सकता था। इसलिए अंग्रेज सरकार के कृषकों से संबंधित अधिनियम इस बात को ध्यान में रखकर बनाए जाते थे कि जमींदारों के हितों को कोई हानि न पहुँचे।

नवीन आर्थिक व्यवस्था

सन् 1858 में इंग्लैण्ड सरकार ने भारतीय साम्राज्य पर नियंत्रण स्थापित करते समय ईस्ट इंडिया कम्पनी के सार्वजनिक कर्जों को भारत के राजस्व पर डालने का

फैसला लेकर भारत सरकार की आर्थिक दशा को अत्यधिक संकट में डाल दिया। 1857-58 ई. के विप्लव और प्रशासनिक अव्यवस्था से सरकार की वित्तीय स्थिति और भी अधिक संकटमय हो गई। इस वित्तीय कठिनाई को दूर करने के लिए कैनिंग ने आयात कर (जो पहले 3½% से 5% तक था) को बढ़ाकर 10% कर दिया। इंग्लैंड सरकार ने इसकी अनुमति तो दे दी लेकिन यह नीति स्पष्ट रूप से इंग्लैंड के उत्पादन वर्ग के हितों के विरुद्ध थी इसलिए वित्त विशेषज्ञों को (जेम्स विलसन—1859-1860 ई. और सेम्बेल लैंग—1860-1862 ई.) भारत सरकार की सहायता के लिए भेजा गया। विलसन ने नए कर—व्यापार पर, लाइसेंस कर और आय कर लगाए। आय कर लोकप्रिय नहीं हुआ क्योंकि इसका बोझ भारतीयों पर कम और अंग्रेज व्यापारियों तथा प्लांटर्स पर अधिक पड़ा। 1860 ई. में विलसन की मृत्यु हो गई। इंग्लैंड के उद्योगपतियों ने भारत में लगा 10% आयात कर समाप्त करने की माँग रखी। लैंग ने लाइसेंस टैक्स को समाप्त कर दिया। भारत सचिव ने आयात कर कम करने का सुझाव दिया किंतु लैंग ने इसे स्वीकार नहीं किया। इसके विपरीत उसने यह मत प्रकाशित किया कि यदि भारत में अंग्रेजी सेना की संख्या कम कर दी जाए तो आय कर भी हटाया जा सकता था। इस प्रकार के मत की अभिव्यक्ति में अंग्रेजी साम्राज्यवादी दृष्टिकोण ढँका नहीं रह सकता था इसलिए भारत सचिव और भारत सरकार की यह मान्यता बन गई कि इंग्लैंड से वित्त विशेषताओं को भारत भेजना ठीक नहीं था।

चीफ कमिश्नर कैनिंग के समय में (1860) मात्र वर्षों तक ही आयकर को लागू किया गया था। प्लांटर्स और अंग्रेज व्यापारियों ने इसका काफी विरोध किया। आरंभ में यह कर 200 रु. से 500/- की आय पर 2% और 500 से ऊपर की आय पर 4% था। 1862 ई. में न्यूनतम आय सीमा 500/- कर दी गई। 1863 ई. में 4% आय कर भी घटाकर 3% कर दिया गया। जॉन लारेंस आय कर को पुनः लगाना चाहता था लेकिन प्लांटर्स के विरोध के फलस्वरूप उसकी कौंसिल का बहुमत पक्ष में नहीं था। इसलिए आयकर नहीं लगाया गया। जमींदार पहले से ही कर भार से मुक्त थे। 1867 ई. में लाइसेंस टैक्स और इस टैक्स के दोषों को दूर करने के लिए 1868 ई. में सर्टिफिकेट टैक्स लगाया गया। इससे ऊँची आय वाले लोगों पर कर कम कर दिए गए। 1869-70 ई. में इन दोनों करों के स्थान पर पुनः आय कर लगाया गया। नमक कर की समस्या भी उस समय जटिल थी। एक ओर सरकारी आय का यह प्रमुख साधन था, दूसरी ओर इसका सबसे अधिक प्रभाव गरीब जनता पर पड़ता था। नमक कर की दर मद्रास और बंबई प्रांतों में रु. 4.60 प्रति क्विंटल

थी, जबकि बंगाल में रु. 8.12 से रु. 9.00 प्रति क्विंटल थी। बंगाल में कर की दर नमक उत्पादन लागत का 15 से 20 गुना थी। लारेंस ने मद्रास और बंबई में कर की मात्रा बढ़ाकर रु. 5.44 प्रति क्विंटल और बंगाल में रु. 6.12 से रु. 7.44 प्रति क्विंटल तक कर दी। इस प्रकार लारेंस ने बंगाल की जनता पर लगे भार को कुछ कम अवश्य किया लेकिन साथ ही उसने बंबई और मद्रास प्रांतों में इसे अधिक बढ़ा दिया। भारत में लगाए गए आयात करों के विरुद्ध इंग्लैंड में निरंतर प्रचार होता रहता था। 1864 ई. में 10 प्रतिशत आयात कर को घटाकर 7½% कर दिया गया। तंबाकू पर लगे आयात कर को 20% से घटाकर 10% कर दिया गया। आय बढ़ाने के लिए स्टांप कर लगा दिया गया।

हालांकि कैनिंग की नीति काफी नरम थी परन्तु 1858 ई. के पश्चात उसने गैर-सरकारी अंग्रेज समुदाय से अपने संबंध सुधारने का प्रयत्न किया क्योंकि उसकी नरम राजनीति का भारत स्थित अंग्रेजी व्यापारियों और प्लांटर्स ने काफी विरोध किया था। उसने बंजर भूमि को सस्ते मूल्य पर प्लांटर्स को बेचने का तथा अंग्रेज प्लांटर्स को भूमि कर में कुछ सुविधा देने का निर्णय लिया। ये दोनों निर्णय भारत सचिव की पूर्व अनुमति के बिना ही लिए गए। उसी समय अत्यंत प्रभावशाली बंगाली नाटक 'नील दर्पण' जिसमें नीलहों के अत्याचारों का वर्णन किया गया, प्रकाशित हुआ। बंगाल के उप-गवर्नर, ग्रांट, ने इसका अंग्रेजी भाषा में बंगाल सरकार के सचिव, सेटनकार से अनुवाद करवाया। सेटनकार ने इस अनुवाद की प्रतियाँ विभिन्न सरकारी अधिकारियों को भिजवा दीं। इस पर उसके विरुद्ध प्लांटर्स ने न्यायालय में मुकदमा दायर कर दिया। कलकत्ते के मुख्य न्यायाधीश, पीकाक, ने प्लांटर्स का समर्थन किया। कैनिंग ने सेटनकार को नौकरी से त्यागपत्र देने पर विवश किया। कैनिंग की नीति का लक्ष्य स्पष्ट था कि वह अंग्रेजों और भारतीयों के परस्पर संबंधों को सुधारने की अपेक्षा सरकारी और गैर सरकारी अंग्रेजों में घनिष्ठता बढ़ाना चाहता था। भारतीय सामंती वर्गों के समर्थन की कैनिंग की नीति अपने लक्ष्य को प्राप्त करने में पूरी तरह सफल रही। किंतु यह नीति न केवल अंग्रेजों और भारतवासियों में संबंध सुधारने में असफल रही बल्कि भारतवासियों का अंग्रेजी साम्राज्य के प्रति समर्थन प्राप्त करने में भी असफल रही। कैनिंग की यह नीति प्रतिगामी थी। इस नीति ने अंग्रेजी साम्राज्य को भारतीय प्रतिक्रियावादी वर्गों के समर्थन से संबद्ध कर दिया। भविष्य के लिए भारत में पढ़े लिखे लोग अत्यधिक योग्य हो सकते थे। कैनिंग की नीति में ऐसे कोई लक्षण दिखाई नहीं पड़ते थे जिससे यह कहा जा सके कि वह अंग्रेजी साम्राज्य की आने वाली समस्याओं के विषय में जागरूक था।

वित्तीय विकेंद्रीकरण

1861 ई. के प्रशासकीय विकेंद्रीकरण के पश्चात वित्तीय विकेंद्रीकरण को ज्यादा नियंत्रित नहीं किया जा सकता था। 1833 ई. के पूर्व तीनों प्रेसेडेंसियाँ अपनी-अपनी वित्तीय व्यवस्था का संचालन करती थीं। 1834 ई. के पश्चात् समस्त अंग्रेजी अधिकृत क्षेत्र के वित्तीय संचालन का अधिकार कलकत्ता सरकार को सौंप दिया गया। इसका मूल कारण वह समझौता था जो कंपनी संचालकों और अंग्रेजी सरकार के मध्य हुआ था जिससे कंपनी को 6,30,000 पौंड वार्षिक लाभांश भारतीय राजस्व से दिया गया। इंग्लैंड सरकार ने समस्त अंग्रेजी साम्राज्य की वित्तीय स्थिति का केंद्रीकरण कर दिया।

सन् 1839 के बाद वित्तीय विकेंद्रीकरण की उन्नति होती रही। राज्यीय प्रशासनों के केन्द्र की आज्ञा के बिना किसी नए पद की स्थापना का अधिकार नहीं रहा तथा छोटे से छोटे खर्चे के लिए केंद्र से अनुमति प्राप्त करना आवश्यक हो गया और यह कार्य वित्तीय वर्ष आरंभ होने के पूर्व ही हो जाना आवश्यक था। फलस्वरूप प्रांतीय सरकारें अधिक खर्च की माँग करतीं और उन्हें बचत करने में कोई रुचि नहीं रही। 1858 ई. के पश्चात भारत सचिव का भारतीय वित्तीय प्रबंध पर नियंत्रण स्थापित हो गया। कार्य रूप में इस प्रबंध से केंद्रीय सरकार का प्रांतों पर नियंत्रण और अधिक बढ़ गया।

1870 का विकेंद्रीकरण प्रस्ताव : सन् 1861 के बाद सन् 1870 में वित्तीय विकेन्द्रीकरण किया गया था। केंद्रीय सरकार अधिक राजस्व चाहती थी और उसे स्थानीय आय स्रोतों के विषय में पूरी जानकारी नहीं थी। प्रांतीय और केंद्रीय सरकारों के मध्य वित्तीय प्रश्नों पर तनाव अधिक उत्पन्न हो रहा था। प्रांतीय शासक भी केंद्र के वित्तीय नियंत्रण से मुक्ति पाना चाहते थे। विकेंद्रीकरण से दोनों समस्याओं को हल करने का प्रयत्न किया गया। 1860-69 ई. के मध्य इस समस्या पर कई योजनाएँ बनीं लेकिन उनमें से कोई भी सफल न हुई। अंत में दिसंबर, 1870 ई. में लार्ड मेओ ने एक प्रस्ताव पास करके वित्तीय विकेंद्रीकरण आरंभ किया। इसके अनुसार कुछ विभागों के प्रशासन का उत्तरदायित्व और उनके लिए निश्चित राजस्व भी प्रांतीय सरकारों को दे दिया गया। प्रांतीय सरकारों को उस राजस्व को विभिन्न विभागों में बाँटने की स्वतंत्रता होगी। किसी वर्ष में यदि किसी प्रांतीय सरकार के पास कुछ धनराशि बची रहेगी तो वह केंद्र को नहीं लौटाई जाएगी। अगले वर्ष में उसे खर्च करने का अधिकार प्रांतीय सरकार को होगा।

इस थोड़ी-सी स्वतंत्रता पर कतिपय रोक भी लगा दिये गये, जिसका उद्देश्य अखिल भारतीय स्तर पर विभिन्न प्रांतों में समानता स्थापित करना था। उदाहरणार्थ : किसी स्तर के अधिकारियों अथवा कर्मचारियों के गठन, निर्माण अथवा समाप्ति, वेतनमान बढ़ाना अथवा 250/- मासिक से अधिक वेतन के किसी अधिकारी की नियुक्ति आदि विषयों पर केंद्र सरकार की पूर्व अनुमति लेना आवश्यक था।

इस योजना से आशा की जाती थी कि केंद्र और प्रांतीय प्रशासन के मध्य तनावपूर्ण संबंधों में कमी आ जाएगी। स्थानीय यूरोपियन नागरिकों का सहयोग प्राप्त करने के अवसर उपलब्ध हो जाएँगे तथा उन विभागों में कार्यकुशलता बढ़ाने के लिए स्थानीय प्रशासन को अधिक साधन जुटाने पड़ेंगे।

इस समानता या योजना से भारत के राज्यों को कुछ छोटे-मोटे तथ्यों में स्वतंत्रता तो मिल गयी। परन्तु इसका यह अभिप्राय कभी नहीं था कि प्रांतों को केंद्र के नियंत्रण से कुछ मुक्ति दी जाए। वास्तव में यह नियंत्रण और अधिक सुचारु रूप से स्थापित हो गया। 1870 ई. के बाद जितना भी प्रयत्न प्रांतों द्वारा किया गया वह केंद्र के नियंत्रण से मुक्ति प्राप्त करने की दिशा में था। इस विकेंद्रीकरण योजना का प्रमुख दोष यह रहा कि प्रांतों को आय के कुछ साधन नहीं सौंपे गए। विकेंद्रीकरण में प्रगति के नए चरण में प्रांत को राजस्व आय के कुछ साधन भी देने आवश्यक होंगे। इस दिशा में लार्ड लिटन के शासन काल में प्रांतों को कुछ राजस्व वसूल करने का उत्तरदायित्व भी सौंपा गया। इस नए उत्तरदायित्व के लिए प्रांतों को दिए जाने वाले अनुदान की राशि नहीं बढ़ाई गई, अपितु इन नए करों से वसूल किए गए अतिरिक्त धन का कुछ प्रतिशत प्रांतों को दे दिया गया। उदाहरणार्थ किसी प्रांत में स्टांप टैक्स, आबकारी तथा न्याय विभाग से 1 करोड़ वार्षिक आय होती थी। यदि यह प्रांत इन करों से 1 करोड़ से अधिक धन प्राप्त कर लेगा तो उस अतिरिक्त धन में से आधा प्रांत सरकार को दे दिया जाएगा।

1882 का प्रस्ताव : इस प्रस्ताव के आधार पर राज्यों को निर्धारित धन राशि प्रदान करने की जो नीति चल रही थी उस पर रोक लगा दिया गया इसके स्थान पर कुछ राजस्व के साधनों को पूरी तरह से और कुछ को आंशिक रूप से प्रांतीय सरकार को सौंप दिया गया। स्वाभाविक रूप से कुछ आय के साधन अब केवल केंद्रीय ही रह गए। प्रांतों को दिए गए आय के स्रोतों से आमदनी कम होती थी इसलिए भू-राजस्व से होने वाली आय का कुछ प्रतिशत भी उन्हें दे दिया गया। खर्च के दो प्रमुख मुद्दों--युद्ध और अकाल का प्रांतों पर बोझ कम कर दिया गया। युद्ध का समस्त खर्च केंद्र पर पड़ेगा और अकाल के लिए केंद्र की ओर से सहायता जल्दी दी जाया करेगी। यह पाँच वर्षीय व्यवस्था 1902 ई. तक चलती रही।

1904 की अर्द्ध-स्थायी व्यवस्था : सन् 1882 सें कार्यान्वित पंचवर्षीय व्यवस्था से कोई विशिष्ट लाभ नहीं पहुँचा। अधिक धनराशि की माँग जब प्रति पाँच वर्ष के बाद उसी भाँति होती थी जैसी पहले प्रतिवर्ष होती थी और संबंधित वाद-विवाद अधिक तीव्र होता क्योंकि निर्णय का प्रभाव 5 वर्षों तक रहता था। इन वाद-विवादों का प्रशासनिक कुशलता पर हानिकारक प्रभाव पड़ा। दूसरे इस व्यवस्था के अंतिम दो तीन वर्षों में फिजूलखर्ची अधिक करते थे। वे प्रांत जो आरंभ में उचित खर्च करते थे तथा उचित माँग रखते थे सदा ही साधन उपलब्धि की दौड़ में पीछे रह जाते थे इसलिए केंद्रीय सरकार ने प्रांतों के राजस्व निर्धारित करने के लिए कुछ तर्कसंगत आधार पर अर्द्ध स्थायी व्यवस्था करने की सोची। 1902 ई. में भारत सरकार ने इस व्यवस्था के निम्न सिद्धांतों की व्याख्या कीः

1. प्रत्येक प्रांत में प्रांतीय और केंद्रीय राजस्व स्रोत अलग-अलग निर्धारित किए जाएँ।
2. किसी भी आय स्रोत को बाँटते समय 25% से कम भाग प्रांतों को न दिया जाए।
3. किसी भी आय स्रोत को केंद्र और प्रांतों में बाँटते समय उस मद के खर्चे को भी उसी अनुपात में बाँट लेना चाहिए।

इन आधारों के स्वीकृत हो जाने पर 1904 ई. में अर्द्ध स्थायी राजस्व विभाजन योजना लागू की गई।

1918 ई. की मोंटफोर्ड रिपोर्ट में प्रांतीय वित्तीय व्यवस्था में आमूल परिवर्तन किए गए। इसकी प्रमुख आवश्यकता इसलिए अनुभव की गई क्योंकि प्रांतों का स्वतंत्र प्रशासनिक स्वरूप भी अब विकसित करने की सोची। अब तक वे केवल केंद्र के एजेंट के रूप में ही कार्य करते थे। इस रिपोर्ट में प्रांतीय स्वायत्तता की कालांतर में कल्पना की गई, इसलिए प्रांतों को वित्तीय क्षेत्र में अधिक स्वतंत्रता देना भी आवश्यक था।

नौकरशाही और भारतीय लोकसेवा : 1858–1917

1833 ई. के चार्टर एक्ट की धारा 87 और विक्टोरिया की घोषणा में यह आश्वासन भारतवासियों को दिया गया कि उसके साथ लोकसेवाओं में किसी प्रकार का भेदभाव अथवा पक्षपात नहीं किया जायेगा बल्कि योग्यता के आधार पर नियुक्ति की जायेगी। व्यावहारिक रूप में इसका उल्लंघन अधिक हुआ। 1833 ई. से 1855 ई. तक नियुक्तियों का अधिकार संचालकों और बोर्ड ऑफ कंट्रोल में बँटा रहता था।

इस अवधि में आधे से अधिक स्थानों पर कंपनी के अधिकारियों के और शेष स्थानों पर इंग्लैंड के अन्य प्रतिष्ठित तथा सम्मानित अधिकारियों, पादरियों के पुत्रों को नियुक्त किया गया।

1855 में प्रतियोगिता परीक्षाएँ आरंभ हुईं और 1858 के अधिनियम के अनुसार भारत सचिव को सेवाओं में भरती का अधिकार प्राप्त हुआ। इन सेवाओं से जुड़े प्रमुख तीन शर्तो को रखा गया जो निम्नवत है–

(अ) भरती करने की अधिकतम आयु निर्धारित करना।

(ब) प्रशासनिक तथा न्यायिक सेवाओं को अलग-अलग रखना।

(स) भारतीयों को नौकरी के अधिक अवसर उपलब्ध होना।

1. भरती करने की अधिकतम आयु का निर्धारण : 1858 ई. में सेवाओं में भरती की अधिकतम आयु 23 वर्ष थी। 1859 ई. में इसे घटाकर 22 वर्ष कर दिया गया। 1864 ई. में इसे 21 वर्ष और 1877 में अधिकतम आयु को घटाकर 19 वर्ष और निम्नतम आयु को 17 वर्ष कर दिया गया। 19वीं सदी के उत्तरार्द्ध में इंडियन सिविल सर्विस की भर्ती के लिए अधिकतम आयु घटाने का प्रश्न भारतीय समाचार पत्रों में सबसे अधिक चर्चा का विषय बना रहा। इस विषय पर भारतीय शिक्षित वर्गों को बड़ी सरलता से संगठित किया जा सका। सुरेंद्रनाथ बनर्जी का राजनीतिक अभियान इसी प्रश्न को लेकर आरंभ हुआ था। 1876 ई. में लार्ड सेलिसबरी ने आयु घटाने से दो लक्ष्य प्राप्त करने की सोची थीः जो इस प्रकार हैं–

(i) अधिक अच्छे अंग्रेज अभ्यर्थियों की भरती।

(ii) प्रतियोगिता के माध्यम से अधिक भारतीयों के प्रवेश पर रोक।

वास्तव में पहला लक्ष्य प्राप्त नहीं हुआ बल्कि आयु घटाने से विपरीत प्रभाव हुआ। अधिक अच्छे अभ्यर्थियों की अपेक्षा नए अभ्यर्थियों का शिक्षा स्तर गिरता गया। 1864 ई. के पूर्व 40% अभ्यर्थी आक्सफोर्ड और कैंब्रिज विश्वविद्यालयों के स्नातक होते थे। 1874 ई. तक यह प्रतिशत कुल 16% से भी कम हो गया। 1876 ई. के पश्चात यह प्रतिशत घटता गया। यहाँ तक कि 1883 ई. में केवल तीन प्रतिशत ही स्नातक होते थे। दूसरी ओर इस आयु घटाने का परिणाम यह हुआ कि व्यावहारिक रूप में भारतीयों के लिए सेवाओं में प्रवेश द्वार प्रायः बंद हो गया। लिटन ने अपने गोपनीय पत्र में भारत सचिव को लिखा कि आयु घटा देने से अंग्रेज सरकार की बेईमानी स्पष्ट होती थी। रिपन ने लिखा कि भारतवासियों के अनुसार सेलिसबरी का यह निर्णय भारतवासियों के लिए सेवाओं का द्वार बंद करने के समान था। यह परिवर्तन अनावश्यक, अदूरदर्शी, न्यायविरुद्ध तथा असामयिक था। इतना अवश्य

कहा जा सकता है कि आयु घटा देना उन कुछ कार्यों में से एक था जिसने भारतवासियों का अंग्रेजों की न्यायप्रियता में विश्वास समाप्त कर दिया। 1893 ई. में अधिकतम आयु सीमा बढ़ाकर 23 वर्ष कर दी गई।

(2) प्रशासनिक तथा न्यायिक सेवाओं का पृथक्कीकरण : 1833 ई. के चार्टर एक्ट के पश्चात विभिन्न विधि संहिताओं के संकलन की ओर ध्यान दिया गया। उसी दौरान यह भी महसूस किया गया कि भारतीय नागरिक में विधि ज्ञान के विषय में ब्रिटिश जनों की अपेक्षा काफी आगे हैं। अंग्रेज जज मुकदमों का फैसला करते समय स्थानीय अधिकारियों पर अधिक निर्भर करते थे इससे न्यायालयों में भ्रष्टाचार तथा दूषित वातावरण उत्पन्न हुआ। कई बार यह तर्क अधिकारियों के समक्ष रखा गया कि न्यायिक सेवाओं को प्रशासनिक सेवाओं से अलग कर दिया जाए। लेकिन इसे यह कहकर स्वीकार नहीं किया गया कि प्रत्येक सेवा में उच्चतम पदों पर योग्यतम नियुक्ति की जानी चाहिए, इसलिए सेवाएँ सम्मिलित ही रहें। वास्तविकता यह थी कि न्यायिक सेवाओं में उन्नति के अवसर बहुत कम थे और न्यायिक सेवाओं से पृथक कर दिए जाने पर अंग्रेज जजों को विशेष प्रशिक्षण देना भी आवश्यक होता। इन सेवाओं की भर्ती के समय अभ्यर्थियों की शैक्षणिक योग्यता इतनी कम होती थी कि भारतीय वकीलों की तुलना में वे अधिक योग्यता सरलता से प्राप्त नहीं कर सकते थे। बंगाल और उत्तर पश्चिमी प्रांत में अंग्रेज न्यायाधीशों की अयोग्यता प्रसिद्ध थी।

(3) भारतीयों को सेवाओं में अधिक भरती करना : 19वीं सदी में दो प्रकार की सेवाएँ थीं—'कोवेनेंटिड' तथा 'अनकोवेनेंटिड', कोवेनेंटिड सेवाओं में कर्मचारियों को अनुबंध (कोवेनेंट) पर हस्ताक्षर करने होते थे कि वे निष्ठा तथा ईमानदारी के साथ कार्य करेंगे, इस सेवा के लिए इंग्लैंड में ही चयन होता था। आरंभ में इसमें केवल अंग्रेज ही होते थे। अनकोवेंटिड सेवाओं की भरती भारत में की जाती थी। ये सेवाएँ स्थायी नहीं होती थी तथा किसी तरह के अनुबन्ध पर उनकी स्वीकृति या हस्ताक्षर नहीं करवाये जाते थे। ये अधिकांशतः लगान तथा न्याय विभाग में निम्न पदों से संबंधित होती थीं। इन पदों पर भारतीयों तथा भारत में रहने वाले अंग्रेजों की नियुक्ति होती थी। इस सेवा में 90% पद ऐसे होते थे जिनका वार्षिक वेतन 300 पौंड से कम होता था। इनमें न तो उन्नति के अवसर होते थे और न क्रमबद्ध वेतन शृंखला।

सन् 1870 में एक अधिनियम के आधार पर एक तीसरी प्रकार की सेवा चालू की गयी। जिसे स्टेट्यूटरी सिविल सर्विस कहा जाता है। इस सेवा से संबंधित नियम 1879 ई. में पास किए गए और इनके अनुसार इसमें केवल भारतवासी ही भरती

किए जाते थे। इसकी भरती संख्या कोवेनेंटिड सेवाओं की संख्या का 1/6 निर्धारित की गई। इस स्टेट्यूटरी सर्विस में नियुक्ति योग्यता की अपेक्षा सामाजिक प्रतिष्ठा, अच्छे कुल के आधार पर अधिक होती थी। यह सर्विस अनकोवेनेंटिड के समान थी। विभिन्न प्रांतों में इन दोनों सेवाओं की भरती के लिए न तो समान योग्यताएं निर्धारित थीं और न भरती करने की समान पद्धति। इसलिए इन सेवाओं के संबंध में 1886 ई. में सर चार्ल्स एचिसन की अध्यक्षता में एक लोकसेवा आयोग की नियुक्ति की गई। इसका उद्देश्य भारतीयों की अधिक मात्रा में नियुक्ति के लिए सुझाव देना था। लोक सेवा आयोग ने सेवाओं को प्रमुख दो भागों में बाँटा था। पहला इंडियन सिविल सर्विस और दूसरा प्रांतीय सिविल सर्विस। प्रांतीय सिविल सर्विस में दो प्रकार की सेवाएँ—उच्च तथा निम्न—स्थापित कीं। निम्न श्रेणी में तहसीलदार, मामलतदार तथा अन्य छोटे पदाधिकारी होते थे। इसलिए इन्हें अधीन सेवाएँ भी कहा जाता था। कुछ उच्चपदों को जो पहले इंडियन सिविल सर्विस में थे अब प्रांतीय सेवाओं में स्थानांतरित कर दिया गया। अर्थात् उन पदों पर प्रांतीय सेवाओं में भरती किए गए लोग ही पहुँच सकते थे अधीन सेवाओं से प्रांतीय सेवाओं तथा प्रांतीय सेवाओं से इंडियन सिविल सर्विस में कुछ लोगों को उनकी निष्ठा तथा विशेष योग्यता के आधार पर स्थान मिल जाता था। इस प्रकार व्यावहारिक रूप में तीन श्रेणी की सेवाओं को बनाए रखा गया। 1891 ई. में स्टूटेयूटरी सिविल सर्विस को समाप्त कर दिया गया।

लोक सेवा आयोग द्वारा सेवाओं के इस विभक्तिकरण से भारत के नागरिकों को प्रांतीय सेवाओं में ही अधिक अवसर उपलब्ध हो सके और प्रांतीय सेवाओं में भरती के नियम भिन्न-भिन्न प्रांतों में अलग-अलग होते थे। इंडियन सिविल सर्विस और प्रांतीय सिविल सर्विस में एक मौलिक अंतर बना रहा। आई.सी.एस. के लोगों को निर्णय लेने का अधिकार था और उन्नति किसी व्यक्ति के प्रयत्न से नहीं रुक सकती थी। भारतीयों के लिए उपलब्ध सेवाएँ अधिकांशतः 300 रुपए मासिक वेतन वाली ही होती थीं। 500 रु से अधिक वेतन वाली सेवाओं में भारतीयों के लिए 16% से अधिक स्थान नहीं थे। इसमें भी उत्तरोत्तर ऊँची सेवाओं में स्थान कम उपलब्ध होते थे।

भारत में 1893 ई. के बाद इंडियन सिविल सर्विस की माँग काफी हो गयी। यद्यपि एचिसन कमीशन ने इसे अस्वीकार कर दिया था। 1912 ई. में इंग्लैंड में भारतीय लोकसेवाओं के लिए लिंगटन की अध्यक्षता में एक रायल कमीशन नियुक्त किया लेकिन जब तक इसकी रिपोर्ट प्रकाशित हुई (जनवरी 1917 ई.) उस समय तक स्थिति बदल चुकी थी। अगस्त 1917 ई. में भारत सचिव की घोषणा के पश्चात पूर्व प्रचलित नीति का औचित्य ही समाप्त हो चुका था।

3

अंग्रेजी साम्राज्य 1858-1905

सन् 1858 में ब्रिटिश सम्राज्य द्वारा सीधे भारत के शासन का उत्तरदायित्व सँभाल लेने के बाद भारत सरकार और रियासतों के बीच महत्त्वपूर्ण बदलाव आया था। इसके पश्चात् अंग्रेजों ने अपने शासन को व्यावहारिक एवं न्याय संगत साबित करने और नैतिक सभ्यता व संस्कृति को उच्च साबित करने में जुटे हुए थे। उन्होंने अपना लक्ष्य भारतीयों को सभ्य बनाना तथा भारत का कल्याण करना घोषित किया। भारत का सुरक्षित विशाल बाजार इंग्लैंड की औद्योगिक प्रगति को बनाए रखने के लिए आवश्यक था। भारत में धीरे-धीरे समाचार पत्रों तथा अन्य राजनीतिक संस्थाओं का विकास हो रहा था, जिनके माध्यम से भारतवासी अंग्रेजी प्रशासन में अपने लिए उचित स्थान की माँग प्रस्तुत करते थे तथा अंग्रेजी प्रशासनिक नीति में और उनके घोषित लक्ष्यों में अंतर स्पष्ट करते थे। भारत के राजनीतिज्ञों एवं प्रबुद्ध व्यक्तियों द्वारा अंग्रेजों की कथनी और करनी में फर्क बताये जाने से ब्रिटिश प्रशासन के सामने काफी जटिल समस्याएं पैदा हो गयी। इन समस्याओं का समाधान करने के लिए अंग्रेजी प्रशासकों तथा राजनीतिज्ञों ने दो विचारधाराएँ प्रस्तुत कीं।

एक के अनुसार, अंग्रेजी नीति एक सैनिक विजेता की भाँति ही होनी चाहिए। भारतीयों के प्रति उदारता को दुर्बलता की नीति बताया इसलिए अंग्रेजों को प्रशासन पर अपना अधिकार पूर्णरूप से बनाए रखना चाहिए। यह नीति रूढ़िवादी तथा

प्रतिक्रियावादी कही जाती है। दूसरी विचारधारा के अनुसार, योग्य एवं शिक्षित भारतवासियों को प्रशासन के साथ संबद्ध किया जाना चाहिए। ऐसा न करना अंग्रेजी साम्राज्य के लिए अधिक हानिकारक हो सकता था। इसे उदारवादी नीति कहते हैं। पहली नीति के समर्थक अंग्रेजी सर्वोच्चता को सुरक्षित रखने के लिए प्रजातीय विभेद के पक्ष में थे। वे शिक्षित वर्गों की आलोचना से बचने के लिए भारतीय अभिजात तथा सामंती वर्गों का समर्थन लेने का प्रयत्न करते थे। दूसरी नीति के अनुयाई भारतवासियों को स्थानीय स्तर पर कुछ प्रशासनिक अनुभव का अवसर प्रदान करना चाहते थे। वे प्रजातीय विभेद की नीति को कुछ क्षेत्रों में सीमित करने के पक्ष में थे।

19वीं सदी के अन्तिम दौर में अंग्रेजी प्रशासकों तथा राजनीतिज्ञों द्वारा प्रस्तुत की गयी दोनों विचारधाराएं अंग्रेजी प्रशासनिक नीति को प्रभावित करती रहीं। इन नीतियों में मतभेद केवल इस बात पर था कि अंग्रेजी साम्राज्य को दृढ़ किस प्रकार बनाया जाए। 1876 ई. से 84 ई. तक ये दोनों नीतियाँ उभर कर सामने आईं। लार्ड लिटन (1876-80 ई.) और लार्ड रिपन (1880-1884 ई.) इंग्लैंड के दोनों राजनीतिक दलों के और संयोगवश दोनों दृष्टिकोणों के ज्वलंत प्रतिनिधि थे।

सन् 1876 में इंग्लैंड के कंजर्वेटिव मंत्रिमंडल ने गवर्नर जनरल नार्थब्रुक को इस्तीफा देने के लिए मजबूर किया। अफगानिस्तान में अंग्रेजी रेजिडेंट रखने तथा इंग्लैंड में बने सूती कपड़े पर भारत में लगाए गए आयात कर को समाप्त करने पर दोनों में मतभेद था। सेलिसबरी ने लिटन को गवर्नर जनरल बनाकर भेजा और उसे भारत में लगे आयात कर को समाप्त करने के आदेश दिए। लिटन का ध्यान पहले अफगानिस्तान, फिर अकाल की समस्या पर लग गया। प्रजातीय विभेद को बढ़ाना तथा अंग्रेजी साम्राज्य को अधिक लोकप्रिय बनाना और कुलीन वर्गों की अंग्रेजी साम्राज्य के प्रति निष्ठा बढ़ाना उसके प्रमुख लक्ष्य थे। गवर्नर जनरल लिटन के कार्य काल के दौरान निम्न कार्य संचालित किये गये थे–

प्रजातीय विभेद नीति : ब्रिटिश इतिहासकारों व अफसरों ने ब्रिटिश शासन की एक महत्त्वपूर्ण उपलब्धि भारत में विधिसंगत न्याय की भावना बताया है और न्याय प्रशासन में ही प्रजातीय विभेद नीति के सबसे अधिक प्रमाण हैं। विभिन्न क्षेत्रीय भाषाओं के समाचार पत्रों में न्यायालयों के अन्यायपूर्ण निर्णयों की व्याख्या मिलती है। केवल अंग्रेज जज ही अंग्रेजों से संबंधित मुकदमों का निर्णय कर सकता था। भारतीयों पर अत्याचारों के लिए अंग्रेजों को या तो दंड दिया ही नहीं जाता या अत्यंत हल्का जुर्माना आदि कर दिया जाता था। 1876 में एक अंग्रेज वकील फ़ुलर ने अपने कोचवान को इतना मारा कि मर गया। आगरे के एक

मजिस्ट्रेट लीड्स ने उस पर 30 रुपया जुर्माना कर दिया। यह सामान्य घटना थी। इसलिए उत्तर-पश्चिमी प्रदेश सरकार अथवा इलाहाबाद हाईकोर्ट ने इस ओर कोई ध्यान नहीं दिया। लेकिन क्षेत्रीय भाषाओं के समाचार पत्रों ने इसकी आलोचना की। लिटन को भारत आते ही इसका पता चला। वह उग्र साम्राज्यवादियों की भाँति अपने आपको भारतीय जनता का सच्चा संरक्षक बताना चाहता था। प्रांतीय सरकार तथा हाईकोर्ट से भी कोई उचित उत्तर न मिलने पर लिटन ने लीड्स तथा हाईकोर्ट के कार्यों से असंतोष व्यक्त किया तथा लीड्स को दंड भी दिया। उसकी दृष्टि में यह घटना कार्यकारिणी तथा न्यायालय के मध्य एक संघर्ष था। हाईकोर्ट ने लिटन के कार्य को न्यायालय की स्वतंत्रता में एक बाधा बताया। हाईकोर्ट को गर्वनर जनरल के नियंत्रण से मुक्ति के सिद्धांत का भारत सचिव ने खंडन किया। लेकिन लिटन ने शीघ्र ही लीड्स के विरुद्ध दिए गए दंड को रद्द कर दिया और प्रजातीय विभेद की नीति यथास्थिति में रही।

प्रजातीय विभेद की नीति का एक दूसरा रूप स्टेट्यूटरी सिविल सर्विस था। इस सिविल सर्विस की स्थापना का प्रमुख उद्देश्य यह रहा कि भारतीय लोक सेवा में भारत के नागरिकों को कोई पद न दिया जाए। लिटन की अवधारणा थीं कि उन्हें सर्वोच्चतम सेवाओं में नियुक्त किया जाए। भारत सचिव के विरोध के फलस्वरूप लिटन ने यह घोषणा नहीं की लेकिन कार्यरूप में यह सिद्धांत लागू रहा।

अभिजात वर्ग का समर्थन और नए शिक्षित वर्ग को कुचलने के प्रयत्न

दिल्ली दरबार : 1877 : इंग्लैण्ड की रानी विक्टोरिया ने सन् 1896 में साम्राज्ञी की उपाधि ग्रहण की। लिटन का सुझाव था कि भारत में एक विशाल दरबार में इस उपाधि की घोषणा करके भारतीय नरेशों की इंग्लैंड के प्रति भक्ति को प्रोत्साहन दिया जाए। उसने भारतीय अभिजातवर्ग द्वारा समर्थन प्राप्त अंग्रेजी साम्राज्य का एक सुंदर चित्र प्रस्तुत किया। सेलिसबरी ने लिटन के इस सुझाव का समर्थन किया। लिटन ने भारतीय नरेशों की एक प्रिवी कौंसिल का भी सुझाव रखा जो स्वीकृत नहीं हुआ। अगस्त, 1876 ई. में 1 जनवरी, 1877 ई. को होने वाले एक शाही दरबार की घोषणा की गई थी। इस शाही दरबार के प्रश्न पर पहली बार लिटन और भारतीय समाचार पत्रों में विरोध आरंभ हुआ। बंगाल में चक्रवात से हानि, चाँदी के मूल्य में गिरावट, अकाल के प्रकोप से उत्पन्न क्षति की स्थिति में दिल्ली दरबार पर अत्यधिक धन का अपव्यय भारतीय दृष्टि से अत्यंत अनुचित था। दरबार के लाभों का वर्णन करते हुए लिटन ने बताया कि भारत का समस्त अभिजात वर्ग इंग्लैंड की साम्राज्ञी

के प्रति भक्त तथा इंग्लैंड की सैनिक शक्ति का उपासक हो गया है। सामान्य जनता तथा नए शिक्षित मध्यम वर्ग का प्रतिनिधित्व दिल्ली दरबार में नहीं था।

शस्त्र अधिनियम : 1878 : भारतीय नागरिकों को शस्त्रों को रखने की सुरक्षा बहुत पहले से प्राप्त थी, इन शस्त्रों से सम्पत्ति और कृषि की सुरक्षा करते थे। भारत के अधिकांश प्रांतों में डकैतियों की संख्या में बढ़ोत्तरी हुई जिसे अंग्रेज अकाल का प्रकोप समझते थे लेकिन यह तर्क ठीक नहीं था क्योंकि वृद्धि किसी एक वर्ष में नहीं थी, बल्कि लगातार हो रही थी :

डकैतियों का प्रकोप प्रांतों में

वर्ष	**मद्रास**	**बंबई**	**उ. प्र. प्रांत और अवध**	**पंजाब**	**मैसूर और कुर्ग**
1867	533	121	65	5	94
1875	232	105	65	42	63
1876	1002	268	79	46	217
1877	1696	343	277	72	501

जंगली पशुओं शेर, चीते, हाथी आदि से कृषि तथा जनहानि भी अधिक होती थी। इस संबंध में कुछ आँकड़े इंग्लैंड की संसद में प्रस्तुत किए गए।

वर्ष	**1875**	**1876**	**1877**	**1878**	**1879**	**1880**
जंगली पशुओं द्वारा मृत व्यक्तियों की संख्या	21,391	19,273	19,695	20,256	20,312	21,990

14 मार्च, 1878 ई. को केंद्रीय लेजिस्लेटिव कौंसिल ने आर्म्स एक्ट को मान्यता प्रदान कर दी। इस एक्ट के आधार पर कोई भी व्यक्ति अवैध हथियार नहीं रख सकता। सब प्रकार के शस्त्रों के आयात पर भारी ड्यूटी लगा दी गई। लिटन का वास्तविक मंतव्य उस समय स्पष्ट हुआ जब उसने जनवरी, 1879 ई. में एक विज्ञप्ति द्वारा समस्त यूरोपीय, अमरीकी, आर्मेनियन लोगों को, जमींदारों तथा उपाधि प्राप्त प्रतिष्ठित व्यक्तियों को, म्युनिसिपल्टियों के भक्त सदस्यों को इस एक्ट के नियंत्रण से मुक्त कर दिया। इस प्रकार प्रजातीय विभेद के साथ-साथ भारतवासियों

में भी विभेद को बढ़ावा दिया गया। भारतीय भाषाओं के समाचार पत्रों में इस एक्ट की भारी आलोचना की गई। इसका उद्देश्य न तो आर्थिक था और न सुरक्षात्मक व्यवस्था को दृढ़ करना। यदि केवल आर्थिक उद्देश्य होता तो समाज के धनी वर्गों और विदेशियों पर अवश्य कर लगाया जाता और यदि सुरक्षात्मक होता तो केवल सीमांत प्रदेशों में ही (जहाँ से शांति व्यवस्था को खतरा सामान्य था) इसे लागू किया जाता। ऐसा प्रतीत होता है कि सरकार को सामान्य भारतवासियों पर भरोसा नहीं था, जबकि अंग्रेजों तथा अन्य विदेशियों पर उसे विश्वास था। सभी भारतवासियों को इस एक्ट के पास हो जाने से शस्त्र से वंचित होना पड़ा।

वर्नाक्यूलर प्रेस एक्ट : 1878 : लिटन की प्रिय योजना—दिल्ली दरबार—की भारत तथा इंग्लैंड के समाचार पत्रों में काफी आलोचना हुई। अकाल के प्रति उदासीनता तथा आर्म्स एक्ट पर भारतीय भाषाओं के समाचार पत्रों में काफी चर्चा हुई जिसे लिटन ने राजविद्रोह का सूचक समझा। वह समझता था कि समाचार पत्रों के संपादक राजाओं और अन्य प्रतिष्ठित भारतीयों को डरा धमका कर घूस ले लेते थे। वह आयरलैंड की भाँति यहाँ के समाचार पत्रों पर भी प्रतिबंध लगाना चाहता था। इंग्लैण्ड के समाचार पत्रों में भारतीय भाषाओं के समाचार पत्रों की अपेक्षा अधिक आलोचना होते हुए भी लिटन उस आलोचना को इतना आपत्तिजनक नहीं मानता था। लिटन की कौंसिल के सदस्यों तथा प्रांतीय सरकारों में से अधिकांश ने भारतीय भाषाई समाचार पत्रों पर प्रतिबंध लगाने का विरोध किया। उनका तर्क था कि इस प्रकार के प्रतिबंध से प्रजातीय पक्षपात स्पष्ट हो जाएगा। फिर भी लिटन ने 14 मार्च, 1878 ई. को वर्नाक्यूलर प्रेस विधेयक लेजिस्लेटिव कौंसिल में प्रस्तुत किया। लिटन के अनुसार बिल का उद्देश्य राजद्रोही लेखों को रोकना था न कि उन्हें दंड देना। उसी दिन बिल को पास कर दिया गया। इस एक्ट में लिटन ने समाचार पत्रों के विरुद्ध कार्य करने अथवा उन्हें दंड देने का अधिकार न्यायाधीशों के स्थान पर कार्यकारिणी को दे दिया। राजद्रोह को भड़काने वाले समाचार पत्रों के संपादकों को भारी जमानत देने पर बाध्य किया गया।

वर्नाक्यूलर प्रेस एक्ट का काफी विरोध किया गया। अनेक समाचार पत्रों, राजनीतिक संस्थाओं ने सरकार को ज्ञापन आदि दिए। इंग्लैंड की संसद में भी इस एक्ट की भारी आलोचना हुई। भारत में केवल एंग्लो-इंडियन समाचार पत्रों ने ही इसका समर्थन किया। भारत सचिव की कौंसिल के कुछ सदस्यों ने भी इसका विरोध किया। यह नियम पास करके लिटन संभवतः इंडियन सिविल सर्विस के सदस्यों का सहयोग प्राप्त करने का अधिक इच्छुक था क्योंकि वे फुलर घटना और भारतीयों के

सिविल सर्विस में भरती किए जाने के विचारों से असंतुष्ट थे। यह भी संभव है कि उसे भारतीय भाषाओं के समाचार पत्रों से अपनी भावी नीति—अफगान नीति, आर्म्स एक्ट आदि के—संबंध में भारी आलोचना का भय हो इसलिए वह उन पर पहले ही प्रतिबंध लगा देना चाहता था। विभिन्न प्रतिक्रियावादी कार्यों में वर्नाक्यूलर प्रेस एक्ट एक ऐसा कार्य था जिससे लिटन का रूढ़िवादी स्वरूप उभरकर सामने आया। इस एक्ट से लिटन भले ही प्रेस का महत्त्व घटाना चाहता हो लेकिन यह विधेयक वास्तव में भारतवासियों को अपने राजनीतिक अस्तित्त्व के बारे में अधिक सतर्क और सजग बनाने में सफल हुआ। यह एक्ट नए शिक्षित मध्यम वर्ग के विरुद्ध और अभिजात वर्ग के अधिकारों के समर्थन की नीति का एक लक्षण मात्र था।

भारत के नए औद्योगिक वर्गों के विरुद्ध नीति

भारत में 1870 के पश्चात् कपड़ा के कारखानों की स्थापना में अत्यधिक विकास हुआ। इन कारखानों में अधिकतर मोटे कपड़े ही बनाये जाते थे। जो कच्चे माल की स्थानीय उपलब्धि तथा सस्ती मजदूरी के कारण इंग्लैंड की अपेक्षा सस्ता होता था। इंग्लैंड से आयात किया हुआ कपड़ा अच्छी किस्म का होता था। इंग्लैंड में लंकाशायर और मैंचेस्टर के कपड़ा मिल मालिकों को भारत में कपड़ा मिलों के विकास से ऐसा प्रतीत हुआ कि उनके लिए सुरक्षित बाजार बंद हो जाएगा। इसलिए उन्होंने भारत में लगे आयात कर को समाप्त करने की माँग की। डिजरेली सरकार इस आयात कर को इसलिए समाप्त करवाना चाहती थी क्योंकि कपड़ा उद्योगपतियों का समर्थन उपलब्ध होना कंजर्वेटिव दल के सत्ताधारी बने रहने के लिए आवश्यक था। इन आयात करों के समाप्त करने का तर्क मुक्त व्यापार सिद्धांत के आधार पर नहीं दिया गया। इंग्लैंड सरकार स्वयं भारत से निर्यात होने वाली चाय और काफी पर इंग्लैंड में लगे भारी आयात कर को समाप्त करने के लिए तैयार नहीं थी। भारतीय जनता को आर्थिक लाभ पहुँचाने का तर्क भी बहुत ठीक नहीं था क्योंकि भारतीय नेता जनता के लिए नमक कर समाप्त करवाना चाहते थे। लिटन की कौंसिल के भी आधे सदस्य नमक कर समाप्त अथवा कम करने के पक्ष में थे।

सन् 1877 में हाउस ऑफ कामंस ने कपड़ा आयात कर को खत्म करने हेतु एक प्रस्ताव को मान्यता दे दी। मार्च, 1879 ई. में यह आयात कर उस समय समाप्त किया गया जबकि अफगान युद्ध के फलस्वरूप आर्थिक स्थिति भी अच्छी नहीं थी। लिटन की कार्यकारिणी के अधिकांश सदस्यों ने इस समाप्ति का विरोध किया। लिटन ने अपने संकटकालीन अधिकारों का प्रयोग करके कौंसिल के बहुमत को

ठुकरा दिया। इंडिया कौंसिल में भारत सचिव को अपने निर्णायक मत का प्रयोग करना पड़ा। इस आयात कर को 1879 ई. में समाप्त करने का एक विशेष कारण 1880 में होने वाले सामान्य निर्वाचन में कंजर्वेटिव की सफलता के लिए एक आधार तैयार करना था। इस नीति में भारत के हितों का कोई ध्यान नहीं रखा गया बल्कि बढ़ते हुए औद्योगिक विकास को रोकने के लिए नीति अपनाई गई। भारतीय कपड़ा उद्योग के लिए एक विशिष्ट आपत्ति खड़ी हो गई।

फैक्ट्री विधेयक : सन् 1874 से भारत में कारखानों की वृद्धि पर रोक लगाने का प्रयास शुरू हो गया। 1875 ई. में बंबई सरकार ने एक आयोग नियुक्त किया जिसे फैक्ट्रियों से संबंधित नियंत्रण के संबंध में सुझाव देने के लिए कहा गया। इस आयोग की रिपोर्ट से यह पता चला कि सामान्यतः फैक्ट्रियों के भवन सुरक्षित थे, 8 वर्ष की आयु से कम बालकों को काम पर नहीं लगाया जाता था, और सूर्योदय से सूर्यास्त तक (आधे घंटे के विश्राम को छोड़कर) कार्य होता था। उस समय भारतीय उद्योगों में बिजली न होने से अधिक कार्य करने का प्रश्न नहीं था। भारत आने के बाद लिटन ने इस समस्या पर लंकाशायर के मिल मालिकों को खुश करने के लिए ध्यान दिया। उसके अधिकांश सलाहकारों तथा मद्रास, बंगाल, उत्तर-पश्चिमी प्रांत की सरकारों ने फैक्ट्री विधेयक को अनावश्यक बताया। बंबई तथा पंजाब की सरकारों ने इस प्रकार के विधेयक का स्वागत किया। भारतीय समाचार पत्रों में इस प्रकार के विधेयक को मैंचेस्टर के उद्योगों को बढ़ावा देने और भारत के उद्योगों के विकास को रोकने में सहायक बताया।

7 नवम्बर, 1879 को लिटन ने एक अधिनियम अपनी परिषद में पेश किया जिसे मार्च, 1880 ई. में एक सिलेक्ट कमेटी को सौंप दिया गया। यह विधेयक लिटन के समय में पास नहीं हो सका लेकिन इसके सिद्धांत तथा धाराएँ उसी के समय में निश्चित हो चुकी थीं।

निष्कर्ष : इंग्लैंड के गवर्नर जनरल लिटन की शासन अवधि अपनी प्रजातीय विभेद नीति और प्रतिक्रियावाद के लिए एक महत्त्वपूर्ण उपलब्धि है। वह प्रजातांत्रिक पद्धति तथा संस्थाओं को हानिकारक समझता था। उसकी नीतियाँ रूढ़िवादी और प्रतिक्रियावादी थीं। प्रजातीय विभेद, आर्म्स एक्ट, वर्नाक्यूलर प्रेस एक्ट, अकाल के समय दिल्ली-दरबार आदि नीतियों से साम्राज्यवादी प्रशासन का स्वरूप स्पष्ट हुआ। मध्यम वर्ग की अपेक्षा अभिजातवर्ग का समर्थन भी उसी स्वरूप की व्याख्या थी। भारतवासियों की सहानुभूति उसके प्रशासनिक कार्यों से उत्पन्न असंतोष के फलस्वरूप 1880 ई. के इंग्लैंड में हुए निर्वाचन में लिबरल दल के साथ हो गई।

लिटन की अफगान नीति से अंगेजी साम्राज्यवादी तथा विस्तारवादी नीति स्पष्ट हुई और फलस्वरूप 1880 ई. के निर्वाचनों में लिबरल दल की भारी बहुमत से जीत हुई।

लार्ड रिपन द्वारा नए शिक्षित मध्यम वर्ग का समर्थन 1880–1884

लार्ड रिपन एक प्रखर बुद्धि एवं दूरदर्शी व्यक्ति था रिपन की भारत के गवर्नर जनरल पद पर नियुक्ति ही इंग्लैंड में सरकार परिवर्तन का परिणाम थी। भारतवासियों ने इस नियुक्ति का स्वागत किया किंतु गैर-सरकारी अंग्रेज तथा अधिकारी इस नियुक्ति से असंतुष्ट थे। 1880 ई. के पूर्व पुराने अभिजात वर्ग, जमींदारों और ताल्लुकेदारों का समर्थन प्राप्त करने का ही प्रयत्न किया गया था। रिपन उदारवादी दल का एक प्रमुख नेता था। वह अंग्रेजी साम्राज्यवादी नीति में कुछ परिवर्तन लाना चाहता था। यह परिवर्तन इस बात में निहित था कि वह नए शिक्षित वर्ग को अंग्रेजी साम्राज्य के प्रति भक्त तथा निष्ठावान बनाना चाहता था। इस दिशा में उसका शासनकाल विशिष्ट महत्त्व रखता है। इस नीति की स्थापना में वह बहुत सफल नहीं हो सका लेकिन वह अपने प्रयत्न से भारतीयों की दृष्टि में एक अत्यधिक लोकप्रिय गवर्नर जनरल अवश्य बन गया।

रिपन की बुद्धिमानी तथा दूरदर्शिता इस बात में थी कि वह यह समझ सका कि अल्पसंख्यक शिक्षित वर्ग भारतीय रंगमंच पर शीघ्र ही अत्यधिक महत्त्वपूर्ण बन जाएगा। इसलिए साम्राज्य की सुरक्षा के लिए इस वर्ग को संतुष्ट रखा जाए। शिक्षित वर्ग के प्रति उसका दृष्टिकोण सैद्धांतिक कम और व्यावहारिक अधिक था। उसका विश्वास था कि जब तक अंग्रेजी उच्च शिक्षा का प्रसार होता रहेगा इस वर्ग की उपेक्षा नहीं की जा सकती। इस वर्ग को प्रशासन से अधिक मात्रा में संबंधित करके साम्राज्य दृढ़ हो सकेगा। यह वर्ग अंग्रेजी प्रशासकों से सहयोग करना चाहता था और उनकी न्यायप्रियता तथा निष्पक्षता में विश्वास करता था। यह वर्ग प्रशासन की गलत नीतियों को 'अंग्रेजों जैसी नहीं' कहता था। ऐसे वर्ग को रिपन ने अंग्रेजी साम्राज्य की ओर आकर्षित किया। इस दिशा में उसके प्रमुख कार्य स्थानीय स्वायत्त शासन और भारतीय भाषाई समाचार पत्रों से संबंधित थे। इन कार्यों में वह सफल भी रहा। लेकिन जब उसने प्रजातीय विभेद तथा उच्च सेवाओं में भारतीयों को अधिक स्थान देने की योजना बनाई तो अंग्रेजों के ही भारी विरोध का सामना करना पड़ा और वह असफल हुआ।

लोकल सेल्फ गवर्नमेंट में सुधार : गवर्नर जनरल रिपन अपने शासन काल में अल्पसंख्यक शिक्षित सम्प्रदाय की राजनीतिक कुशलता को कुछ महत्त्वपूर्ण कार्य

करने की जरूरत समझता था। वह भारतीयों को प्रशासन से संबंधित करके साम्राज्य को भविष्य में होने वाले खतरे से बचाना चाहता था। उसकी नीति का औचित्य ही यह था कि शिक्षित वर्ग को अंग्रेजी प्रशासन का मित्र बनाया जाना चाहिए। रिपन के पूर्व सभी प्रांतों में स्थानीय संस्थाएं थीं जो बड़े-बड़े नगरों की स्थानीय समस्याओं को हल करती थीं, केंद्रीय प्रशासनिक नीतियों को इनके द्वारा ही लागू किया जाता था। इन संस्थाओं में सरकारी और गैर-सरकारी सदस्य होते थे। इनको कुछ वित्तीय अधिकार उपलब्ध थे लेकिन वे अधिकांश खर्च सरकार की अनुमति से ही कर सकते थे। विभिन्न स्थानों पर निर्वाचित सदस्यों की भी व्यवस्था थी लेकिन ये संस्थाएँ कार्य करने में स्वतंत्र और प्रशासनिक अनुभव तथा राजनीतिक शिक्षा की वृद्धि में सहायक नहीं थीं। सरकारी सदस्य, संख्या में कम होते हुए भी, अत्यधिक प्रभावशाली होते थे।

रिपन प्रान्तीय सरकारों के में एक नया मोड़ लाना चाहता था। 1881 ई. में एक प्रस्ताव पास करके उसने प्रांतीय सरकारों से स्थानीय प्रशासन को स्वायत्तता प्रदान करने की दिशा में सुझाव माँगे। इससे कुछ प्रांतों में भ्रांतियाँ उत्पन्न हुईं इसलिए 18 मई, 1882 ई. को एक विस्तृत प्रस्ताव पास करके रिपन ने अपना मंतव्य स्पष्ट किया। इस प्रस्ताव में उसने कहा कि वह स्थानीय प्रशासन में स्वायत्तता केवल प्रशासनिक सुविधा के लिए नहीं बल्कि राजनीतिक अनुभव और सार्वजनिक शिक्षा के लिए चाहता था। वह जानता था कि स्वायत्तता देने से आरंभ में गलतियाँ हो सकती थीं लेकिन कालांतर में शिक्षित वर्ग इस योग्य बन सकेगा कि प्रशासनिक उत्तरदायित्व अच्छी प्रकार निभा सके।

प्रान्तीय संस्थाओं या संगठनों के नवीन निर्माण हेतु रिपन ने यह भी कोशिश की थी कि चयनित सरकारी सदस्यों की संख्या कुल संख्या का 1/3 से अधिक न हो। शेष सदस्यों को यथासंभव निर्वाचन प्रणाली के आधार पर चुना जाए। प्रत्येक स्थान पर निर्वाचन का अधिकार स्थानीय परिस्थितियों के अनुसार निश्चित किया जाए। सरकारी नियंत्रण बाहर से होना चाहिए अर्थात इन संस्थाओं द्वारा किए गए निर्णयों पर सरकार पुनः दृष्टि डाल सकती थी। यदि बार-बार अनुचित कार्य करते रहने के कारण किसी स्थानीय संस्था के अधिकारों को समाप्त करना आवश्यक हो तो केवल केंद्रीय सरकार की अनुमति से ही ऐसा हो सकता था। निश्चित अधिकार तथा वित्तीय साधन इन संस्थाओं को प्रदान कर दिए गए। प्रत्येक बोर्ड का कार्य क्षेत्र निर्धारित कर दिया गया।

भारतीयों ने उस प्रस्ताव का दिलो जान से स्वागत किया। रिपन के दिल में यह भावना थी कि उसने परम्परा प्रचलित मेओ की नीति को ही विकसित किया

है। वह अपने इस प्रस्ताव को सही अर्थों में रूढ़िवादी कहता था। इंडिया कौंसिल के सदस्यों ने इस नीति की आलोचना की लेकिन भारत सचिव के समर्थन से रिपन इसे लागू कर सका। रिपन के रचनात्मक कार्यों में स्थानीय स्वायत्त संस्थाओं का निर्माण सबसे अधिक महत्त्वपूर्ण है।

वर्नाक्यूलर प्रेस एक्ट को निरस्त करना : लिटन द्वारा पास किये गये इस विधेयक या एक्ट पर ग्लेडस्टन काफी नाराज था और इसकी कटुआलोचना भी की थी और जब यह सत्ता में आया तो तत्पश्चात् उसने रिपन को आदेश दिए कि इस पर पुनः विचार किया जाए। इस एक्ट के अंतर्गत अधिक समाचार पत्र बंद नहीं हुए थे और एक को छोड़कर अन्य किसी पर मुकदमा नहीं चलाया गया था। इसलिए लिटन के समर्थक कह सकते थे कि एक्ट अत्यधिक कठोर नहीं था। उसी आधार पर रिपन का कहना था कि यह पर्याप्त प्रमाण था कि एक्ट अनावश्यक था। 1882 ई. में इसे रद्द कर दिया गया। इसे समाप्त करने में उसी कौंसिल ने बहुमत से सहमति प्रकट की, जिसने कि इसे पास किया था। इस कार्य से रिपन भारतीय भाषाई समाचार पत्रों में लोकप्रिय हो सका। साथ ही नए शिक्षित मध्यम वर्ग का उसे अधिक समर्थन प्राप्त हो सका।

प्रजातीय विभेद को कम करने का प्रयत्न : लिटन के शासन काल में इनके द्वारा पास किये गये दो अधिनियमों ने प्रजातीय विभेद को अत्यधिक स्पष्ट किया—आर्म्स एक्ट और स्टेट्यूटरी सिविल सर्विस। रिपन ने इन दोनों दिशाओं में कुछ कार्य करने का प्रयत्न किया। भारत सचिव ने रिपन को सूचित किया कि ग्लेडस्टन आर्म्स एक्ट को समाप्त करवाने के पक्ष में था लेकिन रिपन आर्म्स एक्ट को रद्द करने के पक्ष में नहीं था। वह चाहता था कि कृषकों और निर्धन व्यक्तियों को जिन्हें जंगली पशुओं से अपनी रक्षा करनी पड़ती थी बिना लाइसेंस फीस के हथियार रखने की अनुमति दे दी जाए तथा सब व्यक्तियों को लाइसेंस लेकर हथियार रखने का अधिकार होना चाहिए। उसने इस दिशा में 1882 ई. में एक प्रस्ताव भारत सचिव की अनुमति के लिए भेजा। वहाँ उसे समर्थन नहीं मिला और 1883 ई. के पश्चात इसकी संभावना और कम हो गई। 1878 ई. के आर्म्स एक्ट में कोई परिवर्तन नहीं किया गया।

सिविल सर्विस में भारतीयों की भरती के लिए दो मार्ग थे—प्रतियोगिता परीक्षा द्वारा आई.सी.एस. में प्रवेश, सरकार द्वारा स्टेट्यूटरी सर्विस में भरती। पहले में अंग्रेजी शिक्षा प्राप्त वर्ग के लिए प्रवेश व्यावहारिक रूप में बंद था और दूसरे में पारिवारिक तथा सामाजिक प्रतिष्ठा वाले कुलीन वर्गों को विशेष स्थान उपलब्ध था। 1883 ई.

तक रिपन का ध्यान इस व्यवस्था में किसी परिवर्तन की ओर नहीं गया। उसने भारत सचिव को इंडियन सिविल सर्विस मे प्रवेश की अधिकतम आयु सीमा बढ़ाने के प्रश्न पर विचार करने के लिए कहा लेकिन भारत सचिव ने स्पष्ट मना करके इस विषय पर चर्चा ही समाप्त कर दी। इसी प्रकार स्टेट्यूटरी सर्विस में भी योग्यता के आधार पर भारतीयों को नियुक्त करवाने में रिपन असमर्थ रहा।

इलबर्ट विधेयक 1883 : इस विधेयक से जुड़ी गतिविधियों को स्पष्ट करने के लिए पहले कुछ प्रमुख तत्त्वों पर प्रकाश डालना अति आवश्यक है, 1882 ई. में भारत सचिव ने रुड़की इंजीनियरिंग कॉलेज में पढ़े हुए केवल भारतीयों को ही सरकारी नौकरियों में स्थान दिए जाने की व्यवस्था की। इससे भारत में रहने वाले अंग्रेजों में असंतोष उत्पन्न हो गया। इसी समय भारत सचिव ने कलकत्ता हाईकोर्ट के न्यायाधीशों को अन्य हाईकोर्ट के समान वेतन (पहले उन्हें अधिक मिलता था) देना निर्धारित कर दिया। इससे न्यायालय और कार्यकारिणी में मतभेद बढ़ा। 1882 ई. में कलकत्ता हाईकोर्ट के मुख्य न्यायाधीश, गार्थ के छुट्टी पर चले जाने से एक भारतीय न्यायाधीश—रमेशचंद्र मित्तर (जो सबसे अधिक वरिष्ठ थे) को मुख्य न्यायाधीश बना दिया गया। इन घटनाओं से रिपन कलकत्ता के अंग्रेजों में अत्यंत लोकप्रिय हो गया था। उन्हें केवल एक ऐसे अवसर की तलाश थी जो विभिन्न वर्गों के अंग्रेजों को एकत्रित कर सके। यह उद्देश्य उसका तब पूरा होने की उम्मीद हुई जब इलबर्ट विधेयक पास हो गया और अन्त में कुछ हद तक उसे सफलता भी मिली।

1883 के पहले यूरोपवासियों के विवादों का निपटारा उच्च न्यायालय द्वारा किये जाते थे। प्रेजीडेंसी नगरों को छोड़कर अन्य स्थानों पर किसी भी भारतीय न्यायाधीश को अंग्रेजों के मुकदमे सुनने का अधिकार नहीं था। प्रेजीडेंसी नगरों (बंबई, कलकत्ता, मद्रास) में कोई भी मजिस्ट्रेट अंग्रेजों के मुकदमे सुन सकता था। 1882 ई. में आई.सी.एस. के एक सदस्य बिहारीलाल गुप्ता और बंगाल के गवर्नर 'एडन' ने यह प्रश्न उठाया कि आई.सी.एस. के कुछ भारतीय सदस्य अब इतने वरिष्ठ हो चुके थे कि वे सेशंस जज आदि बन सकते थे। ऐसी स्थिति में उनके अधिकार अपने अंग्रेज सहयोगियों से कम नहीं होने चाहिएँ। एडन के इस सुझाव को रिपन ने विभिन्न प्रांतीय सरकारों तथा अपनी कौंसिल के सदस्यों की सम्मति के लिए भेजा। किसी ने कोई विशेष विरोध नहीं किया। 1882 ई. के अंत में रिपन ने यह प्रस्ताव भारत सचिव को भेज दिया। वहाँ से भी किसी विशेष विरोध की सूचना नहीं मिली। फरवरी, 1883 ई. में सी.पी. इलबर्ट (विधि सदस्य) ने एक विधेयक लेजिस्लेटिव कौंसिल में रखा जिसके अनुसार आई.सी.एस. तथा स्टेट्यूटरी सिविल सर्विस के

सदस्यों, सहायक कमिश्नरों और छावनी के मजिस्ट्रेटों को 'जे.पी.' बनने का अधिकार दिया गया। सेशंस जज और जिला न्यायाधीश को पदेन जे.पी. बनाया गया। सहायक सेशंस जज तीन वर्ष कार्य करने के पश्चात् अंग्रेजों के मुकदमे सुनने का अधिकारी होगा।

इलबर्ट विधेयक का प्रमुख उद्देश्य मुफस्सिल के अन्तर्गत लगे भारतीय जजों पर प्रजातीय रोकों को खत्म करना या अंग्रेजों को मुफस्सिल में उपलब्ध विशेष अधिकारों में से कुछ को समाप्त करना था। व्यावहारिक रूप में अगले 10 वर्षों में समस्त भारत में केवल 9 भारतीय जजों को यह अधिकार उपलब्ध हो सकता था। इतने सीमित परिवर्तन का भारी विरोध होगा इसकी आशा रिपन और उसके सहयोगियों को नहीं था। किंतु प्लांटर्स और अंग्रेज व्यापारियों तथा ईसाइयों ने इस विधेयक से लाभ उठाकर सरकारी नीति के विरुद्ध अपने असंतोष को व्यक्त किया। भारत के अधिकांश गैर-सरकारी अंग्रेज इस विरोध में सम्मिलित हुए। इस विद्रोह को 'सफेद विद्रोह' की संज्ञा दी जाती है। विरोध अधिक होने के कारण रिपन ने प्रांतीय सरकारों तथा उच्च न्यायालयों की सम्मति जाननी चाही। एक भी अंग्रेज अधिकारी ऐसा नहीं था जिसने इसका समर्थन किया हो। गैर-सरकारी अंग्रेजों ने सरकार को विभिन्न ज्ञापन प्रस्तुत किए। भारतीयों पर विभिन्न आक्षेप लगाए गए। एक एंग्लो-इंडियन डिफेंस एसोसिएशन का गठन किया गया जो अंग्रेजों के विशिष्ट अधिकारों की सुरक्षा के लिए प्रयत्न करे।

लंदन के प्रशासन को रिपन ने इस विधयेक से जुड़े सम्पूर्ण कागजात आदि प्रेसित कर दिये। लंदन सरकार ने रिपन का पूरा समर्थन किया लेकिन कलकत्ता में रिपन के विरुद्ध एंग्लो-इंडियन आंदोलन अत्यधिक भड़क चुका था। यहाँ तक की षड्यंत्र किया गया कि गवर्नर जनरल का बलपूर्वक अपहरण करके उसे लंदन भेज दिया जाए। रिपन 'सफेद विद्रोह' के विरुद्ध अपनी नीति पर दृढ़ था लेकिन उसकी कौंसिल के सदस्य एंग्लो-इंडियन गुट के साथ समझौते की बात सोचते थे। अंत में जो समझौता हुआ उसके अनुसार किसी भी यूरोपियन अथवा अंग्रेज अपराधी को यह अधिकार होगा कि उसके मुकदमे की सुनवाई करने वाली जूरी के आधे सदस्य यूरोपीय अथवा अमरीकी नागरिक हों।

रिपन को इस परिवर्तन से उन व्यक्तियों के सामने झुकना पड़ा जो प्रजातीय विभेद के पक्ष में थे। यूरोपीय नागरिकों के विशेषाधिकार पूर्व की भाँति सुरक्षित रहे। इलबर्ट विधेयक से संबंधित विवाद में भारतीय नेताओं ने बहुत कम भाग लिया। किंतु उन्होंने दोनों पक्षों—रिपन तथा उसके विरोधी—की गतिविधियों को बड़े ध्यान

से देखा। उनका ध्यान रिपन की दुर्बलताओं पर कम और एंग्लो-इंडियन संगठन शक्ति पर अधिक आकर्षित हुआ। उन्हें यह पता चल गया कि भविष्य में प्रजातीय विभेद के विरुद्ध संघर्ष उन्हें स्वयं ही करना होगा। एंग्लोइंडियन संगठनों ने उन्हें वैधानिक लड़ाई तथा संगठित विरोध का महत्त्व स्पष्ट रूप से समझाया।

ब्रिटिश साम्राज्य के हितों का समर्थन : रिपन ने आर्थिक एवं व्यावसायिक क्षेत्रों में कोई परिवर्तन नहीं किये उसे ज्यों का त्यों ही रहने दिया और उसी नीति के आधार पर कुछ और कदम उठाया। इंग्लैंड में बने कपड़े पर भारत में लगे आयात कर को पूरी तरह समाप्त कर दिया गया। यह कार्य 1882 ई. के बजट प्रस्तुत करते समय किया गया। उस वर्ष में आय अधिक और खर्च कम बताकर भारत को मुक्त व्यापार नीति का क्षेत्र बना दिया गया। बजट प्रस्तुत करने के पश्चात एक सप्ताह के भीतर ही 10 लाख पौंड का सैनिक खर्च बढ़ गया। वर्नाक्यूलर एक्ट पास कर देने से रिपन के प्रति पर्याप्त सद्‌भावना थी इसलिए कपड़े पर लगे आयात कर की समाप्ति का अधिक विरोध नहीं हुआ। रिपन ने स्वयं स्वीकार किया कि सारे भारत में 12 व्यक्ति भी ऐसे नहीं थे जो यह न समझते हों कि भारत के हितों को मैंचेस्टर के लिए त्याग दिया गया। रिपन ने आयात कर समाप्ति के साथ-साथ नमक कर को भी कुछ कम कर दिया। इससे सामान्य प्रतिक्रिया रिपन के पक्ष में ही रही।

अकाल आयोग एवं रेलों का विस्तार : लिटन महोदय ने सन् 1873 में एक अकाल आयोग का गठन किया था जिसकी रिपोर्ट रिप़न के सत्ता संभालने के बाद 1880 में पेश की गयी। आयोग ने आकाल के बुरे प्रभावों को रोकने के लिए अकालग्रस्त क्षेत्रों में रेलों के विस्तार पर अत्यधिक बल दिया। इस प्रकार के रेल विस्तार को 'सुरक्षात्मक व्यवस्था के लिए विस्तार' कहा गया रिपन ने रेलों का निर्माण तेजी से करना चाहा लेकिन भारत सचिव के कहने पर वह निजी क्षेत्र में रेलों के निर्माण पर सहमत हुआ और यह क्षेत्र 'उत्पादक' रेलों तक ही सीमित रहा। सरकारी निरीक्षण में निर्माण केवल 'सुरक्षात्मक' रेलों के लिए रहा। स्वाभाविक रूप से 'सुरक्षात्मक' रेलों का विस्तार बहुत कम हुआ। 1884 ई. में हाउस ऑफ कामंस की एक सिलेक्ट कमेटी के सुझाव पर 'सुरक्षात्मक' और 'उत्पादक' रेलों का अंतर समाप्त कर दिया गया। रेलों की विभिन्न शाखाओं को केवल आत्मनिर्भर होना चाहिए।

फैक्ट्री अधिनियम 1881 : मार्च, 1880 में सिलेक्ट कमेटी को सौंप दिया था। यह विधेयक लिटन के शासन काल में पास तो नहीं हो सका परन्तु इसकी धाराएं उसी के समय में निर्धारित हो चुकी थी। लिटन के बाद रिपन ने सत्ता संभाली। रिपन को इस विधेयक के पास करने में सबसे अधिक विरोध बंगाल के उपगवर्नर 'एडन'

द्वारा मिला। फलस्वरूप विधेयक में कुछ संशोधन करने पड़े। पास होने के पश्चात् इसकी मुख्य धाराएँ निम्नवत है–

1. खतरनाक मशीनों की उचित सुरक्षा का प्रबंध होना चाहिए। फैक्ट्री निरीक्षकों की नियुक्ति की जा सकती थी। नियमों का उल्लंघन करने वालों पर 200 रुपए तक जुर्माना हो सकता था।
2. यह अधिनियम चाय, काफी, नील की खेती और कारखानों पर लागू नहीं होगा। फैक्ट्री की परिभाषा उस उद्योग से लगाई गई जिसमें कम-से-कम 100 व्यक्ति चार महीनों से अधिक कार्य करते हों। इस प्रकार अधिकांश पटसन मिल फैक्ट्री की परिभाषा से बाहर हो गए। उसमें 100 से कम मजदूर कार्य करते थे।
3. सात वर्ष से कम आयु के बालकों को काम पर नहीं लगाया जाएगा और 12 वर्ष से कम आयु के बालकों को 9 घंटों से अधिक एक दिन में कार्य नहीं करने दिया जाएगा।

   इस एक्ट को बंबई सरकार ने अपर्याप्त बताया। बंबई के इंस्पैक्टर ने अधिक कड़ा नियम पास करने के लिए कहा जिसमें फैक्ट्री की परिभाषा को अधिक विस्तृत बनाया जाए। बालकों की न्यूनतम आयु 8 वर्ष कर दी जाए और 13 वर्ष से कम आयु के बालकों के लिए अधिकतम कार्यकाल 6 घंटे रखा जाए। लेकिन यह सुझाव अन्य प्रांतीय सरकारों को स्वीकृत नहीं था। वास्तविकता यह थी कि बंबई में कपड़ा मिलों के लिए विभिन्न प्रकार की वैधानिक कठिनाइयाँ खड़ी करके उनके विकास को बंबई सरकार रोकना चाहती थी। रिपन ने अधिनियम में कोई परिवर्तन नहीं किया।

भारतीय नरेशों के प्रति नीति : ब्रिटिश साम्राज्य को बढ़ाने में रिपन की एक महत्त्वपूर्ण भूमिका रहती है। अंग्रेजी नियंत्रण को पेराउंमाटसी शब्द से व्यक्त किया जाता है। 1858 ई. के पश्चात भी इसकी स्पष्ट व्याख्या नहीं की गई। व्यावहारिक रूप में यह अंग्रेजी सर्वोच्चता की द्योतक थी। रिपन के समय में इसकी कुछ व्याख्या मैसूर नरेश को राज्य प्रशासन सौंपते समय की गई। रिपन के भारत आने के पूर्व ही मैसूर नरेश को राज्य प्रशासन सौंपने का निर्णय लंदन सरकार ने ले लिया था। 25 मार्च, 1881 ई. को रिपन ने मैसूर का राज्य वापस कर दिया। राज्य से संबंधित हस्तांतरण पत्र की धाराएँ स्वयं रिपन द्वारा निश्चित की गई थीं। पहले की समस्त संधियों को समाप्त मान लिया गया और इस वापसी को अंग्रेज सरकार द्वारा एक भेंट कहा गया। मैसूर द्वारा दिए जाने वाले खिराज की मात्रा बढ़ा दी गई। महाराजा

के अधिकारों में भारी कटौती कर दी गई। किसी भी उत्तराधिकारी को उस समय तक वैध नहीं माना जाएगा जब तक अंग्रेज सरकार उसे मान्यता न प्रदान करे। भारत सरकार की अनुभूति के बिना राज्य की भूराजस्व व्यवस्था, प्रशासन तथा विधि प्रणाली में कोई परिवर्तन नहीं किया जा सकेगा।

ऐसे ही बड़ौदा के गायकवाड़ को भी दिसंबर, 1881 ई. में उसका राज्य सौंप दिया गया। यहाँ भी रिपन ने उसी प्रकार शासन की अधीनता पर बल दिया। दो वर्षों तक सभी क्षेत्रों में उसके आचरण के लिए आज्ञाएँ निर्धारित कर दी गईं। उसके बाद उसे प्रत्येक महत्त्वपूर्ण विषय में भारत सरकार के परामर्श पर कार्य करना होगा। इन दोनों घटित घटनाओं या तत्त्वों के आधार पर यह कहा जा सकता है कि मैसूर पर लगाई गई शर्तें भारत सरकार की निश्चित नीति की परिणाम थीं। इंदौर और हैदराबाद के शासकों के साथ भी रिपन ने अंग्रेजी सर्वोच्चता को स्थापित किया। इंदौर के होल्कर ने ईसाई मिशनरियों को अपने राज्य से निकाल दिया। रिपन द्वारा धार्मिक स्वतंत्रता का तर्क प्रस्तुत करने पर होल्कर ने तुरंत अपनी नीति में परिवर्तन किया और रिपन के विश्वासपात्र बंबई के एक वकील 'मांडलिक' को राज्य का दीवान नियुक्त किया। हैदराबाद में फरवरी, 1883 ई. में सर सालार जंग की मृत्यु हो गई। निजाम, मीर महबूब अली खाँ, अवयस्क था। रिपन ने संरक्षक कौंसिल का अध्यक्ष सालार जंग के पुत्र मीर लायक अली को ही नियुक्त किया। लायक अली और महबूब अली खाँ लगभग दोनों एक ही अवस्था के थे। रिपन की कौंसिल के अधिकांश सदस्य हैदराबाद दीवान पद पर लायक अली की अपेक्षा किसी वरिष्ठ प्रशासक की नियुक्ति चाहते थे। लेकिन ऐसा करने पर रेजीडेंट की स्थिति अधिक प्रभावशाली नहीं हो सकती थी। लायक अली वास्तविक सत्ता का स्रोत समझता था इसलिए रेजिडेंट पर अधिक निर्भर रहता था। उसने बरार की समस्या को न उठाने का भी वायदा किया। इसी प्रकार कश्मीर में रिपन ने अंग्रेजी प्रभुत्व को अधिक प्रभावशाली बनाने के लिए यह सुझाव रखा कि महाराजा रणवीरसिंह की मृत्यु के पश्चात उसके ज्येष्ठ पुत्र को राजा स्वीकार किया जाए लेकिन उसे एक स्थायी रेजिडेंट रखने के लिए बाध्य किया जाए। 1885 ई. में ऐसा ही किया गया। इस प्रकार कश्मीर को भी अन्य राज्यों के समान कर दिया गया। रिपन ने अंग्रेजी साम्राज्य के हितों की सुरक्षा और सर्वोच्चता के सिद्धांत का प्रयोग भी काफी प्रभावशाली बना दिया।

रिपन के कार्यों का मूल्यांकन : रिपन ने अपने कार्यकाल की अवधि से एक वर्ष पहले ही सन् 1884 में इस्तीफा दे दिया था। उसका यह विचार था कि उसका उत्तराधिकारी ग्लेडस्टन द्वारा ही नियुक्त किया जाए। इसलिए दिसंबर, 1884 ई. में उसने डफरिन को कार्यभार दे दिया।

रिपन के भारत से वापस जाने का समाचार सुनकर भारतीय नेताओं ने उसे कृतज्ञतापूर्ण विदाई दी। अमृतसर में उसे गुलाब की इतनी बड़ी मालाएँ पहनाई गईं कि उसका साँस घुटने लगा। कलकत्ता में उसकी विदाई के दिन खूब रोशनी की गई। बंबई तक उसको लोगों ने हार्दिक बधाई दी। भारतवासियों को रिपन ऐसा पहला गवर्नर जनरल प्रतीत हुआ जो उनके प्रति सहानुभूति रखता था। लिटन की तुलना में स्वाभाविक रूप से रिपन कहीं अधिक अच्छा प्रतीत हुआ।

परन्तु भारत और इंग्लैंड में रहने वाले बहुसंख्यक अंग्रेज उसके नीति से खुश नहीं थे। उनके असंतोष का प्रमुख कारण रिपन के भाषण और वाणी अधिक और उसके कार्य कम थे। उसकी भारतवासियों के मध्य लोकप्रियता का भी यही आधार था। ग्लेडस्टन और उसके सहयोगियों तथा भारत सचिव ने रिपन का समर्थन किया लेकिन फिर भी रिपन उतनी अधिक सफलता प्राप्त न कर सका जितनी वह इस समर्थन से कर सकता था। उसकी असफलता का रहस्य उसके व्यक्तित्त्व में ही था। भारत सचिव और इंग्लैंड के प्रधानमंत्री के समक्ष रिपन अपनी बात दृढ़तापूर्वक नहीं कहता था। भारत में आने के पश्चात् ही उसे इंडिया कौंसिल की शक्ति का पता चला। रिपन स्वयं कमजोर व्यक्तित्त्व वाला व्यक्ति था उसकी कौंसिल और भी अधिक दुर्बल थी। रिपन में दूसरे व्यक्तियों की योग्यता और उनके गुणों को पहचानने की क्षमता भी बहुत कम थी।

रिपन शासन काल के समकालीन अंग्रेज आलोचकों उस पर गलत आरोप लगाते थे कि अंग्रेजी साम्राज्य को छिन्न-भिन्न करने की दिशा में पहला कदम उठाया। रिपन ने शिक्षित भारतीयों का सहयोग प्राप्त करके अंग्रेजी साम्राज्य के स्वरूप को कुछ दृढ़ ही किया। डॉ. गोपाल के शब्दों में ग्लेडस्टन की भाँति रिपन विभिन्न जातियों में मेल-मिलाप कराने वाले महान व्यक्तियों मे से एक था। कुछ अर्थों में भिन्न होते हुए भी वह पूर्व प्रचलित नीतियों पर अधिकांश कार्य करना चाहता था। अफगानिस्तान के संबंध में अंग्रेजी नीति में रिपन और लिटन में बहुत थोड़ा ही अंतर था।

अफगानिस्तान के प्रति नीति : 1858-1884

सन् 1855 में डलहौजी ने दोस्त मोहम्मद के साथ एक समझौता किया था जिसके आधार पर ब्रिटिशों में पूंजीपति वर्ग की स्वतंत्रता को अंगीकार किया तथा अफगानिस्तान के आंतरिक मामलों में कभी हस्तक्षेप न करने का वचन दिया। अमीर ने अंग्रेजों के मित्रों को अपना मित्र तथा उनके शत्रुओं को अपना शत्रु स्वीकार कर

लिया। 1856 ई. में पुनः ईरान ने हिरात पर अपना अधिकार कर लिया लेकिन अफगान और अंग्रेज सेनाओं ने मिलकर ईरान को हिरात से अपना अधिकार समाप्त करने पर बाध्य किया। मार्च, 1857 ई. में अफगानिस्तान और अंग्रेजों के मध्य एक नई संधि की गई जिसके अनुसार अंग्रेजों ने एक भारतीय मुसलमान को काबुल में और काबुल के अमीर ने पेशावर में अपना दूत नियुक्त किया। 1857-58 ई. में भारत विप्लव के समय अमीर ने कोई अंग्रेज विरोधी कार्य नहीं किया।

1857-58 ई. में अमीर की तटस्थता के लिए जॉन लारेंस ने कैनिंग को सुझाव दिया कि पेशावर पर नियंत्रण अमीर को सौंप दिया जाए। लेकिन कैनिंग ने इसका भारी विरोध किया। 1863 ई. में दोस्त मोहम्मद की मृत्यु के पश्चात उसके 16 पुत्रों में गृहयुद्ध आरंभ हो गया। इस समय जॉन लारेंस इंडियन कौंसिल का सदस्य था। इसी समय कुछ मुसलमान कबीलों ने अंग्रेजी उत्तर-पश्चिमी सीमा पर आक्रमण किया। उसे दबाने के लिए अंग्रेजी सरकार ने सैनिक अभियान भेजे। भारत सचिव वुड ने अफगानिस्तान के आंतरिक मामलों में हस्तक्षेप की नीति अपनाने के लिए मना कर दिया। 1863 ई. में भारत सचिव ने जॉन लारेंस को गवर्नर जनरल नियुक्त किया। उत्तर-पश्चिमी सीमा पर रहने वाले कबीलों की जानकारी तथा उसकी शांतिप्रिय नीति लारेंस की इस नियुक्ति के लिए उत्तरदायी हुई। वुड ने लारेंस को अहस्तक्षेप के स्पष्ट आदेश दिए थे। इंग्लैंड की लिबरल सरकार भी अफगानिस्तान में हस्तक्षेप के पक्ष में नहीं थी।

लारेंस की अनुपस्थिति में एलगिन भी अहस्तक्षेप नीति को अपनाया था। उसका कहना था कि अंग्रेजों को पड़ोसियों के मामलों में केवल उसी समय हस्तक्षेप करना चाहिए जब उनके वास्तविक स्वार्थों के लिए अति आवश्यक हो और उस समय दृढ़ता और सेना के बल पर अपने लक्ष्यों को पूरा करना चाहिए। लारेंस भी इसी नीति का समर्थक था। एलगिन का कार्यकाल बहुत छोटा था। इसके अतिरिक्त इस अहस्तक्षेप की नीति की जाँच का समय 1863 ई. (दोस्त मोहम्मद की मृत्यु) के पश्चात् उत्पन्न हुआ जबकि विभिन्न उत्तराधिकारियों ने अंग्रेजी सरकार से सहायता चाही। उस समय भारत में जॉन लारेंस गवर्नर जनरल था।

अफगानिस्तान गृह युद्ध के सन्दर्भ में लारेंस का विचार था कि किसी भी पक्ष का साथ देना गलत होगा क्योंकि नियमाभाव की स्थिति में उत्तराधिकारी की समस्या केवल सेना और सत्ता के बल पर ही निश्चित हो सकती थी। वह यह भी समझता था कि भारत की सुरक्षा को कोई ऐसा खतरा उस सीमा से पैदा नहीं हुआ था जिसके लिए अंग्रेज सरकार सैनिक अभियान करे। आर्थिक दृष्टि से भी अफगानिस्तान सीमा

पर अग्रगामी नीति उचित नहीं थी। सैनिक सहायता का खर्च अत्यधिक बढ़ सकता था और उसका भार जनता पर पड़ता। अफगानिस्तान की भौगोलिक और प्राकृतिक स्थिति भी किसी विशाल सैनिक अभियान के लिए सहायक नहीं थी।

अहस्तक्षेप नीति की अत्यधिक आलोचना की गयी थी। साम्राज्यवादियों के दृष्टिकोण में रूस की ओर से खतरा निश्चित था। भले ही उस समय इतना अधिक दिखाई न पड़ता हो। साम्राज्य की सुरक्षा के लिए आर्थिक स्थिति का तर्क व्यर्थ था। लारेंस की नीति की स्वार्थपरता बहुत ही स्पष्ट दिखाई देती थी। उसकी नीति को अफगानिस्तान में गृहयुद्ध भड़काने वाली भी कहा गया क्योंकि प्रत्येक उम्मीदवार अपनी सफलता के पश्चात् अंग्रेजी समर्थन की आशा कर सकता था। इसलिए युद्ध बढ़ता ही रहेगा। साम्राज्यवादी नेता इस नीति को 'अंधेरे में छलाँग', 'शतुर्मुग की नीति' आदि आदि नामों से सम्बोधित किये थे–

लारेंस की इस नीति को आलोचकों ने 'निष्क्रियता' की नीति कहा। आरंभ में उसके समर्थकों ने इसके साथ 'दक्ष' विशेषण जोड़ दिया। बाद में इस विशेषण का व्यंगात्मक रूप में उसके आलोचकों ने अधिक प्रयोग किया। वास्तव में इस नीति को निष्क्रियता की नीति कहा जाना अनुचित ही होगा। भारत सचिव को लारेंस ने एक वैयक्ति रूप से पत्र लिखा जिसमें अपनी नीति स्पष्ट की उसका तर्क था कि अफगानिस्तान में किसी भी पक्ष का समर्थन बेकार था। साथ ही उसने यह भी लिखा कि उसकी गृहयुद्ध में सहायता न करने की नीति उसी समय तक ठीक थी जब तक कि किसी पक्ष ने ईरान अथवा रूस की सहायता नहीं ली थी। उसका निश्चित विचार था कि यदि प्रतिद्वंद्वियों में से किसी एक–अफजल, अजीम अथवा शेरअली–को रूस अथवा ईरान से सहायता मिली तब अंग्रेज भी दूसरे की सहायता करने पर बाध्य होंगे। लारेंस ने अपनी नीति को 'खुले विकल्प' की नीति कहा था और सहायता की संभावना के भय से किसी पक्ष को रूस और ईरान से सहायता लेने से रोके रखा। उसे रूस के आक्रमण का भय नहीं था लेकिन यदि रूस ने कभी आक्रमण करने की सोची तब उसका प्रतिकार पीटर्सबर्ग के साथ समझौता था। उसके विचार में इंग्लैंड को रूस से अपने-अपने प्रभाव क्षेत्रों की स्पष्ट व्याख्या करवा लेनी चाहिए। वह निश्चित रूप से रूस को यह बताने के पक्ष में था कि अफगानिस्तान अथवा भारतीय साम्राज्य की सीमाओं पर स्थित कोई भी राज्य रूस के प्रभाव क्षेत्र से बाहर था रूस के साथ समझौते से भारत में फैली अफवाह आदि भी कम हो जाएगी।

शेरअली को लारेंस ने अफगानिस्तान का अमीर मानते हुए भी इसके प्रतिद्वंद्वी भाईयों को भी राजनीतिक शरण दी। 1866 ई. में उसके पराजित हो जाने पर उसके

भाई अफजल खाँ को उसने मान्यता दे दी। 1867 ई. मे अफजल खाँ की मृत्यु हो गई और 1968 ई. में जब शेरअली पुनः विजयी हुआ तब उसे फिर मान्यता प्रदान कर दी। लारेंस की निष्क्रियता की नीति में भी कुछ परिवर्तन हुआ। 1867 ई. में अफजल खाँ के पुत्र के विरुद्ध कई प्रतिद्वंद्वियों ने ईरान और रूस से सहायता चाही। उस समय लारेंस को अपनी नीति में दोष दिखाई पड़े और उसने अफगान अमीर को निश्चित सहायता देने का सुझाव रखा। 1868 ई. में लारेंस ने शेरअली को 12 लाख रुपया और 6,000 बंदूकें भेंट कीं। जनवरी, 1869 ई. में उसने भारत सचिव से इस बात की अनुमति माँगी कि भारत सरकार बिना संधि किए हुए काबुल के अमीर को सैनिक, आर्थिक तथा नैतिक सहायता दे। उसने शरेअली के साथ एक सम्मेलन के सुझाव को भी स्वीकार किया। यह सम्मेलन लारेंस के समय में न होकर उसके उत्तराधिकारी मेओ के समय में मार्च, 1869 ई. में अंबाला में हुआ। इस प्रकार लारेंस स्वयं अपनी निष्क्रियता को बदल चुका था।

सन् 1869 के अंबाला सभा में शेरअली के साथ मेओं ने सफलता का व्यवहार किया। शेरअली एक निश्चित संधि, वार्षिक धनराशि से सहायता, सैनिक सामग्री, अंग्रेजी सरकार का स्पष्ट समर्थन और अपने पुत्र अब्दुल्ला जान को अपना उत्तराधिकारी स्वीकार करवाना चाहता था। मेओ ने इनमें से अधिकांश बातों को स्वीकार नहीं किया लेकिन मधुर भाषी एवं मीठे आश्वासन अवश्य दिए। अंग्रेज सरकार ने नैतिक समर्थन का पत्र, कुछ आर्थिक तथा सैनिक सहायता अवश्य दी। रूस के मध्य एशिया में बढ़ते हुए प्रभाव से उत्पन्न चिंता मेओ की दृष्टि में निराधार थी। राजनीतिक अथवा सैनिक दृष्टि से रूसी नीति कोई समस्या ही नहीं थी क्योंकि रूस का भारत की ओर बढ़ना अत्यंत कठिन माना जाता था। इस विश्वासपूर्ण नीति का एक कारण यह भी था कि इंग्लैंड सरकार रूस की नीति पर यूरोप में दबाव डाल सकती थी।

नार्थब्रुक को सन् 1872 में गवर्नर जनरल के रूप में वहाँ भेजा गया था। वह अफगानिस्तान की ओर उपेक्षा तथा उदासीनता की नीति का समर्थक था। वह चाहता था कि यूरोप में रूस के साथ समझौता करके आपस के मतभेदों को दूर कर लिया जाए। लेकिन ग्लेडस्टन सरकार ने ऐसा नहीं किया। कुछ छोटी-छोटी घटनाएँ हुईं जिनसे अफगानिस्तान के साथ संबंध में तनाव पैदा होता गया। जुलाई, 1873 ई. में शिमला सम्मेलन में अफगान अमीर रूस के बढ़ते हुए प्रभाव के विरुद्ध कोई भी आश्वासन प्राप्त नहीं कर सका। इसके अतिरिक्त भारत सरकार ने अफगानिस्तान और ईरान के सीसतान सीमा संबंधी विवाद में मध्यस्थता करने का उत्तरदायित्व

लिया। इस मध्यस्थता में इंग्लैंड ने ईरान का पक्ष लिया। इससे अफगान अमीर बहुत क्रुद्ध हुआ। अंग्रेज सरकार ने अमीर के छोटे पुत्र अब्दुल्ला जान को उसका उत्तराधिकारी मानने से इंकार कर दिया।

इंग्लैंड द्वारा ईरान का पक्ष लिये जाने पर शेरअली ने रूस से दोस्ती करने के लिए प्रयास किया। संभवतः उसका लक्ष्य अंग्रेजी नीति पर दबाव डालने का था। इस बीच 1874 ई. में इंग्लैंड में कंजर्वेटिव दल की सरकार बन चुकी थी और डिजरेली ने नए साम्राज्यवाद का प्रतिपादन किया। नए भारत सचिव सेलिसबरी ने नार्थब्रुक को अफगानिस्तान में अंग्रेजी प्रभुत्व बढ़ाने के लिए कहा। वह अफगानिस्तान को एक शक्तिशाली स्वतंत्र राज्य नहीं देखना चाहता था और काबुल और हिरात में गुप्त अंग्रेजी दूत रखना चाहता था। नार्थब्रुक अफगान अमीर पर विश्वास करता था और रूस के साथ यूरोप में समझौता चाहता था। सेलिसबरी दोनों में से किसी पर भी विश्वास नहीं करता था। सेलिसबरी अफगानिस्तान के प्रति भारत सरकार की नीति को एकपक्षीय समझता था। भारत सरकार अफगानिस्तान को सहायता देती थी और बदले में अमीर कुछ नहीं देता था। अमीर की गतिविधियों की देखभाल रखने के लिए एक अंग्रेज दूत का काबुल में रखा जाना आवश्यक समझा गया। नार्थब्रुक ने यह बताने का प्रयत्न किया कि अफगान अमीर इसे स्वीकार नहीं करेगा। सेलिसबरी और नार्थब्रुक में इस प्रकार मौलिक मतभेद था। ऐसी स्थिति में गवर्नर जनरल और भारत सचिव दोनों में से किसी एक—अर्थात् गवर्नर जनरल—को अपना मार्ग बदलना पड़ता। नार्थब्रुक ने त्यागपत्र देना अधिक उचित समझा। जाने से पूर्व नार्थब्रुक ने इतना अवश्य कहा कि अमीर को उसकी इच्छा के विरुद्ध बाध्य करने का परिणाम शीघ्र ही एक अनावश्यक युद्ध होगा।

सेलिसबरी आयोग ने लिटन को नया गवर्नर जनरल बनाया और नवीन नीति के विषय में सविस्तार बताकर भेजा। नई नीति के लक्ष्य इंग्लैंड सरकार द्वारा निर्धारित किए गए थे लेकिन उनके पूरा करने की स्वतंत्रता नए गवर्नर जनरल को दे दी गई। लिटन ने डिजरेली और सेलिसबरी के लक्ष्यों को अच्छी तरह समझ लिया और एक नए शिष्य की भाँति उनसे आगे बढ़कर कार्य करना चाहा। इसका लक्ष्य अफगानिस्तान को अधीनस्थ स्थिति में रखना था। पूर्व प्रचलित नीति से यह मौलिक रूप में भिन्न थी। लिटन ने अपनी अफगान नीति के लक्ष्यों पर प्रकाश निम्नलिखित रूप से डाली—

(1) रूस और इंग्लैंड के साम्राज्यों के मध्य हिंदुकुश की पहाड़ियाँ ही होनी चाहिए तथा हिरात पर अंग्रेजी नियंत्रण होना चाहिए।

(2) उपरोक्त लक्ष्यप्राप्ति के लिए कुछ इस प्रकार के विकल्प थे—

   (i) शेरअली के साथ स्थायी समझौता होना चाहिए ताकि रूस के प्रभाव स्थापना को समाप्त किया जा सके।

   (ii) यदि शेरअली इस पर सहमत न हो तब अफगानिस्तान को कई राज्यों में विभक्त कर दिया जाए और एक नए अमीर को गद्दी पर बिठाया जाए जो अंग्रेजों के अनुसार कार्य कर सके।

   (iii) यदि उपरोक्त दोनों नीतियाँ संभव न हों तब अफगानिस्तान के कुछ भाग पर अधिकार कर लिया जाए। यह कार्य उत्तर-पश्चिमी सीमा की सुरक्षा के लिए लाभदायक होगा।

लिटन 1876 के जुलाई माह में डिजरेली को एक पत्र द्वारा अवगत कराया था कि यदि अमीर ने घूस और धमकियों से कार्य नहीं किया तब हम केलात में अपना प्रभाव दृढ़ करके और कश्मीर को चितराल आदि क्षेत्रों पर अधिकार करने के लिए प्रोत्साहित करके बड़ी सरलता से उसके नाखून काट सकेंगे। लिटन की पूर्व धारणा थी कि अमीर रूस के साथ मैत्री में बहुत आगे बढ़ चुका था। इसलिए वह रूस के विरुद्ध युद्ध के लिए उत्सुक था। नवंबर, 1876 ई. में लिटन ने सेलिसबरी को लिखा : 'जहाँ तक भारत का संबंध है कोई भी घटना इतनी शुभ नहीं हो सकती थी जितनी रूस के साथ अगली बसंत ऋतु में लड़ाई।' लिटन की इस नई नीति का सारा ध्यान पीटर्सबर्ग पर न होकर काबुल पर केंद्रित हो गया। रूस की महत्त्वकांक्षा को रोकने के लिए उसके साथ समझौते की अपेक्षा काबुल पर राजनीतिक प्रभुत्व स्थापित करने का प्रयास किया गया। शेरअली को वह सब कुछ देने का प्रयत्न किया गया जो उसने 1873 ई. में चाहा था। बदले में उसे एक अंग्रेज रेजिडेंट को अफगानिस्तान में रखना था।

लिटन की नीति का विकास

शेरअली को ब्रिटेन ने यह सूचना दे दी थी कि अंग्रेज दूत अफगानिस्तान भेजा गया है और उसने शेरअली से यह भी पूछा था कि वह उसका कहाँ स्वागत क़रना चाहेगा? लिटन ने सेलिसबरी को लिखा कि शेरअली के मना करने पर एक और प्रयत्न किया जाएगा और यदि वह भी असफल रहा तब बलपूर्वक दबाव की नीति अपनाई जाएगी। बड़े आत्मविश्वास से लिटन ने लिखा : 'मैं समझता हूँ कि शेरअली पर दबाव डालना कठिन नहीं होगा।' शेरअली ने रेजिडेंट का स्वागत करने से मना कर दिया। उसका कहना था कि अंग्रेज रेजिडेंट की सुरक्षा का वह आश्वासन नहीं

दे सकता था। यदि उसने अंग्रेज रेजिडेंट को आने की अनुमति दी तो वह रूस के दूत को भी मना नहीं कर सकेगा। अमीर के कहने पर भारत सरकार का काबुल स्थित मुस्लिम प्रतिनिधि लिटन को अमीर के दृष्टिकोण से अवगत कराने के लिए शिमला आया। लिटन ने अपनी नीति की स्पष्ट व्याख्या अपने मुस्लिम प्रतिनिधि अता मोहम्मद के समक्ष की। उसने अमीर की विभिन्न आपत्तियों को निरर्थक और निराधार बताया और अमीर के लिए विभिन्न झूठी-सच्ची धमकियों का प्रयोग किया। जैसे रूस इंग्लैंड के साथ अफगानिस्तान के विभाजन पर सहमत था। यदि अमीर ने अंग्रेजों की मित्रता का हाथ नहीं पकड़ा तो इंग्लैंड, रूस के साथ मिलकर अफगानिस्तान का नाम ही मानचित्र से मिटा देगा। लिटन का कहना था कि वह अफगानिस्तान के अमीर को रूस के नियंत्रण में हथियार नहीं बनने देगा। वह ऐसे हथियार को उपयोगी बनने से पूर्व ही तोड़ देगा।

मुस्लिम प्रतिनिधि अता मोहम्मद के काबुल पहुँचने पर अमीर के प्रतिनिधि नूर मोहम्मद और अंग्रेजी दूत के मध्य पेशावर में जनवरी, 1877 ई. में वार्ता आरंभ हुई। अंग्रेजी प्रतिनिधि ने काबुल में अंग्रेजी दूत के रखने का प्रश्न उठाया। 25 मार्च, 1877 ई. को नूर मोहम्मद का देहान्त हो गया। मोहम्मद का देहान्त होने के बाद अमीर ने एक दूसरे प्रतिनिधि का चुनाव किया परन्तु लिटन ने सम्मेलन समाप्ति की घोषणा कर दी। अप्रैल मई, 1877 ई. में अपने ही उत्तरदायित्व पर उसने पश्चिम अफगानिस्तान पर अधिकार करने के लिए सैनिक तैयारी का आदेश दे दिया और इंग्लैंड में सेलिसबरी के विरुद्ध अपनी नीति के लिए समर्थन प्राप्त करने का प्रयत्न किया। उसने अपने कुछ पत्रों को छपवाकर इंग्लैंड के प्रभावशाली व्यक्तियों को बँटवाया। सेलिसबरी ने लिटन को युद्ध की ओर बढ़ने से रोकने का प्रयत्न किया। उसने कहा कि उसे रूस के भारत पर आक्रमण का भय नहीं था। वह केवल रूसी कूटनीतिक गतिविधियों की रोकथाम चाहता था। इंग्लैंड मंत्रिमंडल रूस के मध्य एशिया में बढ़ते प्रभाव के विरुद्ध (लिटन की दृष्टि में) 'उपेक्षा' रखता था। लिटन और मंत्रिमंडल अर्थात् भारत सचिव के मध्य काफी मतभेद था। जून, 1877 ई. में लिटन यह जानता था कि वह और इंग्लैंड सरकार अलग नीतियों पर संभवतः चल रहे थे। जुलाई-अगस्त, 1877 ई. में सेलिसबरी ने लिटन को युद्ध से रोकने का पुनः प्रयत्न किया। उसने लिखा कि इंग्लैंड केवल अफगानिस्तान में कूटनीतिक प्रभुत्व चाहता था। वह युद्ध नहीं चाहता था।

मार्च-अप्रैल, 1878 ई. में सेलिसबरी के स्थान पर क्रेनब्रुक भारत सचिव बना सेलिसबरी और डिजरेली तो लिटन को युद्ध की ओर बढ़ने से रोक सके लेकिन

क्रेनब्रुक लिटन पर प्रभावशाली नियंत्रण न कर सका। क्रेनब्रुक चाहता था कि अमीर की आशाओं को उत्तेजित करके उसे अंग्रेजी दूत के स्वागत करने पर सहमत कर लिया जाए। लिटन चाहता था कि अमीर को डर अथवा भय दिखाकर अंग्रेजी दूत के स्वागत करने पर सहमत किया जाए। संयोगवश यूरोपीय घटनाओं ने लिटन को कार्य करने की स्वतंत्रता प्रदान की। तुर्की और रूस के बीच युद्ध का श्रीगणेश हो गया और यह संभावना थी कि शायद इंग्लैंड भी रूस के विरुद्ध युद्ध में उलझ जाए। रूस ने यूरोप में तनाव बढ़ता देखकर एशिया में इंग्लैंड के लिए एक नई समस्या खड़ी करने का प्रयत्न किया। तुर्किस्तान के रूसी गवर्नर ने अफगानिस्तान में एक रूसी दूत भेजा और कुछ रूसी प्रतिनिधियों को अफगान सीमा की तरफ जाने को कहा अमीर ने रूसी दूत के स्वागत का विरोध किया। शेरअली का भतीजा अब्दुर्रहमान रूस की राजनीतिक शरण में रहता था। इस भय से कि कहीं रूसी नेता अब्दुर्रहमान को मुक्त करके उसके लिए समस्या उत्पन्न न कर दें। शेरअली रूसी दूत का अधिक विरोध नहीं कर सका। 22 जुलाई, 1878 ई. को रूसी दूत स्टोलियटोफ काबुल पहुँच गया।

युद्ध की घोषणा : लिटन के लिए यह समाचार असह्य था। भारत सचिव के निर्देशों की आनाकानी करते हुए उसने 20 सितंबर, 1878 ई. को अंग्रेजी दूत को काबुल पहुँचने का आदेश दे दिया। अंग्रेजी दूत को अली मस्जिद पर 21 सितंबर को रोक दिया गया। लिटन ने इस घटना को इंग्लैंड का भारी अपमान समझा। इस बीच यूरोप में बर्लिन समझौता हो चुका था और रूस की गतिविधियों से उत्पन्न संकट भी समाप्त हो चुका था। डिजरेली और सेलिसबरी लिटन की नीति के आलोचक थे क्योंकि उसने मंत्रिमंडल की स्वीकृति के बिना अंग्रेजी दूत को अफगानिस्तान भेज दिया था। क्रेनब्रुक ने लिटन का समर्थन किया। लिटन ने अंग्रेजी दूत के रोक दिए जाने पर भारत सचिव से अफगानिस्तान के विरुद्ध युद्ध करने की स्वीकृति माँगी।

शेर अली को लिटन ने इंग्लैंड विरोधी माना लेकिन इसका कोई प्रमाण नहीं था। रूस ने अपने दूत को काबुल से वापस बुला लेने के आदेश भी दे दिए थे। इसलिए इंग्लैंड सरकार ने लिटन को अफगानिस्तान अमीर से अंग्रेजी दूत के अपमान के लिए उचित क्षमा माँगने तथा अंग्रेजी दूत रखने के लिए कहा। यदि अमीर ऐसा न करे तो उसे अंग्रेजों का शत्रु मान लिया जाए। 2 नवंबर, 1878 ई. को लिटन ने अली मस्जिद के अफगान अधिकारी को अंग्रेजों की चेतावनी दे दी जिसका 20 नवंबर तक जबाब माँगा गया। निर्धारित समय तक जबाब न मिलने पर अफगानिस्तान

पर तीन सैनिक दलों को आक्रमण करने का निर्देश दे दिया गया। लिटन का लक्ष्य इस समय भी अफगानिस्तान के टुकड़े करवाना था लेकिन इंग्लैंड मंत्रिमंडल के विरोध के फलस्वरूप उसका लक्ष्य शेरअली के स्थान पर एक नया अमीर नियुक्त करना हो गया था।

एक अंग्रेजी सेना कंधार के लिए, दो सेनाएँ खैबर और कुर्रम दर्रों से होकर काबुल के लिए भेजी गईं। सेनाओं का कोई विरोध आरंभ में नहीं हुआ और शेरअली भाग गया। 26 मई, 1879 ई. को शेरअली के पुत्र याकूब के साथ 'गंडमक की संधि' की गई। इस संधि के आधार पर

1. याकूब ने खैबर और पिशनी दर्रों पर अंग्रेजी नियंत्रण तथा कुर्रम, पिशिन, सिबि के जिलों पर अंग्रेजी प्रशासन स्वीकार कर लिया।
2. अमीर ने अपने विदेशी संबंधों का संचालन गवर्नर जनरल के परामर्श से करना स्वीकार किया।
3. एक अंग्रेजी दूत स्थायी रूप से काबुल में रखना स्वीकार किया।
4. इन सुविधाओं के बदले में अंग्रेजों ने 6 लाख रुपए वार्षिक अनुदान तथा विदेशी आक्रमण के विरुद्ध अफगानिस्तान की सहायता करने का वायदा किया।

लिटन की नीति की विफलता : लिटन की गंडमक सन्धि एक भारी उपलब्धि मानी गयी डिजरेली, सेलिसबरी, क्रेनब्रुक ने उसे बधाई संदेश भेजे। लूई केवेगनरी को काबुल में अंग्रेजी दूत नियुक्त किया गया। 24 जुलाई, 1879 ई. को वह काबुल पहुँचा। 3 सितंबर को उसकी हत्या कर दी गई और ऐसा प्रतीत हुआ कि 1842 ई. की घटनाएँ पुनः घटित हो रही थीं। अंग्रेजी सेना ने तुरंत बड़ी तत्परता से कार्य किया। कई स्थानों पर अंग्रेजी सेना को पराजित होना पड़ा लेकिन अंततः अंग्रेज सफल हुए। इस अवधि में अंग्रेजों ने अफगानिस्तान में भारी आतंक फैलाया। हजारों अफगानों को मृत्यु दंड दे दिया गया। अगस्त, 1880 ई. तक अंग्रेजों ने अपना अधिकार पुनः स्थापित कर लिया।

सन् 1880 में ब्रिटिशों के सामने सबसे बड़ी समस्या यह खड़ी हो गयी अफगानिस्तान को कैसे खाली करें। अंग्रेजी सेना स्थायी रूप से वहाँ रह भी नहीं सकती थी और कोई भी ऐसा व्यक्ति अमीर बनने योग्य उन्हें दिखाई नहीं दिया जिस पर किसी-न-किसी प्रकार की आपत्ति न की जा सके। उधर इंग्लैंड में अफगानिस्तान में अंग्रेजी नीति के प्रश्न को लेकर चुनाव हुए और डिजरेली के दल को भारी असफलता मिली। ग्लेडस्टन प्रधानमंत्री बना और लिटन के स्थान पर रिपन को

गवर्नर जनरल नियुक्त किया गया। समस्त नीति में परिवर्तन अनिवार्य दिखाई पड़ता था।

अंग्रेज नीति ईरान को हिरात देने और काबुल और कंधार को अलग-अलग शासकों को देने की थी। रूस के कहने पर ईरान ने हिरात का नियंत्रण स्वीकार करने से मना कर दिया। ऐसे अवसर पर अब्दुर्रहमान, शेरअली का भतीजा उपस्थित हुआ। अब्दुर्रहमान रूस में रहता था और यह संभावना थी कि वह कालांतर में रूस का समर्थक सिद्ध हो। अब्दुर्रहमान के विषय में यह भी प्रसिद्ध था कि वह दृढ़ व्यक्तित्त्व वाला व्यक्ति था इसलिए उसके अंग्रेजी सरकार के अधीन रहने की संभावना भी कम थी। लिटन ने अब्दुर्रहमान से बातचीत आरंभ कर दी थी लेकिन अंतिम निर्णय करने से पूर्व उसे भारत छोड़ना पड़ा।

रिपन की नीति

रिपन को भारत का गवर्नर जनरल बनाया गया और उसने 8 जून, 1880 से यहाँ के कार्य का संचालन प्रारंभ कर दिया। रिपन का लक्ष्य था कि अंग्रेजी सेनाओं को अफगानिस्तान से पीछे हटा लिया जाए और अंग्रेजी दूत काबुल में न रखा जाए, बल्कि एक भारतीय एजेंट ही वहाँ रखा जाए। अमीर के साथ संधि में धन तथा सैनिक सामग्री की सहायता का आश्वासन दिया जाए किंतु सैनिक सहायता का कोई वर्णन न हो। भारत में अंग्रेजी नीति किस प्रकार इंग्लैंड के दलों के प्रभाव से मुक्त थी यह रिपन की अफगान नीति में स्पष्ट दिखाई पड़ता है। 1880 ई. के इंग्लैंड के सामान्य निर्वाचन में पहली बार भारत से संबंधित प्रश्न अत्यधिक चर्चा का विषय रहा। ग्लेडस्टन ने डिजरेली सरकार की अफगान नीति की भारी आलोचना की थी तथा उसको पूर्णतया बदलने का आश्वसान भी दिया था किंतु रिपन ने अब्दुर्रहमान, लिटन द्वारा चुना गया अमीर, से संधि वार्ता जारी रखी। इतना अवश्य था कि लिटन की अफगानिस्तान के टुकड़े करने की नीति को छोड़ दिया। गंडमक की संधि में उपलब्ध लाभ को—पिशिन और सिबि पर अधिकार—अंग्रेजी नियंत्रण में ही रखा।

अब्दुर्रहमान को 22 जून, 1880 ई. को अमीर मान लिया गया किंतु शीघ्र ही याकूब (शेरअली का पुत्र) के भाई अयूब ने हिरात के निकट एक अंग्रेजी सेना को पूरी तरह हरा दिया। अंग्रेज सेना को कंधार में शरण लेनी पड़ी। रिपन ने इस आघात से प्रभावित होकर अपनी नीति नहीं बदली। कंधार में घिरी हुई सेना के लिए सहायता भेजी गई और काबुल को खाली कर दिया गया। अयूब की सेनाओं को सितंबर में हरा दिया गया लेकिन कंधार पर अंग्रेजी अधिकार स्थापित नहीं किया गया और

कंधार को अब्दुर्रहमान के अधिकार में अप्रैल, 1881 ई. में दे दिया गया। खैबर और कुर्रम दरों को भी खाली कर दिया गया।

अब्दुर्रहमान को उस समय कोई वार्षिक आर्थिक सहायता का आश्वासन नहीं दिया गया लेकिन 20 लाख की राशि तथा बहुत-सी सैनिक सामग्री उसे सहायता के रूप में दी गई। 1883 ई. में 12 लाख रुपया वार्षिक सहायता के रूप में अफगानिस्तान अमीर को दिए गए। उसी के साथ अंग्रेज सरकार ने विदेशी आक्रमण के समय उसकी सहायता करने का भी आश्वासन दिया। अफगान अमीर भी अंग्रेजी सहायता के महत्त्व को समझता था इसलिए उसने इसे सहर्ष स्वीकार किया।

प्रथम अफगान युद्ध की अपेक्षा द्वितीय अफगान युद्ध में सफलता अत्यधिक मिली परन्तु यह निर्धारित हो गया था कि अफगान जाति अपनी स्वतंत्रता के लिए इच्छुक थी और अंग्रेजी नियंत्रण अथवा अधीनता स्वीकार नहीं करना चाहती थी। रिपन ने लिटन की नीति के दोषों को छोड़ दिया। लिटन की नीति का सारा दोष यह था कि वह काबुल में अंग्रेजी दूत रखना अथवा अफगान राज्य के टुकड़े करना चाहता था। अंग्रेज सरकार रूस से अफगानिस्तान पर आक्रमण को संभव नहीं मानती थी। 1876-77 ई. में भी डिजरेली और सेलिसबरी चाहते थे कि कूटनीतिक प्रभुत्व अफगानिस्तान पर स्थापित हो जाए। लिटन ने कूटनीतिक प्रभुत्व को एक अंग्रेज रेजिडेंट की नियुक्ति के साथ जुड़ा हुआ मान लिया था और बलपूर्वक रेजिडेंट को वहाँ नियुक्त करना चाहा, यह ही उसकी नीति का दोष था। लिटन को एक साम्राज्यवादी नीति के संचालन का उत्तरदायित्व तो अवश्य सौंपा गया था लेकिन उसने वास्तविक संचालन में डिजरेली और सेलिसबरी के आदेशों पर कम ध्यान दिया। वह उनसे भी अधिक उग्र साम्राज्यवादी सिद्ध हुआ, कालांतर में अंग्रेजों ने एक मित्र अफगानिस्तान को अधिक आवश्यक समझा और लिटन की नीति को पुनः नहीं दोहराया।

ब्रिटिश साम्राज्यवाद का स्वरूप

यह साम्राज्यवाद प्रमुख रूप से दो भागों में विभाजित था—पहला उन उपनिवेशों में जहाँ केवल अंग्रेज अथवा अन्य यूरोपीय जातियाँ जाकर रहने लगी थीं, दूसरा उन क्षेत्रों में जहाँ अंग्रेज बहुत कम संख्या में थे और अधिकांश जनसंख्या एशियाई अथवा अफ्रीकी निवासियों की थी। कनाडा, आस्ट्रेलिया, न्यूजीलैंड और दक्षिणी अफ्रीका पहले वर्ग में, भारत तथा अफ्रीका के अन्य क्षेत्र दूसरे वर्ग में आते थे। इंग्लैंड सरकार तथा जनमत का दृष्टिकोण गोरे और काले उपनिवेशों के लिए भिन्न-भिन्न था। उन्हें

गोरे उपनिवेशों को स्वतंत्रता प्रदान करने में आपत्ति कम होती थी। वे उन्हें संयुक्त राज्य अमरीका की भाँति पृथक नहीं होने देना चाहते थे। भारत तथा अन्य काले उपनिवेशों में सरकारी नीति का उद्देश्य स्थानीय साधनों का शोषण करना था। भारत में 1858 ई. के पश्चात् अंग्रेजी पूँजी विनिमय के पर्याप्त अवसर उपलब्ध हो गए और आर्थिक शोषण का एक नया युग आरंभ हुआ। अंग्रेजी साम्राज्यवाद के प्रसार और विस्तार के प्रेरक आर्थिक तत्त्वों के साथ अन्य सामाजिक तथा राजनीतिक कारण भी जुड़े हुए थे।

19वीं शताब्दी के दौरान भारत के अन्तर्गत ब्रिटिश अधिकारी व सम्राट अपने साम्राज्यवाद का औचित्य नैतिक आधारों पर ढूँढ़ने लगे। अंग्रेजी प्रशासन का लक्ष्य भारतीयों को सभ्य बनाना, भारतीय समाज में व्याप्त कुरीतियों को समाप्त करना बताया गया। ऐसी स्थिति में ईसाई मिशनरियों का अंग्रेजी प्रशासन पर वास्तविक प्रभाव कम नहीं हुआ। यह जानकारी होते हुए भी कि 1857-58 ई. के विप्लव के लिए ईसाई मिशनरियों की गतिविधियों से उत्पन्न असंतोष एक प्रमुख कारण था, इंग्लैंड का प्रशासक वर्ग मिशनरियों के विरुद्ध कार्य करने के लिए तैयार नहीं था। भारत में स्थित ईसाई मिशनरियों ने 1857-58 ई. के विप्लव को अंग्रेज सरकार के लिए एक ईश्वरीय धक्का कहा क्योंकि सरकार ने भारतवासियों को 'सच्चे' धर्म की ओर आकर्षित नहीं किया था। मिशनरियों का कहना था कि भारत में ईसाई धर्म का प्रचार अधिक वेग से फैलना चाहिए। ईसाई धर्म प्रचार से, उनका तर्क था भारतीय प्रजा में निष्ठा और भक्ति की भावना अधिक फैलेगी। ईसाई प्रचारकों के इस विचार का सरकार ने समर्थन नहीं किया लेकिन उनके नैतिक तर्कों का प्रयोग अवश्य किया जिससे सरकारी नीति का औचित्य सिद्ध किया जा सके। ईसाई मिशनरियों की गतिविधियों पर कुछ नियंत्रण रखने के सुझाव पर भारत सचिव, सर चार्ल्स बुड ने लार्ड कैनिंग को चेतावनी के रूप में लिखा कि वह ईसाई मिशनरियों के विरुद्ध अधिक न कहे क्योंकि उनके मित्र तथा समर्थक इंग्लैंड में सरकार की तीव्र आलोचना कर सकते थे।

एक अन्य वर्ग जो अंग्रेज प्लांटर्स तथा व्यापारियों का था, वह अंग्रेजी साम्राज्यवाद के प्रभाव को कम होता हुआ नहीं देखना चाहता था। यह वर्ग अपनी जातीय उच्चता तथा भारतीयों की हीनता और असभ्यता पर अत्यधिक जोर देता था और प्रजातीय विभेद की नीति में अत्यधिक विश्वास रखता था। 1853 ई. में स्थापित लेजिस्लेटिव कौंसिल में इसने सरकार विरोधी दृष्टिकोण अपनाया था। कैनिंग स्वयं यह जानता था कि भारत में गैर- सरकारी अंग्रेजी समुदाय अत्यंत अल्पसंख्यक होते

हुए भी अत्यधिक संगठित तथा प्रभावशाली था। प्रेस के माध्यम से वह सरकार के लिए विभिन्न कठिनाइयाँ पैदा कर सकता था। इसलिए कैनिंग इस वर्ग को स्थायी रूप से असंतुष्ट नहीं करना चाहता था। उपरोक्त दोनों वर्गों ने अंग्रेजी सर्वोच्चता का नैतिक आधार प्रस्तुत करने का प्रयत्न किया। इंग्लैंड सरकार तथा भारत में स्थित अंग्रेजी प्रशासन अपने-अपने स्वार्थों और राजनीतिक लाभ को ध्यान में रखकर इन दोनों वर्गों का समर्थन करते थे। इन दोनों वर्गों का प्रभाव पर्याप्त रूप में स्थापित रहा।

ब्रिटिश अधिकारियों व प्रशासकों का प्रमुख लक्ष्य था ब्रिटिश सत्ता को समृद्ध एवं प्रभावशाली बनाना। यह दृढ़ता सर्वप्रथम सैनिक शक्ति के आधार पर स्थापित थी। इस दृढ़ता का आधार 'प्रशासनिक कुशलता' भी बताया गया जिससे सत्ता का समस्त अधिकार अंग्रेज अधिकारियों के पास हो। अंग्रेजी साम्राज्यवादी सत्ता की विशेषता यह थी कि उन्होंने अंग्रेजों के हाथों में सत्ता केंद्रीकरण को उनकी कार्यकुशलता और भारतवासियों के कल्याण की भावना पर उचित ठहराने का प्रयत्न किया। वे समझते थे कि अंग्रेजी साम्राज्य के प्रति सहज आज्ञाकारिता उसी समय उपलब्ध हो सकेगी जब भारतवासियों को यह विश्वास हो जाए कि अंग्रेज वास्तव में उनकी भलाई चाहते थे और उनकी नैतिक तथा भौतिक प्रगति में सहायता करना चाहते थे।

साम्राज्यवाद का उच्च प्रतिनिधि—लार्ड कर्जन : 1899-1905

लार्ड कर्जन ब्रिटिश साम्राज्यवाद का सबसे कुशल व प्रभावकारी प्रतिनिधि माना जाता है। 1899 से 1905ई. तक इसका शासन रहा है। कर्जन अत्यंत योग्य, विश्व भ्रमण किया हुआ और अत्यधिक परिश्रमी था। वह कंजर्वेटिव दल का एक अच्छा सदस्य था। उसने चाहा कि इंग्लैंड के निर्वाचनों में विजयी होकर वह कामंस सभा का सदस्य बन जाए। उसने अपने चुनाव भाषणों में साम्राज्यवाद के औचित्य तथा उच्च आदर्शों की बात कही लेकिन उसे मत बहुत कम मिले। जब उसके भाषणों का अंग्रेजी जनता में स्वागत नहीं होता तो वह अपने श्रोताओं के अज्ञान और मूर्खता पर रोता था। साम्राज्य के हितों की सुरक्षा के लिए उसने भारत में गवर्नर जनरल का पद बड़े परिश्रम और धैर्य से प्राप्त किया था। वह अपनी योग्यता और कार्यकुशलता में असीमित विश्वास और दूसरों पर उतना ही अविश्वास रखता था। वह प्रत्येक कार्य को कुशलता से करना चाहता था जिसका अर्थ था कि वह स्वयं उसे करे। इसलिए उसे वह कार्य भी करना पड़ता था जो उसके अधीन लिपिक, सचिव तथा अधीनस्थ कर्मचारी कर सकते थे। वह स्वभाव से अहंवादी तथा जिद्दी था और एक बार जिस

मार्ग को चुन लेता था उससे किसी के कहने पर भी नहीं हटता था।

उपर्युक्त विवरणों के आधार पर यह कहा जा सकता है कि कर्जन में एक कुशल प्रशासक के गुण थे लेकिन वह सबसे अधिक आलोचना का विषय बना। भारतीय राष्ट्रवादियों का दृष्टिकोण दो टिप्पणियों से स्पष्ट हो सकता है। एक नेता ने बाद में कहा, '1899 ई. में भारत में प्लेग, अकाल और कर्जन आए।' गोखले ने कर्जन शासन काल समाप्ति पर कहा, 'भगवान का शुक्र है कि विश्व में प्रत्येक चीज का अन्त होता है।' कर्जन के शासन काल की मुख्य उपलब्धियाँ--बंगाल विभाजन, शिक्षा में परिवर्तन, कृषि और पुलिस प्रशासन में सुधार। साम्राज्यवादी नीति के क्षेत्र में उसने उत्तर-पश्चिमी सीमा, तिब्बत और अफगानिस्तान के संबंध में कुछ सफलताएँ प्राप्त कीं।

बंगाल विभाजन : आधुनिक बिहार, उड़ीसा, बंगाल तथा बंगलादेश 19वीं सदी के अन्तिम दौर तक बंगाल प्रान्त में शामिल थे। उस समय बंगाली की कुल आबादी लगभग सात करोड़ 80 लाख थी। बंगाल विभाजन की योजनाएँ कर्जन के शासन काल से बहुत पहले से चल रही थीं। इसलिए कर्जन ने विभाजन करके एक पुरानी नीति को क्रियान्वित ही किया। अंतर इतना था कि कर्जन के इस निर्णय के पीछे केवल प्रशासनिक तर्क न होकर राजनीतिक कारण अधिक थे। प्रशासनिक सुविधा के लिए बंगाल विभाजन के कई विकल्प भी प्रस्तुत किए गए थे लेकिन कर्जन ने अन्य किसी योजना को स्वीकार नहीं किया। बंगाल विभाजन के योजना विकास पर नीचे संक्षिप्त रूप से प्रकाश डाला गया है। दिसंबर, 1903 ई. में सर्वप्रथम सरकारी निर्णय से जन साधारण को सूचित किया गया कि बंगाल का क्षेत्रीय पुनर्गठन विचाराधीन था। पुनर्गठन की योजना यह थी कि ढाका, मेमनसिंह और चट्टगाँव को असम में मिला दिया जाए और उड़िया भाषी क्षेत्रों को बंगाल के अधीन कर दिया जाए। पूर्वी बंगाल के निवासियों के लिए असम में उच्च न्यायालय, विधान सभा तथा सेवाओं की अन्य सुविधा नहीं थी क्योंकि असम एक चीफ कमिश्नरी प्रांत था। अंग्रेजी प्रशासकों के मन में एक बात और थी कि बंगाल विभाजन से बंगालियों का प्रभुत्व और राष्ट्रीयता में योगदान कम हो जाएगा। इस विभाजन योजना के प्रकाशन के तुरंत बाद ही इसकी आलोचना आरंभ हो गई। कर्जन ने फरवरी, 1904 ई. में पूर्वी बंगाल का दौरा करके स्वयं कुछ जानकारी उपलब्ध करनी चाही। इस दौरे में उसका यह निर्णय और दृढ़ हुआ कि बंगाली एकता को निश्चित रूप से खंडित किया जाए। बंगाली विरोध के समक्ष झुकना उसके लिए असह्य था। इसी दौरे में कर्जन ने पूर्वी बंगाल के मुसलमानों को सांप्रदायिक आधार पर बंग विभाजन का औचित्य

समझाया। कर्जन ने एक साम्राज्यवादी की भाँति अंग्रेजी नीति के विरोध करने वालों को विभक्त करने की सोची और मुसलमान इस जाल में फँस गए। सितंबर, 1904 ई. तक एक विस्तृत पूर्वी बंगाल और असम की योजना प्रकाशित हुई जिसमें राजशाही, दिनाजपुर, मालदा, कूच बिहार भी असम के साथ मिला दिए जाएँ। और फरवरी, 1905 ई. में इस नए प्रांत में विधान सभा और बोर्ड ऑफ रेवेन्यू की स्थापना भी स्वीकार कर ली गई। कर्जन इस बीच इंग्लैंड गया और वहाँ सरकार से अनौपचारिक आधार पर स्वीकृति ले ली।

कर्जन की यह योजना अंततः राजनीतिक लक्ष्यों से प्रभावित थी। बंगाल के दो प्रांतों की राजनीतिक स्थिति इस प्रकार की गई : पूर्वी बंगाल की जनसंख्या 3 करोड़, 10 लाख जिसमें 1 करोड़ 80 लाख मुसलमान होंगे। शेष बंगाल की जनसंख्या 5 करोड़ 40 लाख होगी जिसमें बंगाली भाषी हिंदू केवल 1 करोड़, 70 लाख और हिंदी, उड़िया भाषी 3 करोड़, 70 लाख होंगे। कर्जन का राजनीतिक लक्ष्य बंगाली भाषी हिंदुओं को दोनों प्रांतों में अल्पसंख्या में रख देना था। पूर्वी बंगाल में उसने मुसलमानों का सहयोग प्राप्त किया और बंगाल में यह संभावना थी कि बंगला भाषा को वह प्रधानता नहीं रहेगी जो उपलब्ध थी। प्रशासकीय सुविधा के लिए वैकल्पिक योजना भी प्रस्तुत की गई थी लेकिन उसे कर्जन ने अस्वीकृत कर दिया था। जैसे, बिहार को अलग करके, उड़ीसा को सी.पी. को देकर प्रांत को छोटा किया जा सकता था। कर्जन ने इस विकल्प को इसलिए अस्वीकृत किया कि यह उसकी मुख्य समस्या—बंगालियों का प्रभाव—का हल नहीं था। कर्जन का राजनीतिक लक्ष्य था—बंगला भाषी हिंदुओं का प्रभाव घटाना। अपनी योजना के लिए समर्थन प्राप्त करने के लिए एक दूसरा गौण राजनीतिक लक्ष्य जुड़ गया—हिंदू-मुस्लिम भेद और मुसलमानों का संरक्षण।

लार्ड कर्जन ने बंगाल विभाजन योजना के खिलाफ दिये गये सभी तर्कों को अमान्य कर दिया तथा भारत सचिव तथा उपसचिव पर दबाव डालकर उसने अपने काल में ही 16 अक्तूबर, 1905 ई. को बंगाल विभाजन कर दिया। इस विभाजन ने अंग्रेजी साम्राज्य के विरुद्ध सबसे अधिक संगठित विरोध उत्पन्न कर दिया जिसको शांत करने के लिए 1911 में विभाजन को समाप्त घोषित करना पड़ा। इस विभाजन ने अंग्रेजी सरकार को संगठित भारतीय जनमत के समक्ष झुकने पर विवश किया। इस सफलता के बहुत दूरगामी परिणाम हुए।

कृषि तथा पुलिस विभाग : 1899-1900 ई. में भारत में दुर्भिक्ष का प्रकोप एक भयंकर रूप धारणा कर लिया था। इस सन्दर्भ में भारत के प्रतिनिधियों का कहना

था कि यह प्रकोप इसलिए अधिक होता था कि कृषकों से अत्यधिक लगान लिया जाता था और उनके पास संकट का सामना करने के लिए धन नहीं बचता था। 1900 ई. में कुछ भारतीय नेताओं ने एक स्मरण पत्र भारत सचिव को दिया जिसमें भूराजस्व की राशि में सुधार के लिए उपाय सुझाए गए थे। लेकिन उनमें से किसी पर भी कर्जन ने कार्य नहीं किया। उसने कुछ अन्य सुधार किए। 1901 ई. में कृषि इंस्पैक्टर जनरल की नियुक्ति, 1905 ई. में पूसा कृषि अनुसंधान संस्थान तथा एक सिंचाई आयोग नियुक्त किया। सहकारी संस्थाओं, प्रायोगिक फार्मों की स्थापना भी की गई लेकिन उसका सामान्य जनता तक लाभ नहीं पहुँच सका। 1902 तथा 1905 ई. में प्रस्ताव पास करके बहुत-सी सुविधाओं का कृषकों को आश्वासन दिया गया लेकिन कोई वास्तविक कार्य नहीं हो सका। लगान वसूली में दुर्भिक्ष के समय छूट की भी व्यवस्था की गई लेकिन वह जिलाधिकारियों की स्वेच्छा पर निर्भर करती थी। इसका परिणाम प्रशासन में भ्रष्टाचार वृद्धि हुआ। 1900 ई. में पंजाब में भूमि हस्तांतरण नियम पास करके इस बात का प्रयत्न किया गया कि भूमि कृषि जातियों से गैर-कृषि जातियों को हस्तांतरित न की जाए। यह नियम अच्छा था लेकिन कृषि जातियों की सूची मनमाने ढंग से तैयार की गई जिसमें उन वर्गों को गैर-कृषक कर दिया गया जिनमें शिक्षा, वकालत अथवा राजनीतिक जागरण अधिक दिखाई पड़ता था। इस प्रकार यह नियम भी पंजाब में असंतोष का एक प्रमुख कारण रहा।

लार्ड कर्जन के शासन काल में पुलिस विभाग के अन्तर्गत अधिकांश कर्मचारी भारतीय ही थे इसलिए कर्जन की दृष्टि से कार्य कुशलता का अभाव स्वाभाविक था। उसने एक पुलिस कमीशन की नियुक्ति की और उसकी रिपोर्ट जिसने प्रशासन की भरपूर निंदा की थी प्रकाशित कर दी गई। कर्जन ने विभाग में सुधार के लिए कुछ अंग्रेज जिला पुलिस अधिकारियों की संख्या बढ़ा दी और इतना सुधार ही पर्याप्त समझा गया।

कर्जन का सबसे प्रशंसनीय कार्य प्राचीन स्मारकों की सुरक्षा के लिए अधिनियम बनाना था। उस समय तक किसी अन्य प्रशासक का इस ओर ध्यान नहीं गया था। उसने पुरातत्वेत्ता सर जान मार्शल को पुरातत्त्व विभाग का डाइरेक्टर नियुक्त किया। 1901 ई. के अधिनियम से प्राचीन स्मारकों की सुरक्षा के लिए पर्याप्त अधिकार सरकार ने अपने हाथ में ले लिए। कर्जन का यह कार्य उसके अच्छे साम्राज्यवादी होने का परिणाम था। वह प्राचीन भारतीय कला का पोषक कहा जा सकता था। ताजमहल में एक लटकने वाले लैंप की तलाश के लिए 6 महीने तक वह मिस्र के अंग्रेज गवर्नर जनरल लार्ड क्रोमर से पत्र व्यवहार करता रहा और फिर स्वयं जाकर उसे खरीद लाया।

उत्तर-पश्चिम तथा अफगान नीति : उत्तरी और पश्चिमी सीमा पर कर्जन ने कबाइलियों के साथ इस प्रकार की नीति बनायी जो अत्यधिक उपयोगी साबित हुई। समस्या यह थी कि सीमांत कबीले बहुधा अंग्रेजी सीमा पर आक्रमण करते रहते थे। कबीलों के आक्रमणों के आर्थिक, भौगोलिक तथा धार्मिक कारण थे। वह क्षेत्र अनुपजाऊ था, आक्रमण की सुविधा थी और वहाँ के निवासी मुल्ला-मौलवियों के बहकावे में आ जाया करते थे। कर्जन ने सैनिक तथा आर्थिक सहायता की मिश्रित नीति का अनुसरण किया। अंग्रेजी सेना को अंग्रेजी क्षेत्र में ही रखा गया और आवश्यकतानुसार कबाइली क्षेत्रों में आक्रमण के लिए भेजा। एक पृथक उत्तर-पश्चिमी सीमा प्रांत की स्थापना की गई और शांत रहने के आधार पर कबाइली नेताओं को आर्थिक सहायता दी गई।

अफगानिस्तान के साथ भी कर्जन चाहता था कि अंग्रेजों के घनिष्ठ संबंध स्थापित हों। अमीर अपनी स्वतंत्रता को सुरक्षित रखने के लिए बाहर से हथियार आदि का आयात करना चाहता था। 1901 ई. में कर्जन ने एक घनिष्ठ संधि स्थापित करने का प्रस्ताव किया जो अमीर को स्वीकृत नहीं हुई। अंग्रेज सरकार ने कर्जन का समर्थन नहीं किया। इसलिए संबंध पूर्व की भाँति ही रहे।

तिब्बत आक्रमण (1904) : तिब्बत चीन के अधिकार में था अर्थात् तिब्बत प्रान्त पर चीन की शासन व्यवस्था कायम थी परन्तु तिब्बत के दलाईलामा ने 20वीं सदी के आरंभ में रूस का प्रभाव स्वीकार करने का प्रयत्न किया। उस समय रूस भी अपना साम्राज्यवादी प्रभाव बढ़ा रहा था। 1902 ई. में कर्जन को चीन-रूस के एक गुप्त समझौते की सूचना मिली जिसके अनुसार तिब्बत पर रूस का नियंत्रण स्वीकृत हो गया। कर्जन ने तुरंत ही एक अभियान भेजने के लिए लंदन सरकार से अनुमति चाही। अप्रैल, 1903 ई. में रूस सरकार ने सूचित किया कि उसका तिब्बत के साथ कोई समझौता नहीं था लेकिन फिर भी कर्जन ने कर्नल संगहस्बैंड को तिब्बत पर चढ़ाई करने के लिए भेजा। 1904 ई. में ल्हासा की संधि हुई जिसके अनुसार तिब्बत किसी भी विदेशी शक्ति को अपने यहाँ नियंत्रण स्थापित करने नहीं देगा। अंग्रेजों ने 25 लाख का युद्ध हरजाना तिब्बत पर थोप दिया जो 1 लाख प्रतिवर्ष दिया करेगा। जब तक तिब्बत हरजाना न चुकाए अंग्रेजों का चुंबी घाटी पर नियंत्रण रहेगा। यातुंग, ग्यात्सी और गर्टोक में अंग्रेजी व्यापार केंद्र स्थापित किए गए। कर्जन की नीति पूर्णतया अनुचित थी और 1907 ई. में इंग्लैंड सरकार ने तिब्बत से ली जाने वाली हरजाने की राशि को समाप्त कर दिया। साथ ही चुंबी घाटी को भी खाली कर दिया जिस पर हरजाने देने तक नियंत्रण रखने की योजना थी।

गवर्नर जनरल लार्ड कर्जन ने भारतीय राष्ट्रीय कांग्रेस की शक्ति को भी खत्म करने की भरपूर कोशिश की थी परन्तु बंगाल विभाजन से जो प्रतिक्रिया हुई उसका प्रभाव राष्ट्रीय आंदोलन में सहायक हुआ। कर्जन अपनी नीति के फलस्वरूप अत्यधिक अलोकप्रिय हुआ। वह साम्राज्यवादी नीति जो 19वीं सदी के उत्तरार्द्ध में अपनाई गई थी अब समाप्त होती दिखाई दी क्योंकि राष्ट्रीय आंदोलन अत्यधिक प्रभावशाली हो चुका था और साम्राज्यवादी नीति को भली-भाँति समझता था।

4

समाज तथा धर्म सुधार आंदोलन

अंग्रेजी शासन की स्थापना से भारत में व्यापक और मूलभूत रूप से राजनीतिक प्रशासनिक एवं वैधानिक एकीकरण की प्रक्रिया शुरू हुई। आधुनिक भारत के इतिहास में ऐसा पहली बार हुआ। अंग्रेजी शासन ने भारतीयों में सामाजिक चेतना का संचार ही नहीं किया, बल्कि उन्हें अपने सामान्य हितों एवं सुख-दुःख के प्रति भी सजग बनाया। अंग्रेजों द्वारा अपनाई गयी नीति पद्धति ने पैतृक भूमि संबंध संयुक्त परिवार प्रणाली तथा सार्वजनिक एवं सामूहिक सामाजिक नियंत्रण को समाप्त करने में अत्यधिक उत्प्रेरक तत्त्व का कार्य किया। कार्नवालिस द्वारा व्यक्ति के मरने के पश्चात् उसकी अचल संपत्ति (भूमि) का उसके पुत्रों में विभाजन आवश्यक कर देने से पुरानी सामाजिक व्यवस्था की स्थिरता का आधार ही समाप्त हो गया। अंग्रेजी न्यायालयों के निर्णय की अस्पष्टता तथा अनिश्चितता से मुकदमेबाजी को प्रोत्साहन मिला तथा परंपरा पर आधारित अधिकारों के लिए सफल चुनौती प्रस्तुत हुई। इस प्रकार पुरानी व्यवस्था टूटनी आरंभ हुई। अंग्रेजी प्रशासनिक व्यवस्था के फलस्वरूप विभिन्न क्षेत्रों में एक नए वर्ग का विकास हुआ। भूराजस्व में एक नए जमींदार वर्ग के, दक्षिण में भूमिहर किसानों के और अवध में ताल्लुकेदारों के नए अधिकारों का विकास हुआ। इन वर्गों के अधिकार अंग्रेजी व्यवस्था के ही परिणाम थे। इन जमींदारों तथा ताल्लुकेदारों की एक विशेषता यह भी थी कि वे

सामान्यतः स्वयं खेती नहीं करते थे और बहुधा अपने अधीन किसानों के मध्य रहते भी नहीं थे। वे अनुपस्थित सामन्त की भाँति प्रांतीय राजधानियों में अंग्रेजी अधिकारियों की तरह रहने लगे। पूँजी विनिमय के लिए भूमि सर्वश्रेष्ठ साधन था अतः व्यापारियों और महाजनों ने भी अतिरिक्त पूँजी भूमि खरीदने में लगा दी।

व्यावसायिक जगत में भी एक नवीन वर्ग का उदय हुआ। प्राचीन व्यावसायिक या व्यापारिक समुदाय मुद्रा परिवर्तन अथवा एक स्थान से दूसरे स्थान पर मुद्रा भेजने के कार्य में लगा रहता था। यह वर्ग 18वीं सदी के अंत में पतनोन्मुख हो चुका था, जैसा जगत सेठ परिवार के इतिहास से ज्ञात होता है। भारतीय व्यापारियों के लिए अब गौण अवसर ही उपलब्ध थे क्योंकि अधिकांश आयात-निर्यात व्यापार अंग्रेज फर्मों द्वारा होता था। इस व्यापारिक वर्ग में कई वर्गों के लोग थे। एक समूह उन दादनी व्यापारियों का था जो कंपनी के लिए वस्तुएँ एकत्र तथा क्रय करते थे, समूह उन लोगों का था जो कंपनी की ओर से कुछ कार्य करने का ठेका ले लिया करते थे। (जैसे जहाजों की मरम्मत, अथवा नदियों द्वारा किए गए व्यापार की देखभाल करना) अथवा कंपनी के लिए दलालों का कार्य या कंपनी कर्मचारियों के लिए बेनामी व्यापार करते थे। 18वीं सदी के अंत में अंग्रेजी व्यापारिक संस्थानों (एजेंसी हाउस प्रणाली) की स्थापना के पश्चात भारत से वस्तुओं के निर्यात की मात्रा बहुत बढ़ी। 1813 ई. में कंपनी के भारतीय व्यापार के एकाधिकार को समाप्त कर दिया गया। थोड़े ही समय पश्चात भारत में अंग्रेजी वस्तुओं का आयात बहुत बढ़ा। इस आयात-निर्यात व्यापार की वस्तुओं के वितरण तथा एकत्र करने में भारतीय व्यापारिक वर्ग की आवश्यकता अनुभव हुई। यह आवश्यकता पूर्ति ही इस व्यापारिक मध्यम वर्ग का मुख्य कार्य हुआ। जमींदारी और व्यापारिक मध्यम वर्ग की नवीनता उनके सदस्यों तथा उनके कार्यों में थी।

ब्रिटिश शासन काल में अंग्रेजी शिक्षा पर विशेष बल दिया गया था क्योंकि उस समय अंग्रेजी भाषा का प्रयोग सभी क्षेत्रों में किया जा रहा है अतः अंग्रेजी को राज्य की भाषा बनाने तथा अंग्रेजी विधि प्रणाली के प्रसार से भारतीयों ने अंग्रेजी शिक्षा प्रणाली की ओर अधिक ध्यान दिया। मैकाले तथा अन्य अंग्रेज प्रशासकों ने अंग्रेजी शिक्षा का समर्थन विभिन्न उद्देश्यों से किया। इनमें सबसे प्रमुख यह मंतव्य था कि पढ़े-लिखे भारतीयों का एक ऐसा वर्ग तैयार हो जाए जो अपने चिंतन, रुचि तथा स्वभाव से अंग्रेज हो अर्थात् अंग्रेजी वस्तुओं, संस्थाओं तथा आदर्शों की उच्चता में विश्वास रखे। ईसाई मिशनरी अंग्रेजी शिक्षा प्रसार को ईसाई धर्म प्रसार में सहायक समझते थे। भारतवासियों को अंग्रेजी शिक्षा ग्रहण करना सरकारी नौकरी प्राप्त करने

के लिए आवश्यक था। देश की आर्थिक निर्धनता, कृषि की अवनत स्थिति को देखकर सरकारी नौकरी प्राप्त करना ही जीवन निर्वाह का एक प्रमुख साधन रह गया। पढ़े-लिखे भारतीयों के समक्ष दूसरा विकल्प वकालत करने का था। एक विदेशी विधि प्रणाली से अनभिज्ञ साधारण जनता के लिए न्यायालयों में वकीलों की आवश्यकता हुई। वकालत ऐसा व्यवसाय था जिसमें सरकार पर आश्रित हुए बिना भी जीवन निर्वाह हो सकता था। ऐसे अन्य व्यवसाय अध्यापन तथा चिकित्सा संबंधी थे।

उपर्युक्त तथ्यों के आधार पर यह कहा जा सकता है कि 19वीं सदी में कुछ ऐसे वर्गों का विकास हुआ जो 18वीं सदी के भारतीय समाज में नहीं थे। वकील, डॉक्टर, अध्यापक तथा राजकीय कर्मचारी उस मध्यम वर्ग के भाग थे जो अंग्रेजी शिक्षा तथा प्रशासनिक नीति के फलस्वरूप पैदा हुआ। यह मध्यम वर्ग आरंभ में पूरी तरह से अंग्रेज समर्थक रहा। लेकिन 19वीं सदी के उत्तरार्द्ध में कुछ ऐसे तत्त्व पैदा हुए जिनसे विवश होकर इस वर्ग को अंग्रेजी प्रशासन की नीतियों की आलोचना करनी पड़ी। इनमें अंग्रेजों की प्रजातीय विभेद तथा भारत में प्रजातंत्रीय प्रणाली को स्थापित न करने की नीतियाँ उल्लेखनीय हैं।

पश्चिमी देशों की तुलना में भारत में मध्यम वर्ग के विकास की एक विशेषता यह थी कि यह आर्थिक तथा औद्योगिक विकास के अभाव में विकसित हुआ था। पश्चिम में आर्थिक विकास की आवश्यकता को पूरा करने के लिए शिक्षा प्रणाली का विकास किया गया और भारत में शिक्षा पद्धति का विकास नौकरशाही की आवश्यकता को पूरा करने के लिए किया गया। अंग्रेजी सरकार चाहती थी कि यह मध्यम वर्ग अंग्रेजों का अनुसरण तथा उनके साथ अधीनस्थ सहयोग करने वाला बन जाए। वास्तव में बहुत अंशों में ऐसा ही हुआ। शिक्षा का अत्यधिक विकास केवल साहित्यिक शिक्षा तक ही सीमित रहा। तकनीकी और वैज्ञानिक शिक्षा बहुत कम रही। शिक्षित वर्ग भी सरकारी नौकरी को ही प्रतिष्ठा और सम्मान का सूचक मानने लगा। व्यापार अथवा उद्योगों के विकास पर उसका बहुत कम ध्यान गया।

समाज सुधार के प्रमुख सहायक तत्त्व

1. पश्चिमी शिक्षा : समाज सुधार आंदोलन को प्रोत्साहन देने में पश्चिमी शिक्षा के प्रसार का भी काफी योगदान रहा। अंग्रेजी शिक्षा के प्रसार से भारत के बाहर के देशों की सभ्यता और साहित्य के विषय में पर्याप्त ज्ञान उपलब्ध हुआ जिससे भारतीय स्थिति का तुलनात्मक अध्ययन संभव हो सका। आरंभ में समाज सुधार की आवाज अंग्रेजी पढ़े-लिखे व्यक्तियों द्वारा ही उठाई गई लेकिन समाज सुधार कार्य में

सफलता बहुधा उन्हीं लोगों को मिली जिनके प्रेरणा स्रोत भारतीय पृष्ठभूमि से संबद्ध होते थे।

2. ईसाई मिशनरियों की ओलाचना : भारतीय सामाजिक ढाँचे की सबसे अधिक आलोचना ईसाई मिशनरियों तथा उनके सहयोगियों द्वारा की जाती थी। चार्ल्स ग्रांट, विलियम विल्बरफोर्स, केरी, एलेक्जेंडर डफ, ऐव दुबोए आदि लेखकों ने भारतीय सामाजिक ढाँचे और विशेषकर हिंदुओं की तीव्र आलोचना की। उन्होंने अपने वर्णन में हिंदू समाज के लिए सब प्रकार के अपशब्दों का प्रयोग किया। भारत में मिशनरियों का अपने धर्म की प्रशंसा करना तो समझ में आता है लेकिन राजनीतिक सत्ता के संरक्षण के पश्चात यहाँ के धर्मों को झूठा, आडंबरी, पाखंडी बताना सरासर अनुचित था। कार्नवालिस से कैनिंग तक प्रायः प्रत्येक गवर्नर जनरल और अधिकांश उच्च प्रशासकों के भारतीयों के संबंध में तिरस्कारात्मक विचार थे। बैंटिंक, मेटकाफ, मैकाले आदि प्रशासक भी भारतीय समाज में आमूल परिवर्तन करना चाहते थे। वे यहाँ की विभिन्न कुरीतियों और अंधविश्वासों का वर्णन करके अपने सुधारवादी दृष्टिकोण को स्पष्ट करना चाहते थे लेकिन भारतीय (विशेषकर हिंदू) समाज और संस्कृति के प्रति उनके मन में घोर घृणा थी। सामान्य भारतीय को उच्च अधिकारियों के विचारों का पता नहीं चलता था क्योंकि ये विचार उनके निजी पत्रों अथवा लेखों में होते थे। मिशनरियों से सहमत न होते हुए भी अंग्रेज अधिकारी उनका विरोध नहीं करते थे।

3. नया मध्यम वर्ग : नवीन मध्यम वर्ग में विशेष रूप से शिक्षित वर्ग सम्मिलित थे जिसने सामाजिक ढाँचे के प्राचीन आधारों के लिए एक चुनौती प्रस्तुत की। यह वर्ग तथा इसके विभिन्न उपवर्ग पुरानी जातीय व्यवस्था के आधार पर गठित नहीं थे। शिक्षित मध्यम वर्ग के अधिकांश सदस्य ब्राह्मण जाति के ही होते थे लेकिन अन्य जातियों के लोग भी इस वर्ग में सम्मिलित थे। व्यावसायिक सामानता ने जातीयता पर आधारित सामाजिक भेद की भावना को कम करने में सहायता दी। विभिन्न प्रकार के अंतर जातीय प्रतिबंधों के विरुद्ध आवाज उठनी आरंभ हुई। इस शिक्षित मध्यम वर्ग का लक्ष्य अंग्रेजों की नकल करना था इसलिए वे अपना सामाजिक जीवन भी उनके क्लबों और सामाजिक परंपराओं के आधार पर ढालना चाहते थे। उनकी यह अभिलाषा ही सामाजिक सुधार आंदोलन आरंभ करने के लिए उत्तरदायी हुई। इसी कारण 19वीं सदी का समाज सुधार आंदोलन अधिकांशतः स्त्रियों की स्थिति सुधारने से संबंधित रहा। स्त्रियों को शिक्षित करना, पर्दा प्रथा समाप्त करना, बाल विधवाओं की स्थिति में सुधार आदि समाज सुधार आंदोलन के कुछ प्रमुख अंग रहे।

4. सामाजिक गतिशीलता : सामाजिक गतिशीलता समाज सुधार का एक महत्त्वपूर्ण तत्त्व माना जा सकता है। यह सामाजिक गतिविधियों अंग्रेजों की नीतियों का प्रतिफल थी। पुरानी सामाजिक और आर्थिक व्यवस्था को तोड़कर अंग्रेजी प्रशासकीय नीति ने कृषकों, शिल्पियों और कारीगरों को जीवन निर्वाह के अन्य साधन खोजने पर विवश किया। उच्च वर्गों को भारतीय राजाओं और सामंतों की निर्भरता से हटाकर अंग्रेजी प्रशासन पर निर्भर कर दिया। जिले के नए मुख्य कार्यालयों, आवागमन के नए मार्गों (जो 19वीं सदी के उत्तरार्द्ध में अधिक बने) नए नगरों एवं उपनगरों से उत्पन्न आर्थिक जीवन की नई परिपाटी से समाज में गतिशीलता उत्पन्न हुई। गाँवों से जाकर लोग नगरों में रहने लगे जहाँ वे उन बंधनों से मुक्त थे जो गाँव में विद्यमान थे। नई परिस्थितियों में सामान्य जीवन व्यतीत करने के लिए गाँवों में प्रचलित परंपराएँ अपर्याप्त थीं। इसलिए समाज सुधार की चर्चा अधिकांशतः नगरों तक ही सीमित रही।

5. विचारों के आदान-प्रदान की सुविधा : 19वीं सदी में समाज सुधार की चर्चा बड़ी सरलता से व्यापक बन सकी। समाचार पत्रों के प्रकाशित होने से इस कार्य में अत्यधिक सुविधा हुई। सदी के उत्तरार्द्ध में रेलों के निर्माण से भी विचार-विमर्श को प्रोत्साहन मिला। मध्यकाल में समाज सुधार आंदोलन क्षेत्रीय स्तर से अधिक व्यापक बड़ी कठिनाई से ही हो सकता था। अब पत्र-पत्रिकाओं के माध्यम से यह व्यापक आधार पर हो सकता था।

6. अंग्रेजी सरकार की अवधारणा : अंग्रेजी सरकार भी समाज सुधारकों को प्रोत्साहन देती थी। ऐसा करने में उसका उद्देश्य भारतीय समाज के पुराने आधारों को ठेस पहुँचाना था। अधिकांश सुधारक आरंभ से अंग्रेजी विचारों और ईसाई मिशनरियों से प्रभावित थे। अंग्रेजी सरकार की सुधारवादी नीति से समाज में अव्यवस्था तथा परस्पर मतभेद को प्रोत्साहन अधिक मिलता था। 19वीं सदी में सरकार द्वारा पारित सुधार नियम भारतीय नेताओं की माँग पर पास नहीं हुए बल्कि बहुधा उनके विरोध के बावजूद पास किए गए थे। राजसत्ता द्वारा समर्थन बहुत बार केवल अंग्रेजी प्रतिष्ठा और सम्मान का प्रतीक होता था। कई बार उनका यह कार्य जातीय उच्चता का भी प्रतीक माना जाता था।

समाज सुधार आंदोलन का स्वरूप

19वीं शताब्दी में प्रारंभ हुए समाज सुधार आन्दोलन वास्तव में समाज सुधार नहीं बल्कि प्राचीन व्यवस्था के खिलाफ एक वैयक्तिक विप्लव था। इस विप्लव में

शामिल नागरिकों के व्यंगात्मक तौर पर आरंभ में 'सुधारक' कहा जाता था। इन 'सुधारकों' का लक्ष्य समाज के ढाँचे में परिवर्तन करना नहीं था बल्कि स्थापित ढाँचे में रहन-सहन की नई प्रणाली का समावेश करना था। सुधार आंदोलनों से समाज में हलचल अवश्य पैदा हो जाती थी लेकिन समाज सुधारकों का लक्ष्य व्यक्तिगत जीवन को प्रभावित करना अधिक और सामान्य समाज का परिवर्तन कम था। भारत में परंपरा के विरुद्ध व्यक्तिगत विद्रोह की पद्धति बहुत प्राचीन काल से चली आ रही थी। 18वीं सदी तक यह कार्य केवल संतों अथवा संन्यासियों द्वारा ही होता था। 19वीं सदी में इस कार्य में गृहस्थियों का योगदान अपेक्षाकृत अधिक रहा। उनका मंतव्य साधारण नागरिकों की अपेक्षा पढ़े-लिखे समाज में अधिक समझा जाता था। उन सब व्यक्तियों को समाज सुधारक कहा जाता था जो परंपरागत सामाजिक जीवन की पद्धतियों से भिन्न जीवन व्यतीत करने की प्रेरणा देते थे। समाज सुधार आंदोलन प्रमुख तीन अवस्थाओं में विभाजित था जो निम्नलिखित है–

(1) 1877 ई. के पूर्व : इसमें व्यक्तिगत आंदोलन प्रमुख रहा और इसकी कार्यविधि भी व्यक्तिनिष्ठ रही

(2) 1877 से 1919 ई. : इसमें समाज सुधार के लिए संगठित प्रयत्न किए गए। इस काल में यह भी स्पष्ट हुआ कि समाज सुधार की अपेक्षा राजनीतिक स्वतंत्रता अधिक आवश्यक थी। अंग्रेज प्रशासक अधिकारी भारतीय नेताओं का ध्यान समाज सुधार पर केंद्रित करना चाहते थे, जिससे राजनीतिक पराधीनता से उनका ध्यान हटा रहे। तिलक के नेतृत्व में यह अनुभव किया गया कि राजनीतिक स्वतंत्रता के बिना सामाजिक सुधार संभव नहीं था। इसलिए इस समय समाज सुधार राष्ट्रीय जागरण को व्यापक बनाने में सहायक हुआ।

(3) 1919 ई. के पश्चात : इस समय समाज सुधार मुख्यतः दलित वर्गों के उत्थान से संबंधित रहा। राजनीतिक प्रगति प्रजातांत्रिक आधार पर होने की संभावना थी। मुस्लिम लीग का यह प्रयत्न था कि दलित वर्ग हिंदू न समझे जाएँ और हिंदुओं को मिलने वाला प्रतिनिधित्व उसी मात्रा में कम कर दिया जाए। इसलिए समाज सुधार आंदोलन हरिजन उद्धार पर केंद्रित हो गया तथा समाज सुधार पूरी तरह से राजनीतिक आंदोलन के अधीन हो गया। समाज सुधार से अब यह अभिप्राय होने लगा कि भारतीय (हिंदू) समाज ने अपने पुराने सिद्धांतों पर ठीक प्रकार अमल नहीं किया इसलिए आवश्यक था कि वह उन पर कार्य करे। पश्चिमी सामाजिक ढाँचे के अनुसरण की आवश्यकता नहीं थी।

19वीं सदी के उत्तरार्द्ध का समाज सुधार

ब्रिटिश साम्राज्यवादियों की यह धारणा रही कि भारतीय तक प्रतिनिधियों का ध्यान अपनी सामाजिक समस्याओं को हल करने में लगा रहे। इसलिए ऐसे भारतीय नेताओं को (जो समाज सुधार की चर्चा करते थे) अंग्रेजी समर्थन मिलता रहता था। 19वीं सदी के उत्तरार्द्ध में सरकार की ओर से दो प्रमुख सुधार अधिनियम पास किए गए जिनके परिणाम महत्त्वपूर्ण हुए :

1872 का ब्रह्म विवाह अधिनियम : 1866 ई. में ब्रह्म समाज के दो दल—आदि ब्रह्म समाज और ब्रह्म समाज ऑफ इंडिया—हो गए। इनमें 'ब्रह्म समाज ऑफ इंडिया' अधिक समाज सुधार की समर्थक थी। इसने विवाह पद्धति में कुछ फेर-बदल कर लिए और कई अंतर्जातीय विवाह तथा विधवा विवाह इस पद्धति के अधीन हो गए। सरकारी एडवोकेट जनरल से पूछे जाने पर यह मालूम हुआ कि इन विवाहों की वैधता में संदेह था क्योंकि ये हिंदू विधि के अनुसार वैध नहीं थे। इसलिए एक विशेष अधिनियम की आवश्यकता थी। केशवचंद्र सेन के अनुरोध पर 1868 ई. में विधि सदस्य सर हेनरी मेन ने एक बिल प्रस्तुत किया जिसको 1872 ई. में पास किया जा सका। इस अधिनियम से लाभ उठाने के लिए विवाह से संबंधित दोनों पक्षों को यह घोषणा करनी पड़ती थी कि वे किसी पुराने स्थापित धर्म के अनुयाई नहीं थे। इसके अधीन अंतर्जातीय तथा विधवा विवाह हो सकते थे, बाल विवाह तथा बहुविवाह निषिद्ध कर दिए गए, 14 वर्ष से कम लड़की और 18 वर्ष से कम लड़के का विवाह नहीं हो सकता था। यह अधिनियम ब्रह्म समाजियों के समर्थन से बना था लेकिन यह अधिक सफल नहीं रहा क्योंकि इसके अधीन यह घोषणा करनी पड़ती थी कि वे हिंदू नहीं थे।

इस अधिनियम को पास करवाने में केशवचंद सेन की भूमिका काफी सराहनीय रही परन्तु 1878 ई. में उन्होंने स्वयं ही अपनी 13 वर्षीय पुत्री का विवाह कर दिया। इससे उनके नेतृत्व के विरुद्ध आवाज उठी। ब्रह्म समाज के फिर दो टुकड़े हुए और यह अधिनियम भी कोई विशेष समाज सुधार कर पाने में समर्थ नहीं हो सका।

एज ऑफ कंसेंट एक्ट : 1892 : 19वीं शताब्दी के उत्तरार्द्ध में भारत में समाज सुधार संबंधी दो विचारधाराएँ पनप रही थी। पहली विचारधारा के आधार पर भारत में अंग्रेजी सरकार की सहायता से कानून बनवाकर समाजिक सुधार किया जा सकता था। इस विचारधारा के अनुसार समाज सुधार पर अधिक बल दिया जाना चाहिए क्योंकि राजनीतिक प्रगति के लिए यह आवश्यक था। द्वितीय विचारधारा के आधार

पर भारत में राजनीतिक स्वाधीनता के पश्चात ही समाज सुधार संभव था। पहली विचारधारा के प्रमुख समर्थक महादेव गोविंद रानाडे और बेहराम मालाबारी और दूसरी विचारधारा के प्रमुख वक्ता बाल गंगाधर तिलक थे। आरंभ में इंडियन नेशनल कांग्रेस को केवल सामाजिक समस्याओं पर विचार-विमर्श के लिए बनाने की योजना थी। लेकिन बाद में राजनीतिक विषयों को इसमें सम्मिलित कर लिया गया। शीघ्र ही कांग्रेस में राजनीतिक विषयों पर चर्चा प्रमुख हो गई और 1887 ई. में इंडियन सोशल कांफ्रेंस का गठन किया गया। बालगंगाधर तिलक समाज सुधार के विरुद्ध नहीं थे लेकिन वे चाहते थे कि जिस बात का सुधारकों द्वारा समर्थन किया जाए वे उसके अनुसार स्वयं कार्य भी करें। इसके अलावा उनकी अवधारणा यह थी कि भारतीय समाज सुधार में ब्रिटिश साम्राज्य को कोई सहयोग न हो क्योंकि राजकीय अधिनियम पास करने से समाज में सुधार असंभव था। मालाबारी गुजराती पारसी थे, वे अन्य बंगाली नेताओं (ईश्वरचंद्र विद्यासागर तथा केशवचंद्र सेन) की भाँति सरकारी सहायता से नियम पास करवाकर सामाजिक सुधार चाहते थे। उन्हें समाज में बालविवाह प्रथा सबसे बड़ी बुराई दिखाई पड़ती थी। इसलिए उन्होंने अंग्रेज सरकार से इस विषय पर नियम पास करने के लिए कहा और सहवासवय लड़कियों के लिए न्यूनतम आयु 12 वर्ष करने का प्रस्ताव किया।

अंग्रेज सरकार ने सहवासवय विधेयक 9 जनवरी, 1891 ई. को व्यवस्थापिका सभा में प्रस्तुत किया। इस विधेयक के आधार पर बाल विवाह को एक अपराध घोषित कर दिया गया और उस विवाह पर रोक लगा दिया। तिलक ने इस विधेयक का घोर विरोध किया। उनका विरोध इस बात पर था कि बाल्यावस्था में विवाह पर रोक सरकार द्वारा लगाई गई। वह चाहते थे कि ये प्रतिबंध हिंदू समाज द्वारा स्वयं ही लगाए जाने चाहिएँ। सरकार को सामाजिक व्यवस्था में हस्तक्षेप नहीं करना चाहिए। सरकार के ऐसा करने का लक्ष्य समाज सुधार नहीं हो सकता क्योंकि यह कार्य स्वयं एक समाज के सदस्यों का था। इस अधिनियम को लेकर समस्त महाराष्ट्र में उग्र रूप से और शेष भारत में सामान्य रूप से सरकार की आलोचना हुई। मालाबारी ने इंग्लैंड की संसद के सदस्यों पर दबाव डालकर इस अधिनियम को पास करने के लिए अंग्रेज सरकार को सहमत करा लिया। इस अधिनियम के पास होने से समाज पर कोई विशेष प्रभाव नहीं पड़ा लेकिन राजनीतिक जागरण अवश्य बहुत अधिक बढ़ा। सरकार की ईमानदारी पर संदेह स्पष्ट रूप से व्यक्त किया गया। इसलिए आगे चलकर सरकार ने नियम पास करके सामाजिक व्यवस्था को बदलने के प्रयत्न ही छोड़ दिए।

महादेव गोविंद रानाडे : महाराष्ट्र के विभिन्न समाज सुधारकों में उनका नाम सबसे पहले लिया जाता है। वह प्रार्थना समाज के एक प्रमुख नेता थे और भारतीय पुनर्जागरण के सबसे उज्ज्वल प्रतिनिधि थे। बंबई का प्रार्थना समाज कई प्रकार से बंगाल के ब्रह्म समाज से भिन्न था। प्रार्थना समाज ने अपने आपको हिंदू समुदाय से अलग नहीं किया और न ही मिशनरियों से कोई साँठ-गाँठ की। इसने अपने धार्मिक विचारों को भी महाराष्ट्र के संतों के अनुसार ही रखा इसलिए इसमें ब्रह्म समाज की भाँति टुकड़े नहीं हुए। महाराष्ट्र के समाज सुधार आंदोलन की विशेषता प्राचीन परंपरा को सुरक्षित रखते हुए दोषों को दूर करने की थी। महाराष्ट्र में 18वीं और 19वीं सदी में विभिन्न समाज सुधारक हुए जिन्होंने सामाजिक कुरीतियों को अधिक बढ़ने नहीं दिया।

महाराष्ट्र के अन्तर्गत समाज सुधार आन्दोलन की प्रक्रिया बहुत तीव्र गति से नहीं हुई परन्तु अत्यधिक सफलता प्राप्त थी क्योंकि वहाँ नेताओं ने बंगाल की भाँति अपने अतीत की धरोहर को नहीं तिरस्कारा। सुधार का अभिप्राय उन दोषों को दूर करना था जो शताब्दियों के पतन से पुराने गौरव पर जम गए थे। हिंदू समाज में ये दोष कुछ भ्रांतिपूर्ण विचारों का परिणाम थे इसलिए आवश्यकता इस बात की थी कि इन भ्रांतियों को दूर कर दिया जाए। जैसे जन्म के आधार पर व्यक्ति में भेदभाव, बाह्य सत्ता के समक्ष समर्पण, अत्याचार को सहन करना आदि। रानाडे का समाज सुधार से अभिप्राय विधवाओं के पुनर्विवाह, स्त्रियों की शिक्षा, बालविवाह का निषेध और जात-पात के भेद को समाप्त करने से था। उनके अनुसार सामाजिक स्थिति एक अलग विभाग की भाँति नहीं थी बल्कि राजनीतिक और आर्थिक स्थिति के साथ जुड़ी हुई थी। वे यह मानते थे कि यदि हम राजनीतिक प्रगति चाहते हैं तो सामाजिक क्षेत्र में भी प्रगति आवश्यक थी। इसलिए बिना समाज सुधार के राजनीतिक स्वाधीनता की कल्पना व्यर्थ थी।

बालगंगाधर तिलक : तिलक का महाराष्ट्र के अन्य समाज सुधारकों (जैसे रानाडे, मालाबारी, अगरकर आदि) से मुख्य मतभेद दो बातों पर था। तिलक राजनीतिक स्वाधीनता को प्रथम मानते थे और सामाजिक सुधारों को गौण समझते थे, वह इस विचार से सहमत नहीं थे कि सामाजिक रूढ़िवादिता के कारण राजनीतिक पराधीनता हुई। उन्होंने श्रीलंका, बर्मा और आयरलैंड के उदाहरण देकर यह बताया कि उन देशों में सामाजिक स्वतंत्रता होते हुए भी राजनीतिक पराधीनता थी। दूसरे तिलक यह चाहते थे कि सामाजिक सुधारों की बात उसी समय की जानी चाहिए जबकि लोग अपने जीवन में उन सिद्धांतों को साकार करना चाहते हों। उन्हें स्वयं

उसके अनुसार कार्य करना चाहिए। वह किसी बाह्य एजेंसी (संस्था एवं सरकार) द्वारा समाज सुधार किए जाने के विरुद्ध थे। सरकारी अधिनियम बनाकर समाज सुधार करना उनके अनुसार बिल्कुल अनुचित था।

तिलक के इन दोनों दृष्टिकोणों का अध्ययन करके ही उनके द्वारा किये गये समाज सुधार आन्दोलन का वास्तविक मूल्यांकन किया जा सकता है। इन विचारों को देखते हुए उनका रानाडे, मालाबारी, आगरकर आदि नेताओं से मतभेद हो जाना और 1891 ई. के सहवासवय अधिनियम पर सरकार विरोधी आंदोलन करना स्वाभाविक ही था। अंग्रेज लेखकों तथा उनसे भिन्न विचार रखने वालों ने तिलक को प्रतिक्रियावादी, रूढ़िवादी और सांप्रदायिकता का समर्थक कहा है। यह सर्वथा निराधार है। समाज सुधार के क्षेत्र में 1890 तथा 1891 ई. में सोशल कांफ्रेंस के वार्षिक अधिवेशनों में तिलक ने बालविवाह के विरुद्ध और विधवा विवाह के पक्ष में प्रस्ताव प्रस्तुत किए। लेकिन वहाँ भी उनका तर्क यह ही था कि समाज सुधार के समर्थकों को स्वयं उदाहरण प्रस्तुत करके समाज सुधार लागू करना चाहिए। तिलक छुआ-छूत के भी विरुद्ध थे। गणपति उत्सवों में वह दलित वर्ग के सदस्यों को उच्च वर्ग के हिंदुओं के साथ सम्मिलित होने के लिए प्रोत्साहित करते थे। मार्च, 1919 ई. में उन्होंने बंबई में 'डिप्रेस्ड क्लासिज कांफ्रेंस', में छुआ-छूत प्रथा को समाप्त करने के लिए कहा।

जिस दौरान शारदा सदन विवाद हुआ उसी दौरान तिलक के कुछ विचारों व दृष्टिकोणों का वास्तविक पता लगा था। शारदा सदन एक विधवाश्रम था जो पंडिता रमाबाई ने 1889 ई में बंबई में स्थापित किया। 1890 ई. में इसे पूना हस्तांतरित कर दिया गया। रमाबाई ने ईसाई धर्म स्वीकार किया और उच्च जातियों के हिंदुओं की कड़ी आलोचना की। उसने आश्रम में भरती की हुई स्त्रियों को ईसाई धर्म में परिवर्तित करना आरंभ किया। इस बात का पता चलने पर तिलक ने रमाबाई के शारदा सदन तथा रानाडे और भंडारकर (जो उस संस्था से संबंधित थे) की कड़ी आलोचना की। रानाडे और भंडारकर ईसाई स्रोतों से शारदा सदन को उपलब्ध सहायता को उचित समझते थे। तिलक ने उनके इस दृष्टिकोण की आलोचना की। अन्ततः दोनों व्यक्तियों को शारदा सदन की प्रबंध समिति से त्याग पत्र देना पड़ा।

इंडियन सोशल कांफ्रेंस : इंडियन सोशल कांफ्रेस की स्थापना 1887 ई. में हुआ था। इस कांफ्रेंस का पहला सचिव गोविन्द रानाडे को नियुक्त किया गया था जो 14 वर्षो तक अपनी सेवा की। इन वर्षों में समाज सुधार के प्रति दृष्टिकोण ऐसा रहा जिससे विभिन्न विचार वाले व्यक्तियों में मतभेद अधिक न बढ़े। विभिन्न वार्षिक

सम्मेलनों से कुछ तथ्य सरलता से स्पष्ट हुए। जैसे समस्त भारत में एक-सी समस्याएँ नहीं थीं और विभिन्न प्रांत विभिन्न समस्याओं में रुचि रखते थे। बंगाल में बाल विधवाओं, कुलीनवाद तथा मदिरापान, गुजरात में जातिप्रथा, मद्रास में बालविवाह आदि। यह भी स्पष्ट हो गया कि हिंदुओं का सामाजिक जीवन धर्मशास्त्रों के आधार पर न होकर जातिप्रथा के आधार पर था। 1901 ई. में रानाडे की मृत्यु के पश्चात् इस कांफ्रेंस के संचालन का उत्तरदायित्व चंदावर्कर को सौंपा गया। 1901 ई. के पश्चात् दो दशकों तक सोशल कांफ्रेंस का नेतृत्व पश्चिमी भारत के तीन नेताओं—भंडारकर, चंदावर्कर और नटराजन—के हाथों में रहा। 1902 ई. में अध्यक्षीय भाषण देते हुए प्रसिद्ध विद्वान भंडारकर ने समाज सुधार का लक्ष्य उन बुरी नीतियों को समाप्त करना बताया जो सामान्यतः लोगों को पूरी क्षमता से कार्य करने से रोक रही थी। इस प्रकार समाज सुधार का लक्ष्य अत्यंत व्यापक हो गया। 20वीं सदी के प्रथम दशक में नेशनल कांफ्रेंस की अपेक्षा सोशल कांफ्रेंस अधिक लोकप्रिय बन गई। सोशल कांफ्रेंस द्वारा अधिक जोर अब कार्यों पर दिया जाने लगा। राजनीतिक क्षेत्र में प्रभावशाली नेता भी वही थे जो सामाजिक क्षेत्र में सक्रिय रहे थे जैसे—तिलक, लाजपतराय और विपिनचंद पाल।

19वीं सदी में हुए समाज सुधार का मूल्यांकन : 19वीं शताब्दी में प्रारंभ हुए समाज सुधार अधिक सीमा तक व्यक्तिगत कोशिशों तक निर्भर रहा। अंतिम दो दशकों में कुछ संगठित प्रयास किए गए। सुधारकों का लक्ष्य आरंभ में यह नहीं था कि समस्त समाज में उनके विचारों को (अर्थात् विधवा विवाह, विदेश यात्रा, खानपान की स्वतंत्रता) लागू कर दिया जाए। वास्तव में वे यह जानते थे कि ये कुरीतियाँ अथवा बंधन व्यक्तिगत स्तर पर ही समाप्त हो सकते थे। उनके प्रचार का प्रमुख अभिप्राय यह था कि इस प्रकार के व्यक्तिगत व्यवहार को सामाजिक दृष्टि से स्वीकृत मान लिया जाए भले ही समाज के अधिकांश सदस्य उनका अनुसरण न करें। विधवा विवाह तथा स्त्री शिक्षा के समर्थकों को इस बात में सफलता मिली। बालविवाह, बहुविवाह जैसी प्रथाएँ भारत में विभिन्न भागों में भिन्न रूप से प्रचलित थीं। कुछ पिछड़े हुए क्षेत्रों में बहुत-सी अन्य कुरीतियाँ भी थीं लेकिन ये प्रथाएँ तथा कुरीतियाँ उसी रूप में कम होती चली गईं जिस मात्रा में वहाँ शिक्षा तथा सामाजिक गतिशीलता बढ़ती गई। ईसाई मिशनरी दुबोए द्वारा वर्णित सामाजिक कुरीतियाँ बहुत कम मात्रा में कहीं किसी जनजाति में (Tribe) प्रचलित रही होंगी। हिंदू समाज में ईसाई धर्म को फैलाने में इंग्लैंड के ईसाई संगठनों से अधिक समर्थन तथा सहायता प्राप्त करने

के लिए वे कई बार कपोल कल्पित घटनाओं का वर्णन करते थे। हिंदू समाज को दोषी ठहराकर उसके विरुद्ध सहायता चाहते थे।

समाज सुधार की दृष्टि से महाराष्ट्र सबसे अग्रणी रहा। बहुत-सी सामाजिक बुराइयाँ जो बंगाल में थी महाराष्ट्र में नहीं थीं। महाराष्ट्र में समाज सुधार तथा ईसाई धर्म में परिवर्तित हिंदुओं को पुनः हिंदू धर्म में सम्मिलित कर लेने की परंपराएँ थीं। बालविवाह और विधवा विवाह को छोड़कर वहाँ स्त्रियों की दशा बंगाल की भाँति पिछड़ी हुई नहीं थी। जात-पात के बंधन थे लेकिन 19वीं सदी के मध्य में ही उन्हें कम करने के लिए आंदोलन आरंभ हो चुके थे। जोतिबा फुले ने दलित वर्गों के उत्थान के लिए बहुत कार्य किया।

19वीं सदी में हुए समाज सुधार में सबसे बड़ा दोष यह विद्यमान था कि सुधारकों को अपने व्यक्तिगत जीवन को उस प्रकार से ढालने की आवश्यकता नहीं थी। साथ ही समाज सुधारकों में यह भी आवश्यक नहीं था कि वे समाज सुधार की प्रत्येक बात से सहमत हों। यह बहुधा देखने में आया की स्त्री शिक्षा के समर्थक विधवा विवाह के समर्थक न हों। स्त्री शिक्षा के समर्थकों में इस बात पर मतभेद था कि स्त्रियों को किस प्रकार की शिक्षा प्रदान की जाए।

19वीं सदी का समाज सुधार आन्दोलन उस रोग या संक्रमण का प्रतीक था जो हिन्दू सम्प्रदाय के अन्तर्गत मध्यकालीन कुरीतियों से मुक्ति पाने के लिए आरंभ हुआ। कोई भी समाज कुछ वर्षों अथवा कुछ दशकों में बदला नहीं जाया करता। हिंदू समाज शताब्दियों से एक व्यवस्था में बंधा हुआ था। व्यक्तिगत विद्रोह ही सामाजिक परिवर्तन का माध्यम हो सकता था। समाज सुधार आंदोलन की सफलता के लिए यह पूछा जाता है कि क्या समाज से वे कुप्रथाएँ जिनके समाप्त करने के लिए आंदोलन किए गए लुप्त हो गईं? वास्तव में इन सुधार आंदोलनों की सफलता के लिए एक दूसरे प्रकार का प्रश्न पूछा जाना चाहिए। क्या उन सामाजिक कुप्रथाओं को वही सामाजिक मान्यताएँ प्राप्त थीं जो 19वीं सदी के आरंभ में थीं? इसका एक ही उत्तर संभव है कि वह मान्यता प्राप्त नहीं थी। जिस मात्रा में यह सामाजिक मान्यता घटती दिखाई पड़ी उसी मात्रा में सामाजिक सुधार आंदोलन सफल रहा। तर्क के आधार पर यह कहा जा सकता है कि 1970 ई. में भी समाचार पत्रों में सती की एक घटना का वर्णन था। अशिक्षित लड़कियाँ आज भी भारत में हैं। बालविवाह अब भी कहीं-कहीं होते हैं लेकिन इन सबसे यह अर्थ नहीं लगाया जा सकता कि समाज की ओर से इन व्यवस्थाओं को मान्यता है। समाज की इस मान्यता को तोड़ पाना ही समाज सुधारकों की महान उपलब्धि थी।

मुसलमानों में समाज सुधार आंदोलन

मुसलमानों में समाज सुधार आन्दोलन प्रमुख दो वर्गो में विभाजित था—उच्च अभिजात्यवर्ग तथा जन साधारण। जन साधारण के अधिकांश मुसलमान मूलस्वरूप में हिंदू थे और धर्म परिवर्तन के बाद उनके सामाजिक जीवन स्तर में कोई उल्लेखनीय परिवर्तन नहीं हुआ। उच्च अभिजात्यवर्ग के लिए 18वीं-19वीं सदी में राजनीतिक प्रभुत्व की समाप्ति अवश्य संकटमय घटना थी। यह वर्ग राजकीय नियुक्तियों अथवा सामंतीय जागीरों का इतना अभ्यस्त था कि उसने व्यवसाय अथवा व्यापार की ओर ध्यान ही नहीं दिया। सुलभ आय से अकर्मण्यता इस वर्ग में सहज ही प्रवेश कर चुकी थी। 19वीं सदी के पूर्वार्द्ध में यह अपनी प्रतिष्ठित स्थिति का बाह्य रूप बनाए रखने से अधिक खोखला होता गया। 1857-58 ई. की विपत्ति से रही सही प्रतिष्ठा भी समाप्त हो गई। क्योंकि अंग्रेज प्रशासकों ने इस विप्लव के लिए उच्चवर्गीय मुसलमानों को विशेष रूप से उत्तरदायी माना।

उच्च अभिजात्य वर्ग के मुस्लिमों में सबसे बड़ी सामाजिक समस्या उनका 'लकीर के फकीर' बने रहना तथा परिवर्तित परिस्थितियों को न पहचानना थी। परिणामस्वरूप यह वर्ग पिछड़ता चला गया और 19वीं सदी के उत्तरार्द्ध में भारत के दोनों प्रमुख संप्रदायों में आर्थिक भेद अधिक बढ़ता गया लेकिन इस बढ़ती हुई आर्थिक विषमता का मूल कारण यह था कि मुस्लिम उच्च वर्गों ने समय की आवश्यकता के अनुसार कार्य न करने की नीति अपनाई थी। मुसलमानों में समाज सुधार आंदोलन का प्रमुख लक्ष्य इस उच्चवर्ग को समय की आवश्यकता बताना तथा उसके अनुसार पश्चिमी शिक्षा की ओर ध्यान दिलाना था। इस प्रकार मुसलमानों का समाज सुधार आंदोलन भिन्न था। एक अन्य भिन्नता यह थी कि मुसलमानों में सामाजिक और धार्मिक जीवन को पूर्ण रूप से उनकी धर्म पुस्तक 'कुरआन' पर आधारित माना जाता था। इसलिए सामाजिक जीवन की किसी भी पद्धति को बदलने के लिए यह आवश्यक था कि कुरआन का नया अर्थ बताया जाए अथवा यह दिखाया जाए कि प्रचलित व्यवस्था कुरआन अथवा हदीस के अनुसार नहीं थी। कुछ सुधारकों ने यह भी बताने का प्रयत्न किया कि सामाजिक जीवन कुरआन पर आधारित नहीं होना चाहिए, लेकिन ऐसे नेताओं का प्रभाव बहुत कम हुआ।

अलीगढ़ आंदोलन : सन् 1870 के बाद मुस्लिम प्रतिनिधि सर सैय्यद अहमद खाँ ने सामाजिक दशा को दृष्टिपात करते हुए एक आन्दोलन शुरू किया। इन आन्दोलन का प्रमुख उद्देश्य मुसलमानों को 'आत्मनिर्भरता' और 'अपनी मदद आप' का पाठ पढ़ाना था। वह जानते थे कि मुसलमान अपने अतीत में खोए हुए

थे उन्हें वर्तमान की बहुत कम चिंता थी। उन्होंने 'तहजीब उल अखलाक' नाम की पत्रिका दिसंबर, 1870 ई. में प्रकाशित करना आरंभ किया। सर सैय्यद मुसलमानों को बदली परिस्थिति से अवगत कराना चाहते थे। पुराने सामाजिक मूल्यों तथा रहन-सहन के तरीकों को वे समय के अनुकूल नहीं मानते थे। मुसलमान सामान्यतः अपने सामाजिक जीवन को कुरआन तथा हदीस पर आधारित समझते थे इसलिए उन्हें विवश होकर धर्म संबंधी विवाद आरंभ करना पड़ा।

सर सैय्यद ने 'कुरान' का अर्थ समझाने के लिए एक नए 'इल्म कलाम' (व्याख्या करने के नए आधार) की आवश्यकता पर बल दिया। इस नई व्याख्या का मुख्य आधार यह था कि समस्त सृष्टि का निर्माता ईश्वर है और वह ही कुरआन का भी रचयिता है। इसलिए कुरआन किसी भी रूप से वास्तविक स्थिति से भिन्न नहीं हो सकता। इसी प्रकार हदीस (पैगंबर मोहम्मद द्वारा कही गई बातें) को समझने के लिए भी यह ध्यान रखना चाहिए कि न तो वह कुरआन के विरुद्ध हो सकती थीं और न वह वास्तविकता से भिन्न हो सकती थीं, जिस हदीस से ऐसी प्रतीति हो उसके समझने में अवश्य ही कोई गलती हुई है। इस आधार पर इस्लाम धर्म के आधारों को वैज्ञानिक आक्षेपों से सुरक्षित रखने का प्रयत्न किया गया। सर सैय्यद ने इन सिद्धांतों की व्याख्या स्पष्ट करने के लिए 'तफसीर उल कुरआन' लिखना आरंभ किया जो पूरी नहीं हो सकी।

मुसलमानों के पवित्र कुरान के साथ मुस्लिमों के प्रचलित सामाजिक मूल्यों एवं आदर्शों की भी नई व्याख्या की गई। सर सैय्यद ने 'तहजीब उल अखलाक' का उद्‌देश्य ही मुसलमानों को सभ्य बनाना घोषित किया। वे सभ्य नहीं बन सकते थे जब तक वे कुछ पुरानी परंपराओं को छोड़कर नई परंपराएँ न अपना लें। उनका कहना था कि प्रत्येक परंपरा समय की परिस्थितियों के अनुसार अपनाई जाती है। समय बदलने के पश्चात् वे परंपराएँ अनुपयोगी बन जाती हैं : मुसलमानों के पिछड़े रहने का कारण उनका पुराने बंधनों में बँधे रहना और समय की आवश्यकता को न पहचानना था। दूसरा दोष मुसलमानों में 'पूर्वाग्रह' का व्यापक रूप से फैलाव था जिसके कारण वे अच्छाइयों को ग्रहण भी नहीं कर सकते थे और अपनी अच्छाइयों से दूसरों को अवगत भी नहीं करा सकते थे। मुल्लाओं और फकीरों के लिए सर सैय्यद ने बहुत कठोर शब्द कहे। उन्होंने हज करना, जकात बाँटना, मस्जिदें बनवाना आदि को निम्नस्तर की तथा अल्पकालीन अच्छाइयाँ बताईं। दीर्घकालीन अच्छाई शिक्षा प्रसार में सहायता करना बताया गया। सर सैय्यद ने पश्चिमी खानपान की पद्धति को अपनाने की जोरदार अपील की। साथ ही उन्होंने इस्लाम पर बहुत से

लगाए गए आक्षेपों को जैसे तलाक को प्रोत्साहन देना, दास प्रथा को स्वीकृति प्रदान करना निराधार बताया।

पश्चिमी शिक्षा का मुसलमानों में प्रसार : मुस्लिम सम्प्रदाय के अन्तर्गत सामाजिक सुधार का प्रमुख अर्थ उनमें पाश्चात्य शिक्षा को जनप्रिय बनाना था। इस शिक्षा के प्रति मुसलमानों में अरुचि थी। इसके कई कारण थे। सामंती परिवार पुरानी पद्धति पर चले आ रहे थे। सामान्य मुसलमान धार्मिक शिक्षा और अरबी-फारसी के ज्ञान को अधिक महत्त्वपूर्ण मानते थे। सामंतों को छोड़कर अधिकांश मुसलमान परिवारों की आर्थिक स्थिति अच्छी नहीं थी। व्यापार और वाणिज्य में विशेष रुचि न रखने से अब उनके लिए जीविका के साधन कम हो गए थे। सामान्यतः उन्होंने अंग्रेजी राज्य की प्रधानता को अपनी विवशता का कारण समझा और इसलिए उन्होंने प्रत्येक ऐसी संस्था अथवा पद्धति से जो अंग्रेजी राज्य के साथ जुड़ी हुई थी अपने को अलग ही रखा। अंग्रेजी शिक्षा के प्रति अरुचि में कुछ योगदान मुल्लाओं का भी था। वे चाहते थे कि अरबी, फारसी तथा धार्मिक शिक्षा को अधिक प्रोत्साहन दिया जाए।

सर सैय्यद ने उपरोक्त कारणों को इतना महत्त्वपूर्ण नहीं माना। इसके विपरीत उन्होंने अंग्रेजी शिक्षा प्रणाली के दोषों को मुसलमानों की अरुचि के लिए उत्तरदायी ठहराया। उन्होंने 1882 ई. में हंटर कमीशन के समक्ष गवाही देते हुए एक कारण यह भी बताया कि मुसलमान उन शिक्षा संस्थाओं में नहीं जाना चाहते थे जहाँ अन्य संप्रदाय के लोग भी पढ़ते हों, जिन्हें वे अपने से निम्न मानते थे। मुसलमानों में यह भय भी सामान्यतः था कि अंग्रेजी पढ़ने और पश्चिमी विद्याओं के जानने से अधर्म बढ़ता था और वे 'काफिर' कहे जा सकते थे। वे अंग्रेजी पढ़ने को ईसाई धर्म स्वीकार करने के समान समझते थे।

वास्तविक रूप से निष्पक्ष अध्ययन करने से यह स्पष्ट हो जाता है कि शिक्षा का प्रसार मुसलमानों में हिंदुओं से कम नहीं था। यद्यपि उनमें अंग्रेजी पढ़े-लिखे अपेक्षाकृत कम थे। सर सैय्यद ने मुसलमानों की शिक्षा के लिए एक विशिष्ट शिक्षा संस्था की आवश्यकता पर बल दिया और अलीगढ़ मोहम्डन एंग्लो ओरिएंटल कॉलेज की 1875 ई. में एक प्राइमरी स्कूल के रूप में स्थापना की। जनवरी, 1877 ई. में लार्ड लिटन ने इस कालेज का विधिवत उद्‌घाटन किया। उत्तर प्रदेश के गवर्नर विलियम म्यूर ने भी इस कॉलेज के लिए भूमि प्रदान की। इस प्रकार आरंभ से ही अंग्रेज सरकार की कृपा का हाथ इस संस्था पर रहा। अलीगढ़ मोहम्डन कॉलेज केवल एक शिक्षा संस्था ही नहीं थी बल्कि सामाजिक-राजनीतिक और शिक्षा संबंधी स्थिति को सुधारने का एक केंद्र थी। सर सैय्यद का विचार था कि इस संस्था से पढ़कर

निकले हुए विद्यार्थी समाज को परिवर्तित करने में सहायक होंगे। उनका ध्यान मुख्यतः कुलीन वर्गों के युवकों तक सीमित था। कॉलेज में विद्यार्थियों के सर्वांगीण विकास पर अधिक ध्यान दिया जाता था। वाद-विवाद प्रतियोगिता, खेलकूद, छात्रावास में अनिवार्य रूप से रहना और अंग्रेज अध्यापकों तथा जिला अधिकारियों से मेल-मिलाप बढ़ाना कॉलेज की शिक्षा के अंग थे। सर सैय्यद ने अंग्रेजी शिक्षा पर अधिक बल दिया क्योंकि यह सरकारी नौकरी प्राप्ति के लिए आवश्यक था। उनके अनुसार किसी समुदाय का प्रतिष्ठित होना केवल इसी बात से जाँचा जा सकता था कि उसे राजकीय सेवाओं में कितना स्थान प्राप्त था। सर सैय्यद प्रारंभिक शिक्षा की अपेक्षा उच्चशिक्षा पर और वह भी अलीगढ़ कॉलेज की शिक्षा पर बल देते थे। यह तथ्य अलीगढ़ आंदोलन की गुणवत्ता तथा उसकी कमजोरी के लिए जिम्मेदार था। जहाँ एक ओर अलीगढ़ से निकले हुए विद्यार्थी अपने संप्रदाय के हितों के लिए अत्यधिक दृढ़ संकल्प तथा सजग होते थे साथ ही वे एक संप्रदाय के हितों के लिए ही अत्यधिक प्रयत्नशील होते थे।

19वीं सदी में शिक्षा प्रसार मुस्लिम समाज में मात्र पुरुषों तक हो पाया था। सर सैय्यद इस शिक्षा को मुसलमान स्त्रियों के लिए अनावश्यक समझते थे, इसके अतिरिक्त वे स्त्रियों में पर्दा प्रथा के भी पक्ष में थे। वह बहुविवाह को तर्कसंगत मानते थे। स्त्रियों की शिक्षा वे इस प्रकार की चाहते थे जिससे वे कुशल माताएँ तथा गृहिणी बन सकें। वे स्त्रियों को नौकरी करते हुए देखना पसंद नहीं करते थे। मुस्लिम संप्रदाय में सामाजिक उत्थान तथा पश्चिमी सभ्यता के प्रति नया दृष्टिकोण अपनाने के लिए अलीगढ़ आंदोलन ही प्रमुख था। यह आंदोलन भी स्त्रियों के लिए परंपरागत शिक्षा और जीवन पद्धति को बदलने के पक्ष में नहीं था, इसलिए 20वीं सदी में भी मुसलमानों में समाज सुधार का भिन्न अर्थ था।

ब्रिटिशों का भारतीय समाज के प्रति अवधारणा

पूर्व के सौ वर्षों में अंग्रेजों में भारतीय समाज के प्रति प्रमुख तीन प्रकार की अवधारणाएं विद्यमान थी जो इस प्रकार हैं—

(1) बर्क द्वारा प्रस्तुत दार्शनिक रूढ़िवादिता जिसमें भारतीय सभ्यता, विधि प्रणाली तथा संस्थाओं एवं संस्कृति का अच्छा चित्र प्रस्तुत किया गया।

(2) भारतीय सभ्यता तथा संस्कृति का अंग्रेजीकरण तथा पश्चिमीकरण जिसे उपयोगितावादी अथवा उदारवादी नेताओं ने प्रस्तुत किया।

(3) साम्राज्यवादी दृष्टिकोण जिसमें भारतीय समाज अत्यंत पतनोन्मुख तथा पददलित बताया गया।

अंग्रेजों की भारतीय समाज के प्रति नीति इन तीनों दृष्टिकोणों से प्रभावित थी। अधिकांश अंग्रेजों का ज्ञान बहुत ऊपरी था। ईसाई मिशनरी भारतीय समाज को बहुत गिरा हुआ बताकर यहाँ ईसाई धर्म प्रचार की आवश्यकता पर बल देते थे, यह वर्णन साम्राज्यवादियों को अधिक और उदारवादियों को अपेक्षाकृत कम पसंद था। अधिकांश अंग्रेज वर्गों का दृष्टिकोण उनके निजी स्वार्थों से प्रभावित था। निजी व्यापारी, साहसी पर्यटक, प्राच्य विद्वान, आयात-निर्यात व्यापारी तथा उद्योगपति—ये सब वर्ग भारत का चित्र उसी प्रकार का बना लेते थे जैसा उनके निजी स्वार्थों के लिए ठीक लगता था। इनमें से अधिकांश वर्ग लाभ की दृष्टि से भारत आए थे और अपनी सुरक्षा तथा स्वतंत्रता के लिए अंग्रेजी संस्थाओं का भारत में प्रवेश चाहते थे। वे भारतीय समाज और संस्थाओं को अंग्रेजी समाज के हिसाब से जाँचते थे। मुनरो, एलफिंस्टन जैसे प्रशासक जो भारतीय भाषाओं तथा समाज का ज्ञान प्राप्त करके अपनी धारणाएँ बनाना चाहते थे, बहुत कम थे। उनका प्रभाव पहले ही कम था लेकिन राममोहन जैसे भारतीयों द्वारा अंग्रेजीकरण और पश्चिमीकरण के समर्थन किए जाने के पश्चात उनके दृष्टिकोण का प्रभाव और भी कम हो गया।

अंग्रेज प्रशासकों की ये तीनों विचारधाराएं इंग्लैंड की दशाओं की देन थी। बर्क के रूढ़िवाद का प्रमुख कारण यह था कि वह इंग्लैंड के संविधान को सुरक्षित रखना चाहता था। सर विलियम जोंस की प्राचीन भारतीय संस्कृति में रुचि उस पश्चिमी आंदोलन का परिणाम थी जिसके अनुसार प्राचीन सभ्यताओं की खोज पर ध्यान दिया गया। साम्राज्यवाद स्पष्ट ही अंग्रेजी सर्वोच्चता, शक्ति तथा संपन्नता की प्रतीक थी और सैनिक प्रतिष्ठा का आकर्षण उन्हें इस ओर अग्रसर करता था। उदारवाद इंग्लैंड की औद्योगिक प्रगति का परिणाम था। व्यक्तिगत स्वार्थ और तुच्छ राष्ट्रीय हितों की कल्पना से बहुत बार भारत के प्रति उदार भावनाएँ दूषित हो जाती थीं। उदारवादी अहस्तक्षेप तथा उपयोगितावादी नीति से भारतीय हित प्राप्त नहीं हो सकते थे क्योंकि इंग्लैंड के उन नेताओं का दृष्टिकोण इंग्लैंड के विचारों के अनुसार होता था, वे भारतीय आवश्यकता और उपयोगिता को नहीं समझते थे और बहुत बार उपयोगितावाद को व्यक्तिगत स्वार्थों की बलि चढ़ा देते थे।

भारतीयों के प्रति प्रजातीय विभेद की अंग्रेजी नीति : ब्रिटिश शासन एवं अधिकारियों ने भारत में भेदभाव की नीति का बीज बो दिया था। भारत में रहने वाले अंग्रेज 18वीं सदी के अंत से ही अपने आपको अलग रखते थे। सामाजिक स्तर पर उनका उच्च भारतीय नागरिकों से संपर्क नहीं के समान होता था। यह संपर्क केवल घरेलू नौकरों अथवा खानसामाओं तक ही बहुधा सीमित रह जाता था। सामान्यतः

भारतीयों के प्रति अपमानजनक व्यवहार होता थो जिससे प्रतिष्ठित भारतीय भी नहीं बच सके। राजा राममोहन राय, सर सैय्यद अहमद खाँ जैसे नेताओं को भी अपमान सहन करना पड़ा। अंग्रेजों द्वारा भारतीयों की हत्या और न्यायालयों द्वारा अंग्रेजों को निरपराध घोषित करना 19वीं सदी की सामान्य घटनाएँ थीं। भारतीय भाषाओं के समाचार पत्रों में ऐसी घटनाओं का विस्तृत वर्णन तथा कार्टूनों द्वारा चित्रण भी होता था। डब्लू.एस. ब्लंट ने यह स्वीकार किया कि कोई भी प्रतिष्ठित अथवा सम्मानित भारतीय किसी ऐसे क्लब अथवा सार्वजनिक स्थान पर नहीं जा सकता था जहाँ अंग्रेज बहुधा पहुँचते हों। 1857-58 ई. में हुई घटनाओं से दोनों पक्षों में मनमुटाव बढ़ता गया। भारतीय सिपाहियों पर अंग्रेजों द्वारा किए गए अत्याचारों को कहानियों के माध्यम से जीवित रखा गया और भारत जाने वाले अधिकारियों को पहले से ही प्रजातीय घृणा से भर दिया जाता था। 19वीं सदी के अंतिम चतुर्थांश में अंग्रेज स्त्रियों के भारत में आने के पश्चात् भारतीयों के प्रति उस दृष्टिकोण में और भी अधिक वृद्धि हुई। पढ़े-लिखे भारतीयों ने प्रतियोगिता परीक्षाओं में उच्च स्थान प्राप्त करके अपने बौद्धिक कौशल का परिचय दिया। इससे अंग्रेज अधिकारियों को पढ़े-लिखे भारतीय युवक प्रतिद्वंद्वी ही दिखाई पड़े।

19वीं सदी के उत्तरार्द्ध में प्रजातीय रंगभेद बहुत व्यापक था। भारत सचिव और गवर्नर जनरल कर्जन के मध्य पत्र व्यवहार में इस बात का स्पष्ट उल्लेख है कि भारत में अंग्रेज सैनिक अधिकारी अपने आपको फौजदारी नियमों से मुक्त मानते थे। यह अंग्रेजी दृष्टिकोण भारतीयों में असंतोष तथा अंग्रेजों पर अविश्वास पैदा करने में अत्यधिक सहायक हुआ।

धर्म सुधार आंदोलन

भारत के इतिहास में मध्य काल को मुगलों का काल कहा जाता है। मध्यकाल में मुगलों ने विभिन्न प्रान्तों पर आक्रमण किया। आक्रमण को मद्देनजर रखते हुए हिन्दू समाज ने अपनी सुरक्षा के लिए अपने चारों ओर कृत्रिम चारदीवारी खड़ी कर ली थी। धार्मिक और आध्यात्मिक ज्ञान को कुछ सरल कथाओं तथा परंपराओं एवं विश्वासों के आधार पर प्रचलित रखा गया। सामाजिक ढाँचे को सुरक्षित रखने के लिए जातिप्रथा के बंधनों को कठोर बना दिया गया। स्त्रियों के बचाव के लिए पर्दाप्रथा, बालविवाह प्रायः आवश्यक बन गए। शिक्षा का प्रसार कम हो गया। 19वीं सदी के आरंभ में जब अंग्रेजी शिक्षा और पश्चिमी चिंतन से भारतीयों का संपर्क हुआ और ईसाई मिशनरियों ने यहाँ के प्रचलित धर्मों की खुली आलोचना आरंभ की तब

न केवल उस कृत्रिम मोर्चाबंदी की आवश्यकता ही समाप्त हो गई, बल्कि उसके स्थान पर पुराने हिंदू धर्म को पुनः स्थापित करने के लिए प्रयत्न करने की आवश्यकता अनुभव हुई। मध्यकालीन आक्रमण की अपेक्षा 19वीं सदी में पश्चिमी प्रहार अधिक व्यापक और दूरगामी था। सर्वप्रथम शिक्षित बंगालियों ने ब्रह्म समाज आंदोलन के रूप में इस प्रहार का पहला उत्तर दिया जो कुछ शिक्षितों को तो अवश्य ईसाई धर्म स्वीकार करने से रोक सका लेकिन ईसाइयों के आक्षेप अधिक व्यापक, मौलिक और विस्तृत थे। ब्रह्म समाज द्वारा प्रस्तुत उत्तर वास्तव में एक समझौते से अधिक नहीं हो सका। सामान्य हिंदुओं ने उसे स्वीकार नहीं किया और यह आंदोलन अधिक लोकप्रिय नहीं हुआ।

19वीं शताब्दी के उत्तरार्द्ध में हुए दो प्रमुख धर्म सुधार आंदोलनों के प्रेरणास्रोत भी पूरी तरह से भारतीय थे। स्वामी दयानंद सरस्वती और स्वामी विवेकानंद द्वारा चलाए गए आंदोलन मुख्यतः स्वामी वृजानंद तथा स्वामी रामकृष्ण परमहंस द्वारा प्रेरित थे।

स्वामी दयानंद सरस्वती और आर्य समाज आंदोलन : आर्य-समाज आन्दोलन स्वामी दयानंद सरस्वती द्वारा प्रारम्भ किया गया था। यह आन्दोलन ब्रह्म समाज आन्दोलन से भिन्न था। संस्कृत के प्रकांड विद्वान और संन्यासी होने से वह राममोहन से कुछ बातों में अलग थे। उनका वेदों की उच्चता, पुनर्जन्म और कर्म सिद्धांत में अटूट विश्वास था। पूजा विधि में भी उन्होंने पुरानी पद्धति को ही अपनाया। वह अंग्रेजी भाषा से अपरिचित थे। उनका प्रचार कार्य केवल अंग्रेजी पढ़े-लिखे लोगों तक ही सीमित न होकर सामान्य जनता तक फैला हुआ था।

दयानंद हिन्दू धर्म के एक प्रमुख आलोचक थे विभिन्न स्थानों पर धार्मिक शास्त्रार्थ में प्रचलित हिंदू धर्म के समर्थकों को उन्होंने बहुत बुरा-भला कहा। ईसाई मिशनरियों की गतिविधियाँ कुछ अधिक व्यापक हो गई थीं। वे अपने धार्मिक प्रचार के साथ-साथ हिंदू धर्म के पास 'पवित्र पुस्तक' का अभाव बताकर उन्हें ईसाई धर्म में परिवर्तित करना चाहते थे। इसलिए स्वामी दयानंद ने वेदों को अमोघ तथा ईश्वरीय कहा। वेदों के सर्वगुण संपन्न होने से उन्हें आंतरिक उत्साह तथा प्रेरणा मिलती थी और वेदों के बताए हुए मार्ग को ही वह सत्य मानते थे, इसलिए हिंदू धर्म पर आक्षेप करने वालों को उन्हीं के स्तर पर उत्तर देते थे। दयानंद यह समझते थे कि केवल हिंदू धर्म की प्रतिरक्षा के लिए उसके आलोचकों की आलोचना आवश्यक थी। वह चाहते थे कि हिंदुओं को भी प्रचार तथा धर्म परिवर्तन के कार्य में योगदान देना चाहिए। उनका विश्वास था कि वेदों में निहित सत्य केवल हिंदुओं के लिए ही नहीं

बल्कि विश्व भर के समाज के लिए है। प्राचीन काल में आर्यों ने अन्य विचारों के लोगों को वैदिक धर्म का अनुयाई बना ही लिया था।

सन् 1824 ई में गुजरात के टंकरा परगने के जिवपुर नामक स्थान पर स्वामी दयानंद का जन्म हुआ था। 21 वर्ष की आयु में वह आध्यात्मिक ज्ञान की खोज में घर से निकल पड़े। अगले 19 वर्ष तक वह विभिन्न स्थानों पर भ्रमण तथा अध्ययन करते रहे। 1859 ई. में वे मथुरा पहुँचे और वहाँ स्वामी वृजानंद के चरणों में बैठकर अधिक ज्ञान प्राप्त किया। स्वामी वृजानंद वैदिक साहित्य, भाषा तथा दर्शन के प्रकांड विद्वान थे। उन्होंने दयानंद को वेदों में निहित ज्ञान की व्याख्या समझाई। दयानंद का वेदों में समस्त ज्ञान के स्रोत होने का विश्वास वृजानंद की शिक्षाओं के पश्चात दृढ़ हो गया। गुरु वृजानंद ने अपने शिष्य को यह विदाई आदेश दिया कि वह भारत में वैदिक धर्म को उच्च स्तर पर पुनः स्थापित करे। दयानंद ने 1863 ई. में आगरा से अपने धर्म प्रचार का कार्य आरंभ किया। अप्रैल, 1875 ई. में बंबई में पहली आर्यसमाज की स्थापना की गई। जून, 1877 ई. में लाहौर में आर्य समाज की एक शाखा खोली गई। कालांतर में इस आंदोलन का प्रमुख कार्यालय लाहौर ही बन गया। इस समय स्वामीजी ने आर्यसमाज के 10 सिद्धांतों की स्थापना की। कुछ सिद्धांत इस प्रकार है–:

1. सच्चा ज्ञान वेदों में निहित है। आर्यों का परम धर्म वेदों का पठन-पाठन है।
2. प्रत्येक व्यक्ति को सदा सत्य ग्रहण करने और असत्य को छोड़ने के लिए तैयार रहना चाहिए।
3. समस्त ज्ञान का निमित्त कारण और उसके माध्यम से समस्त बोध ईश्वर है।
4. ईश्वर सर्वशक्तिमान, अद्वितीय, सर्वज्ञ, अमर तथा सर्वव्यापी है।
5. संसार का उपकार करना इस समाज का मुख्य उद्देश्य है।
6. प्रत्येक को अपनी ही उन्नति में संतुष्ट न रहना चाहिए सबकी उन्नति में अपनी उन्नति समझनी चाहिए।
7. सब कार्य धर्मानुसार, अर्थात् सत्य और असत्य को विचार करके करने चाहिए।

उपर्युक्त वर्णित सिद्धान्तों में आठ साधारण सिद्धान्त थे केवल दो सिद्धांतों में निराकार ब्रह्म (ईश्वर) की उपासना और वेदों के समस्त ज्ञान का स्रोत होने पर बल दिया गया है। इसलिए आर्यसमाज की प्रमुख विशेषता वेदों के अमोघ होने में थी।

दयानंद सरस्वती की मौलिकता चारों वेदों को समस्त ज्ञान तथा सत्य का भंडार बताने में थी। विश्व में उस समय जितना ज्ञान व्याप्त था अथवा विकास हो सकता

है वह सब वेदों में निहित था। इन वेदों में निहित ज्ञान की व्याख्या ब्राह्मणों, वेदांगों, उपांगों, उपवेदों में की गई है। लेकिन इन ग्रंथों में की गई व्याख्या मूल ग्रंथ से अधिक महत्त्वपूर्ण नहीं हो सकती। इसलिए यदि टीकाकारों ने वेदों की कुछ ऐसी व्याख्या की जो वर्तमान ज्ञान से भिन्न थी तब उन्होंने वेदों का अर्थ समझने में अवश्य ही गलती की। अन्य टीकाकारों की अपेक्षा दयानंद ने वेदों में एकेश्वरवाद की कल्पना को प्रमुख माना। वेदों में वर्णित यज्ञों और अन्य संस्कारों की नई व्याख्या की गई। हवन का लक्ष्य सामान्य वायुमंडल को स्वच्छ करना था, यज्ञों के माध्यम से ज्ञान प्रसार, तीर्थयात्रा से सत्संग और अच्छे मूल्यों का प्रसार होता था। अधिकांश विद्वान स्वामी द्वारा की गयी वेदों की व्याख्या के पक्ष में नहीं है। लेकिन स्वामी जी की विद्वत्ता और महत्त्व इस बात में है कि उन्होंने प्रत्येक आर्य को वेदों के पठन-पाठन और व्याख्या का अधिकार दिया जो अपने में क्रांतिकारी था।

दयानंद द्वारा चलाए गए आंदोलन ने साम्राज्यवादियों द्वारा पश्चिमी ज्ञान तथा ईसाई धर्म प्रचारकों द्वारा अपने धर्म की उच्चता के प्रचार से प्रस्तुत चुनौती का उचित प्रतिउत्तर प्रस्तुत किया। यद्यपि उनकी वेदों की व्याख्या पर अधिक लोग उनसे सहमत नहीं हुए, कुछ ने उनकी मजाक उड़ाई लेकिन कालांतर में उनकी व्याख्या काफी ठीक दिखाई पड़ी। श्री अरविंद ने लिखा : 'दयानंद का विचार कि वेदों में धर्म तथा ज्ञान के सत्यों का भंडार है विचित्र अथवा असंगत नहीं है, दयानंद ने वैदिक बुद्धि और ज्ञान भंडार के संबंध में अतिशयोक्ति से नहीं बल्कि अल्पानुमान से ही काम लिया।'

स्वामी द्वारा की गयी वेदों की व्याख्या से वेदों का वास्तविक रूप देखने में मदद मिली है। इतना अवश्य कहा जा सकता है कि उन्होंने उपनिषदों तथा गीता के महत्त्व का उचित मूल्यांकन नहीं किया। दयानंद ने अपना संदेश केवल वेदों तक ही सीमित रखा। इसका यह प्रभाव अवश्य हुआ कि उनका प्रचार अधिक वेग से हुआ और हिंदू धर्म में विभिन्न प्रचलित दोषों को समाप्त करने का प्रयत्न किया गया। आर्यसमाज द्वारा वेदों के आधार पर हिंदू धर्म को पुनः स्थापित करने के प्रयत्न को पुनरुत्थानवादी आंदोलन कहा जाता है। 19वीं सदी तक शताब्दियों से मिले हुए अनावश्यक परंपराओं तथा तत्त्वों को धर्म से अलग करने और हिंदू धर्म को उसके असली रूप में प्रस्तुत करने के लिए इससे अच्छा अन्य कोई प्रयत्न नहीं हो सकता था। आर्यसमाज आंदोलन किसी बाह्य तथ्यों की अपेक्षा अपने ही मूल रूप से प्रेरित था। यूरोप में प्रोटेस्टेंट धर्म सुधार आंदोलन भी बाइबिल के पुनः अध्ययन के आधार पर अत्यधिक प्रभावशाली बना था। वेदों के अध्ययन पर महत्त्व देकर दयानंद ने कई दूरगामी परिवर्तनों का सूत्रपात किया। पहले वेदों का अध्ययन केवल ब्राह्मणों का ही

एकाधिकार था। दयानंद ने सब वर्णों को वेदों के अध्ययन तथा व्याख्या का अधिकार दिया।

आर्यसमाज का विकास : आर्यसमाज वास्तव में स्वामी दयानंद का वृहत रूप तथा उनके बहुमुखी व्यक्तित्त्व का प्रतिबिंब है। स्वामी दयानंद का 1883 में देहान्त हो जाने के कारण आन्दोलन का विकास कुछ अवरुद्ध हो गया था। हालांकि असंख्य आर्य समाजियों ने मिलकर कार्य करने का दृढ़ संकल्प किया लेकिन फिर भी कुछ विषयों पर मतभेद के कारण आर्यसमाज के अनुयायियों में 1892 ई. में दो दल बन गए। यह मतभेद इस मौलिक समस्या को लेकर आरंभ हुआ कि क्या एक आर्यसमाजी के लिए केवल 10 सिद्धांतों का ही मानना आवश्यक था अथवा दयानंद के विभिन्न आदेशों एवं वेदों की व्याख्या को मानना भी आवश्यक था? यह विवाद दयानंद द्वारा दिए गए व्याख्या अधिकार से संबंधित था। क्या एक आर्यसमाजी अपनी व्यक्तिगत जीवन पद्धति में स्वतंत्र है अथवा बहुमत के अधीन है। यह समस्या 10 सिद्धांतों के अतिरिक्त व्यक्तिगत व्याख्या और विश्वासों के स्वतंत्रता की थी। कालांतर में शिक्षा के क्षेत्र में दो दल बन गए। वह जो प्राचीन गुरुकुल आश्रम के आधार पर शिक्षा प्रसार चाहते थे (ii) वह जो आधुनिक अंग्रेजी शिक्षा का समर्थक था। आर्यसमाज के ये दोनों दल अपने-अपने मार्ग पर चलते हुए भी कालांतर में मिलकर कार्य करते रहे।

आर्य समाज की सामाजिक क्षेत्र में देन

स्वामी दयानंद सरस्वती द्वारा स्थापित किये गये आर्य समाज की सामाजिक क्षेत्रों में दिये गये कुछ प्रमुख योगदानों को निम्न बिन्दुओं द्वारा स्पष्ट किया जा सकता है—

1. आर्यसमाज के प्रभाव से प्रमुख दूरगामी आंदोलन : शुद्धी से अभिप्राय उस संस्कार से है जिससे गैर हिंदुओं, अछूतों, दलित वर्गों तथा धर्म परिवर्तन हिंदुओं को पुनः हिंदू धर्म में स्वीकार कर लिया जाता था।

संगठन का अभिप्राय हिंदुओं को अपनी रक्षा के लिए संगठित करना था। ये दोनों आंदोलन 20वीं सदी के आरंभ में प्रमुख बन गए।

लेकिन शिक्षा प्रसार का कार्य स्वामी जी की मृत्यु के तुरंत बाद ही आरंभ कर दिया गया।

स्वामी जी ने सबसे अधिक महत्त्व वेदों के अध्ययन पर दिया और भारत के पिछड़ेपन का एक प्रमुख कारण व्यापक अज्ञानता बताया। आर्यसमाज के 10

सिद्धांतों में से एक ज्ञान प्रसार और अज्ञानता के दूर करने के प्रयत्न से संबंधित था। आर्यसमाज के इस क्षेत्र में कार्य का अनुमान इस बात से लगाया जा सकता है कि अंग्रेजी सरकार के अतिरिक्त पंजाब, यू.पी. में अन्य किसी भी संस्था ने छात्रों और छात्राओं की शिक्षा के लिए इसके समान प्रयत्न नहीं किया। आर्यसमाज द्वारा दो प्रकार की शिक्षा संस्थाएँ स्थापित की गई।

(i) वे शिक्षा संस्थाएँ जो सरकारी शिक्षा पद्धति से संबंधित थीं (डी.ए.वी. संस्थाएँ),

(ii) वे शिक्षा संस्थाएँ जो सरकारी नियंत्रण से मुक्त थीं (गुरुकुल संस्थाएँ)। 1886 ई. में लाहौर में डी.ए.वी. स्कूल की स्थापना की गई और लाला हंसराज ने अपनी अवैतनिक सेवाएँ इसमें लगा दीं। 1902 में मुंशीराम के नेतृत्व में हरिद्वार में गुरुकुल की स्थापना हुई। डी.ए.वी. संस्थाएँ अन्य प्रांतों में तेजी से फैलीं, जबकि गुरुकुल पद्धति इतनी लोकप्रिय नहीं हुई।

2. जाति व्यवस्था की आलोचना : हिंदू समाज में जाति व्यवस्था शताब्दियों से प्रचलित रही है। एक ओर इस प्रथा को हिंदू धर्म की प्रतिरक्षा का श्रेय है, दूसरी ओर इसको हिंदुओं के राजनीतिक और सामाजिक पतन के लिए भी उत्तरदायी माना जाता है। 19वीं सदी में जन्म पर आधारित जाति व्यवस्था प्राचीन वर्ण व्यवस्था से भिन्न थी। वर्ण व्यवस्था जन्म पर आधारित न होकर स्वभाव एवं कार्यों के आधार पर गठित थी। योग्यता तथा क्षमता के आधार पर एक वर्ण के लोग दूसरे वर्ण में जा सकते थे। स्वामी दयानंद ने जन्म पर आधारित जाति व्यवस्था की कटु आलोचना की। उनके अनुसार समाज में प्रत्येक व्यक्ति को समान अवसर उपलब्ध होने चाहिए। यह संभव है कि कुछ लोग अपनी शारीरिक अथवा मानसिक दुर्बलताओं से उच्चतम स्थान तक पहुँच न सकें लेकिन उन्हें जन्म से ही ऐसे अवसरों से वंचित नहीं किया जाना चाहिए। दयानंद ने वर्ण व्यवस्था को उचित ठहराते हुए जाति व्यवस्था का खंडन किया।

3. महिलाओं की स्थिति में सुधार : वैदिक काल के सामाजिक ढाँचे तथा संगठन की प्रशंसा से स्त्रियों को समाज में उच्च स्थान दिलवाने के लिए स्वाभाविक प्रयत्न हुए। वैदिक काल में स्त्रियों को उच्च शिक्षा तथा सामाजिक जीवन में पूरी तरह से भाग लेने का अधिकार था। आर्यसमाज ने स्त्री शिक्षा की ओर सबसे अधिक ध्यान दिया। स्त्रियों की गिरी हुई दशा के लिए बहु विवाह प्रथा तथा बाल विवाह प्रथाएँ उत्तरदायी थीं। वैदिक युग में ये दोनों प्रथाएँ प्रचलित नहीं थीं, इसलिए आर्यसमाज आंदोलन ने बाल विवाह का विरोध और स्त्री शिक्षा पर बल दिया और 16 वर्ष से कम आयु की लड़कियों का विवाह बंद करने की बात कही।

आर्यसमाज आंदोलन की अन्य देन

सामाजिक एवं आध्यात्मिक जगत में विभिन्न सुधार आन्दोलनों का निष्कर्ष यह निकला कि आर्यसमाजियों में प्रत्यक्ष रूप से और भारतवासियों में परोक्ष रूप से आत्मविश्वास और स्वाभिमान का विकास हुआ। आत्मविश्वास का विकास ही अंग्रेजी नौकरशाही को पसंद नहीं आया, भारतीयों में स्वावलंबन के विकास के प्रति विदेशी साम्राज्यवादी शक्ति का दृष्टिकोण कठोर था। ऐसा आंदोलन जो सरकार की सहायता के बिना विभिन्न क्षेत्रों में सफलतापूर्वक कार्य कर सके, जो भारतवासियों को श्रम और त्याग के लिए प्रेरित कर सके, सदा ही साम्राज्यवादी सत्ता द्वारा संदिग्ध होगा। इसलिए कुछ अंग्रेज लेखकों एवं अधिकारियों तथा ईसाई प्रचारकों ने आर्यसमाज के राजनीतिक लक्ष्यों के संबंध में उल्टे-सीधे प्रचार किए हैं। वेलेंटाइन शिरोल ने दयानंद का उद्‌देश्य सुधार की अपेक्षा हिंदू धर्म को विदेशी प्रभावों से मुक्त करना बताया। शिरोल के आक्षेपों का प्रभावशाली उत्तर लाजपतराय ने अपनी पुस्तक 'हिस्ट्री ऑफ दी आर्यसमाज' में दिया है। दूसरी ओर कुछ अंग्रेज अधिकारियों ने यह भी स्वीकार किया कि आर्यसमाज एक धार्मिक संस्था है। आर्यसमाज को अंग्रेज विरोधी समझे जाने का एक प्रमुख कारण यह था कि यह संस्था ईसाई मिशनरियों के विरुद्ध था।

स्पष्ट रूप से कहा जा सकता है कि आर्यसमाज ने प्राचीन भारत की महानता की चर्चा तथा स्वावलंबन के विकास को प्रोत्साहन दिया जिससे देश-प्रेम और राष्ट्रीयता को बल मिला। दयानंद सरस्वती ने वेदकालीन भारत की चर्चा करते समय उस युग को इसलिए अत्यंत गौरवमय बताया कि उस समय भारत में स्वराज्य था। प्राचीन वैभव की चर्चा से भारतवासियों के मन से वह हीनता की भावना बहुत कम हो गई जो भारत पर विदेशी आक्रांताओं की सफलता से सहज ही पैदा हो जाती थी। एक उच्चकोटि के स्वावलंबन की भावना पंजाब और उत्तर प्रदेश के आर्यसमाज में मिलती है। आर्यसमाज आंदोलन का प्रभाव मध्यम वर्ग के भारतवासियों पर अधिक हुआ। वे स्वभाव से राजनीति में रुचि रखते थे। आर्यसमाज ने भारत के अतीत के संबंध में एक निश्चित विचारधारा लोगों के समक्ष प्रस्तुत की, जिससे उनका अंग्रेजी साम्राज्य के प्रति दृष्टिकोण प्रभावित हुए बिना नहीं रह सकता था।

हिंदी भाषा और साहित्य को प्रोत्साहन देकर इस आंदोलन ने अंग्रेजी भाषा पर निर्भरता कम करने का प्रयत्न किया। त्याग, आत्मविश्वास, स्वावलंबन आदि को बढ़ावा देकर दयानंद ने राष्ट्रीयता की भावना को अधिक व्यापक बनाया। आर्यसमाज की अपील केवल हिंदुओं के लिए ही थी लेकिन इसे सांप्रदायिकता की संज्ञा देना

समाप्त करना नहीं है। एक राष्ट्र में विभिन्न पृथक-पृथक वर्ग होते हैं, जिनके प्रेरणा स्रोत भिन्न हो सकते हैं। हरेक वर्ग अपने स्रोतों से प्रेरणा प्राप्त करके राष्ट्रप्रेम तथा देशभक्ति में योगदान दे सकता है। हिंदुओं का वैदिक वैभव से प्रेरणा प्राप्त करना भारत के अन्य किसी भी वर्ग के विरुद्ध नहीं था। इसलिए आर्यसमाज को प्रतिक्रियावादी, पुनरुत्थानवादी अथवा सांप्रदायिकतावादी आंदोलन कहना अनुचित है।

स्वामी विवेकानंद और रामकृष्ण मिशन

स्वामी विवेकानन्द के बचपन का नाम नरेन्द्र दत्त था। इन्होंने 19 वीं सदी के धर्म सुधार आन्दोलन में बड़े सक्रिय रूप से भाग लिया। इन्होंने आर्य समाज और ब्रह्म समाज की अपेक्षा हिन्दू धर्म का प्रसार अधिक सम्मान के साथ किया। 19वीं सदी के आरंभ में राममोहन हिंदू धर्म के लिए क्षमायाचक से अधिक नहीं थे। स्वामी दयानंद भी वेदों में निहित धर्म अथवा ज्ञान को ही प्रभावशाली ढंग से प्रस्तुत कर सके। उन्होंने ईसाई मिशनरियों द्वारा की गई आलोचना का प्रति उत्तर मात्र दिया। लेकिन स्वामी विवेकानंद ने समस्त वेदांत की सैद्धांतिक व्याख्या की और पश्चिमी धर्मों में उपलब्ध ज्ञान से उच्चतर हिंदू धर्म को बताया।

स्वामी विवेकानंद जी का जन्म कोलकता में सन् 1863 में हुआ था। वह पश्चिमी दर्शन के अच्छे ज्ञाता थे। आरंभ में वह साधारण ब्रह्म समाज के अनुयायी थे, लेकिन दक्षिणेश्वर के रामकृष्ण परमहंस के संपर्क में आने के पश्चात उनका भारतीय दर्शन तथा धर्म के प्रति दृष्टिकोण बदल गया। जैसे-जैसे उनका रामकृष्ण से संपर्क बढ़ता गया वैसे-वैसे एक नई प्रकार की प्रेरणा उनमें जागृत होती गई और अंततः वह रामकृष्ण के परमशिष्य बन गए। परमहंस ने सब धर्मों के समान होने तथा एक ही लक्ष्य तक पहुँचने का पाठ पढ़ाया। भक्ति तथा ज्ञान के मार्ग से ईश्वर को पहचाना जा सकता था और इन दोनों मार्गों में परमहंस ने शक्ति पर अधिक बल दिया। धार्मिक वाद-विवाद में उलझने को अनावश्यक बताया। उनके अनुसार धर्म प्रचारक के लिए सबसे बड़ी आवश्यकता ईश्वर अनुभव की थी। रामकृष्ण ने धर्म के व्यावहारिक पक्ष पर अधिक बल दिया। उनके संपर्क में नरेंद्रनाथ को वास्तविक आध्यात्मिक ज्ञान का अनुभव हुआ। रामकृष्ण अपने मृत्यु के कुछ दिन पहले

रामकृष्ण के मरने के बाद इन्होंने कई वर्षों तक भारत की यात्रा करते रहे। 1893 ई. में वह घूमते-घूमते कन्याकुमारी पहुँचे और वहाँ मन्दिर में बैठे-बैठे उन्हें यह ज्ञान हुआ कि भारत का उत्थान धार्मिक दर्शन प्रचार से न होकर साधारण गरीब

भारतीय नागरिकों के जीवन स्तर तथा उनकी दरिद्रता को दूर करके ही संभव हो सकता है। 1893 ई. में अमरीका में विश्व धर्म सम्मेलन में भाग लेने के लिए जाते समय उन्होंने स्वामी विवेकानंद नाम ग्रहण किया। वह अमरीका, इंग्लैंड, यूरोप में तीन वर्ष रहे। फरवरी, 1896 ई. में उन्होंने न्यूयार्क में वेदांत सोसायटी का गठन किया जिसका लक्ष्य वेदांत प्रचार था। उनके अमरीका में बहुत से अनुयायी हो गए। वह चाहते थे कि कुछ भारतीय धर्म प्रचारक अमरीका में भारतीय दर्शन अर्थात वेदांत का प्रचार करें और उनके अमरीकी शिष्य भारत आकर विज्ञान और संगठन का महत्त्व सिखाएँ। 1897 ई. में वह भारत वापस आए। मई, 1897 ई. में रामकृष्ण मिशन की स्थापना हुई और 1 जनवरी, 1899 ई. को वेलूर में इस मिशन का मुख्य कार्यालय स्थापित हुआ।

सर्वप्रथम स्वामी जी ने अमेरिका तथा यूरोप हिन्दू धर्म का प्रचार किया। विश्व धर्म सम्मेलन में विवेकानंद ने सब धर्मों की सत्यता में विश्वास व्यक्त किया। उन्होंने अन्य धर्मों के प्रचारकों तथा अनुयाइयों को बताया कि भारत ही ऐसा देश है जहाँ धार्मिक भेदभाव नहीं हुआ है, जहाँ प्रत्येक धर्म के प्रचार की स्वतंत्रता रही है। धर्म परिवर्तन से कोई लाभ नहीं है क्योंकि प्रत्येक का लक्ष्य समान है। उन्होंने पश्चिमी देशों को यह बताया कि भारत में ईसाई धर्म प्रचारकों से इतना लाभ नहीं हो सकता जितना पश्चिमी औद्योगिक तकनीकी तथा आर्थिक ज्ञान से हो सकता है। भारत की विजय राजनीतिक ही हो सकती थी सांस्कृतिक नहीं हो सकती थी। स्वामी जी ने हिंदू धर्म की पश्चिमी देशों में व्याख्या की और यह बताया कि वेदों में ज्ञानयोग, कर्मयोग, भक्तियोग आदि मार्गों से ईश्वर तक पहुँचा जा सकता था। इन विभिन्न मार्गों में से किसी एक पर विश्व के विभिन्न धर्म आधारित थे। कर्म तथा पुनर्जन्म के सिद्धांतों का सही अर्थ समझाया। हिंदू धर्म के विस्तृत अर्थों की व्याख्या से पश्चिम में बहुत से विद्वान उनके अनुयायी हो गए।

स्वामी विवेकानंद विदेशों की यात्रा करके भारत आये और यहाँ भारतीयों को पश्चिम के केवल उन गुणों को ग्रहण करने के लिए कहा जिनकी उन्हें आवश्यकता थी। पश्चिम की जीवन पद्धति में कुछ गुणों ने उन्हें प्रभावित किया। जनकल्याण की भावना और उसके लिए संगठित प्रयत्न अनुकरणीय लक्ष्य थे। भारत में साधारण जनता के लिए बड़ी उपेक्षा का दृष्टिकोण था। इसलिए उन्होंने संगठित प्रयत्नों को अति आवश्यक बताया। पश्चिमी भौतिक और आर्थिक प्रगति, अमरीकी स्त्रियों की स्वतंत्रता और सामाजिक प्रतिष्ठा ने विवेकानंद को प्रभावित किया था। समाज कल्याण, जनसेवा के लक्ष्यों की प्राप्ति के लिए स्वामी जी ने रामकृष्ण मिशन की

स्थापना की। इस मिशन से ऐसे प्रचारकों को तैयार किया गया जो सम्पूर्ण विश्व में उस उद्देश्य को विस्तृत करने में सफल हो सके।

भारत में व्याप्त दुःख और दरिद्रता से स्वामी विवेकानंद की आत्मा रो रही थी। इसलिए दरिद्र नारायण के लिए कार्य करने का मंच ऐसा था जहाँ विभिन्न जातियाँ, वर्ग तथा धर्म मिल सकते थे। यह सेवा ईसाइयों का सदावर्त नहीं था बल्कि लोगों को अपनी सेवा आप करने का लक्ष्य था। गरीबों और बीमारों की सहायता करना न केवल स्वार्थपरता समाप्त करने में सहायक होगा बल्कि ईश्वर प्राप्ति के मार्ग में एक यज्ञ होगा। हिंदू धर्म द्वारा प्रस्तुत मानव सेवा का वृहत लक्ष्य कुछ भ्रांतियों अथवा अर्थों के कारण लुप्त हो गया था। इसलिए उन्होंने हिंदू साधुओं औरं संन्यासियों को उस संकीर्णता से निकलने के लिए कहा जिसमें वे निजी मोक्ष के लिए प्रयत्नशील रहते थे। संन्यास के साथ-साथ सेवाभाव उतना ही महत्त्वपूर्ण लक्ष्य होना चाहिए। विवेकानंद की सबसे बड़ी सफलता यह थी कि उन्होंने संन्यासियों के समक्ष व्यक्तिनिष्ठा की अपेक्षा समाज सेवा के आदर्श प्रस्तुत किए।

स्वामी जी ने भारत में व्याप्त भेदभाव रखने वाले पाखंड़ी साधुओं और ब्राह्मणों की घोर निन्दा की। वह इस कारण थियोसोफिकल सोसायटी से भिन्न विचार रखते थे क्योंकि यह सोसायटी तंत्र, अंधविश्वासों और मिथ्या को प्रोत्साहन देती थी। विवेकानंद ने पश्चिमी देशों में हिंदुओं के आध्यात्मिक उपलब्धियों की चर्चा करके उस हीनता की भावना को बहुत सीमा तक समाप्त करने का सफल प्रयास किया जो ईसाई मिशनरियों के धर्म प्रचार से पैदा हो गई थी। उन्होंने वेदांत की मुख्य शिक्षा यह बताई कि प्रत्येक व्यक्ति अपने में ईश्वर की ज्योति देख सकता है। जिस प्रकार ईश्वर स्वतंत्र है उसी प्रकार प्रत्येक व्यक्ति भी सदा स्वतंत्र है। पश्चिमी राजनीतिक तथा अन्य संस्थाओं के पीछे जो भारतीय दौड़ रहे हैं, उन्हें यह ध्यान रखना चाहिए कि उन देशों में व्यापक असंतोष तथा व्याकुलता है यद्यपि उनके यहाँ वे संस्थाएँ कई पीढ़ियों से चल रही हैं। इस प्रकार आत्मविश्वास तथा आत्मसम्मान की भावना जागृत कर देना उनकी महान देन है।

विवेकानंद ने भारतीयों को 'अभय' होने की शिक्षा दी। लोगों को शारीरिक बल, आंतरिक शक्ति के विकास करने का पाठ पढ़ाया। उन्होंने पश्चिमी सभ्यता में जिन दोषों का वर्णन एक उच्चतर दर्शन के प्रतिपादन में किया, वह सामान्य भारतीय को प्रोत्साहन देने के लिए पर्याप्त था। देशभक्ति, समाज सेवा के जिन लक्ष्यों का प्रतिपादन किया गया वह भारत में एक नये देश-प्रेम को प्रोत्साहन देने में सफल हुआ। आध्यात्मिक स्वतंत्रता का क्षेत्र अत्यंत व्यापक तथा विस्तृत था। आध्यात्मिक

क्षेत्र में पश्चिमी देशों की आलोचना का स्वाभाविक परिणाम उग्र राष्ट्रीयता हुआ। स्वामी विवेकानंद जी ने जून, 1899 ई. को पुनः अमेरिका की यात्रा की एवं वहां हिन्दू धर्म को और मजबूती प्रदान की। 1901 ई. में स्वामी विवेकानंद जी अमेरिका से भारत आये और अपनी 39 वर्ष की अवस्था में 4 जुलाई, 1902 ई. में ईश्वर को प्यारा हो गये।

5

राजनीतिक चेतना

अंग्रेजी साम्राज्य के विस्तार से भारत के लिए अनेक प्रकार की आपत्तियों तथा असुविधाओं का जन्म हुआ, परन्तु धीरे-धीरे भारतवासियों में जागरूकता उत्पन्न हुई और अपने को समझने के लिए विभिन्न प्रकार के आन्दोलन करना प्रारम्भ कर दिये। भारत के कुछ व्यक्तियों में राजनीति का विकास हुआ। ये इंग्लैंड के इतिहास और राजनीतिक विकास से अवगत हो गये। इस शिक्षित मध्यम वर्ग को दो भागों में बाँट सकते हैं—पहला वह शिक्षित वर्ग, जो सरकारी सेवाओं में भरती होना अथवा सरकार से संबद्ध होना अपना लक्ष्य निर्धारित किया। दूसरा वह जिसने वकालत अथवा पत्रकारिता को अधिक पसंद किया। दोनों उपवर्ग अपने लक्ष्य प्राप्ति से समाज में प्रतिष्ठित और सम्मानित हो सकते थे। दोनों में ही सरकार समर्थक और सरकार विरोधी भावनाएँ थीं। अंतर केवल इतना था कि सरकारी सेवाओं में स्थान प्राप्ति से वंचित वर्ग की आलोचना को सरकार उनके असंतोष और निराशा का परिणाम समझकर उसकी अनदेखी करती थी। दूसरे उपवर्ग द्वारा सरकार विरोधी भावनाओं तथा आलोचनाओं की अभिव्यक्ति को निराशा का प्रतीक नहीं कहा जा सकता था। इस उपवर्ग के सदस्य सरकार की नीतियों को उसके कथित उद्देश्यों की कसौटी पर जाँच कर उनके दोषों को स्पष्ट कहते थे। पत्रकारिता के माध्यम से उन्होंने सरकार की नीति के लक्ष्य, गुण और दोष से अपने देशवासियों को परिचित कराया।

उपर्युक्त दोनों उपवर्ग प्रशासनिक नीतियों की निन्दा के अनुसार प्रमुख दो श्रेणियों में बँटे हुए थे। एक गुट वह था जो अंग्रेजी सरकार के घोषित लक्ष्यों और कथित उपलब्धियों का गुणगान तथा इंग्लैंड में प्रचलित प्रजातंत्र और व्यक्तिगत अधिकारों की चर्चा करता और वहाँ का उदाहरण प्रस्तुत करके भारत में भी उसी प्रकार की सुविधाएँ चाहता था। दूसरा गुट सरकार की नीतियों को वास्तविक व्यक्तिगत स्वतंत्रता और प्रजातंत्र में सहायक नहीं मानता था। उसने आत्मसम्मान के लिए भारतवासियों को अपने अधिकारों के लिए प्रयत्नशील होने और सरकार कृपा पर आश्रित न रहने की सलाह दी। कालांतर में इन दोनों गुटों ने अलग-अलग मार्ग अपनाया क्योंकि पहला गुट अंग्रेजी भक्ति, निष्ठा से प्रेरित तथा उनकी सर्वोच्चता में आस्था रखने वाला था। दूसरा गुट प्राचीन भारतीय महानता से प्रेरित और भारतीय संस्कृति तथा आदर्शों में आस्था रखने वाला था। पहला गुट अंग्रेजी नीतियों से असंतुष्ट होकर भी किसी विकल्प की कल्पना नहीं कर सका। उसने अंग्रेजों से ही अपनी नीति में कुछ परिवर्तन करने के लिए अनुरोध किया। यह अनुरोध विनीत और विनम्र भाव से होता था। समय व्यतीत होने के साथ-साथ यह विनम्रता कुछ कम अवश्य हुई लेकिन मूलरूप में अंग्रेजों के प्रति आस्था बनी रही।

प्रशासकीय सेवाओं में रंग और जाति के आधार पर भेद किए बिना भारतीय और अंग्रेजों की नियुक्ति का आश्वासन 1833 ई. के चार्टर एक्ट और 1858 ई. की घोषणा में दिया गया था। लेकिन 1870 ई. के पश्चात प्रतियोगिता परीक्षाओं में भारतीयों की सफलता की संभावना से अंग्रेज प्रशासकों ने भारतीयों के लिए व्यावहारिक रूप में प्रवेश द्वार बंद करने की योजना बनाई। इसलिए 19वीं सदी के अंतिम चतुर्थांश में भारतीय राजनीतिक आंदोलन कुछ प्रशासकीय सुविधाओं तथा प्रशासन से संबद्ध होने के प्रश्न को लेकर आरंभ हुआ। इस आंदोलन का नेतृत्व शिक्षित वर्ग ने ही किया। यह वर्ग किसी एक प्रांत अथवा जाति तक सीमित नहीं था। इसका अखिल भारतीय होना और इसकी माँगों का किसी विशिष्ट क्षेत्र अथवा सीमित गुट के हितों में न होना, इसके राष्ट्रीय आंदोलन कहे जाने के लिए पर्याप्त है। यह राजनीतिक जागरण विभिन्न कारणों से अखिल भारतीय बन सका जिनमें से निम्नलिखित प्रमुख थे :

राजनीतिक जागरण को देशव्यापी बनाने में सहायक तत्त्व

अंग्रेजी शिक्षा की भूमिका : राजनीतिक जागरण को देशव्यापी बनाने में अंग्रेजी शिक्षा के सबसे प्रमुख सहायक तत्त्व माना जाता है। अंग्रेज प्रशासकों तथा

ईसाई मिशनरियों की आकांक्षाओं की अपेक्षा अंग्रेजी शिक्षा के परिणाम अधिक व्यापक और दूरगामी रहे। इस शिक्षा के प्रसार से विभिन्न पश्चिमी देशों के राजनीतिक विकास तथा चिंतन का ज्ञान सरलता से उपलब्ध हुआ। इटली, ग्रीस (यूनान) में हुए विदेशी सत्ता के विरुद्ध संघर्षों का वर्णन प्रेरणादायक सिद्ध हुआ। स्वतंत्रता, सामानता और प्रतिनिधित्व के सिद्धांतों को लेकर आरंभ हुई फ्रांस और अमरीका की क्रांतियों के विषय में ज्ञान उपलब्ध हुआ। विश्व के अन्य देशों में हो रहे आर्थिक और राजनीतिक परिवर्तनों के विषय में जानकारी पैदा होने से भारतीय नेताओं को एक विस्तृत दृष्टिकोण विकसित करने में सहायता मिली। समस्त देश में एक ही शिक्षा पद्धति होने से एकता और समान लक्ष्यों और आकांक्षाओं को प्रोत्साहन मिला। विभिन्न प्रांतों के नेताओं की चिंतन प्रणाली अधिकांश अंशों में प्रायः समान थी और उनमें परस्पर विचारों का आदान-प्रदान सरलता से हो सकता था। अंग्रेजी पढ़ा लिखा वर्ग समस्त देश की जनसंख्या के अनुपात में अपवीक्ष्य अल्पमत से अधिक नहीं था लेकिन प्रभाव और नेतृत्व संचालन की दृष्टि से यह वर्ग उत्तरोत्तर व्यापक बनता गया। समाचार पत्रों, शिक्षा संस्थाओं के संचालन और वकालत में इसी वर्ग का प्रभाव था। अन्य विचारधाराएँ न तो इतनी व्यापक और न ही संगठित थीं।

20वीं सदी के कुछ अंग्रेज इतिहासकारों का मानना है कि पश्चिमी दार्शनिकों से व्यक्तिगत अधिकार और स्वतंत्रता के सिद्धांत सीखकर भारतीय नेताओं ने उन अधिकारों की माँग अंग्रेज सरकार के समक्ष प्रस्तुत की। भारतीय राजनीतिक लक्ष्य और चिंतन प्रणाली बहुत अधिक मात्रा में पश्चिमी चिंतन से प्रभावित थी। 19वीं सदी के अंत तक अंग्रेजी शिक्षा केवल उच्च और मध्यम वर्ग के सदस्यों तक ही सीमित थी। इन वर्गों को समाज में प्रतिष्ठा प्राप्त थी। उनके द्वारा प्रस्तुत विचारों को लोकप्रियता भी प्राप्त हो सकी। मध्यकालीन तथा परंपरागत बंधनों को कम करने में पश्चिमी शिक्षा का योगदान उल्लेखनीय था। देश-प्रेम तथा स्वतंत्रता की भावना अंग्रेजी शिक्षा की देन नहीं थी, ये लक्ष्य देश में पहले से व्याप्त थे। अंग्रेजी शिक्षा ने इन लक्ष्यों को प्राप्त करने के लिए एक नई दिशा अवश्य प्रदान की। यह दिशा संसदात्मक प्रणाली और इंग्लैंड में प्रचलित व्यवस्था को भारत में स्थापित करने की थी।

समाचार पत्रों का योगदान : राजनीतिक चेतना के विकास में समाचार पत्रों की भूमिका कम नहीं रही। 19वीं सदी के प्रारंभ यानी कि 1857 के पहले समाचार पत्रों की संख्या तथा महत्त्व कम था। 1857-58 ई. के विप्लव के पश्चात अंग्रेज अधिकारियों द्वारा भारतीय भाषाओं के समाचार पत्रों की ओर ध्यान देना आरंभ किया

गया। फलस्वरूप 1863 ई. में 'रिपोर्ट आन नेटिव न्यूजपेपर्स' सरकार द्वारा संकलित की जाने लगी। इन समाचार पत्रों की संख्या, प्रसार और प्रभाव में भारी वृद्धि होती रही। अंग्रेजी शिक्षा के फलस्वरूप उपलब्ध राजनीतिक अधिकारों का ज्ञान समाचार पत्रों के माध्यम से सामान्य जनता में फैलाया जा सका। बंगाल में ऐसे अंग्रेजी समाचार पत्रों जिनके स्वामी अथवा संपादक भारतीय होते थे, की संख्या अधिक थी लेकिन पश्चिमी भारत (महाराष्ट्र) में भारतीय भाषायी समाचार पत्रों की संख्या तथा शैली अधिक प्रभावशाली थी। इनमें सरकारी नीति की आलोचना तीव्र होती थी। पंजाब और उत्तर पश्चिमी प्रदेश (आधुनिक यू.पी.) के समाचार पत्र कम प्रभावशाली थे। सरकारी दृष्टिकोण इन समाचार पत्रों के प्रति कठोर होता गया क्योंकि इन समाचार पत्रों द्वारा राजनीतिक शिक्षा सामान्य जनता तक पहुँचाई जा रही थी। यद्यपि इन समाचार पत्रों की प्रतियाँ अधिक नहीं छपती थीं फिर भी वे अधिक लोगों तक पहुँचती थीं। अंग्रेजी प्रशासन के अन्याय, प्रजातीय विभेद, आर्थिक शोषण और प्रशासकीय सेवाओं से भारतीयों को वंचित रखना आदि विषयों पर पर्याप्त चर्चा इन समाचार पत्रों में होती थी। अंग्रेजी साम्राज्य के परिणामों पर भारतीय भाषायी समाचार पत्रों में यह मत भी व्यक्त किया जाता था कि अंग्रेजी साम्राज्य भारतीय जनता को नैतिक, आर्थिक और मानसिक पतन की ओर ले जा रहा था।

ब्रिटिश प्रशासकों एवं अधिकारियों के सामने भारतीय समाचार पत्र एक मुसीबत बना हुआ था क्योंकि इन पत्रों द्वारा अंग्रेजों की कथनी व करनी के अन्तर का पर्दाफाश किया जाता था। नौकरशाही के सदस्य आलोचना सुनने के अभ्यस्त नहीं थे। इसलिए वे विचारों की अभिव्यक्ति पर प्रतिबंध लगाना चाहते थे। अंततः लिटन ने उनके प्रभाव में आकर वर्नाक्यूलर प्रेस एक्ट 1878 ई. में पास कर दिया और अपनी नीति से राजनीतिक जागरण को उन लोगों तक पहुँचाने में सहायता दी जो अभी तक उससे अप्रभावित थे। यह अधिनियम अंग्रेजी रंगभेद, प्रजातीय विभेद नीति का स्पष्ट और सबसे सरल उदाहरण था। वर्नाक्यूलर एक्ट का विरोध निश्चित संवैधानिक रूप से किया गया—सभाएँ आयोजित करना, सरकार को ज्ञापन देना, इंग्लैंड संसद में सदस्यों को प्रभावित करना आदि। 1878 ई. के पश्चात प्रेस और समाचार पत्रों का राजनीतिक जागरूकता फैलाने में योगदान उल्लेखनीय हो गया।

समुदायों एवं संगठित संस्थाओं की भूमिका : राजनीतिक चेतना पैदा करने में समुदायों एवं संगठित संस्थाओं का काफी योगदान रहा है। बंगाल में अंग्रेज व्यापारियों, प्लांटर्स तथा जहाज के मालिकों आदि की संगठित संस्थाओं का सरकार पर बराबर दबाव बना रहता था। उनकी देखादेखी बंगाल में जमींदारों ने 1838 ई.

में 'लैंडहोल्डर्स सोसायटी' बनाई। इसने 'ला खिराज' (लगान रहित) भूमि को सरकार द्वारा अपने अधिकार में लिए जाने का घोर विरोध किया और कुछ अंशों में सफलता भी प्राप्त की लेकिन यह संस्था अधिक समय तक कार्य न कर सकी। शीघ्र ही अन्य संस्थाएँ बनीं जो राजनीतिक अधिकारों के संबंध में ज्ञापन प्रस्तुत करती रहीं। ब्रिटिश इंडियन एसोसिएशन कलकत्ता (1851 ई.), मद्रास नेटिव एसोसिएशन (1852 ई.), बंबई एसोसिएशन (1852 ई.) ने तीनों प्रांतों में राजनीतिक जीवन और गतिविधियों में भाग लिया। इन तीनों संस्थाओं में कलकत्ता की ब्रिटिश इंडियन एसोसिएशन अधिक सक्रिय रही। अत्यधिक नम्र और विनीत भाषा में विभिन्न प्रस्तावों अथवा स्मरण पत्रों में इस संस्था ने कुछ सुझाव सरकार के समक्ष प्रस्तुत किए जो बहुधा सरकारी नियम में किसी परिवर्तन से संबंधित होते थे। इन विनीत सुझावों को भी अंग्रेजों के समाचार पत्रों में अंग्रेज विरोधी कहा जाता था। इस संस्था में जमींदारों तथा धनी व्यक्तियों का योगदान अधिक था। 1870 ई. तक यह प्रायः निष्क्रिय बन गई। 1876 ई. में 'दि इंडियन एसोसिएशन' का गठन किया गया जिसका संचालन सुरेंद्रनाथ बनर्जी और आनंदमोहन बोस ने किया।

वर्तमान महाराष्ट्र के मुम्बई प्रान्त में पूना राजनीतिक चेतना का एक प्रमुख केन्द्र रहा। यहाँ पर अंग्रेजों का प्रभाव केवल नाम मात्र था और बंबई की अपेक्षा संगठन और एकता अधिक थी। 1870 ई. में पूना सार्वजनिक सभा का गठन किया गया। इस संस्था की विशेषता थी कि प्रत्येक सदस्य को 50 व्यक्तियों की ओर से मुख्त्यारनामा प्राप्त करे जिससे यह संस्था अपने प्रतिनिधित्व होने का दावा भली-भाँति कर सकती थी। पश्चिमी भारत में जागरण पैदा करने में इसने अत्यधिक योगदान दिया। इस सभा ने लोगों को न्यायालयों से मुकदमें वापस लेकर न्याय सभाओं की स्थापना के लिए प्रोत्साहन दिया। 1876 ई. में विक्टोरिया को साम्राज्ञी बनने पर बधाई भेजते हुए इसने भारतवासियों को प्रशासन संचालन के कार्य से संबद्ध करने तथा उच्च पदों पर भारतीयों की नियुक्ति की माँग प्रस्तुत की। दिसंबर, 1876 ई. में इसने दिल्ली दरबार के अवसर पर एकत्र भारतीय नेताओं को राष्ट्रीय एकता के लिए प्रयत्न करने का सुझाव दिया। मद्रास प्रांत में गतिविधियाँ कम रहीं। अवध में 1861 ई. में और उत्तर पश्चिमी प्रांत में 1866 ई. में ब्रिटिश इंडियन एसोसिएशन की स्थापना हुई।

भारत के प्रतिनिधियों ने इंग्लैंड में अपने अधिकारो के लिए प्रचार-प्रसार करना शुरू कर दिया। 1866 ई. में लंदन में ईस्ट इंडिया एसोसिएशन स्थापित की गई। इसने इंग्लैंड की जनता और पार्लियामेंट के सदस्यों को भारतीय समस्याओं के विषय

में पर्याप्त जानकारी उपलब्ध कराई। लेकिन वास्तविक सुविधाएँ उपलब्ध कराने में इसे कोई विशेष सफलता नहीं मिली।

भारत की निर्धनता : प्रायः ब्रिटिश प्रशासक एवं अधिकारी वर्ग यह सिद्ध करते रहे कि अंग्रेजी साम्राज्य से भारत के आर्थिक परिस्थिति में परिवर्तन आया है। वे बाह्य लक्षणों से अपने तर्क को सिद्ध करते थे। रेलों के निर्माण, उद्योगों की स्थापना, नए नगरों का विकास, कृषि उत्पादन में वृद्धि, आयात-निर्यात व्यापार में वृद्धि आदि ऐसे तथ्य थे जिनसे वे अपनी बात को प्रामाणिक बताते थे। लेकिन वास्तव में भारतीय नेता यह अनुभव करते थे कि भारत में अकालों का प्रकोप तथा कृषकों की निर्धनता बढ़ रही थी। दादाभाई नौरोजी ने अंग्रेजों द्वारा भारत से धन निष्कासन पर ध्यान केंद्रित किया और यह बताया कि भारत निर्यात का आयात व्यापार से अधिक होना इस धन निष्कासन का एक साधन मात्र था। कुटीर उद्योगों का विनाश इंग्लैंड की मुक्त व्यापार नीति का परिणाम था। भू-राजस्व की अत्यधिक माँग तथा सरकार द्वारा महाजनों को प्रश्रय बहुत सीमा तक कृषकों को निर्धन बनाने के लिए उत्तरदायी हुआ।

अंग्रेजी साम्राज्यवादी नीति : 1860 ई. के लगभग अंग्रेज विरोधी भावनाएँ अंग्रेजी पढ़े-लिखे वर्ग में प्रायः नहीं के समान थीं लेकिन अगले 20-25 वर्षों में ये भावनाएँ व्यापक हो गईं और अंग्रेज सरकार की नीतियों की मुक्त आलोचना की जाने लगी। यह साम्राज्यवादी नीति प्रजातीय विभेद तथा सरकार की उच्च्य सेवाओं में समस्त स्थान अंग्रेजों के लिए सुरक्षित रखने में केंद्रित थी। 1858 ई. के पश्चात अंग्रेज प्रशासक भारतीय सामंतवर्ग--जमींदार, राजा-महाराज आदि—का समर्थन प्राप्त करने को उत्सुक थे। वे 1858 ई. के विप्लव से इतना अवश्य सीख चुके थे कि भारतीय नेताओं को अंग्रेजी साम्राज्य के पक्ष में रखना चाहिए। 1870 ई. के पश्चात प्रश्न यह था कि भारतीय नेताओं में से कौन से वर्ग को अपनाया जाए—सामंतीवर्ग अथवा शिक्षित वर्ग। अंग्रेजी शिक्षितवर्ग अपने आपको भारतीय जनता का प्रवक्ता समझता था। इसलिए वह लेजिस्टेटिव कौंसिलों में अधिक प्रतिनिधित्व चाहता था। लोकसेवाओं में अंग्रेजों के समान भारतीयों के लिए अधिकार चाहता था। अंग्रेज प्रशासक भारत को एक उपनिवेश मानते थे इसलिए उसमें प्रशासन का अधिकार अपने लिए सुरक्षित रखना चाहते थे। विभिन्न गवर्नर जनरलों की नीति में मुख्य अंतर इसी बात पर था कि किस वर्ग को अपने पक्ष में किया जाए। रिपन शिक्षित वर्ग को और लिटन सामंती वर्ग को अंग्रेजी साम्राज्य के पक्ष में करना चाहते थे।

उपर्युक्त वर्णित कारणों से अधिकांश भारतीय सन्तुष्ट नहीं थे। इनमें असंतोष पैदा हुआ और धीरे-धीरे उग्र रूप धारण करता गया। 1876 ई. में पूना सार्वजनिक सभा ने भारतीय स्तर पर एक राजनीतिक संगठन बनाने की योजना प्रस्तुत की। घटनाओं का क्रम 1876 ई. के पश्चात कुछ अधिक वेग से चला जिसके फलस्वरूप एक भारतीय संगठन की आवश्यकता उत्तरोत्तर अनुभव हुई। इन घटनाओं में लिटन की प्रशासन नीतियाँ प्रमुख थीं जैसे वर्नाक्यूलर प्रेस ऐक्ट (1878 ई.), स्टेट्यूटरी सिविल सर्विस, आर्म्स एक्ट, तथा आई.सी.एस. की परीक्षाओं के लिए आयु की अधिकतम सीमा को घटा देना, द्वितीय अफगान युद्ध का खर्च भार भारतीय कोष पर डालना। रिपन के शासनकाल में इल्बर्ट बिल से संबंधित भारतीय अंग्रेजों का विरोध प्रदर्शन अत्यधिक निर्णायक हुआ। इसने भारतवासियों के समक्ष संगठित विरोध की उपयोगिता सिद्ध की। 1883 ई. में ही सुरेंद्रनाथ बनर्जी ने नेरशनल कांफ्रेंस की स्थापना की।

भारतीय राष्ट्रीय कांग्रेस की स्थापना (1885) : एलन ओक्टेविप ह्यूम ने भारतीय राष्ट्रीय कांग्रेस की स्थापना में एक महत्त्वपूर्ण भूमिका निभाई थी। ह्यूम एक अंग्रेज सरकारी अधिकारी थे जिन्होंने 1857-58 ई. में अंग्रेजी साम्राज्य के समक्ष उत्पन्न संकट का स्वयं अनुभव किया था। 1879 ई. में सरकारी नीति से मतभेद के कारण लिटन ने उसकी पदावनति कर दी थी। इन दोनों घटनाओं का ह्यूम के राजनीतिक आंदोलनकर्त्ता बनने में काफी योगदान रहा। 1879 ई. के पश्चात ह्यूम थोड़े समय के लिए थियोसोफिकल सोसायटी के प्रभाव में आया लेकिन शीघ्र ही उसका थियोसोफिकल सोसायटी के नेताओं से झगड़ा हो गया। 1882 ई. में रिपन द्वारा स्थानीय स्वायत्त शासन संबंधी प्रस्ताव पास किए जाने के पश्चात ह्यूम और रिपन में पत्र व्यवहार आरंभ हुआ। शीघ्र ह्यूम ने रिपन के विश्वासपात्र की भाँति उसकी कठिनाइयों के विषय में वक्तत्त्व देना आरंभ किया। 1882 ई. में स्थानीय स्वायत्त शासन पर चर्चा, समाचार पत्रों के एक संघ बनाने की योजना, 1883 ई. में ब्रिटिश इंडिया एसोसिशन के सुझाव पर क्रिस्टोदास पाल को लेजिस्लेटिव कौंसिल का सदस्य नियुक्त करना, इल्बर्ट विधेयक का प्रस्तुत करना, बंबई से 'वायस आफ इंडिया' पत्र का प्रकाशित होना आदि ऐसी घटनाएँ थीं जिन्होंने राजनीतिक रंगमंच पर एक नया उत्साह पैदा कर दिया। इल्बर्ट विधेयक पर अंग्रेजी असंतोष को देखकर भारतीय नेता भी चिंतित थे। इसी अवसर पर ह्यूम ने 1 मार्च, 1883 ई. को कलकत्ता विश्वविद्यालय के स्नातकों के नाम एक पत्र लिखा जिसमें उन्हें संगठित होकर भारतीय कल्याण के लिए कार्य करने की प्रेरणा दी। यह पत्र उसने रिपन से परामर्श

के बिना ही लिखा था। तत्कालीन समाचार पत्रों में इस पत्र की कोई चर्चा नहीं हुई। इतना अवश्य है कि अप्रैल, 1883 ई. में डब्ल्यू.सी. बनर्जी के नेतृत्व में 'युनाइटेड इंडियन कमेटी' का गठन किया गया। संभवतः रिपन ने ह्यूम को तुरंत ही अखिल भारतीय संगठन बनाने के पक्ष में परामर्श नहीं दिया। इसलिए ह्यूम मार्च, 1883 ई. से 1885 ई. के आरंभ तक प्रायः शांत रहा। इस बीच भारतीय समाचार पत्रों में एक राष्ट्रीय संघ, राष्ट्रीय कोष आदि की स्थापना की चर्चा होती रही। 1884 ई. में आई. सी.एस. की सेवाओं में आयु की अधिकतम सीमा बढ़ाने के संबंध में देशव्यापी आंदोलन तथा सभाएँ हुईं।

इसी वर्ष 1884 के नवम्बर-दिसम्बर के माह में गवर्नर जनरल रिपन को बड़े सम्मान पूर्वक विदाई दी गयी। एलन ओक्टेविय ह्यूम दिसम्बर, 1884 में मुम्बई गया। तीन महीनों तक महाराष्ट्र तथा मद्रास के नेताओं से विचार-विमर्श करके मार्च, 1885 ई. में भारतीय राष्ट्रीय संगठन की योजना बना ली गई लेकिन इसे गोपनीय रखा गया। मार्च-अप्रैल में उसने बंगाल और उत्तरी भारत का दौरा किया। मई, 1885 ई. में उसने प्रस्तावित राजनीतिक संगठन के दिसंबर में पूना में होने वाले अधिवेशन की लार्ड डफरिन से चर्चा की, जिसमें बंबई के गवर्नर को अध्यक्ष बनाने का सुझाव था। डफरिन ने गवर्नर को अध्यक्ष बनाने के सुझाव को अस्वीकार कर दिया। ह्यूम ने चार वर्षों पश्चात डफरिन से अपनी इस भेंट का वर्णन रिपन को लिखा जिससे डफरिन से भारतीय राजनीतिक संघ पर पूर्व चर्चा और उसके कहने पर सरकारी अधिकारियों को अलग रखने की बात स्पष्ट हो जाती है। इस विचार विमर्श के पश्चात ही मई, 1885 ई. में पहला सर्कुलर भेजा गया जिसमें पूना में दिसंबर के अंतिम सप्ताह में इंडियन नेशनल यूनियन के अधिवेशन की सूचना दी गई। जुलाई से नवंबर तक ह्यूम भारत के बाहर रहा, 2 दिसंबर को ह्यूम भारत वापस आया और उसके पश्चात भारतीय राष्ट्रीय यूनियन के अधिवेशन की तैयारी आरंभ हुई। सुरेंद्रनाथ बनर्जी ने इंडियन एसोसिएशन के दिसंबर के अंतिम सप्ताह में वार्षिक अधिवेशन की सूचना भी नवंबर के अंत में प्रकाशित की।

इंडियन एसोसिएशन और वार्षिक अधिवेशन के प्रकाशित होने से पूना में आयोजित अधिवेशन के संयोजकों को काफी विस्मय हुआ। सुरेंद्रनाथ बनर्जी द्वारा इंडियन एसोसिएशन की वार्षिक अधिवेशन की तिथियों की घोषणा के पूर्व ही पूना से इंडियन नेशलन यूनियन के वार्षिक अधिवेशन की तिथियों की घोषणा की गई। डब्लू.सी. बनर्जी के कहने पर भी सुरेंद्रनाथ बनर्जी इंडियन नेशनल यूनियन के पूना अधिवेशन में नहीं आए। पूना कई कारणों से इस कांग्रेस के लिए अधिक उपयोगी

समझा गया। कलकत्ता की अपेक्षा पूना में मतभेद कम थे। अंग्रेजी संपादकों तथा कर्मचारियों के विरोध की संभावना भी कम थी और पूना सार्वजनिक सभा इस अधिवेशन का खर्च भी सहन कर सकती थी। विपिनचंद्र पाल ने बाद में ह्यूम पर यह आक्षेप लगाया कि ह्यूम ने सुरेंद्रनाथ बनर्जी के नेतृत्व के महत्त्व को घटनाने के लिए महाराष्ट्र में अधिवेशन बुलाया। किंतु यह सही नहीं है क्योंकि सुरेंद्रनाथ बनर्जी ने अपने अधिवेशन की तिथियों को पहले घोषित नहीं किया था। दूसरे बंगाल में आमंत्रित इंडियन एशोसिएशन एक 'बंगाली संस्था' थी, जिसे भारतीय बनाने में वास्तविक कठिनाई उत्पन्न होती। 1883 ई. की अपेक्षा 1885 ई. में इस संस्था के अधिवेशन में गैर बंगाली सदस्य तथा कलकत्ता के बाहर से बंगाली बहुत कम थे।

पूना में दिसम्बर, 1885 के अन्तिम सप्ताह में प्लेग नामक रोग का प्रकोप हो गया और भारतीय राष्ट्रीय कांग्रेस या इंडियन.नेशनल कांग्रेस का अधिवेशन बंबई में 28 दिसंबर को आरंभ हुआ जिसमें पहली बार भारत के सभी भागों से 72 प्रतिनिधियों ने भाग लिया। ये प्रतिनिधि अधिकांशतः मध्यमवर्ग के सदस्य थे। कलकत्ता इंडियन एसोसिएशन की अपेक्षा इंडियन नेशनल कांग्रेस में जमींदारों अथवा सामंती वर्ग का प्रतिनिधित्व कम था। इस अधिवेशन में पास किए गए प्रस्तावों में निम्न बातों पर मुख्य रूप से जोर दिया गया। भारतीय प्रशासन की रायल कमीशन (जिसमें भारतीय सदस्य भी हों) द्वारा जाँच कराई जाए, भारत सचिव की इंडिया कौंसिल को समाप्त किया जाए तथा केंद्रीय और प्रांतीय लेजिस्लेटिव कौंसिलों में भारतीय निर्वाचित सदस्यों की संख्या बढ़ाई जाए। सैनिक खर्चे में कमी, भारत और इंग्लैंड में प्रतियोगिता परीक्षाओं का एक ही समय पर साथ-साथ किए जाने और आयात करों में वृद्धि करने के पक्ष में प्रस्ताव पास किए। समाज सुधार से संबंधित विषयों पर कोई प्रस्ताव पास नहीं किया गया। इन प्रस्तावों में से कोई भी ऐसा नहीं था जिस पर पहले से विचार विमर्श न हो रहा हो। समाचार पत्रों तथा विभिन्न प्रांतीय संस्थाओं में इन विषयों पर प्रस्ताव पास किए जाते थे। प्रस्तावों तथा भाषणों में इंग्लैंड के प्रति भक्ति भाव रखते हुए भारत सरकार के कार्यों की इंग्लैंड द्वारा जाँच इंग्लैंड सरकार से न्याय की अपील करना अपने में महत्त्वपूर्ण था। इस कांग्रेस के अधिवेशन ने सरकारी नीति के विरुद्ध 'नए भारत' का प्रतिनिधित्व किया।

थियोसोफिकल सोसायटी और कांग्रेस : भारतीय राष्ट्रीय कांग्रेस की स्थापना के बाद बहुत जल्द ही थियोसोफिकल सोसायटी ने कांग्रेस के जन्म का श्रेय लेना आरंभ किया। ह्यूम का थियोसोफिकल सोसायटी से संबंध होना, आलकट का तथा ऐनिबेसेंट का यह दावा कि थियोसोफिकल सोसायटी ने ही कांग्रेस को जन्म दिया,

इस संबंध में उल्लेखनीय हैं। उनका तर्क है कि 1884 ई. में मद्रास में थियोसोफिकल सोसायटी के मुख्य कार्यालय में वार्षिक बैठक के समय कुल (17) नेताओं ने परस्पर विचार-विमर्श किया जिसमें एक राजनीतिक संगठन बनाने के प्रश्न पर चर्चा हुई थी। किंतु परीक्षण करने पर इस दावे का खोखलापन स्पष्ट हो जाता है। 1884 ई. में मद्रास सम्मेलन के परिणामस्वरूप किसी कांग्रेस की स्थापना नहीं हुई। उस समय स्वयं आलकट ने राजनीतिक विषयों में हस्तक्षेप से मना किया। 1885 ई. में भी आलकट ने इंडियन नेशनल कांग्रेस के प्रथम अधिवेशन से अधिक महत्त्वपूर्ण थियोसोफिकल सोसायटी का वार्षिक सम्मेलन बताया था। आलकट और ह्यूम में कांग्रेस स्थापना के पूर्व मनमुटाव हो चुका था। इसलिए ह्यूम का एक समय थियोसोफिस्ट होना उस सोसायटी को इस संस्था का जनक नहीं बना सकता।

थियोसोफिकल सोसायटी के स्थापित होने से पहले ही वार्षिक सम्मेलनों की परम्परा प्रचलित थी। ऐनिबेसेंट (जिसने बाद में इस दावे को दोहराया) के कथन में कई परस्पर विरोधी बातें हैं। सुरेंद्रनाथ बनर्जी मद्रास सम्मेलन में 1884 ई. में उपस्थित नहीं थे। यद्यपि बेसेंट उनको उपस्थित बताती हैं। ह्यूम स्वयं उन 17 सदस्यों में नहीं थे और उन 17 सदस्यों में से अधिकांश कांग्रेस के प्रथम अधिवेशन में अनुपस्थित थे। इसलिए 1884 ई. में मद्रास में हुए थियोसोफिस्ट सम्मेलन को कांग्रेस के जन्म के लिए उत्तरदायी नहीं ठहराया जा सकता।

पट्टाभिसीतार मैया भी कांग्रेस की स्थापना के बारे में मात्र इतना ही बोलकर चुप हो जाते है कि यह सब रहस्यमय है। यह निस्संदेह है कि ह्यूम ने इस संगठन की वास्तविक रचना में महत्त्वपूर्ण योगदान दिया लेकिन उसने किन कारणों से प्रभावित होकर ऐसा किया? ह्यूम ने स्वयं यह तर्क प्रस्तुत किया है कि उसने अंग्रेजी साम्राज्य को व्यापक असंतोष के खतरे से बचाने के लिए इस संस्था का गठन किया। इस प्रकार कांग्रेस का गठन अंग्रेजी साम्राज्य के लिए एक सुरक्षा वाल्व के रूप में किया गया। विलियम वेडरबर्न ने ह्यूम की जीवनी लिखने में इस तर्क को दोहराया है। इसी तर्क को आक्षेप के रूप में लाला लाजपतराय ने भी दोहराया है। यह तर्क सामान्यतः स्वीकृत है लेकिन ह्यूम को कौन से खतरे का और कब ज्ञान हुआ? इस प्रश्न का उत्तर सरलता से नहीं मिलता। ह्यूम के कथनानुसार उसे यह ज्ञान लिटन के शासनकाल के अंत के 15 महीने पूर्व हुआ था। यह भाषा अस्पष्ट तथा संदिग्ध है। 1879 ई. में थियोसोफिस्ट नेता भारत आए थे। उसी वर्ष ह्यूम की पदावनति भी हुई और लिटन की अफगान नीति, वर्नाक्यूलर प्रेस एक्ट, आर्म्स एक्ट तथा स्टेट्यूटरी सिविल सर्विस नियमों का सामूहिक प्रभाव उसी वर्ष दिखाई पड़ा। ह्यूम ने अंग्रेज

विरोधी भावनाओं का अथवा गुप्त षड्यंत्र का वर्णन 1885 ई. में डफरिन के साथ अपनी भेंट में नहीं किया और न ही अन्य किसी व्यक्ति से उसने इसका वर्णन 1886 ई. के अंत तक किया। ह्यूम के लक्ष्य को समझने के लिए ध्यान रखना आवश्यक है कि 1882 ई. के पश्चात वह गवर्नर जनरल और अंग्रेजी पढ़े- लिखे भारतीय वर्ग दोनों में एक मध्यस्थ बनने के लिए प्रत्यनशील था। इससे दोनों पक्षों में उसका महत्त्व बढ़ सकता था। 1882-84 ई. के मध्य उसने यह कार्य बड़ी कुशलता से निभाया। 1885 ई. में डफरिन के समय में भी उसने यही कार्य करना चाहा। लेकिन डफरिन ने अंग्रेजी साम्राज्य की सुरक्षा के लिए पढ़े-लिखे मध्यम वर्ग की अपेक्षा जमींदार और सामंती वर्ग का समर्थन प्राप्त करना अधिक उपयोगी समझा। इसलिए उसके लिए ह्यूम को मान्यता प्रदान करना संभव नहीं रहा। डफरिन की नीति से शिक्षित मध्यम वर्ग अत्यंत क्रुद्ध हुआ।

फलस्वरूप 1885 ई. में कांग्रेस अधिवेशन में डफरिन प्रशासन की सकारात्मक रूप से निन्दा की गयी। डफरिन तथा भारत भाषीय समाचार पत्रों में 1886 ई. में मतभेद उत्पन्न हो गया। ह्यूम ने लेखक का नाम न देकर दो पुस्तिकाएँ 'दि ओल्ड मैंस होप' और 'दि राइजिंग टाइड' प्रकाशित की जिनमें डफरिन की काफी आलोचना की गई। साथ ही भारतीय समाचार-पत्र संपादकों द्वारा व्यक्त असंतोष की सूचना इंग्लैंड पहुँचती रही। डफरिन से भेंट में ह्यूम ने उन पुस्तिकाओं में डफरिन पर झूठे-सच्चे आरोप लगाने में अपनी गलती स्वीकार की और डफरिन की प्रतिष्ठा बढ़ाने के लिए गुमनाम लेखक के रूप में 'दि स्टार इन दि ईस्ट' पुस्तिका लिखी लेकिन डफरिन ने अक्टूबर, 1886 ई. में भारतीय नेताओं को यह बताया कि 'दि स्टार इन दि ईस्ट' ह्यूम द्वारा लिखी गई। कांग्रेस के कलकत्ता अधिवेशन में ह्यूम से लोगों ने इस बात की पुष्टि चाही। इससे ह्यूम को भारी धक्का लगा और उसने डफरिन को कभी क्षमा नहीं किया। 1886 ई. के अंत में डफरिन और ह्यूम में हुआ मतभेद दूरगामी सिद्ध हुआ। 1887 ई. में ह्यूम ने कांग्रेस अधिवेशन को अत्यंत प्रभावशाली बनाने का प्रयत्न किया। उधर सरकार ने इस संस्था को न मानने की नीति अपनाई। इस प्रकार 1887 ई. के बाद ह्यूम द्वारा डफरिन के संबंध में दिए गए वक्तव्यों की प्रामाणिकता के लिए अन्य पुष्टि आवश्यक है।

ह्यूम के इस दृष्टि को स्पष्ट करने से वे तत्त्व भी स्पष्ट हो जाते है जिनसे प्रभावित होकर उन्होंने सुरेंद्रनाथ बनर्जी के साथ नेशनल कांग्रेस की स्थापना के पूर्व अधिक घनिष्ठ संपर्क स्थापित नहीं किया। सुरेंद्रनाथ बनर्जी की ख्याति सरकार के एक असंतुष्ट आलोचक के रूप में थी। 1886 ई. में सुरेंद्रनाथ बनर्जी ने इंडियन

कांफ्रेंस को इंडियन नेशनल कांग्रेस में मिला दिया। सुरेंद्रनाथ द्वारा यह कार्य इस तथ्य को गलत सिद्ध करता है कि ह्यूम ने बनर्जी की संस्था को नीचा दिखाने के लिए कांग्रेस की स्थापना की। ह्यूम के विश्वासपात्र भारतीय नेता बनर्जी से भी घनिष्ठ संबंध थे। बनर्जी इतने प्रभावहीन भी नहीं थे कि अपनी संस्था को विवशता में समाप्त करते।

भारत के इतिहास में 1885 ई. का वर्ष भारतीय राजनीतिक जागरण को एक नयी दिशा प्रदान की, यह राजनीतिक चेतना अंग्रेजी साम्राज्य के भक्त बनने और याचिकाओं तथा स्मरणपत्रों द्वारा कुछ अधिकार माँगने की ओर मोड़ दी गई। निस्संदेह कांग्रेस ने अंग्रेजी साम्राज्य के लिए एक सुरक्षा वाल्व का कार्य किया, जिसकी पुष्टि इस बात से भी होती है कि आरंभ में कांग्रेस के अध्यक्ष के लिए एक उच्च अंग्रेज अधिकारी की ही योजना थी। कांग्रेस में सम्मिलित नेता भारत के लिए यह सौभाग्य की बात समझते थे कि अंग्रेजी नियंत्रण यहाँ स्थापित था। वे अंग्रेजी साम्राज्य की सुरक्षा प्रथम आवश्यकता समझते थे और भारतवासियों के लिए राजनीतिक अधिकारों की प्राप्ति गौण समझते थे। कांग्रेस का आरंभ में स्वरूप केवल इतना ही था। वास्तव में 1885 ई. में इससे अधिक की आशा भी कठिन थी। डफरिन तथा अन्य अंग्रेजी प्रशासक इस सुरक्षा वाल्व को साम्राज्य के लिए एक खतरा कहते थे तथा इसे उग्र, साम्राज्य विरोधी, 'रेडिकल', आदि उपाधियों से सुशोभित करते थे। लेकिन इन विशेषणों का अर्थ समय-समय पर बदलता रहा है। एक निरंकुश, गैर-उत्तरदायी नौकरशाही किसी भी प्रकार के भिन्न विचारों अथवा आलोचना की अभिव्यक्ति मात्र को ही क्रांतिकारी अथवा उग्र समझती है। उस सरकार की दृष्टि में उनकी नीतियों में उन्हीं के लक्ष्यों को साकार न देखना ही अथवा उनकी प्रधानता और उच्चता को प्रश्नसूचक चिह्न से देखना विद्रोह के समान था। जिस वर्ग को 1885 ई. में उग्र कहा गया, 1905 ई. में वह ही नरम बन गया। जिस नीति को 1905 ई. में उग्र अथवा गरम कहा गया, वह ही 1921 ई. के पश्चात सामान्य हो गई।

कुछ प्रमुख राष्ट्रीय राजनीतिक विचारक

आधुनिक भारत का राजनीतिक विकास बहुत सीमा तक उन भारतीय विचारकों पर निर्भर रहा जिन्होंने राष्ट्रीय राजनीतिक आंदोलन का संचालन किया। सुरेंद्रनाथ बनर्जी, गोपालकृष्ण गोखले, फिरोजशाह मेहता तथा दादाभाई नौरोजी का भारतीय राजनीतिक विकास में महत्त्वपूर्ण योगदान था। इन राष्ट्रीय राजनीतिक विचारकों पर नीचे के शीर्षकों में संक्षेप में प्रकाश डाला गया है–

सुरेंद्रनाथ बनर्जी (1848–1925) : उदारवादी विचारों से परिपूर्ण सुरेन्द्रनाथ बनर्जी का जन्म बंगाल के एक कुलीन ब्राह्मण परिवार में 1848 में हुआ था। 1868 में इन्होंने स्तानक की शिक्षा प्राप्त की तथा वे पहले भारतीय थे जिन्होंने 1869 में भारतीय जन सेवा (I.C.S) की परीक्षा पास की, परन्तु चार वर्ष बाद ही उनके विरुद्ध कुछ झूठे आक्षेप लगाकर उन्हें सेवा से निवृत्त कर दिया गया। 1876 ई. में वह अंग्रेजी के प्राध्यापक नियुक्त हुए और बाद में वह शिक्षा संस्थाओं से ही संबद्ध रहे। 1876 ई. में ही उनका राजनीतिक जीवन आरंभ हुआ जब उन्होंने इंडियन एसोसिएशन की स्थापना की। इसी संस्था को 1883 ई. और 1885 ई. में अखिल भारतीय राजनीतिक संस्था बनाने का प्रयत्न किया। लेकिन 1885 ई. में कांग्रेस स्थापना के पश्चात इंडियन एसोसिएशन का अस्तित्त्व दुर्बल और 1886 ई. में समाप्त हो गया। सुरेंद्रनाथ अंग्रेजी साम्राज्य को दैवी तथा उनकी राजनीतिक सत्ता का नैतिक आधार मानते थे। इसलिए अंग्रेजी साम्राज्य से यह आशा करते थे कि वह भारत में व्याप्त सामाजिक तथा नैतिक बुराइयों को दूर करे एवं भारत में स्वायत्त शासन की स्थापना करे। 1881-84 ई. के मध्य उन्होंने सारे भारत का दौरा करके सिविल सर्विस में प्रवेश की अधिकतम आयु की सीमा बढ़ाने के पक्ष में एक व्यापक आंदोलन आरम्भ किया। 1895 तथा 1902 ई. में उन्होंने इंडियन नेशनल कांग्रेस के अधिवेशन की अध्यक्षता की। कांफ्रेंस के विभिन्न अधिवेशनों में वह काफी प्रभावशाली वक्ता थे। बंगाल में उस समय राजनीतिक जागरण में उनका काफी महत्त्वपूर्ण योगदान था। यद्यपि वह कांग्रेस के नेताओं में फिरोजशाह मेहता और गोखले के बाद आते थे लेकिन फिर भी वह अधिवेशन की मुख्य आत्मा समझे जाते थे। उनके जीवन की सबसे अधिक ख्याति और प्रसिद्धि बंगाल विभाजन के विरुद्ध आंदोलन के समय तक हो चुकी थी। वह 'बंगाली' पत्र के संपादक थे लेकिन बंग विभाजन आंदोलन में तोड़-फोड़ और असंवैधानिक तरीकों के विरुद्ध थे। बनर्जी की अपेक्षा अन्य बंगाली नेता—अश्विनीकुमार दत्त, अरविंद घोष, विपिनचंद्र पाल आदि अधिक लोकप्रिय हो रहे थे। बरिसाल सम्मेलन में बंदी बना लिए जाने के बाद बनर्जी की लोकप्रियता में कुछ वृद्धि हुई लेकिन शीघ्र ही वह समाप्त हो गई। 1907 ई. में कांग्रेस की सूरत फूट के समय बनर्जी नरम दल के नेता थे। 1909 ई. में वह इंग्लैंड गए और सुधार अधिनियम के लिए कृतज्ञता प्रकट की लेकिन वह बंग-भंग की समाप्ति चाहते थे।

1911 ई. में बंगाल विभाजन समाप्त कर दिए जाने के पश्चात बनर्जी अंग्रेज सरकार के और भी अधिक भक्त बन गए। उन्होंने इस निर्णय को नरम दल वाले नेताओं के संवैधानिक आंदोलन का परिणाम समझा। 1913 ई. में उन्हें बंगाल

लेजिस्लेटिव कौंसिल और इंपीरियल लेजिस्लेटिव कौंसिल का सदस्य चुन लिया गया। यह निर्वाचन उसी समय वैध हुआ जब गर्वनर जनरल ने उन पर लगी अयोग्यता को समाप्त कर दिया। (एक पदच्युत किया हुआ सरकारी कर्मचारी चुनाव नहीं लड़ सकता था) उसके बाद सुरेंद्रनाथ बनर्जी का उत्तरोत्तर राष्ट्रीय जीवन से प्रभाव समाप्त होता गया। 1919-20 ई. में उन्होने गांधीजी के आंदोलन का समर्थन नहीं किया। 1921 ई. उन्हें 'सर' की उपाधि अंग्रेज सरकार द्वारा दी गई। उस समय भारत में सरकारी उपाधियों के त्याग की बात सामान्यतः थी। 1921-23 ई. में वह बंगाल सरकार में मंत्री थे।

सुरेंद्रनाथ बनर्जी अपने जीवन के अंतिम वर्षों में अंग्रेज सरकार के कृपापात्र बन गए और राष्ट्रीय आंदोलन की क्षमता और महत्त्व को बहुत कम समझ सके। वह 1918-19 ई. में भी 1895 ई. के स्तर पर सोचते थे। वह 1921 ई. में अंग्रेजी सरकार को उग्र राष्ट्रवादियों के विरुद्ध कठोर नीति अपनाने के लिए कह रहे थे। जब 1921 ई. में एक मंत्री की भाँति उन्होंने बंगाल का दौरा किया तो अधिकांश स्थानों पर हड़ताल से उनका स्वागत किया गया। 1923 ई. के चुनाव में विधानचंद राय जो उस समय स्वराजिस्ट दल के सामान्य सदस्य थे, ने उन्हें भारी मतों से पराजित किया। बनर्जी का 1923 का चुनाव अन्तिम चुनाव माना गया क्योंकि इसी चुनाव के दो वर्ष बाद सन् 1925 में उनकी जीवन लीला समाप्त हो गयी।

फिरोजशाह मेहता (1884–1915) : आधुनिक भारत के राजनीतिक विकास में फिरोजशाह मेहता द्वारा दिया गया योगदान काफी सराहनीय है। लंदन में वकालत पढ़ते समय वह दादाभाई नौरोजी के प्रभाव में आए। उनका सार्वजनिक जीवन 1870 ई. के पश्चात ही आरंभ हुआ। 1872 ई. में वह बंबई कारपोरेशन के सदस्य बने और 1886 ई. में उन्हें बंबई लेजिस्लेटिव कौंसिल का सदस्य नियुक्त किया गया, जहाँ वह 15 वर्षों तक सदस्य रहे। 1890 ई. में वह इंडियन नेशनल कांग्रेस के अध्यक्ष चुने गए। वह अत्यंत प्रभावशाली वक्ता तथा तर्क-वितर्क में निपुण थे। राजनीतिक दृष्टि से वह अंग्रेजी साम्राज्य के भारी समर्थक तथा उसे ईश्वरीय समझते थे। समस्त इतिहास की घटनाओं को वे ईश्वर की इच्छाओं की पूर्ति मानते थे।

19वीं सदी में प्रचलित विचारधारा 'प्रोगरेस' (प्रगति) के वह भारी अनुयायी थे। वह समझते थे कि इतिहास दोहराता नहीं है। बल्कि निरंतर प्रगति की ओर बढ़ता रहता है। अंग्रेजी साम्राज्य को भी वे 'प्रगति' का सूचक और ईश्वरीय मानने के परिणामस्वरूप उसको नैतिकता पर आधारित समझते थे। इंग्लैंड की संसद में दादाभाई नौरोजी का निर्वाचन फिरोजशाह के अंग्रेजी संविधान में विश्वास दृढ़ करने

में सहायक हुआ। वे अंग्रेजी साम्राज्य के साथ भारतीय संबंध स्थाई मानते थे। भारतीय जनता के सुख, समृद्धि के लिए अंग्रेजी साम्राज्य की छत्रछाया वह अत्यंत आवश्यक मानते थे। इंडियन नेशनल कांग्रेस को वे वैधानिक पद्धति से कार्य करने तक ही सीमित रखना चाहते थे। 1886 ई. में उन्होंने अपने लक्ष्य को स्पष्ट किया। उन्होंने बताया कि यदि हम लेजिस्लेटिव कौंसिलों में तथा सिविल सर्विस में भारतीयों के लिए प्रवेश की अधिक सुविधाएँ चाहते हैं तो वह इसीलिए कि अंग्रेज अपना कार्य कुशलता से कर सकें। जब तक भारतीय सदस्य कौंसिलों में तथा लोक सेवाओं में उनका साथ नहीं देंगे उस समय तक अंग्रेज देश में कुशल प्रशासन के अपने लक्ष्य में अधिक सफलता प्राप्त नहीं कर सकेंगे। वे अंग्रेजी शिक्षा के भारी समर्थक थे और शिक्षित भारतीयों को ही देश की प्रगति में सहायक समझते थे। फिरोजशाह मेहता अत्यंत व्यावहारिक व्यक्ति थे। वे बहुत दूर तक सोचने के अभ्यस्त नहीं थे। भारतीयों के लिए लेजिस्लेटिव कौंसिलों में अधिक प्रतिनिधित्व और लोक सेवाओं में अधिक स्थान की आलोचना अंग्रेज नौकरशाही द्वारा की गई कि इसका कालांतर में अभिप्राय अंग्रेजों को भारत से निकालना होगा। फिरोजशाह ने उनका प्रतिवाद किया और अपनी नीति का औचित्य इस आधार पर रखा कि उनका लक्ष्य निकट भविष्य तक ही सीमित था। वे आदर्शों की चर्चा नहीं कर रहे थे।

भारतीय राष्ट्रीय राजनीतिक नेताओं में फिरोजशाह मेहता अत्यधिक प्रतिभाशाली नेता थे। उनमें अपने विरोधियों को सहमत करा लेने की अपूर्व क्षमता थी। उनके विचारों का महत्त्व 19वीं सदी के उत्तरार्ध में मध्यम वर्ग की आकांक्षाओं का प्रतिनिधित्व करने में था।

गोपालकृष्ण गोखले (1866–1915) : गोपाल कृष्ण गोखले का जन्म 9 मई, 1866 को कोल्हापुर (महाराष्ट्र) के एक ब्राह्मण परिवार में हुआ था। वे 13 वर्ष के ही थे कि उनके पिता का देहांत हो गया। इनका अध्ययन काल गरीबी की परिस्थितियों में व्यतीत हुआ। उन्हें कई बार छात्रावास का खर्च कम रखने के लिए बिना भोजन रहना पड़ता था तथा तेल पर खर्च बचाने के लिए सड़क के बल्ब की रोशनी में पढ़ना होता था। उनकी स्मरण शक्ति विलक्षण थी। वे फरगूसन कॉलेज पूना में इतिहास और अर्थशास्त्र के प्राध्यापक नियुक्त हुए और वर्षों तक वे पूना सार्वजनिक सभा की पत्रिका 'सुधारक' का सम्पादन करते रहे। 1902 ई. में इंडियन लेजिस्लेटिव कौंसिल के सदस्य बने और मरते समय तक सदस्य बने रहे। वे कई बार इंग्लैंड गए और 1909 ई. के सुधार अधिनियम के निर्माण में उनका काफी योगदान रहा। वित्तीय प्रश्नों पर उनके विचारों का बड़ा महत्त्व था। वे 1905 ई. में

कांग्रेस के बनारस अधिवेशन के अध्यक्ष थे। वे अपनी मानवता तथा सत्यवादिता के लिए अत्यंत प्रसिद्ध थे। गांधीजी उनके इसी स्वभाव के कारण उनको अपना राजनीतिक गुरु मानते थे। गोखले ने 1905 ई. में सर्वेंट्स आफ इंडिया सोसायटी की स्थापना की जो उनकी सबसे बड़ी देन है।

गोखले के राजनीतिक चिंतन का मुख्य आधार यह था कि अंग्रेजी नियंत्रण भारत पर ईश्वर की कृपा से स्थापित हुआ। वे अंग्रेजों के प्रति भक्ति को ही राष्ट्रभक्ति के समान समझते थे। राजभक्ति का अर्थ केवल इतना ही नहीं था कि अंग्रेजी सरकार की आलोचना न की जाए बल्कि सरकार का समर्थन भी तत्परता से किया जाए। वे अंग्रेजी सरकार को राष्ट्रीयता की भावना से प्रेरित मानते थे। वे सरकार के नियंत्रण का नैतिक औचित्य मानते थे। वे विरोध, शमन तथा समझौते की नीति के सर्वश्रेष्ठ वक्ता थे। हिंदू-मुसलमानों में, अंग्रेज भारतीयों में और कांग्रेस की विभिन्न विचारधाराओं में वे समन्वय कराने के पक्ष में थे। भारतीय समाज में वे जातीय भेदभाव को समाप्त कराने के पक्ष में थे लेकिन वे चाहते थे कि वह कार्य भी सहमति और सरलता से हो जाए। फिरोजशाह मेहता की भाँति उनकी दृष्टि भी बहुत दूर तक नहीं थी। वे तत्कालीन परिस्थितियों से बहुत प्रभावित थे। उनका लक्ष्य अंग्रेजी साम्राज्य में स्वशासन की स्थापना था। अंग्रेजी साम्राज्य को चुनौती देने के दुष्परिणामों की कल्पना करके ही वे अंग्रेजी साम्राज्य के भारी समर्थक बन गए। वे संवैधानिक संघर्ष के ही समर्थक थे। संवैधानिक संघर्ष से उनका अभिप्राय था कि वह स्थापित संस्थाओं के माध्यम से ही विरोध अथवा अपने पक्ष का समर्थन कर सकते थे। वह उन संस्थाओं के बाहर के साधनों का प्रयोग नहीं करना चाहते थे।

राजनीतिक दृष्टि से वह अंग्रेजी साम्राज्य के अत्यधिक समर्थक थे तथा उसे इश्वरीय मानते थे। वे यह कल्पना भी नहीं कर सकते थे कि अंग्रेजी साम्राज्य के बाहर भारत कुछ प्रगति कर सकता था। अंग्रेजी संबंध उनके लिए अधिक पवित्र था। हार्डिंग ने गोखले की मृत्यु के पश्चात उनके साथ हुई अपनी एक वार्ता को संस्मरण के रूप में लिखा। गोखले ने उनसे कहा था कि यदि अंग्रेज भारत छोड़कर चले गए तब उनके पहुँचने से पूर्व भारतीय नेता उनको लौट आने के लिए तार द्वारा आमंत्रित करेंगे। गोखले का अंग्रेजों की नेकनीयत में अटूट विश्वास था। जब कभी उस नीति की चर्चा की जाती वह उसको यह कहकर टाल देते थे कि वह नीति संभव नहीं थी। उनके लिए यह कहा जाता है कि वह 'संभव' का अनुमान लगाने में दक्ष थे। उनका कहना था कि वह भी अपने देश की स्वतंत्रता को तुरंत ही प्राप्त करना चाहते थे लेकिन वह उसे संभव नहीं मानते थे।

गोखले एक उदारवादी नेता थे। उनका कहना था कि भारतवासियों का अंग्रेजों पर केवल नैतिक प्रभाव ही था इसलिए इस नैतिक प्रभाव को स्थापित करने में हिंदू-मुसलमान का अंतर व्यर्थ था। वे बायकाट की नीति के विरुद्ध थे। यद्यपि उन्होंने स्वदेश का समर्थन किया लेकिन वे मन में उनके प्रति पूरी आस्था नहीं रखते थे। उनके समझौते की नीति का एक उच्च उदाहरण यह है कि 1906 ई. के कलकत्ता कांग्रेस अधिवेशन में उन्होंने बायकाट के प्रस्ताव का समर्थन किया। हालाँकि प्रस्ताव के अर्थ लगाने पर गोखले तथा अन्य प्रस्ताव समर्थकों में भारी मतभेद था। गोखले 1914 ई. के पश्चात इस बात के लिए इच्छुक रहे कि कांग्रेस के दोनों दलों में समझौता हो जाए। लेकिन यह समझौता उनके जीवन काल में नहीं हुआ। 1915 ई. में गोखले का देहान्त हो गया।

दादाभाई नौरोजी (1825—1917) : भारतीय राष्ट्रीय आन्दोलन से जुड़े प्रारंभिक नेताओं में दादा भाई नौरोजी का नाम अग्रणी है। 4 सितम्बर, 1825 को उनका जन्म मुम्बई के एक पारसी परिवार में हुआ था। वे भी फिरोजशाह और गोखले की भाँति अंग्रेजी साम्राज्य को न्याय और नैतिकता पर आधारित मानते थे। 1892 ई. में वे इंग्लैंड संसद के सदस्य भी निर्वाचित हुए। उनके राजनीतिक जीवन का काफी समय इंग्लैंड में व्यतीत हुआ। तीन बार वह इंडियन नेशल कांग्रेस के अध्यक्ष चुने गए। अपने अन्य समकालीन नेताओं में सबसे लंबी अवधि तक वे भारतीय राजनीति में योगदान देते रहे। दादाभाई नौरोजी की अद्वितीय देन अंग्रेजी साम्राज्य के आर्थिक दुष्परिणामों को स्पष्ट करना था। वे स्वयं भी अर्थशास्त्र के अच्छे ज्ञाता थे। उन्होंने पहली बार यह तर्क प्रस्तुत किया कि अंग्रेजी साम्राज्य की नीतियों का परिणाम भारत को निर्धन बनाना था। उन्होंने यह स्पष्ट किया कि भारत से अतिरिक्त निर्यात किया जाना वास्तव में धन निष्कासन का एक साधन था। उन्होंने बड़ी सावधानी और धैर्य के साथ आँकड़ों की सहायता से यह स्पष्ट किया कि किस प्रकार यह धन निष्कासन हो रहा था। उनकी अंग्रेजों के प्रति अटूट श्रद्धा थी इसलिए अपनी मौलिक पुस्तक का नाम उन्होंने 'पावर्टी ऐंड अनब्रिटिश रूल इन इंडिया' रखा जिसका अभिप्राय यह था कि अंग्रेजी नीति अंग्रेजी लक्ष्य के अनुरूप नहीं थी। इनके द्वारा धन निष्कासन का भारतीय निर्धनता के लिए उत्तरदायी बताया जाना अंग्रेज प्रशासक इतिहासकारों के लिए एक भारी समस्या थी। अंग्रेज लेखक भारतीय जनसंख्या में वृद्धि, कृषकों का रूढ़िवादी होना तथा पुरानी सामाजिक व्यवस्था को व्यापक निर्धनता के लिए उत्तरदायी बताते थे। दादाभाई नौरोजी ने इन सब तर्कों को निरर्थक तथा ऊपरी बताया। उन्होंने कहा कि विश्व के अन्य देशों में जनसंख्या में वृद्धि औद्योगिक

क्रांति का कारण अथवा परिणाम हुई लेकिन भारत में ऐसा कुछ नहीं हुआ। कृषि उत्पादन 1800 ई. कि अपेक्षा कहीं अधिक होता था लेकिन सब निर्यात हो जाता था।

उनका पुस्तक लिखने का अभिप्राय यह था कि इंग्लैंड के शासक उस आर्थिक नीति के दुष्परिणाम को समझ लें और उसको बदल दें। उनका विश्वास था कि अंग्रेज अनजाने में उस नीति का अनुसरण कर रहे थे। 1880 ई. से सदी के अंत तक दादाभाई ने हर प्रकार के प्रचार का प्रयत्न करके यह देख लिया कि अंग्रेज शासकों को वास्तविकता बता देने पर भी नीति में परिवर्तन नहीं हुआ। इसलिए 1900 ई. के बाद उनके विचारों में कुछ परिवर्तन दिखाई पड़ा। 1906 ई. के कांग्रेस अध्यक्षीय भाषण में उन्होंने भारतीय जनता में तीन मौलिक अधिकारों का वर्णन किया। ये अधिकार थे—लोक सेवाओं में भारतीय जनता की अधिक नियुक्ति, विधान सभाओं में भारतीयों का अधिक प्रतिनिधित्व और भारत और इंग्लैंड में उचित आर्थिक संबंध स्थापित हों। अपने जीवन के अंतिम वर्षों में वे भारत में सेल्फ गवर्नमेंट के समर्थक हो गए थे। हालाँकि इन्होंने 1906 में कांग्रेस के मंच से पहली बार स्वराज्य की माँग की थी।

दादाभाई नौरोजी की सबसे बड़ी देन अंग्रेजी आर्थिक नीति की वास्तविकता को स्पष्ट करना था। साथ ही वे राजनीति का औचित्य नैतिकता को मानते थे। इसलिए प्राकृतिक अधिकारों और प्राकृतिक न्याय की बात करते थे। 1917 ई. में उनकी मृत्यु हो गई।

1885-1905 के मध्य कांग्रेस के कार्यों का संक्षिप्त वर्णन

ए. ओ. ह्यूम ने 1885 में कांग्रेस की स्थापना की। उसके बाद हर वर्ष भारतीय राष्ट्रीय कांग्रेस के सम्मेलन भारत के विभिन्न बड़े-बड़े नगरों में आयोजित होते रहे। आरंभ में इस संस्था के सभी नेता अंग्रेजी प्रशासन और साम्राज्य के हृदय से शुभचिंतक थे। उनकी अंग्रेजी शासकों के प्रति अटूट भक्ति भावना थी। वे अंग्रेजी साम्राज्य के विरुद्ध किसी प्रकार का जन आंदोलन आरंभ करने के पक्ष में नहीं थे लेकिन इंग्लैंड की संसद की ईमानदारी में उनका विश्वास अडिग था। वे यह स्वीकार करने को ही तैयार नहीं थे कि इंग्लैंड में ज्ञान होने के पश्चात भी स्थिति नहीं सुधरेगी। इसलिए कांग्रेस की कार्य पद्धति में इंग्लैंड में प्रचार करना अत्यंत महत्त्वपूर्ण था। पार्लियामेंट के सदस्यों को भारत के विषय में ठीक जानकारी देना, ज्ञापन प्रस्तुत करना, विभिन्न विषयों पर प्रस्ताव पास करना ही उनका ध्येय था। प्रजातंत्र और

सवैधानिक प्रशासन के सैद्धांतिक ज्ञान में निपुण होने के कारण कांग्रेस के नेता यह विश्वास नहीं कर सकते थे कि इंग्लैंड की प्रजातंत्रीय सरकार भारत में प्रतिनिधित्व को स्थापित नहीं करेगी। उनके किसी भी कार्य अथवा चिंतन से यह नहीं कहा जा सकता कि वे इंग्लैंड के नियंत्रण से पूर्ण छुटकारे की बात करते अथवा सोचते हों।

पूर्व के 20 वर्षों के दौरान कांग्रेस का स्वरूप एक ऐसी संस्था की भांति था जो भारतीय विकास हेतु कई विषयों से जुड़े प्रस्ताव करके अंग्रेज सरकार का उन विषयों की ओर ध्यान आकर्षित करे तथा प्रशासन में सुधार की आवश्यकता स्पष्ट करे। जिन विषयों से संबंधित प्रस्ताव पास किए गए उनका संक्षिप्त वर्णन इस प्रकार है—

(1) भारत सचिव की इंडिया कौंसिल को समाप्त करना अथवा इसके ढाँचे में परिवर्तन करके भारतवासियों को उसका सदस्य नियुक्त करना। इस माँग का मुख्य औचित्य यह था कि भारत में अंग्रेजी सरकार के कुछ उदार प्रस्तावों को यह स्वीकार कर लेती थी। इसके अतिरिक्त इस कौंसिल का समस्त खर्च भारत से ही दिया जाता था और वह धन निष्कासन था।

(2) भारत में विभिन्न प्रांतीय तथा केंद्रीय विधानसभाओं (लेजिस्लेटिव असेंबली तथा कौंसिल) में भारतीय निर्वाचित सदस्यों की संख्या बढ़ाई जाए जिससे प्रतिनिधित्व प्रशासन को भारत में स्थापित किया जा सके।

(3) उच्च लोक सेवाओं में भारतीयों को अंग्रेजों के समान अवसर दिया जाए। प्रतियोगिता परीक्षाओं में केवल योग्यता के आधार पर भारत में भी परीक्षाएँ हों और प्रजातीय विभेद समाप्त किया जाए। कार्यकारिणी और न्याय संबंधी प्रशासन पृथक कर दिए जाएँ। उस समय यह सामान्य विचारधारा थी कि जिला स्तर पर अंग्रेज न्यायाधीश कुशल नहीं थे।

(4) अंग्रेजी साम्राज्य की सुरक्षा और विस्तार का खर्च केवल भारत पर ही न डाला जाए, बल्कि इंग्लैंड और भारत में बाँटा जाए।

(5) भारत से धन निष्कासन कम किया जाए। इस धन निष्कासन का एक मुद्दा 'होम चार्जिज' (इंग्लैंड में किया गया खची) होता था। इस खर्च को समाप्त कराने अथवा बहुत कम कराने के पक्ष में बहुत बार प्रस्ताव पास किए गए।

(6) भू-राजस्व की मात्रा कम की जाए, नमक कर घटाया जाए और कृषकों की स्थिति सुधारने के लिए भूराजस्व को स्थायी रूप से निर्धारित कर दिया जाए। इसे प्रति 20 या 30 वर्षों पश्चात न बढ़ाया जाए। निर्धनता को कम करने के लिए कुटीर उद्योगों को प्रोत्साहन दिया जाए। तकनीकी शिक्षा के लिए अधिक सुविधाएँ उपलब्ध कराई जाएँ।

1885-1905 के मध्य कांग्रेस के कार्यों का मूल्यांकन : 1885 से 1905 के मध्य राष्ट्रीय राजनीतिक चेतना का विकास कांग्रेस की एक महत्त्वपूर्ण उपलब्धि थी। प्रतिवर्ष कुछ दिनों के लिए शिक्षित भारतीय एक स्थान पर मिलकर विभिन्न विषयों पर प्रस्ताव पास करते थे। उन विषयों से संबंधित वाद-विवाद देश के समाचार पत्रों में विस्तार से छपते थे और वर्ष भर चर्चा का विषय रहते थे। यह अपने में एक उल्लेखनीय कार्य था। राज्य कार्यों के प्रति शिथिलता को समाप्त करने तथा लोगों में सार्वजनिक विषयों पर जागरण पैदा करने में कांग्रेस और समाचार पत्रों ने काफी योगदान दिया। इस राजनीतिक चर्चा का एक यह भी परिणाम हुआ कि अंग्रेज सरकार अब रक्षात्मक स्तर पर आ गई अर्थात वह अब यह भी नहीं कह सकती थी कि भारत की आवश्यकताओं के विषय में ज्ञान नहीं था अथवा जो कुछ वह कहती थी वह ही सत्य था। कांग्रेस में भाग लेने वालों की संख्या में निरंतर वृद्धि और इसके कार्य की प्रशंसा देश भर में होती थी। इंग्लैंड में भी कांग्रेस प्रचार से कुछ अंतर अवश्य पड़ा। यद्यपि संसद का साधारण सदस्य भारतीय प्रशासन में बहुत कम रुचि लेता था लेकिन फिर भी कुछ ऐसे सदस्य अवश्य थे जो भारतीय दृष्टिकोण से सहमत हो गए। इंग्लैंड संसद में भारतीय प्रशासन से संबंधित प्रश्न पूछ लिया जाना अथवा किसी वाद-विवाद में इस पर चर्चा होना ऐसी घटना थी जिससे उस समय कंजर्वेटिव सरकार अत्यंत चिंतित रहती थी। कांग्रेस ने इंग्लैंड की पार्लियामेंट में अपने प्रचार के लिए काफी प्रयत्न किए।

दूसरी ओर यह भी कहा जा सकता है कि कांग्रेस के नेता यद्यपि अंग्रेजी नौकरशाही के भारी आलोचक थे लेकिन साथ ही वे इंग्लैंड सरकार के प्रति अटूट भक्त भी थे और उसके पक्ष को भली-भाँति स्पष्ट करते थे। 'सरकार विरोधी पक्ष' का लक्ष्य उनके समक्ष सदा उपस्थित रहता था। वे उन सीमाओं से आगे नहीं बढ़ सके जो इंग्लैंड संसद में विरोधी पक्ष के लिए थी। लाला लाजपतराय ने ठीक ही लिखा कि कांग्रेसी नेता उस वर्ग के सहयोग से ही कार्य करना चाहते थे जिसके विरुद्ध वे आवाज उठाते थे। इस आंदोलन की एक कमी यह थी कि अधिकांश नेता सरकार से केवल कुछ सुविधाएँ चाहते थे। इसलिए यह एक जन आंदोलन नहीं हो सकता था। साधारण जनता की वास्तविक कठिनाइयों का बहुत कम ज्ञान नेताओं को था।

इस अवधि में यह केवल एक उच्चवर्गीय आंदोलन ही रहा। स्वाभाविक ही था कि किसी प्रभावशाली लोक आंदोलन का नेतृत्व उस समय कांग्रेस द्वारा नहीं हो सकता था। हालाँकि यह वास्तविक है कि हम कांग्रेस के द्वारा किये गये कार्यो की अति निन्दा करें (और यह हुई भी थी) और यह कहें कि कांग्रेस अधिवेशनों में जनहित अथवा

लोकहित के विषयों पर अधिक ध्यान नहीं दिया गया लेकिन वह चर्चा न्यायसंगत नहीं होगी क्योंकि किसी भी दिशा में एक आंदोलन आरंभ करने वालों को बहुत सँभल कर तथा ध्यान से कार्य करना होता है। कांग्रेस आंदोलन का वास्तविक दोष यह था कि उसके नेताओं का अंग्रेज प्रशासकों की ईमानदारी में अटूट विश्वास था। वे यह समझने अथवा मानने के लिए तैयार ही नहीं थे कि अंग्रेज भारत की वास्तविक भलाई नहीं चाहते। वे अंग्रेजी साम्राज्य के सही रूप को समझने के लिए तैयार नहीं थे—दादाभाई नौरोजी (जिन्होंने इस रूप का अनावरण किया) भी यह मानने को तैयार नहीं थे कि अंग्रेजी नीति सोच-समझकर अपनाई गई थी। वे समझते थे कि आवश्यक बोध हो जाने पर अंग्रेज अपनी नीति में परिवर्तन कर लेंगे। यह कांग्रेस आंदोलन की दुर्बलता थी और यह दुर्बलता भी स्वाभाविक थी क्योंकि कांग्रेस का उद्देश्य कुछ राजनीतिक अथवा प्रशासकीय सुविधाएँ उपलब्ध करने से अधिक नहीं था।

अंग्रेज सरकार की कांग्रेस के प्रति नीति (1858—1905) : 1885-86 ई. के बीच डफरिन और ह्यूम संबंधों में मतभेद उत्पन्न हो गया था। 1887 ई. के पश्चात कांग्रेस आंदोलन और अंग्रेजी प्रशासन में परस्पर संबंध बिगड़ते गए। यह स्थिति भारतीय परिस्थितियों में स्वाभाविक ही थी क्योंकि अंग्रेज प्रशासक भारतीय समानता के दावे को स्वीकार करने के लिए तैयार नहीं थे। डफरिन का दृष्टिकोण बहुत सीमा तक आकलैंड कोलविन के विचारों से प्रभावित था। सर सैयद ने दिसंबर, 1887 ई. में ही कांग्रेस का विरोध किया क्योंकि उनके अनुसार इस संस्था तथा आंदोलन से मुसलमानों के हितों को हानि पहुँचती थी। इससे अंग्रेजी अधिकारियों को सहज ही यह तर्क मिल गया कि कांग्रेस की माँगों से भारतीय जनता के सभी वर्ग सहमत नहीं थे।

यह तर्क पूर्ण रूप से निराधार था कि अगर मुसलमानों ने विरोध न भी किया होता तब भी कांग्रेस द्वारा प्रस्तुत माँगों को अंग्रेज सरकार स्वीकार करने वाली नहीं थी। किंतु कांग्रेसी नेताओं को जिनका अंग्रेज प्रशासकों पर अटूट विश्वास था, भ्राँति में डालने के लिए पर्याप्त था। इसलिए वे इस कमी को दूर करने के प्रयत्नों में लग गए। इसके अतिरिक्त अंग्रेज अधिकारियों ने कांग्रेस द्वारा प्रस्तुत माँगों को इसलिए भी मानने से इन्कार कर दिया कि कुलीन तथा सामंत वर्ग उनके साथ नहीं था और कांग्रेस असंख्य जनता का प्रतिनिधित्व नहीं करती थी। अंग्रेज प्रशासकों ने इन आधारों पर कांग्रेस की बात न मानने का औचित्य प्रस्तुत किया। वास्तव में अंग्रेज उन अधिकारों और सुविधाओं को प्रदान ही नहीं करना चाहते थे क्योंकि वे भारत को एक उपनिवेश की भाँति ही रखना चाहते थे।

ब्रिटिश प्रशासन के सामने मात्र कांग्रेसों की माँग का सवाल ही नहीं था, बल्कि उसके लक्ष्य प्राप्ति में अनेक समस्याओं को पैदा करना भी शामिल था। 1888 ई. में इलाहाबाद में कांग्रेस अधिवेशन के लिए स्थान ही उपलब्ध न होने देना, विभिन्न स्थानों पर सरकारी अधिकारियों द्वारा कांग्रेस में सम्मिलित होने वालों पर दबाव डालना, कांग्रेस को धन देने वालों पर निगरानी रखना आदि, सरकारी नीति का अंग बन गई। सरकारी कर्मचारियों को कांग्रेस अधिवेशन में भाग लेने से तथा उपस्थित रहने से मना किया गया। कुछ प्रांतों के गवर्नर तो यह चाहते थे कि कांग्रेस के वार्षिक अधिवेशनों को भी बंद कर दिया जाए लेकिन यह स्वीकृत नहीं हुआ। 1895 ई. के पश्चात कांग्रेस के प्रति भारत सचिव, गवर्नर जनरल तथा प्रांतीय गवर्नरों का दृष्टिकोण अत्यंत कठोर होता गया। कई बार यह प्रश्न पूछा जाता है कि अंग्रेज सरकार कांग्रेस के प्रति ऐसा दृष्टिकोण क्यों रखती थी? कांग्रेसी नेताओं को अंग्रेजी साम्राज्य के लिए खतरा क्यों समझा जाता था, जबकि वे पूरी तरह से अंग्रेजी साम्राज्य के प्रति निष्ठा एवं भक्तिभाव रखते थे? इसका उत्तर सरल है। एक नौकरशाही सरकार की नीतियों की आलोचना का परिणाम सामान्य जनता के हृदय से उसके प्रति भक्तिभाव कम करना होगा। निरंतर आलोचना उस श्रद्धाभाव को कम करने में सहायक होगी जो एक विदेशी और निरंकुश सरकार द्वारा प्रशासन के लिए अत्यंत लाभदायक होती है। किसी स्थापित नियंत्रण के विरुद्ध आंदोलन सर्वप्रथम उसकी मुक्त आलोचना से ही आरंभ होता है। इसलिए अंग्रेजी सरकार ने कई नीतियाँ कांग्रेस को दुर्बल बनाने के लिए अपनाईं। भारत में धार्मिक मतभेदों को बढ़ावा देना, मुसलमानों को उनके कांग्रेस विरोध के फलस्वरूप आश्रय प्रदान करना, सामंती वर्ग को उत्तेजित करना, भारतीयों को पश्चिमी शिक्षा की अपेक्षा प्राच्य शिक्षा की ओर आकर्षित करना और कांग्रेस के नेताओं में मतभेद को प्रोत्साहन देना। भारत सरकार की नीतियों को प्रभावित करने अथवा इंग्लैंड में अपने पक्ष में जनमत तैयार कराने में कांग्रेस पूरी तरह से असफल रही।

1892 ई. के इंडियन कौंसिल एक्ट (जो एक प्रकार से 1861 ई. के एक्ट का ही विस्तृत रूप था) के अतिरिक्त किसी भी माँग को अंग्रेज सरकार ने स्वीकार नहीं किया। यद्यपि कांग्रेस के कुछ नेताओं को उच्च न्यायालयों के न्यायाधीश नियुक्त किया गया लेकिन यह उनकी व्यक्तिगत योग्यता के आधार पर था न कि कांग्रेसी नेता होने के आधार पर। अंग्रेजी सरकार की नीति कांग्रेसी प्रचार की अनदेखी करना था। 19वीं सदी के अंतिम वर्षों में कांग्रेस का प्रभाव विस्तार नहीं हुआ और कुछ प्रेक्षक यह अनुमान करते थे कि कांग्रेस स्वतः ही समाप्त हो जाएगी। लेकिन

कर्जन की नीतियों का परिणाम यह हुआ कि कांग्रेस आंदोलन में एक नई जान आ गई और नई परिस्थितियों में कांग्रेसी नीतियों का महत्त्व बढ़ गया। सन् 1905 तक कांग्रेस अपने राजनीतिक हकों के संदर्भ में ब्रिटिश साम्राज्य के सामने अपनी माँगों को प्रकट करता रहा। कांग्रेस और अंग्रेजी सरकार में मनमुटाव होना इसलिए स्वाभाविक था क्योंकि कांग्रेस अंग्रेजी सरकार के स्वरूप को ही बदल देना चाहती थी। कांग्रेस ने अपनी माँगों को उचित ठहराने के लिए एक आंदोलन आरंभ किया जिसने सरकार की लापरवाही तथा निरंकुशता को स्पष्ट किया। कांग्रेस में अभी ऐसे नेताओं का प्रभाव अत्यधिक था जिन्हें अंग्रेजी साम्राज्य की न्यायप्रियता में विश्वास था। कुछ घटनाएँ शीघ्र ही ऐसी हुईं जिन्होंने कांग्रेस की उस मान्यता को ठेस पहुँचाई जैसे बंगाल विभाजन, 1902 का शिक्षा आयोग आदि। इन घटनाओं से कांग्रेस के समक्ष एक संकटमय स्थिति पैदा हुई और थोड़े समय के लिए कांग्रेस एक अत्यंत दुर्बल संस्था होकर रह गई।

मुसलमानों में राजनीतिक जागरण : ब्रिटिश शासन की स्थापना होने के बाद सभी भारतीय राजनीतिक समस्याएं एक जैसी थीं। स्थानीय आर्थिक शैक्षणिक विकास के आधार पर संभवतः कुछ अंतर हो सकता था। 19वीं सदी के उत्तरार्द्ध में राजनीतिक आंदोलन अंग्रेजों से उन अधिकारों को प्राप्त करने से संबंधित था जो इंग्लैंड में वहाँ के निवासियों को उपलब्ध थे। इस आंदोलन में भारत के सभी वर्ग सम्मिलित हो सकते थे। कांग्रेस अथवा अन्य प्रांतीय संस्थाएँ अंग्रेज भक्ति का दम भरती थीं इसलिए आपस में राजनीतिक हितों के संघर्ष की संभावना कम थी।

19 वीं सदी के अन्तिम दौर में भारतीय मुलिस्म प्रतिनिधियों पर अंग्रेज सन्देह जताने लगे थे। क्योंकि वे 1857 ई. की क्रांति का उत्तरादायित्व मुसलमानों को देते थे क्योंकि वे अपनी खोई हुई प्रधानता को पुनः प्राप्त करना चाहते थे। मुसलमानों के अधिकांश सामंती परिवार राजकीय सेवा अथवा सैनिक प्रशासन से संबद्ध थे। यह सामंती वर्ग 19वीं सदी के पूर्वार्द्ध में अत्यंत दरिद्र अवस्था को पहुँच चुका था। मुसलमानों के जागरण का नेतृत्व अलीगढ़ आंदोलन ने किया। सर सैयद के राजनीतिक चिंतन का लक्ष्य मुसलमानों के कुलीन वर्गों तक सीमित था। यह वर्ग अपनी कुलीनता किसी पूँजी, योग्यता अथवा भूस्वामित्व पर आधारित न बताकर केवल इस बात पर आधारित बताते कि वे मध्यकाल के शासकों के वंशज थे। उनका यह तर्क गलत था क्योंकि मुसलमानों का कोई एक वर्ग समस्त मध्यकाल में शासक नहीं रहा था और 19वीं सदी के अधिकांश कुलीन परिवारों की वंशावली निश्चित रूप से मध्यकाल के शासकों से नहीं जोड़ी जा सकती थी।

वास्तविकता यह थी कि 19वीं सदी के अधिकांश मुसलमान परिवार पहले हिंदू थे जिन्होंने धर्म परिवर्तन कर लिया था। सर सैयद का यह विश्वास था कि मुसलमान इस देश के मूल निवासी नहीं थे, 1870 ई. के बाद पाश्चात्य शिक्षा के प्रभाव से कई भारत के प्रतिनिधि अपने देश में प्रजातंत्र स्थापना की बौद्धिक स्तर पर चर्चा करने लगे। पहले सर सैयद ने प्रजातंत्र की संभावना को बहुत संदिग्ध समझा, साथ ही उन्हें प्रजातंत्रीय सिद्धांत भी तर्कसंगत नहीं दिखाई दिए। उन्हें देश में प्रजातंत्र की स्थापना भी आपत्तिजनक दिखाई पड़ी क्योंकि देश के विभिन्न वर्ग समान रूप से शिक्षित तथा प्रगतिशील नहीं थे। उन्हें एक अन्य आपत्ति यह थी कि संसदात्मक प्रजातंत्र का परिणाम देश में दो दलों का गठन होता है और ये दो दल उनके अनुसार, केवल हिंदू और मुसलमान ही हो सकते थे। यह तर्क अत्यंत भयानक था तथा समस्त राजनीति को सांप्रदायिक आधारों पर ढालने के लिए उत्तरदायी हुआ। इस तर्क ने मुसलमानों के लिए एक भयावह भविष्य की कल्पना प्रस्तुत की। सर सैयद आरंभ में प्रतियोगिता परीक्षाओं के पक्ष में थे—उन्होंने अलीगढ़ कॉलेज में विशेष कक्षाओं का भी प्रबंध किया था लेकिन उन्हें शीघ्र ही यह पता लग गया कि मुसलमान छात्र प्रतियोगिता परीक्षाओं में हिंदूओं की तुलना में अधिक सफलता प्राप्त नहीं कर सकेंगे। गणित और शास्त्रीय भाषाओं के ज्ञान में वे अपेक्षाकृत पीछे रहेंगे। इसलिए 1885 ई. के पश्चात उन्होंने प्रतियोगिता परीक्षाओं का विरोध किया और 1887 ई. में यह तर्क दिया कि इन परीक्षाओं में उच्च कुल के व्यक्तियों को निम्न कुल वालों के अधीन भी कार्य करना पड़ सकता था।

सर सैयद द्वारा कांग्रेस का विरोध : सर सैयद 1887 ई. के पूर्व प्रतियोगिता परीक्षाओं तथा संसदात्मक प्रजातंत्र का विरोध कर चुके थे। इसलिए कांग्रेस स्थापना के पश्चात इसका विरोध सर सैयद द्वारा स्वाभाविक तथा उनकी विचार शैली के अनुसार ही था। कुछ लोग उनके इस विरोध को अलीगढ़ कॉलेज के प्रिंसिपल, थियोडोर बैक, की देन कहते हैं परन्तु यह वास्तविकता नहीं। सैयद ने किसी के कहने या बहकावे में आकर कांग्रेस का विरोध नहीं किया, बल्कि वे स्वयं ही इस विरोध में पैर रखे थे। 1887-88 ई. में ही सर सैयद ने कांग्रेस की तुलना एक गृह युद्ध से की। 1888 ई. में सर सैयद ने यूनाइटेड इंडिया पेट्रियोटिक एसोसिएशन की स्थापना की जिसका लक्ष्य इंग्लैंड सरकार को यह आश्वासन दिलाना था कि भारत में बहुत से हिंदू मुसलमान कांग्रेस के समर्थक नहीं थे। अगले चार वर्षों में इस एसोसिएशन ने कांग्रेस विरोधी प्रचार में काफी कार्य किया लेकिन इसे कोई विशेष सफलता नहीं मिली। 1892 ई. के इंडियन कौंसिल एक्ट से सर सैयद को ऐसा

प्रतीत हुआ कि शायद भारत्त में प्रजातंत्रीय संसदात्मक प्रणाली स्थापित हो जाए। इसलिए 1893 ई. में सर सैयद ने एक मोहम्डन एंग्लोओरियंटल डिफेंस एसोसिएशन की स्थापना की। यह संस्था केवल 4 वर्ष ही कार्य कर सकी। इस अल्पकाल में इसने मुसलमानों के राजनीतिक अधिकारों के संबंध में कुछ मौलिक सिद्धांतों का प्रतिपादन किया जिस पर उस समय कोई विशेष ध्यान भारतीय राजनीतिज्ञों ने नहीं दिया लेकिन बाद में इसके कार्यों और सिद्धांतों को मुस्लिम लीग ने पूरा करने का प्रयत्न किया।

1886 में मुसलिम लीग ने मुसलमानों के राजनीतिक अधिकारों को उनके ऐतिहासिक योगदान और राजनीतिक महत्त्व के आधार पर प्रस्तुत किया। इसके अनुसार उत्तर-पश्चिमी प्रांत (यू.पी.) में उन्हें हिंदुओं के समान प्रतिनिधित्व मिलना चाहिए यद्यपि उनकी जनसंख्या हिंदुओं की अपेक्षा 1/6 थीं। मुसलमानों के लिए सांप्रदायिक प्रणाली के आधार पर पृथक निर्वाचन पद्धति की स्थापना की माँग की गई। उनके लिए स्थानों के आरक्षण की भी माँग प्रस्तुत की गई। इन सब सिद्धांतों पर एक स्मरण पत्र तैयार किया गया यद्यपि यह सरकार के समक्ष प्रस्तुत नहीं हुआ क्योंकि इसे पहले कुछ वरिष्ठ अंग्रेज शुभचिंतकों के परामर्श के लिए इंग्लैंड भेजा गया। सर सैयद ने मुस्लिम सम्प्रदाय के राजनीतिक अधिकारों हेतु ब्रिटिश साम्राज्य के प्रति उदारता का दृष्टिकोण अपनाया था। वह अंग्रेजों को स्पष्ट बता देना चाहते थे कि भारतीय मुसलमान केवल अंग्रेजों के प्रति ही भक्तिभाव रखते थे तथा वे भारत के बाहर किसी भी मुसलमान राज्य पर अंग्रेजों द्वारा किए गए दुर्व्यवहार से प्रभावित नहीं होंगे। यह सर सैयद की बड़ी भारी देन थी क्योंकि इससे उन्होंने भारतीय मुसलमानों की राजनीति को अन्य देशों से अलग कर दिया। 1877-78 ई. में रूस-तुर्की युद्ध में सर सैयद ने इंग्लैंड की नीति को उचित बताया यद्यपि इंग्लैंड ने तुर्की का समर्थन नहीं किया। 1878 ई. के बर्लिन समझौते को तुर्की के लिए लाभदायक बताया। तुर्की के सुल्तान ने विश्व के मुसलमानों का समर्थन प्राप्त करने के लिए अपने आपको इस्लामी जगत का खलीफा बताना आरंभ किया। सर सैयद ने तुर्की सुलतान के इस दावे को किसी के लिए भी सही नहीं बताया क्योंकि 'खिलाफत' समाप्त हो चुकी थी। भारतीय मुसलमानों के लिए उन्होंने किसी भी बाह्य सुलतान के प्रति कोई सहानुभूति रखना अनुचित बताया। वह यह विश्वास दिलाना चाहते थे कि इस्लामाबाद का भारतीय मुसलमानों पर कोई प्रभाव नहीं था।

हिन्दी और उर्दू भाषा के सन्दर्भ में हुए वाद-विवाद को अलीगढ़ के मुस्लिम प्रतिनिधियों ने राजनीतिक नजर से देखा यद्यपि हिंदी के पक्ष में आंदोलन केवल

साधारण लोगों की सुविधा को लेकर आरंभ हुआ था। 19वीं सदी के उत्तरार्द्ध में क्षेत्रीय भाषाओं के विकास और जिला स्तर के न्यायालयों में उसी भाषा को प्रोत्साहन देने की नीति का परिणाम यह था कि उत्तर-पश्चिमी प्रांत में हिंदी समर्थक आंदोलन आरंभ हुआ। इस समय इस आंदोलन का समर्थन अथवा विरोध किसी धार्मिक अथवा जातीय आधार पर नहीं था। बहुत से हिंदू भी हिंदी विरोधी थे। हिंदी के समर्थकों का तर्क मुख्यतः लिपि पर था क्योंकि उर्दू और हिंदी में भाषाई दृष्टि से अधिक भिन्नता नहीं थी। दोनों के समर्थक उसे साधारण बोलचाल की भाषा कहते थे। अंतर यह था कि उर्दू में फारसी के और हिंदी में संस्कृत के शब्द अधिक थे। सर सैयद तथा उनके समर्थकों ने भाषा की समस्या को एक राजनीतिक प्रश्न बनाया। उनके अनुसार उर्दू के स्थान पर हिंदी हो जाने से मुसलमानों के लिए नौकरी के अवसर और कम हो सकते थे—इसलिए 1880 ई. के पश्चात उन्होंने मुसलमानों को उर्दू की अपेक्षा अंग्रेजी सीखने पर अधिक बल दिया। सर सैयद के हिंदू-मुस्लिम एकता के विचारों की एक कसौटी उर्दू हिंदी की समस्या भी थी। उन्होंने 1869 ई. में यह स्वीकार किया कि मुसलमान कभी हिंदी पर सहमत नहीं होंगे और अगर हिंदुओं ने हिंदी पर आग्रह किया तो हिंदू-मुस्लिम एकता समाप्त हो जाएगी। दूसरे शब्दों में सर सैयद अपनी शर्तों पर एकता चाहते थे।

राजनीति में सांप्रदायिकता का प्रवेश : पहले भारत के दोनों गुटों में सांप्रदायिकता नाम का कोई तत्त्व शामिल नहीं था। दोनों ही संप्रदाय अंग्रेजों के अधीन रहते थे। कोई राजनीतिक प्रश्न आपस में मतभेद का नहीं था। लेकिन 19वीं सदी के अंत तक यह सब कुछ बदलना आरंभ हो गया। इसका मूल कारण राजनीति में सांप्रदायिकता का समावेश है। सांप्रदायिकता का प्रवेश किन कारणों से और किस प्रकार हुआ? यह प्रश्न विवादास्पद है। इस प्रश्न पर सोचने के विभिन्न दृष्टिकोण हो सकते हैं। हिंदू-मुसलमानों में राजकीय नौकरियाँ प्राप्त करने में मनमुटाव, हिंदू साहूकारों और मुसलमान कृषकों में खराब संबंध, सामाजिक जीवन में भिन्न दृष्टिकोण, जुलूसों में घंटे-घड़ियाल बजाने और मस्जिदों के आगे बाजा बजाने की समस्या आदि भिन्न कारण इस समस्या के लिए दिए जाते रहे हैं। लेकिन ये सब सहायक अथवा उपकारण हो सकते हैं मूल कारण नहीं हो सकते क्योंकि प्रत्येक झगड़े के कारण का उपचार हो सकता था। वास्तविक कारण एक ही था और वह था राजनीति में सांप्रदायिकता का प्रवेश अर्थात राजनीतिक समस्याओं का हल सांप्रदायिकता पर आधारित करना। भारतीय राजनीति में सांप्रदायिकता का विशिष्ट अर्थ हिंदू-मुस्लिम सांप्रदायिकता से है।

प्रत्येक समुदाय के व्यक्तियों के लिए अपने अधिकारों की माँग व समर्थन करना सांप्रदायिकता नहीं कहा जा सकता है। यदि वे उन आधारों को जिन पर वे अपने हितों को उचित ठहराते हों दूसरे संप्रदायों के लिए भी स्वीकार करने को तैयार हों। इस आधार पर हिंदुओं ने अपने लिए ऐसे हितों का प्रतिपादन ही नहीं किया जिन्हें वे दूसरे के लिए मानने को तैयार न हों। इसके विपरीत अलीगढ़ नेता सर सैयद ने मुसलमानों के लिए उन विशिष्ट अधिकारों की माँग की जिन्हें वे दूसरों के लिए स्थापित करने के लिए तैयार नहीं थे। अर्थात प्रजातंत्रीय प्रणाली में योग्यता अथवा जनसंख्या अनुपात की चर्चा न करके उन्होंने अधिप्रतिनिधित्व, स्थानों का आरक्षण, सांप्रदायिक निर्वाचन प्रणाली और ऐतिहासिक महत्त्व के आधार पर विशिष्ट स्थान की माँग की। सांप्रदायिकता से यह भी अभिप्राय है कि एक संप्रदाय के हितों की वृद्धि हो और दूसरों के उचित अधिकारों को इससे हानि पहुँचती हो।

उसके अलावा 19वीं सदी के सर सैयद सर्वप्रथम प्रतिनिधि थे जिन्होंने अपने स्पष्ट शब्दों में कहा था कि संसदात्मक प्रजातंत्रीय प्रणाली से भारत में केवल दो ही राजनीतिक दल बन सकते थे–हिंदू तथा मुसलमान–इसलिए वह सदा यह कहते रहे कि बहुमत अल्पमत नहीं बन सकता। यह सोचने का ढंग सांप्रदायिक था। वह यदि चाहते तो सामंती और पश्चिमी शिक्षा के आधार पर दो दलों का गठन कर सकते थे। लेकिन केवल धर्म के आधार पर राजनीतिक दलों का गठन सांप्रदायिकता थी।

सांप्रदायिकता का निर्णय इस आधार पर भी किया जा सकता है कि किसने समस्त देश अथवा राष्ट्र के स्थान पर एवं अन्य छोटी इकाई को भक्ति एवं निष्ठा का केंद्र बनाया? अर्थात भारत एक राष्ट्र नहीं है और समस्त भारतीय एक ही कौम के सदस्य नहीं हैं बल्कि इस देश में एक से अधिक कौमें हैं और मुसलमान अथवा हिंदू पृथक-पृथक कौमें हैं। इस प्रश्न पर भी विभिन्न विचारधाराएँ हैं। उर्दू भाषा में कौम शब्द का प्रयोग कई अर्थों में किया जाता है। धार्मिक, व्यावसायिक, क्षेत्रीय समूह के लिए भी कौम शब्द का प्रयोग किया जाता है, जैसे पारसी की कौम, जुलाहे की कौम, बंगाली कौम आदि। सर सैयद ने इन सभी अर्थों में कौम शब्द का प्रयोग किया है। वास्तविकता यह है कि कौम शब्द की राजनीतिक व्याख्या का प्रश्न 1885 ई. के पूर्व नहीं उठा यद्यपि उस समय भी सर सैयद ने विभिन्न अवसरों पर मुसलमानों को एक कौम कहा था। लेकिन इस शब्द का प्रयोग धार्मिक समुदाय के रूप में भी माना जा सकता है। वास्तविक व्याख्या राजनीतिक प्रश्नों के निर्णय के समय प्रस्तुत की गई। स्थानीय स्वशासन और निर्वाचन पद्धति के प्रश्न पर 1883 ई. में लेजिस्लेटिव कौंसिल में भाषण देते हुए उन्होंने चुनाव पद्धति का विरोध यह कहकर

किया कि, 'भारत अपने में एक महाद्वीप है और इसमें विभिन्न कौमों और धर्मों के लोग रहते हैं...एक ऐसे मुल्क में जैसा कि हिंदुस्तान है...जहाँ विभिन्न कौमें घुल-मिल नहीं सकी हैं और जहाँ धार्मिक मतभेद बढ़े हुए हैं...जब तक कौम और धर्म के मतभेद भारत के सामाजिक और राजनीतिक जीवन के अभिन्न अंग बने रहेंगे—उस समय तक चुनाव का नियम निश्‍चिंतता के साथ प्रचलित नहीं किया जा सकता।'

सर सैयद के कतिपय वक्तव्यों में हिन्दू-मुस्लिम एकता व भाई-चारे का सम्बन्ध तथा एक ही देश के निवासी होने पर भी बल दिया गया है। बहुत से लेखक उन भाषणों के आधार पर यह सिद्ध करना चाहते हैं कि सर सैयद सांप्रदायिक राजनीति के लिए उत्तरदायी नहीं थे। यह तर्क दो कारणों से गलत है। एक, इसलिए कि सर सैयद ने वे भाषण उन अवसरों पर दिए जब उन्हें अपने अलीगढ़ कॉलेज की आर्थिक आवश्यकता के लिए हिंदुओं से अधिक मात्रा में धन प्राप्त होने की आशा थी। इन भाषणों में उन्होंने सामाजिक जीवन के सामूहिक पक्ष पर बल दिया था और इस क्षेत्र में भी धर्म अलग था। दूसरे, उन भाषणों में एकपक्षीय सहयोग पर बल दिया गया अर्थात हिंदुओं पर उनकी संपन्नता के कारण यह उत्तरदायित्व लगाया कि वे अपने वतनी भाइयों (देशवासियों) के उत्थान में सहायता करें। उनमें से किसी भाषण में भी उन्होंने किसी ऐसे क्षेत्र की व्याख्या नहीं की, जिसमें उन्होंने मुसलमानों से कहा हो कि वे हिंदुओं का समर्थन करें। हिंदू नेता भी यह जानते थे कि दोनों संप्रदायों का धार्मिक क्षेत्र अलग था शेष अन्य क्षेत्रों में वे साथ-साथ चल सकते थे। राजनीतिक क्षेत्र में कोई धार्मिक प्रश्न नहीं था। 1886 ई. पश्चात इस बात के परखने का अवसर उपलब्ध हुआ कि क्या सर सैयद मुसलमानों और हिंदुओं में केवल धार्मिक मतभेद मानते थे? क्या वे कौम का अर्थ किसी धार्मिक समुदाय से लगाते थे अथवा इस कौमियत के आधार पर वे विशिष्ट राजनीतिक अधिकार चाहते थे।

उपर्युक्त सवालों का जवाब उनके द्वारा दिये गये एक या दो वक्तव्यों या भाषाणों से देना पर्याप्त नहीं होगा। सर सैयद अत्यंत बुद्धिमान तथा दूरदर्शी नेता थे जो यह समझते थे कि मुसलमानों की प्रगति किस प्रकार हो सकती थी। हिंदुओं से सहयोग लेकर (यदि हो सके) अथवा मुसलमानों की पृथकता की दुहाई देकर (यदि आवश्यक हो) वह मुसलमानों को पुनः प्रगति के मार्ग पर डालना चाहते थे और उन्हें एक दल के रूप में संगठित कर देना चाहते थे। सर सैयद ने 1886 ई. के बाद मुसलमानों के लिए कौम शब्द का राजनीतिक अर्थ में प्रयोग किया क्योंकि उसकी आवश्यकता ही उसी समय हुई थी, इसलिए इसके विपरीत तर्क देना गलत है।

6

क्रांतिकारी आंदोलन : गदर पार्टी तथा होम रूल लीग

क्रांतिकारी प्रवृत्तियाँ

क्रान्तिकारी-आतंकवादी आन्दोलन 19वीं सदी के अन्त में और 20वीं सदी के प्रारम्भ में चला था। यह उग्र राष्ट्रवाद की एक अवस्था थी। क्रांतिकारी आतंकवाद राजनैतिक गतिविधि का एक ऐसा रूप था जिसे राष्ट्रीय युवा वर्ग की अत्यधिक प्रेरित पीढ़ी ने अपनाया था। इस वर्ग को प्रचलित राजनैतिक गतिविधियों में अपनी रचनात्मक शक्तियों को व्यक्त करने का पर्याप्त अवसर नहीं मिला था।

क्रांतिकारी प्रवृत्तियों के प्रमुख कारण

ब्रिटिश सरकार की प्रक्रियावादी दमन की नीति ने युवा वर्ग को निराश कर दिया था, उन्हें यह विश्वास हो गया था कि प्रार्थना तथा तर्कों द्वारा ब्रिटिश शासकों को परिवर्तित करने का प्रयास बेकार था। उन्होंने स्वदेशी आंदोलन में इस आशा और विश्वास से सक्रिय रूप से भाग लिया था कि आंदोलन के उग्र तरीकों जैसे कि बहिष्कार, सत्याग्रह आदि द्वारा राष्ट्रीय आंदोलन को उसके विशिष्ट खाँचे से बाहर निकाला जा सकेगा, उन्हें आशा थी कि इस आंदोलन द्वारा ब्रिटिश सरकार को घुटने

टेकने पर मजबूर किया जा सकेगा। स्वदेशी आंदोलन जनता के बहुत बड़े हिस्से को लामबंद करने में केवल आंशिक रूप से ही सफल हो सका और न ही वह बंगाल के विभाजन को वापिस करवा सका। यह असफलता लगभग निश्चित ही थी क्योंकि इसके द्वारा जनमानस को लामबंद करने का यह पहला प्रयास था और दूसरे इनके तरीके, इनकी वकालत करने वालों और इनको मानने से घबराने वालों, दोनों ही के लिए नए और अपरिचित थे। इसलिए अपनाने वाले कुछ हिचकिचाहट से ही उन्हें अपना रहे थे। इसके कारण युवा वर्ग में अशांति तथा निराशा की भावना आ गई। यह वर्ग महसूस करने लगा कि जन-जागृति के लिए शायद कुछ और अधिक नाटकीय करने की आवश्यकता थी।

आतंकवादी अथवा उग्रवादी द्वारा आन्दोलन में व्याप्त दोषों का अध्ययन करना अथवा इस गतिरोध में से बाहर निकाल सकने के नए रास्ते सुझाने में असफलता के कारण इस भावना को और भी बल मिला। इसका नेतृत्व करने वाले वर्ग के ही एक हिस्से ने जिनमें अरविंद घोष भी शामिल थे, इस प्रवृत्ति का समर्थन किया। जो इससे सहमत नहीं थे वे इसकी खुली आलोचना करने के बजाय चुप रहे, शायद यह सोचकर कि इससे सरकार को फायदा होगा।

क्रान्तिकारी आतंकवाद की विचारधाराओं को प्रेरित करने का एक प्रमुख अंग्रेजी प्रशासन द्वारा स्वदेशी आंदोलन का क्रूर दमन था। उदाहरण के लिए, 27 अप्रैल, 1906 की बरीसाल राजनैतिक कान्फ्रेंस में शरीक शांतिपूर्ण भीड़ पर पुलिस ने अकारण हमला कर दिया जिसके फलस्वरूप राष्ट्रीय अखबार "युगांतर" ने कहा कि "बल को बल से ही रोका जाना चाहिए"। सूरत में 1907 में भारतीय राष्ट्रीय कांग्रेस के गरम दल और नरम दल में विभाजन के बाद सरकार की दमन की क्षमता काफी बढ़ गई क्योंकि गरम दल के दमन से नरम दल सरकार से नाराज नहीं होता। संविधान संशोधन के वायदों के लालच से नरम दल को बहकाकर सरकार ने गरम दल पर पूरी तरह हमला बोल दिया; तिलक को 6 साल के लिए बर्मा में निर्वासित कर दिया गया, अरविंद घोष को क्रांतिकारी षड्यंत्र केस में गिरफ्तार कर लिया गया। इस दौर में राष्ट्रवादी युवा वर्ग की एक पूरी पीढ़ी—विशेषकर बंगाल में : दमन के कारण नाराज़ हो गई; उदार दल के रास्ते की व्यर्थता के बारे में निश्चित रूप से कायल हो गई।

यह युवा पीढ़ी इसलिए वैयक्तिक वीरता की कार्यवाहियों या क्रांतिकारी आतंकवाद की ओर उन्मुख हुई। यह वही रास्ता था जिसे पहले आयरलैंड के राष्ट्रवादियों और रूसी शून्यवादियों ने अपनाया था। हालाँकि वे मानते थे कि

साम्राज्यवाद को उखाड़ फेंकने के लिए अंततः जनता द्वारा हथियारबंद बगावत आवश्यक थी, उन्हें इस काम की कठिनाई, विशेषकर सेना की वफादारी को खत्म करने के प्रयत्न में मुश्किलों का भी पूरा अहसास था। इसलिए तुरंत कार्यवाही के लिए उनके सामने एक ही रास्ता था : ब्रिटिश अधिकारियों, विशेषकर जो बदनाम हों, की हत्या। ऐसा इसलिए किया गया कि अधिकारियों में दशहत फैल जाए; लोगों की उदासीनता तथा डर दूर हो जाए तथा; उनकी राष्ट्रीय चेतना जागृत हो जाए।

प्रारंभिक कार्यवाहियाँ

वास्तविक रूप में आतंकवाद की गतिविधि 1907-08 के आस-पास अत्यधिक समृद्ध एवं प्रभावशाली बनी लेकिन इससे पहले की इससे जुड़े कुछ तथ्य सामने आते है जो निम्नवत हैं–

1. 1897 में पूना के चापेकर भाइयों–दामोदर और बालकृष्ण–ने दो ब्रिटिश अफ़सरों की हत्या की थी।
2. महाराष्ट्र में 1904 तक वी.डी. सावरकर तथा उनके भाई गणेश ने **मित्रमेला** और **अभिनव भारत** जैसी गुप्त समितियों का संगठन किया।
3. 1905 के बाद से ही कई अखबारों तथा लोगों ने इस तरह की राजनैतिक गतिविधियों का समर्थन शुरू कर दिया था। 1907 में, बंगाल के लेफ़्टीनेंट गवर्नर पर कातिलाना हमला किया गया, हालाँकि वह असफल हो गया।

परन्तु आतंकवाद की गतिविधि प्रारंभ अप्रैल का, 1908 में स्वीकार किया जाता है। जब खुदीराम बोस तथा प्रफुल्ल चाकी द्वारा उस गाड़ी पर बम फेंका गया जिसमें उनके अनुसार मुज्जफरपुर का बदनाम जिला न्यायाधीश किंगसफोर्ड यात्रा कर रहा था। लेकिन दुर्भाग्यवश उसमें दो अंग्रेज औरतें यात्रा कर रही थीं जिनकी अनजाने में हत्या हो गई। पकड़े जाने के बदले प्रफुल्ल चाकी ने स्वयं को गोली से मार देना बेहतर समझा लेकिन खुदीराम को गिरफ्तार कर लिया गया और बाद में फाँसी पर चढ़ा दिया गया। सरकार ने इस अवसर को अरविंद घोष और उसके भाई बारिन तथा कई अन्यों को एक षड्यंत्र केस में फँसाने के लिए भी इस्तेमाल किया, जिसमें अरविंद स्वयं तो छूट गए लेकिन उनके भाई सहित अन्य कई लोगों को निर्वासन तथा कठोर कारावास जैसी सजाएँ दी गईं।

गुप्त संस्थाओं की स्थापना तथा क्रांतिकारी कार्यवाहियाँ

ब्रिटिश साम्राज्य का जब पतन होने लगा या अन्तिम दौर में भारत के विभिनन

क्षेत्रों में गुप्त संस्थाएं स्थापित होने लगी, बहुत-सी हत्याएँ हुईं तथा हथियार खरीदने के लिए कई ''स्वदेशी'' डकैतियाँ डाली गईं। क्रांतिकारी गतिविधियों का संचालन ''अनुशीलन'' और ''युगांतर'' जैसी संस्थाओं द्वारा किया गया। महाराष्ट्र में पूना, नासिक और बंबई क्रांतिकारियों की गतिविधियों के केंद्र बन गए। मद्रास में ''भारत माता एसोसिएशन'' के वांची अय्यर ने गरम दलीय नेता चिदम्बरम पिल्लई की गिरफ्तारी का विरोध कर रही भीड़ पर गोली चलाने वाले अफसर की हत्या कर दी। लंदन में मदनलाल धींगरा ने इंडिया हाउस के अफसर कर्ज़न वाइली की हत्या कर दी तथा रासबिहारी बोस ने 23 दिसंबर, 1912 को दिल्ली में प्रवेश कर रहे वाइसराय लार्ड हार्डिंग पर कातिलाना हमला किया। श्यामजी कृष्ण वर्मा, लाल हरदयाल, वी. डी. सावरकर, अजीत सिंह और मैडम कामा ने यूरोप में केंद्र स्थापित किए, जहाँ से वे क्रांतिकारी संदेश प्रसारित करते रहे तथा स्वदेश में अपने सहयोगियों की सहायता करते रहे। कुल मिलाकर 1908–1918 के बीच 186 क्रांतिकारी या तो मारे गए या पकड़े गए का प्रभाव धीरे-धीरे कम होता गया।

क्रांतिकारी प्रवृत्ति का दमन

कठोर दमन, क्रूर नियमों और लोकप्रियता के अभाव के कारण क्रांतिकारी आतंकवाद का प्रभाव धीरे-धीरे कम होता गया। इसमें कोई संदेह नहीं कि वैयक्तिक वीरता के कामों के कारण क्रांतिकारियों को कुछ लोकप्रियता, प्रशंसा और हमदर्दी मिली और खुदीराम बोस तथा प्रफुल्ल चाकी जैसे कई क्रांतिकारी लोग प्रसिद्ध हो गए। लेकिन जैसा कि इसकी प्रवृत्ति से ही स्पष्ट था, इस प्रकार की राजनैतिक आन्दोलन के पक्ष में कुछ व्यक्तियों का समर्थन मिल सकता था जन-समुदाय द्वारा नहीं। आम जनता अभी भी ऐसे आंदोलन की प्रतीक्षा में थी जो उनकी कमजोरियों को समझते हुए उनकी शक्ति का उचित उपयोग कर सके।

गदर आंदोलन

प्रथम विश्व युद्ध जुलाई, 1914 में आंरभ हो गया तथा कई भारतीय राष्ट्रीय नेताओं के भीतर यह उम्मीद जगी कि ब्रिटेन की कठिनाइयों से लाभ उठाने का यह एक अत्यंत दुर्लभ अवसर था। उन्हें लगता था कि लड़ाई में व्यस्त ब्रिटेन उनकी राष्ट्रीय चुनौती का समुचित उत्तर नहीं दे पाएगा। यह चुनौती दो विभिन्न प्रकार के राष्ट्रवादियों द्वारा दी गई : उत्तरी अमेरिका में रहने वाले गदर क्रांतिकारियों द्वारा और भारत में तिलक और एनी-बिसेंट की होम रूल लीग द्वारा। हम पहले गदर आंदोलन की चर्चा करेंगे।

आंदोलन की पृष्ठभूमि

गदर आन्दोलन में सबसे अधिक वे क्रान्तिकारी पंजाबी थे जो 1904 के बाद उत्तरी अमरीका के पश्चिमी तट पर जाकर बस गए थे। इनमें अधिकतर कर्ज के बोझ तले दबे, पंजाब के जमीन के लिए इच्छुक किसान थे। इनमें विशेषकर जालंधर और होशियारपुर इलाके के किसान थे। इनमें से बहुत से ब्रिटिश भारतीय फौज में नौकरी कर चुके थे। इससे उनमें प्रवास के लिए आवश्यक विश्वास पैदा हो गया था और उनके पास उसके लिए पर्याप्त साधन भी थे। स्थानीय लोगों के विद्वेषपूर्ण रवैये जिसमें गोरे मजदूरों की यूनियनें भी शामिल थीं, प्रतिबंधक प्रवासी नियमों जिनमें भारत सचिव की मिलीभगत शामिल थी, इन सबने भारतीय समुदाय को अहसास दिला दिया कि यदि उन्हें अपने विरुद्ध नस्लवादी भेदभाव का मुकाबला करना है तो उन्हें स्वयं को संगठित करना होगा। उदाहरण के लिए, एक भारतीय विद्यार्थी तारक नाथ दास जो उत्तरी अमरीका में भारतीय समुदाय के आरंभिक नेताओं में से था और जिसने **फ्री हिंदुस्तान नामक** अखबार भी शुरू किया था, यह अच्छी तरह जान गया था कि ब्रिटिश सरकार भारतीय मजदूरों को फीजी में तो काम करने को प्रोत्साहित कर रही थी क्योंकि वहाँ के ज़मींदारों को मजदूरों की आवश्यकता थी लेकिन वह उत्तरी अमरीका में भारतीयों के प्रवास को हतोत्साहित कर रही थी क्योंकि उसे डर था कि वे वहाँ आजादी के वर्तमान विचारों से प्रभावित हो जाएँगे।

आरंभिक कार्यवाही

1907 ई. में भारत में राजनैतिक हलचल की शुरूआत तब हुई जब रामनाथ पुरी नामक एक राजनैतिक प्रवासी ने **सर्कुलर-ए-आज़ादी** नामक पर्चा छापा जिसमें उसने स्वदेशी आंदोलन की सहायता का वचन दिया था। तारक नाथ दास ने **फ्री हिंदुस्तान** निकालना शुरू किया और जी.डी. कुमार ने **स्वदेशी सेवक** नामक पत्र गुरुमुखी में निकाला जिसमें उसने सामाजिक सुधारों की हिमायत की और हिंदुस्तानी सिपाहियों को बगावत करने का सुझाव दिया। 1910 तक दास और कुमार ने सियैटल (अमरीका) में युनाइटेड इंडिया हाउस की स्थापना कर ली जहाँ वे हर हफ़्ते हिंदुस्तानी मज़दूरों के गुटों को भाषण दिया करते थे। उन्होंने खालसा दीवान सोसायटी के साथ भी घनिष्ट संबंध स्थापित किए जिसके फलस्वरूप 1913 में लंदन में कोलोनियल सेक्रेटरी और भारत में वायसराय तथा अन्य अफसरों से मिलने के लिए एक शिष्टमंडल भेजने का फैसला किया गया। एक महीना इंतज़ार करने के बाद भी वे कोलोनियल सैक्रेटी से मिलने में सफल नहीं हो सके लेकिन पंजाब में वे

लेफ़्टीनेंट गवर्नर और वाससराय से मिलने में सफल हो गए। पंजाब में उनकी यात्रा के दौरान पंजाब के विभिन्न शहरों में बहुत-सी जनसभाएँ आयोजित की गईं। जनता तथा अखबारों से बहुत सहायता मिली।

इसी बीच 1913 के शुरू में हाँगकाँग में मलाया प्रदेशों में काम करने वाले एक सिक्ख पुजारी भगवान सिंह कनाडा में बैंकूवर शहर गए और खुलेआम ब्रिटिश शासन के खिलाफ हिंसक बगावत करने का प्रचार किया। उनके प्रचार का इतना प्रभाव पड़ा कि उन्हें तीन महीने बाद कनाडा से निकल जाने को कहा गया लेकिन उनके विचारों ने श्रोताओं में नई चेतना जगा दी थी।

संगठन की ओर

अंग्रेजी प्रशासक एवं अधिकारी तथा भारतीय प्रशासन की गतिविधियों से निराश होकर उत्तरी अमरीका के भारतीय समुदाय को लगा कि विदेशों में उनकी घटिया स्थिति का कारण उनका एक गुलाम देश का नागरिक होना है। लगातार राजनैतिक संघर्षों, राष्ट्रीय चेतना और भाईचारे की भावना के फलस्वरूप उत्तरी अमरीका के इस समुदाय को एक केंद्रीय संगठन एवं नेता की आवश्यकता महसूस हुई। यह नेता उन्हें लाला हरदयाल के रूप में मिला। जो 1911 में राजनैतिक प्रवासी के रूप में अमरीका आए थे और स्टैनफोर्ड विश्वविद्यालय में तथा अमरीकी बुद्धिजीवियों, उग्रवादियों तथा मज़दूरों को अराजकतावादी तथा श्रमिकसंघवादी आंदोलनों के बारे में भाषण दिया करते थे लेकिन जिन्होंने भारतीय प्रवासियों के जीवन में अधिक रुचि नहीं दिखाई दी। दिसंबर, 1912 में दिल्ली में वाइसराय पर बम द्वारा हमले की खबर से उनके व्यवहार में परिवर्तन आया क्योंकि उन्हें लगा कि क्रांतिकारी भावना अभी जीवित थी। उन्होंने भारतीय प्रवासी समुदाय का नेतृत्व सँभाल लिया तथा मई, 1913 में पोर्टलैंड में **हिंदी एसोसिएशन** की स्थापना से एक केंद्रीय संगठन की आवश्यकता भी पूरी हो गई। बाद में इस संगठन का नाम बदल कर **हिंदुस्तान गदर पार्टी** रख दिया गया। इसकी पहली मीटिंग में बाबा सोहन सिंह भाकना इसके अध्यक्ष चुने गए और लाला हरदयाल जरनल सेक्रेटरी तथा पंडित काशी राम मरोली इसके कोषाध्यक्ष बने। इस मीटिंग में अन्य लोगों के अलावा भाई परमानंद तथा हरनाम सिंह "टुंडीलाट" ने भी भाग लिया था। 10,000 डालर की रकम भी वहीं जमा कर ली गई और फैसला किया गया कि सैन फ्रांसिस्को में **युगांतर आश्रम** नाम से एक मुख्यालय की स्थापना की जाएगी और **गदर नामक** एक साप्ताहिक अखबार निकाला जाएगा जो मुफ्त बाँटा जाएगा।

राजनैतिक कार्यवाही की योजना

राजनैतिक योजना का प्रतिपादन का श्रेय लाला हरदयाल हो जाता है और इसे हिंदी एसोसिएशन ने स्वीकार किया था, यह योजना इस समझ पर आधारित थी कि ब्रिटिश शासन को केवल हथियारबंद विद्रोह द्वारा ही उखाड़ फेंका जा सकता था और ऐसा करने के लिए आवश्यक था कि बड़ी संख्या में भारतीय प्रवासी भारत जाएँ और यह संदेश जनता तथा हिंदुस्तानी फौज के सिपाहियों तक पहुँचाएँ। लाला हरदयाल यह भी मानते थे कि अमरीका में मिली आज़ादी को अंग्रेज़ों के खिलाफ लड़ने में इस्तेमाल किया जाना चाहिए, अमरीकियों के विरुद्ध नहीं क्योंकि विदेश में रहने वाले हिंदुस्तानियों को तब तक बराबरी का दर्जा नहीं मिल सकता था जब तक कि वे अपने ही देश में स्वतंत्र नहीं हो जाते। इस समझ को स्वीकार करते हुए राष्ट्रवादियों ने एक जबर्दस्त अभियान छेड़ दिया और जिन फैक्ट्रियों और फ़ार्मों पर हिंदुस्तानी प्रवासी काम करते थे, उनका दौरा करने लगे।

समाचार पत्र का प्रारंभ एवं उसका प्रभाव

पहली नवंबर, 1913 को **गदर** अख़बार की शुरुआत की गई; पहला अंक उर्दू में छपा लेकिन एक महीने बाद उसका गुरुमुखी अंक भी आ गया। **गदर** अखबार की रूपरेखा राष्ट्रवाद के संदेश को सीधे-सादे लेकिन प्रभावशाली शब्दों में व्यक्त करने के हिसाब से तैयार की गई थी। उसके नाम का ही अर्थ था विद्रोह ताकि उसकी मंशा के बारे में किसी प्रकार का संदेह न रहे। उसके ऊपर "अंग्रेज़ी राज का दुश्मन" छपा हुआ था। इसके अलावा, हर अंक के मुखपृष्ठ पर "अंग्रेज़ी राज का कच्चा चिट्ठा" छपता था जिसमें अंग्रेज़ी शासन के 14 नकारात्मक प्रभावों का विवरण रहता था। चिट्ठा वास्तव में अंग्रेज़ी शासन की समस्त आलोचना का सारांश था जिसमें भारतीय संपत्ति की लूट, ज़मीन के ऊँचे लगान, प्रति व्यक्ति निम्न आय, लाखों भारतीयों की जान लेने वाले अकाल का बार-बार पड़ना, फौज पर लंबे-चौड़े खर्च, स्वास्थ्य पर नगण्य खर्च तथा हिंदू-मुसलमानों को लड़वा कर "विभाजन और शासन" की नीति आदि का ज़िक्र रहता था। चिट्ठे की आखिरी दो बातें इस सबके समाधान की ओर यह कहकर संकेत करती थीं कि करोड़ों भारतीयों के मुकाबले में हिंदुस्तान में मौजूद अंग्रेज़ों की संख्या बहुत ही कम थी और 1857 के पहले विद्रोह के बाद छप्पन वर्ष बीत गए थे और एक अन्य विद्रोह के लिए समय आ गया था।

गदर आन्दोलन समाचार का प्रभाव उत्तरी अमेरिका में रहने वाली भारतीयों पर अत्यधिक पड़ा था परन्तु बहुत जल्दी ही फिलिपाइन्स, हाँगकाँग, चीन, मालाया प्रदेशों,

सिंगापुर, त्रिनिदाद तथा होंडूरस के प्रवासियों तक भी पहुँचने लगा और इन केंद्रों में मौजूद हिंदुस्तानी सेनाओं में भी। इसे भारत भी भेजा जाता था। इसने प्रवासी समुदायों में जबर्दस्त चेतना पैदा की तथा इसे पढ़ने और इसमें उठाए गए मुद्दों पर बहस के लिए कई वर्ग बनाए गए और चंदे के ढेर लग गए। सबसे अधिक लोकप्रिय थीं इसमें छपने वाली कविताएँ जिन्हें जल्दी ही **गदर की गूँज** नाम से संकलित किया गया। इन्हें भारतीयों के सम्मेलन में पढ़ा और गाया जाता था। इन कविताओं में क्रांतिकारी भावना तथा धर्मनिरपेक्षता का भाव भरा था।

''गदर'' ने पंजाबियों से अपील की कि वे 1857 के अपने अंग्रेज़ों की हिमायत की भूमिका का उधार अब उन्हें उखाड़ फेंकने में महत्त्वपूर्ण भूमिका अदा करके चुका दें। वे अंग्रेजों द्वारा बनाई गई वफ़ादार सिपाहियों की अपनी छवि का भी खंडन करें और सिर्फ़ विद्रोही बनें जिनका एकमात्र उद्देश्य स्वतंत्रता प्राप्त करना था। गदर का संदेश इतनी तेज़ी से घर कर गया कि स्वयं हरदयाल उन लोगों की तीव्र प्रतिक्रिया से चकित रह गए जो कुछ करने के लिए बेचैन थे।

गदर आंदोलन : मुख्य घटनाएँ

लाला हरदयाल की गिरफ्तारी, ज़मानत और स्विट्ज़रलैंड भाग जाना, कामागाटा मारू जहाज़ की यात्रा और प्रथम विश्व युद्ध की शुरुआत यह तीनों घटनाएं 1914 में घटित हुई थी जिसके गदर क्रान्तिकारी आन्दोलन को बाढ़वा दिया था इन तीनों घटनाओं की व्यवस्था इस प्रकार है— :

(i) मार्च, 1914 में हरदयाल को गिरफ़्तार कर लिया गया। संभवतः इसका सबसे महत्त्वपूर्ण कारण था ब्रिटिश सरकार का दबाव, जो चाहती थी कि वे गदर आंदोलन के नेतृत्व से हट जाएँ लेकिन जो कारण बताया गया वह था, उनकी अराजकतावादी गतिविधियाँ। उन्हें ज़मानत पर छोड़ दिया गया और उनकी पार्टी ने फ़ैसला किया कि वह ज़मानत से भाग कर स्विट्ज़रलैंड चले जाएँ।

(ii) इसी दौरान कनाडा के प्रवास कानूनों का उल्लंघन करने के लिए, जिनके अनुसार ''सीधे अपने जहाज़ पर आने वालों'' के सिवा सभी अन्य के आने पर प्रतिबंध था, सिंगापुर में रह रहे एक हिंदुस्तानी कांट्रेक्टर गुरदत्त सिंह ने **कामागाटा मारू** नामक जहाज किराये पर लिया और पूर्वी तथा दक्षिण पूर्वी एशिया के विभिन्न भागों में रहने वाले 376 भारतीय यात्रियों को लेकर वैंकूवर के लिए रवाना हो गये। रास्ते में गदर पार्टी के कार्यकर्ता

जहाज़ पर आते, भाषण देते तथा साहित्य बाँटते। उनके प्रवास की पूर्व सूचना मिलने पर वैंकूवर के प्रेस ने "बढ़ते हुए पूर्व के आक्रमण" की चेतावनी दे दी और अपने कानूनों को और कड़ा करके कनाडा की सरकार इस चुनौती का सामना करने को तैयार हो गई।

कनाडा पहुँचने पर, जहाज़ को बंदरगाह में जाने नहीं दिया गया तथा पुलिस ने उसकी घेराबंदी कर दी। वैंकूवर में "समुद्रतट समिति" जिसके नेता हुसैन रहीम, सोहन लाल पाठक और बलवंतसिंह थे, के प्रयत्नों के बावजूद तथा अमरीका में बर्कातुल्ला, भगवान सिंह, रामचंद्र और सोहन सिंह भकना के शक्तिशाली अभियान के बावजूद, कामागाटा मारू को कनाडा की जल सीमा के बाहर निकाल दिया गया। उसके जापान पहुँचने से पहले प्रथम विश्व युद्ध छिड़ गया तथा ब्रिटिश सरकार ने ऐलान कर दिया कि जहाज़ के कलकत्ता पहुँचने से पहले किसी यात्री को उतरने नहीं दिया जाएगा।

वापसी की यात्रा में जिस बंदरगाह पर भी यह जहाज पहुँचा वहाँ भारतीय प्रवासियों में रोष की लहर दौड़ गई और ब्रिटिश विरोधी भावना बढ़ने लगी। जब जहाज कलकत्ता के पास बज-बज नामक स्थान पर पहुँचा तो पुलिस के द्वेषपूर्ण रवैये के कारण संघर्ष हुआ। इस संघर्ष में 18 यात्रियों की मृत्यु हो गई, 202 को गिरफ्तार कर लिया गया तथा बाकी भाग निकलने में सफल हो गए।

(iii) तीसरी और सबसे प्रमुख घटना प्रथम विश्व युद्ध का प्रारंभ, इस घटना ने सारी परिस्थिति में एक नाटकीय परिवर्तन ला दिया, वह थी पहले विश्व युद्ध की शुरुआत। यही वह अवसर था जिसके इंतज़ार में गदरवादी तैयार बैठे थे ताकि अंग्रेज़ों की कठिनाइयों का पूरा लाभ उठाया जा सके। यह अवसर उनकी आशाओं से पहले ही आ गया। अभी उनकी तैयारी भी पूरी नहीं हुई थी। फिर भी पार्टी के सक्रिय कार्यकर्ताओं की विशेष सभा हुई और यह फैसला किया गया कि काम का समय आ गया है। यह विचार किया गया कि दल की सबसे बड़ी कमजोरी हथियारों की कमी थी जिसे हिंदुस्तानी सिपाहियों को विद्रोह के लिए उकसा कर पूरा किया जा सकता था। गदर पार्टी ने एक पत्र **ऐलाने-जंग** (युद्ध की घोषणा) जारी कर दिया जिसे विदेशों में रहने वाले भारतीयों में बाँटा गया। गदर के कार्यकर्ताओं ने लोगों में प्रोत्साहन जगाने के लिए यात्राएँ भी आरंभ कर दी कि वे हिंदुस्तान लौटकर संगठित विद्रोह की तैयारी करें। परिणाम बहुत ही उत्साहवर्धक था और भारी संख्या में लोगों ने स्वयं को और अपनी सारी

संपत्ति को राष्ट्र के नाम समर्पित करने की पेशकश की। इससे उत्साहित होकर गदर पार्टी ने हिंदुस्तान चलने का आह्वान किया तथा 1914 के पूर्वार्द्ध से क्रांतिकारियों के जत्थे विभिन्न रास्तों से होकर हिंदुस्तान पहुँचने लगे।

आंदोलन का अन्तिम समय

भारत में प्रवेश के अधिकार तथा घुसपैठ के खिलाफ एक नवीन अध्यादेश से युक्त होकर हिंदुस्तानी सरकार ताक लगाए बैठी थी। लौटने वाले प्रवासियों की पूरी तरह जाँच-पड़ताल की गई और लौटने वाले लगभग 8000 में से 5000 को "सुरक्षित" मानकर बिना रोक-टोक के आने दिया गया। शेष में से कुछ को गाँवों में नज़रबंद कर दिया गया और काफी लोगों को हिरासत में ले लिया गया। फिर भी कुछ कट्टर कार्यकर्ता पंजाब पहुँचने में सफल हो गए।

इन कट्टर कार्यकर्ताओं में करतार सिंह सराया नामक एक छात्र भी था जो पंजाब तक सकुशल गया। इसने गदर पार्टी की सदस्यता अमरीका में प्राप्त की थी और जो गदर अख़बार के निकालने में प्रमुख योगदान देता था। उसने तुरंत लौटने वाले प्रवासियों से संपर्क स्थापित करने, उन्हें संगठित करने का काम शुरू कर दिया। वह सभाएँ करने लगा तथा योजना बनाने के काम में जुट गया। गदर कार्यकर्ता गाँवों के दौरे करके; पार्टी के पर्चे बाँट कर, मेलों में लोगों को संबोधित करके और अन्य कई प्रयत्नों द्वारा लोगों को विद्रोह के लिए प्रेरित करने लगे। लेकिन 1914 का पंजाब उनकी आशाओं से भिन्न था और लोग गदर द्वारा काल्पनिक विद्रोह के लिए तैयार नहीं थे। कार्यकर्ताओं को सरकार के वफ़ादार तत्त्वों के विरोध का भी सामना करना पड़ा जिसमें खालसा दीवान का प्रमुख भी शामिल था जिसने उन्हें तनखैया या पतित सिखों और अपराधी का दर्जा देकर सरकार द्वारा उन्हें दबाने के प्रयत्नों में पूरा सहयोग दिया।

जब गदर क्रान्तिकारियों को यह महसूस हुआ कि उसके कार्य का जनता पर कोई सन्तोषजनक प्रभाव नहीं पड़ रहा है तो उन्होंने अपनी नीति में परिवर्तन किया और उनका प्रयास सिपाहियों में अपना संदेश फैलाकर उन्हें विद्रोह के लिए तैयार करने का हो गया। नवंबर, 1914 के विद्रोह का प्रयत्न संगठन तथा केंद्रीय नेतृत्व के अभाव के कारण असफल हो गया। फरवरी, 1915 में रास बिहारी बोस से संपर्क और उन्हें नेतृत्व तथा संगठन सौंप देने के बाद एक अधिक संगठित प्रयत्न किया गया लेकिन यह भी असफल रहा क्योंकि सरकार ने संगठन में घुसपैठ करके इससे

पहले ही कार्रवाई कर लिया थी। बोस बच निकलने में सफल हो गए लेकिन अन्य नेताओं को गिरफ्तार कर लिया गया और गदर आंदोलन को प्रभावशाली ढंग से दबा दिया गया।

दमन

ब्रिटिश प्रशासन ने दमन की बहुत ही सख्त नीति अपनाई। 42 लोगों को फाँसी की सज़ा सुनाई गई और अन्य को लंबी अवधि का कारावास दिया गया। इसके फलस्वरूप पंजाब में राष्ट्रवादी नेतृत्व की एक पूरी पीढ़ी की राजनैतिक हत्या कर दी गई। बर्लिन में रह रहे हिंदुस्तानी क्रांतिकारियों द्वारा जर्मन सहायता प्राप्त करने और विदेशों में भेजे गए हिंदुस्तानी सिपाहियों में विद्रोह कराने के प्रयत्न भी असफल हुए। राजा महेंद्र प्रताप और बर्कातुल्लाह द्वारा अफगानिस्तान के अमीर की मदद प्राप्त करने के प्रयत्नों में भी असफलता हाथ आई। इस प्रकार हिंसक विद्रोह द्वारा अंग्रेजी शासन को उखाड़ फेंकने में सफलता शायद इन क्रांतिकारियों की किस्मत में नहीं थी।

उपलब्धियाँ एवं असफलताएँ

गदर क्रान्तिकारी हालाँकि देश को स्वतंत्रता नहीं दिला सके, परन्तु स्वतन्त्रता आन्दोलन का आधार अवश्य तैयार किया। इनके आन्दोलन को यदि असफल माने तो 1920-22, 1930-34 तथा 1942 के सभी बड़े आंदोलन असफल माने जाएँगे क्योंकि इनमें से कोई भी तुरंत स्वतंत्रता प्राप्त करने में सफल नहीं हुआ। लेकिन अगर सफलता का मापदंड राष्ट्रीय भावनाओं को आगे बढ़ाना, मुकाबला करने की नई परंपराएँ बनाना, आंदोलन के नए तरीके ढूँढ़ना तथा धर्म-निरपेक्षता, जनतंत्र तथा स्वतन्त्रता की विचारधारा का प्रसार करना था तो भारत के स्वतंत्रता संग्राम में गदर आंदोलन की भूमिका अत्यंत महत्त्वपूर्ण मानी जाएगी।

उपलब्धियाँ : गदर पार्टी के लोगों ने देश में राष्ट्रीयता की भावना का विकास किया। वे राष्ट्रीय विचारधारा को लोकप्रिय बनाने में सफल हुए विशेषकर उपनिवेशवाद के मूल्यांकन करने तथा इस समझ का प्रसार करने में कि हिंदुस्तान की गरीबी और पिछड़ेपन का मुख्य कारण अंग्रेज़ी शासन था। यह प्रसार उन्होंने देश तथा विदेश में रहने वाले भारतीयों में किया। उन्होंने अत्यधिक उत्साही राष्ट्रवादियों का एक दल तैयार किया जिसने बाद में कई दशकों तक राष्ट्रीय आंदोलन तथा बाद में पंजाब और देश के अन्य भागों में वामपंथी तथा किसान आंदोलन तैयार करने में प्रमुख भूमिका अदा की। यद्यपि दमन के फलस्वरूप उनमें से कई लोग स्थायी तौर पर और अन्य लोग कई वर्षों तक आंदोलन से अलग रहे।

गदर विचारधारा मूलतः अत्यंत समतावादी तथा जनतंत्रवादी थी। उनका उद्देश्य था हिंदुस्तान में एक स्वतंत्र गणतंत्र की स्थापना करना। हरदयाल ने, जो प्रारंभिक अवस्था में अराजकतावादी तथा श्रमिकसंघवादी आंदोलनों से प्रभावित हुए थे, इस आंदोलन को एक समतावादी स्वरूप प्रदान किया। वे अक्सर आयरिश, मैक्सिकन तथा रूसी क्रांतिकारियों का ज़िक्र किया करते थे जिसके कारण इस आंदोलन को अंधे राष्ट्रवाद से भी बचा सकें और उसे एक अंतर्राष्ट्रीय रूप भी दे सकें।

गदर आंदोलन में धर्म विशेष का कोई प्रभाव नहीं था इसीलिये उनकी सबसे महत्त्वपूर्ण उपलब्धि यह थी कि उसके अधिकतर अनुयायी पंजाबी सिक्ख प्रवासियों में से होने के बावजूद उन्होंने कभी भी फिरकापरस्ती का इज़हार नहीं किया, बल्कि वे अपने दृष्टिकोण में पूरी तरह धर्म-निरपेक्ष बने रहे। धर्म को महत्त्व देने को तुच्छ और संकीर्णता समझा जाता था जिसे क्रांतिकारी निंदनीय समझते थे। वे खुले दिल से सिक्खों और पंजाबियों के सिवा दूसरों को भी नेता स्वीकार करते थे : हरदयाल हिंदू थे, बर्कातुल्लाह मुसलमान थे, रास बिहारी बोस बंगाली हिंदू थे। वे समस्त भारत के नेताओं का सम्मान करते थे—तिलक, सावरकर, खुदीराम बोस तथा अरविंद घोष उनके हीरो थे। वे यह भी समझते थे कि सिक्खों को ''लड़ाकू कौम'' घोषित करने में उपनिवेशवादी शासन का हाथ था ताकि वे वफादार सिपाही बने रहें। गदर दल ने इस मिथ्या छवि को भंग करने का भरसक प्रयत्न किया। उन्होंने **वंदे मातरम्** को आंदोलन के नारे के रूप में लोकप्रिय बनाया और **सत श्री अकाल** जैसे धार्मिक नारे को नहीं अपनाया। सोहन सिंह भाखना, जो बाद में गदरी बाबा के नाम से प्रसिद्ध हुए और सुप्रसिद्ध राष्ट्रीय एवं वामपंथी नेता बने, के अनुसार ''हम सिक्ख या पंजाबी नहीं थे देश प्रेम ही हमारा धर्म था।''

गदर : गदर आन्दोलन के विभिन्न प्रकार में कुछ कमियाँ पायी गयी हैं जिनमें सबसे प्रमुख कमी या दोष था आंदोलन के लिए तैयारी के स्तर को अधिक महत्त्व देना। कहा जा सकता है कि उन्होंने अपनी सेना की परिस्थितियों को पूरी तरह समझे बिना ही लड़ाई का बिगुल बजा दिया। प्रतिदिन नस्लवादी अपमान, अपरिचित परिस्थितियों में रहने के कारण आई विमुखता की भावना आदि के शिकार भारतीय प्रवासियों में राष्ट्रीय चेतना जगाने के उनके अभियान का जबर्दस्त प्रभाव पड़ा क्योंकि उनकी संख्या कम होने के कारण उन्हें संगठित करना बहुत आसान था और इसी से वे भ्रमित हो गए कि सारे भारत की जनता भी इस प्रकार तैयार थी। उन्होंने ब्रिटिश शासकों की ताकत, उनकी विचारधारा के प्रभाव का भी गलत अंदाज़ लगाया और समझा कि हिंदुस्तान की जनता को सिर्फ विद्रोह का नारा देने की जरूरत थी। इस

महत्त्वपूर्ण कमजोरी की जो कीमत गदर आंदोलन और समूचे राष्ट्रीय आंदोलन को चुकानी पड़ी वह काफी अधिक थी क्योंकि अगर गदर आंदोलन के नेतृत्व के एक बड़े भाग को शासन द्वारा कार्यक्षेत्र से अलग न किया जाता तो राष्ट्रीय आंदोलन का स्वरूप, विशेषकर पंजाब में, कुछ और ही होता क्योंकि अपनी राष्ट्रवादी एवं धर्मनिरपेक्ष विचारधारा के कारण गदर दल ने उन फिरकापरस्त भावनाओं को रोकने में महत्त्वपूर्ण भूमिका निभाई होती जिन्होंने आने वाले वर्षों में अपना सिर उठाया।

होम रूल लीग

होम रूल आन्दोलन भारतीय स्वतन्त्रता संग्राम के इतिहास में प्रथम अखिल भारतीय आन्दोलन था जिसका नेतृत्व लोकमान्य तिलक और ऐनीवेसेन्ट के द्वारा किया गया था।

लीगों के बनने में सहायक घटनाएँ

मांडले, बर्मा में छह वर्ष की लंबी कैद काटने के बाद जब तिलक वापस हिंदुस्तान लौटे तो सबसे पहले उन्होंने अपना ध्यान स्वयं तथा अन्य उग्रवादियों के कांग्रेस में वापस जाने की ओर दिया जिसमें से उन्हें 1907 में सूरत में निकाल दिया गया था। 1907 में भी वे विभाजन से खुश नहीं थे। अब तो वह एकता के और भी हामी बन गए। इसके अतिरिक्त, किसी भी प्रकार की राजनैतिक गतिविधियों के लिए कांग्रेस की मुहर आवश्यक थी क्योंकि लोगों के दिमाग में कांग्रेस राष्ट्रीय आंदोलन का विशिष्ट चिह्न बन गई थी। साथ ही, विभाजन ने अंग्रेजों को ही लाभ पहुँचाया था जिन्होंने पहले तो गरम दल को दमन करके अलग कर दिया और फिर नरम दल की भी उपेक्षा ऐसे संशोधन लाकर कर दी जो अपेक्षाओं से बहुत ही कम थे। 1908 के बाद से राजनैतिक गतिविधियों के पूर्ण अभाव से नरम दलीय पर मिसेज़ ऐनी बिसेंट का भी काफी दबाव था क्योंकि वे हिंदुस्तान में भी आयरिश होम रूल लीग की तरह का आंदोलन चलाना चाहती थीं और वह उग्रवादियों के वापस लिए जाने पर ज़ोर दे रही थीं। ऐनी बिसेंट जिनकी उम्र 1914 में 66 वर्ष की थी, 1893 में इंग्लैंड से थियोसोफिकल सोसाइटी का काम करने हिंदुस्तान आई थीं। वह पहले मुक्त विचारधारा, क्रांतिकारी विचारधारा तथा फेबियनवाद की समर्थक रह चुकी थीं। उन्होंने मद्रास के निकट अद्‌यार में अपना मुख्य कार्यालय बनाया था और उन शिक्षित भारतीयों में से बहुत को थियोसौफिकल सोसायटी का सदस्य बना लिया था जिनके समुदायों में किसी प्रकार का सांस्कृतिक पुनर्उत्थान नहीं हुआ था। इसी को आधार बनाकर वह राजनैतिक आंदोलन आरंभ करना चाहती थीं।

दो लीग

प्रथम विश्व युद्ध के दौरान दिसम्बर, 1914 में आयोजित कांग्रेस के अधिवेशन में गरमदल के नेताओं को भाग लेने से वंचित कर दिया गया परन्तु 1915 में लगातार प्रयत्नों के कारण, जिन्हें ऐनी बिसेंट और तिलक ने समाचार पत्रों तथा स्थानीय एसोसिएशनों के द्वारा शुरू किया था, दिसंबर, 1915 में उन्हें पुनः प्रवेश मिल गया। फिरोज़शाह की मृत्यु के बाद उनके विरोध में काफी कमी आई थी क्योंकि वे उनके विरोधियों में सबसे प्रमुख थे। कांग्रेस जिसमें अभी भी नरम दलीय सत्ता में थे, स्थानीय स्तर की कांग्रेस समितियों को दुबारा शुरू करने व सितंबर, 1916 तक लोगों को शिक्षित करने के कार्यक्रम को शुरू नहीं कर पाई। इसीलिए तिलक और ऐनी बिसेंट ने 1916 में अपने-अपने संगठन—होम रूल लीग—शुरू कर दिए। दोनों लीगों ने अपने-अपने प्रभाव क्षेत्रों को साफ-साफ सीमित कर लिया। तिलक की लीग को महाराष्ट्र, कर्नाटक, मध्य प्रदेश और बरार में काम करना था ओर एनी बिसेंट वाली लीग को शेष भारत में।

तिलक का होम रूल लीग

तिलक की होम रूल लीग को जिसे अप्रैल, 1916 में बेलगाम में हुई बंबई की क्षेत्रीय कांफ्रेंस में शुरू किया गया था। छह ब्रांचों में संगठित किया गया था, जिनमें से एक-एक मध्य महाराष्ट्र, बंबई शहर, कर्नाटक तथा मध्य प्रदेश में थी और दो बरार में थीं। इसने मराठी में 6 और अंग्रेजी में 2 पैम्फलैट जारी किए जिनकी 47,000 प्रतियाँ बिकीं। पैम्फलैट कन्नड़ और गुजराती में भी निकाले गए। इसके अतिरिक्त सबसे प्रमुख भूमिका अदा की तिलक द्वारा महाराष्ट्र के दौरे ने जिसमें उन्होंने भाषण दिए और होम रूल की माँग के बारे में बताया। "हिंदुस्तान उस बेटे की तरह था जो अब वयस्क हो गया था", उन्होंने कहा, "अब उसे उसके ट्रस्टी या पिता से वह सब मिलना चाहिए जो उसका हक था।" उनके उस समय के भाषणों में धार्मिकता की अपील बिल्कुल नहीं थी। न ही उनके विचारों से कोई संकुचित क्षेत्रीय भाषायी प्रभुत्व या जाति-पाँति का पक्षपात झलकता है। वे सभी भाषाओं व संस्कृतियों की प्रगति के पक्ष में थे और चाहते थे कि शिक्षा भारतीय भाषाओं में दी जाए। वे भेदभाव व छुआछूत को बिलकुल नहीं स्वीकार करते थे। उन्होंने अपने एक भाषण में कहा था कि "अगर भगवान भी छुआछूत को मानता है तो उसे भगवान ही नहीं मानूँगा।" उन्होंने ब्राह्मणों से कहा कि वे गैर-ब्राह्मणों की माँगों का विरोध न करें और साथ ही गैर-ब्राह्मणों से अनुरोध किया कि वे नौकरियों की कमी जैसी

समस्याओं को ब्राह्मण-गैर-ब्राह्मण के दृष्टिकोण से न देखें क्योंकि इसका असली कारण ब्राह्मणों में शिक्षा का अधिक प्रसार था। जैसे ही तिलक का आंदोलन जनता में फैलने लगा, सरकार ने यह कहकर उन पर चोट की कि वह 60,000 रुपये "सुरक्षा-राशि" के रूप में जमा कराएँ अन्यथा उन पर एक साल के लिए "सद्व्यवहार" की रोक लगा दी जाएगी। तिलक निचली अदालत में तो केस हार गए लेकिन नवंबर 1916 में उच्च न्यायालय ने उन्हें बरी कर दिया। सरकार द्वारा उनका मुँह बंद करने के असफल प्रयत्न से आंदोलन को बल मिला जिसके फलस्वरूप तिलक ने घोषणा कर दी कि होम रूल को अब वैधानिक मान्यता मिल गई थी। अप्रैल, 1917 तक लीग के सदस्यों की संख्या 14,000 हो गई थी।

एनी बेसेंट की होम रूल लीग

इसी दौरान एनी बेसेंट ने आयरलैंड के होमरूल लीग की भांति स्वतन्त्रता के लिए राजनीतिक आन्दोलन चलाने की योजना बनायी। सितंबर, 1916 में लीग के औपचारिक उद्घाटन से पहले ही प्रचार फंड ने 26 अंग्रेजी पैम्फलैट्स 300,000 प्रतियाँ बेच डाली थीं जिनमें हिंदुस्तान में चल रहे शासन के स्वरूप तथा सेल्फ-गवर्नमेंट (स्वशासन) की माँग की व्याख्या की गई थी। भारतीय भाषाओं में पैम्फलेट निकाले गए, स्थानीय शाखाओं ने भाषणों तथा चर्चा-सभाओं का आयोजन किया तथा पुस्तकालयों की स्थापना की। अड्यार के मुख्यालय में एनी बिसेंट तथा उनके सहयोगियों ने जिनमें अरूंडेल, सी.पी. रामस्वामी अय्यर तथा बी.पी. वाडिया शामिल थे, न्यू इंडिया और कॉमनवील नामक पत्र निकाले। न्यू इंडिया में अरूंडेल का "होम रूल" कॉलम खबरों तथा निर्देश का माध्यम था। थियोसौफिकल सोसायटी के वर्तमान सदस्यों के अलावा, इलाहाबाद से जवाहरलाल नेहरू, कलकत्ता से बी. चक्रवर्ती तथा जे. बनर्जी समेत बहुत-से नए सदस्यों ने लीग में शामिल होने का फैसला किया।

इस लीग को अधिकांश नरमदल (उदारवादी) कांग्रेसियों की मदद मिली क्योंकि वे कांग्रेस की गतिविधियों से असंतुष्ट थे। गोखले के **सर्वेन्ट्स ऑफ इंडिया सोसायटी** के सदस्यों ने दौरे करके भाषण दिए, पैम्फलेट छापे तथा होम रूल की माँग का समर्थन किया; उत्तर प्रदेश में उदारवादी कांग्रेसियों ने छोटे शहरों तथा गाँवों के दौरों में होम रूल लीग वालों का साथ दिया। इसमें कोई आश्चर्य की बात नहीं थी क्योंकि होम रूल लीग के समर्थक उदारवादियों के ही कार्यक्रम को जोर-शोर से आगे बढ़ा रहे थे।

दिसंबर, 1916 में लखनऊ में हुए कांग्रेस के वार्षिक अधिवेशन में भी होम रूल के समर्थकों को अपनी शक्ति दिखाने का अवसर मिला और वे इसमें बड़ी संख्या में शामिल हुए। तिलक व एनी बिसेंट ने कांग्रेस व मुस्लिम लीग में संधि कराने में महत्त्वपूर्ण भूमिका निभाई जिस पर इसी अधिवेशन में हस्ताक्षर किए गए। तिलक ने इस आलोचना का कि हिन्दू मुसलमानों के प्रति बहुत अधिक सहृदयता दिखा रहे थे, उत्तर इस प्रकार दिया : "मुझे विश्वास है कि मैं समूचे भारत का सामूहिक रूप से प्रतिनिधित्व कर रहा हूँ जब मैं यह कहता हूँ कि अगर स्वशासन (Self Government) सिर्फ मुसलमान समुदाय को दिया जाता है तो हम बिल्कुल भी आपत्ति नहीं करेंगे... यदि यह अधिकार हिंदुस्तान के किसी एक समुदाय को दिया जाता है तो भी हम कोई आपत्ति नहीं करेंगे।"

"जब आपको एक तीसरे दल के विरुद्ध लड़ना होता है तो यह अत्यंत महत्त्वपूर्ण है कि हम इस मंच पर इकट्ठे खड़े हों, जाति, धर्म तथा राजनैतिक विचारों की विविधता होते हुए भी हम एक हों।" हालाँकि इसमें कोई संदेह नहीं कि कांग्रेस-लीग संधि में मुसलमानों के लिए अलग चुनाव-क्षेत्र का स्वीकार किया जाना बहुत ही विवादास्पद था लेकिन उसकी आलोचना बहुसंख्यक वर्ग द्वारा सहृदयता न दिखाने के लिए कतई नहीं की जा सकती थी।

होमरूल लीग की बैठक लखनऊ अधिवेशन के खत्म होने पर हुई। इस बैठक में 1000 से अधिक प्रतिनिधियों ने भाग लिया। इस सभा को तिलक और बिसेंट दोनों ने संबोधित किया। वापसी पर दोनों नेताओं ने उत्तर, मध्य तथा पूर्वी भारत का दौरा किया।

ब्रिटिश प्रशासक एवं अधिकारियों द्वारा पुनः दमन नीति के प्रयोग करने से गदर आन्दोलन को और बढ़ावा मिला। जून, 1917 में बिसेंट, वी.पी. वाडिया तथा अरूंडेल को हिरासत में ले लिया गया। परिणामस्वरूप जो लोग पहले अलग थे, वे भी आंदोलन में शामिल हो गए और विरोध प्रकट करने लगे। जिन्ना, सुरेंद्रनाथ बनर्जी तथा मदन मोहन मालवीय इनमें प्रमुख थे। ए.आई.सी.सी. की जुलाई, 1917 की मीटिंग में तिलक ने निष्क्रिय विरोध का सुझाव दिया तथा गांधी के उस सुझाव को स्वीकार किया गया जिसमें कहा गया था कि एक हजार ऐसे व्यक्तियों के हस्ताक्षर इकट्ठे किए जाएँ जो हिरासत के सरकारी निर्देश का विरोध करके बिसेंट के हिरासत स्थल पर जाएँ। गाँवों के दौरे व सभाएँ आयोजित की गईं तथा आंदोलन में एक नई शक्ति दिखाई दी।

अंग्रेजों की बदलती हुई नीति

भारतीय स्वतन्त्रता आन्दोलन की बढ़ती ताकत को दृष्टिगत रखते हुए ब्रिटेन में प्रशासन ने शाक्ति से न निपटने का निर्णय लिया। इस बदलती हुई नीति का संकेत भारत के लिए सेक्रेटरी ऑफ स्टेट, मौंटेग्यू द्वारा हाउस ऑफ कॉमन्स में इस घोषणा से मिला "सम्राट की, सरकार की पॉलिसी...है कि ब्रिटिश साम्राज्य के अखंड भाग के रूप में हिंदुस्तान में ज़िम्मेदार सरकार की स्थापना की प्रगति के प्रयास के लिए प्रशासन की हर शाखा के साथ हिंदुस्तानियों को संबद्ध किया जाना चाहिए ताकि धीरे-धीरे स्वशासन संस्थाओं का विकास हो सके।" यह घोषणा 1909 में करते समय मोर्ले (वायसराय) ने कहा था कि स्वशासन को बढ़ावा देना, सेल्फ गवर्नमेंट या होम-रूल की माँग को देशद्रोह नही माना जा सकता था और यह एक महत्त्वपूर्ण उपलब्धि थी। लेकिन इसका अर्थ यह भी नहीं था कि ब्रिटेन भारत को स्वशासन प्रदान करने वाला था। इस वक्तव्य में कहा गया था कि इन संशोधनों के स्वरूप तथा समय का फैसला अकेले ब्रिटिश सरकार ही करेगी। इससे अंग्रेज़ों को भारतीयों के हाथ शासन सौंपने की प्रक्रिया को लगातार स्थगित करते रहने का काफी अवसर मिल गया।

इस नई नीति का तुरंत लाभ यह हुआ कि सितंबर, 1917 में एनी बिसेंट को छोड़ दिया गया। तिलक के सुझाव पर कांग्रेस के 1917 के वार्षिक अधिवेशन में बिसेंट को अध्यक्ष चुन लिया गया। इस समय उनकी प्रतिष्ठा चरम-सीमा पर थी तथा आंदोलन भी प्रगति के लिए एकदम तैयार था।

होम रूल लीग का अन्त

सरकार द्वारा होमरुल आन्दोलन का दमन करने के लिए अनेक वैधानिक एवं अवैधानिक उपाय किये गये। इन उपायों के कारण यह आन्दोलन 1918 में धीरे-धीरे शिथिल पड़ने लगा। इसका एक कारण उदारवादियों द्वारा अपना समर्थन वापस ले लेना था जिन्हें एक बार फिर संशोधन की आशा दिखाई पड़ने लगी थी और जो होम रूल लीग के सदस्यों द्वारा नागरिक अवज्ञा की बढ़ती हुई बातचीत से सशंकित थे। जुलाई, 1918 में सुधार योजना के प्रकाशन से राष्ट्रवादियों में और भी विभाजन हो गया : कुछ उसे ठुकरा देना चाहते थे जबकि अन्य उन्हें कार्यान्वित किए जाने का अवसर दिए जाने के हक में थे। संशोधन तथा निष्क्रिय विरोध के दोनों ही प्रश्नों पर स्वयं एनी बिसेंट के विचारों में विरोधाभास था। कुल मिलाकर तिलक के विचारों में एकरूपता थी कि ये संशोधन ब्रिटेन द्वारा दिए जाने और हिंदुस्तान द्वारा स्वीकार

किए जाने के लायक नहीं थे, लेकिन एनी बिसेंट के ढुलमुल विचारों के कारण वह कुछ अधिक कर सकने की स्थिति में नहीं थे। 1918 के अंत में उन्होंने **इंडियन अनरेस्ट** (Indian Unrest) के लेखक वेलैंटाइन शिरोल (Valentine Chirol) के विरुद्ध एक मान-हानि का मुकदमा दायर किया और उसके लिए इंग्लैंड जाने का फैसला किया जिसके कारण कई महत्त्वपूर्ण महीनों तक वे कार्यक्षेत्र से अनुपस्थित रहे। आंदोलन लगभग नेतृत्वहीन हो गया। वेलैंटाइन शिरोल ने अपनी पुस्तक इंडियन अनरेस्ट में तिलक को भारतीय असंतोष का जनक बताया था।

7

राजनीतिक रंगमंच

सन् 1905 में बंगाल विभाजन की घोषणा से सम्पूर्ण देश में चारों ओर विरोध के रूप में कई सभाएं आयोजित की गयीं। हालाँकि तत्कालीन गवर्नर जनरल लार्ड कर्जन ने बंगाल विभाजन का प्रमुख कारण प्रशासनिक असुविधा बताया परन्तु इसका प्रमुखकारण राजनीति से प्रेरित था। बंगाल विभाजन और कर्जन की प्रतिक्रियावादी नीति के फलस्वरूप उग्र राष्ट्रीय आंदोलन का विकास हुआ। क्रांतिकारी और आतंकवादियों के बढ़ते हुए प्रभाव को रोकने के लिए अंग्रेज सरकार हेतु यह आवश्यक हो गया कि वह कुछ प्रशासनिक सुविधाएँ देकर कांग्रेस को अपनी ओर आकृष्ट रखे। 1906 ई. में इंग्लैंड में लिबरल पार्टी का मंत्रिमंडल बना और लार्ड मोर्ले ने जून, 1906 ई. में मिंटो को सुधार संबंधी प्रस्ताव भेजने के लिए लिखा। इसी अवसर से लाभ उठाकर मुसलमानों ने भी अपने विशिष्ट अधिकारों की मांग प्रस्तुत की।

सर सैयद सरकारी संरक्षण और अंग्रेजी साम्राज्य के समर्थक थे। इन्हीं के प्रयत्नों से अधिकांश मुसलमान कांग्रेस गुट में शामिल नहीं रहे तथा और उनके व्यक्तित्त्व को अपने सामुदायिक राजनीतिक हितों की पर्याप्त गारंटी समझते रहे। 1898 ई. में सर सैयद की मृत्यु के पश्चात अलीगढ़ आंदोलन के नेताओं का यह लक्ष्य रहा कि मुसलमानों को कांग्रेस से अलग रखा जाए। वह चाहते थे कि अंग्रेजों को उनकी निष्ठा

एवं भक्ति पर संदेह न पैदा हो। साथ ही भारतीय रंगमंच पर घटनाओं का क्रम तेजी से बदल रहा था। 1899-1900 ई. में उत्तर प्रदेश के गवर्नर ने उर्दू के साथ हिंदी को भी प्रांतीय मुफस्सिल न्यायालयों की भाषा बना दिया। अलीगढ़ कॉलेज से उर्दू समर्थक आंदोलन को भी गवर्नर ने समाप्त करवा दिया। इसलिए 1900 ई. के पश्चात मुसलमान युवकों में अपने हितों को सुरक्षित रखने के लिए अंग्रेज सरकार पर निर्भर रहने की नीति से असंतोष पैदा हुआ। अक्तूबर, 1901 ई. में कुछ मुसलमान नेताओं ने मिलकर लखनऊ में एक सभा की जिसमें यह प्रस्वाव पास किया गया कि मुसलमानों का भविष्य अंग्रेजी साम्राज्य की सुरक्षा के साथ जुड़ा हुआ था। कांग्रेस से अलग रहने तथा एक पृथक राजनीतिक संगठन बनाने पर सहमति प्रकट की गई। लेकिन यह संगठन केवल प्रतिष्ठित, संपन्न एवं सम्मानित व्यक्तियों का ही होना चाहिए। यह संगठन किन्हीं कारणों से 1906 ई. में ही संभव हो सका। 1903-4 ई. के मध्य अलीगढ़ नेताओं ने भारत को एक कौम स्वीकार न करने के पक्ष में अपने विचार व्यक्त किए। सर जान स्ट्रेची द्वारा प्रस्तुत तर्कों का समर्थन अलीगढ़ गजट ने किया कि भारत में एक कौम नहीं रहती थी और अंग्रेजी नियंत्रण से भारत को कोई आपत्ति नहीं थी। 1905 ई. में अलीगढ़ विचारधारा समर्थक नेता मुसलमानों के ऐतिहासिक महत्त्व के आधार पर प्रतिनिधित्व की माँग कर रहे थे। जैसे ही 1906 ई. में लार्ड मोर्ले ने इंग्लैंड संसद में यह घोषणा की कि भारत में कुछ संवैधानिक सुधार प्रस्ताव विचाराधीन थे, अलीगढ़ नेताओं ने अपनी मांगों को एक शिष्ट मंडल द्वारा अंग्रेज सरकार के समक्ष प्रस्तुत करने का निश्चय किया। परिणामस्वरूप शिमला में मुसलमानों का एक शिष्टमंडल 1 अक्तूबर, 1906 ई. को मिंटो से मिला।

शिमला शिष्टमंडल 1906 : राष्ट्रीय कांग्रेस के प्रतिनिधियों का मानना था कि मुसलमानों का शिमला शिष्टमंडल अंग्रेजी साम्राज्य के समर्थन का प्रतिफल था परन्तु यह वास्तविक नहीं था। मई, 1906 ई. में मोर्ले ने गवर्नर जनरल मिंटो को राष्ट्रवादियों के बढ़ते हुए प्रभाव के विरुद्ध कुछ उपाय करने के लिए लिखा। उत्तर में मिंटो ने जो उपाय सुझाए थे उनमें भारतीय नरेश मंडल की योजना की रूपरेखा अवश्य थी लेकिन मुसलमानों को प्रोत्साहन देने का वर्णन नहीं था। इन दोनों अधिकारियों के निजी पत्र-व्यवहार में इस बात के लिए प्रचुर सामग्री है कि इस कार्य के लिए शुरुआत मुसलमान नेताओं की ओर से ही हुई थी। कुछ इतिहासकार अलीगढ़ कॉलेज के प्रिंसिपल आर्चबोल्ड को इस शिष्टमंडल के लिए उत्तरदायी मानते हैं। लेकिन आर्चबोल्ड और अलीगढ़ कॉलेज तथा मोहम्डन ऐजुकेशनल कांफ्रेंस के सचिव 'मोहसिन उल मुल्क' के मध्य हुए पत्र व्यवहार से यह स्पष्ट होता है कि

आर्चबोल्ड केवल 'मोहसिन उल मुल्क' की सहायता कर रहा था। मोहसिन ने 4 अगस्त, 1906 ई. को अपनी विवशता का वर्णन किया और मुसलमानों की राजनीति में अलीगढ़ नेताओं का नेतृत्व सुरक्षित रखने के लिए गवर्नर जनरल के समक्ष एक शिष्टमंडल भेजने के निर्णय की सूचना दी। आर्चबोल्ड का काम इस शिष्टमंडल के लिए वायसराय द्वारा भेंट प्रदान किए जाने के लिए प्रयत्न करना था। 8 अगस्त, 1906 को मोर्ले को लिखे गए पत्र में मिंटो ने लिखा, 'मुझे प्रस्तावित शिष्टमंडल के स्वीकार करने के प्रश्न पर विचार करने का समय नहीं मिला है, लेकिन मैं ऐसा करने के लिए विनत हूँ।'

अलीगढ़ के मुस्लिम नेता अपने वर्गों के लिए जो मांग कर रहे थे वह बिना सरकारी संरक्षण के संभव नहीं था। इसलिए सरकार की पूर्व अनुमति के बिना वे शिष्टमंडल भी भेजने के लिए तैयार नहीं थे। सरकारी संरक्षण, अंग्रेजी साम्राज्य के प्रति भक्ति एवं निष्ठा और मुसलमानों के राजनीतिक अधिकारों की अत्यधिक बढ़ी-चढ़ी कल्पना शिमला शिष्टमंडल के लिए उत्तरदायी हुई। 1 अक्तूबर, 1906 ई. को आगा खाँ के नेतृत्व में शिष्टमंडल ने मुसलमानों के लिए कुछ विशिष्ट अधिकारों की माँग प्रस्तुत की जैसे मुसलमानों को भारतीय राजनीति में विशिष्ट महत्त्व जनसंख्या की अपेक्षा उनके राजनीतिक महत्त्व तथा साम्राज्य की सुरक्षा सेवा में योगदान के आधार पर प्रदान किया जाए तथा मुसलमानों को प्रतिनिधित्व में हिस्सा देते समय उनके 100 वर्ष पूर्व के ऐतिहासिक महत्त्व को भी ध्यान में रखना चाहिए। मिंटो ने अत्यन्त आशाजनक उत्तर दिया और उनके विशिष्ट महत्त्व के आधारों को स्वीकार कर लिया।

मुस्लिम लीग की स्थापना (1906) : शिमला शिष्टमंडल की सफलता के पश्चात दिसंबर, 1906 ई. में ढाका में मुस्लिम एजुकेशनल कांफ्रेंस के अधिवेशन के समय मुस्लिम लीग की स्थापना की गई। जिसका अध्यक्ष मुहम्मद अली जिन्ना को बनाया गया। 1907 ई. में स्वीकृत मुस्लिम लीग के संविधान में प्रथम मुख्य उद्देश्य भारतीय मुसलमानों में अंग्रेजी सरकार के प्रति निष्ठा पैदा करना और अंग्रेजी सरकारी नीति के विषय में उत्पन्न संदेह को दूर करना था। दूसरा उद्देश्य भारतीय मुसलमानों के राजनीतिक हितों की सुरक्षा था। मुस्लिम लीग का भारतीय राजनीति में योगदान इन उद्देश्यों से पूर्णतया स्पष्ट होता है।

सुधारों की पृष्ठभूमि

1906 में प्रस्तावित सुधारों के विषय में प्रमुख तीन दृष्टिकोण निहित थे

मुसलमानों द्वारा ऐतिहासिक महत्त्व के आधार पर अधिप्रतिनिधित्व, सांप्रदायिक निर्वाचन प्रणाली की माँग रखी गई। गोखले द्वारा प्रांतीय विधान सभाओं में निर्वाचित बहुमत और केंद्रीय लेजिस्लेटिव कौंसिल में सरकारी बहुमत तथा प्रांतीय कार्यकारिणी में भारतीय सदस्यों की नियुक्ति की मांग की गई। मोर्ले किसी भी प्रकार से संसदात्मक प्रणाली भारत में स्थापित नहीं करना चाहता था। वह उग्र तथा क्रांतिकारियों की गतिविधियों का विस्तार रोकने के लिए नरम दल वालों को अंग्रेजी सरकार की ओर मिलाए रखना चाहता था। वह कार्यकारिणी की निरंकुशता में कमी नहीं करना चाहता था। मोर्ले से अधिक प्रतिक्रियावादी मिंटो था जो अंग्रेजी नौकरशाही के प्रभाव में आकर यह चाहता था कि लेजिस्लेटिव कौंसिलों के सदस्यों को अधिक भागों में बाँट दिया जाए जिससे उच्च शिक्षा प्राप्त वकील कम संख्या में उपस्थित हों। इसलिए उसने 'विशिष्ट वर्गों' के प्रतिनिधित्व की बात को सर्वोपरि रखा। 1909 ई. के अधिकांश प्रस्ताव मूलरूप में मोर्ले द्वारा प्रस्तुत किए गए थे यद्यपि उसी की इच्छानुसार मिंटो ने प्रस्ताव का श्रेय अपने ऊपर लिया। केवल मुसलमानों के लिए पृथक सांप्रदायिक निर्वाचन प्रणाली और अधिप्रतिनिधित्व तथा भारतीयों को गवर्नर जनरल की कौंसिल का सदस्य नियुक्त करना मौलिक रूप में मिंटो के प्रस्ताव थे।

1909 ई. में पास किए गए सुधार अधिनियम, **इंडियन कौंसिल एक्ट** को मोर्लेमिंटो सुधार कहते हैं। इसकी मुख्य धाराएँ निम्नलिखित थीं :

1909 के अधिनियम की प्रमुख धाराएँ निम्नलिखित हैं :

1. लेजिस्लेटिव कौंसिलों के कार्यों और अधिकारों में भी वृद्धि की गई। अब उन्हें सामान्य सार्वजनिक हितों से संबंधित प्रस्तावों पर बहस करने, पूरक प्रश्नों के पूछने का अधिकार मिल गया।

2. वार्षिक बजट पर बहस करने का अधिकार भी दिया गया लेकिन इस पर मतदान नहीं करवा सकते थे। कौंसिल के अध्यक्ष को किसी भी प्रस्ताव को रखने की अनुमति न देने का अधिकार था यदि वह उसे सार्वजनिक हित में न समझे।

3. गवर्नर जनरल तथा गवर्नर की कार्यकारिणी में एक-एक भारतीय सदस्य भी नियुक्त किया गया।

4. केंद्रीय कौंसिल में विधि संबंधी कार्यों के लिए अतिरिक्त सदस्यों की संख्या 60 कर दी गई जिनमें से 27 निर्वाचित और 33 मनोनीत थे। कार्यकारिणी के 6 सदस्य, 1 सेनाध्यक्ष, 1 प्रांतीय गवर्नर तथा गवर्नर जनरल को मिलाकर 69 सदस्यों की केंद्रीय लेजिस्लेटिव कौंसिल स्थापित की गई। इन अतिरिक्त सदस्यों का कार्यकाल तीन वर्ष था।

5. बंबई, मद्रास, बंगाल, यू.पी. की प्रांतीय कौंसिलों में भी अतिरिक्त सदस्यों की संख्या बढ़ाकर 50 कर दी गई जिसमें निर्वाचित सदस्यों का बहुमत होता था। छोटे प्रांतों के लिए यह संख्या 30 थी।

उपर्युक्त अधिनियम की धाराओं को जारी करने हेतु भारतीय प्रशासन ने नियम बनाए और इन्हीं नियमों के माध्यम से सांप्रदायिक निर्वाचन प्रणाली की स्थापना की गई। चार प्रकार के—जनरल (सामान्य), जमींदारों, चैंबर्स आफ कामर्स तथा मुसलमानों के लिए सांप्रदायिक-निर्वाचन क्षेत्र बनाए गए।

इन सुधारों से पहले की अपेक्षा इतना परिवर्तन अवश्य हुआ कि लेजिस्लेटिव कौंसिल ने अब सरकारी समिति के स्थान पर एक सभा का रूप धारण कर लिया। लेजिस्लेटिव कौंसिल के सदस्यों को प्रशासन के विभिन्न विषयों के संबंध में खोज करने का अथवा प्रश्न पूछने का अधिकार मिल गया।

आलोचना : 1909 के अधिनियम की धाराओं में कुछ दोष भी विद्यमान थे जिसकी आलोचना इस प्रकार की गयी—

1. इस अधिनियम ने कुछ ऐसे प्रभावशाली तत्त्वों का विकास किया जो भारतीय राजनीति के लिए एक जहर की भांति था और जो अत्यंत दूरगामी सिद्ध हुए। निर्वाचन प्रणाली और उत्तरदायित्व प्रशासन को स्थापित न करने के लिए निर्वाचन प्रणाली का गठन इस प्रकार से किया गया कि लेजिस्लेटिव कौंसिल के समस्त सदस्यों के निर्वाचित होने पर भी संसदात्मक पद्धति का ठीक प्रकार से विकास नहीं हो सकता था। निर्वाचन क्षेत्रों को क्षेत्रीयता के स्थान पर धार्मिक, व्यावसायिक तथा पूँजी एवं संपत्ति के आधार पर विभाजित किया गया। इस प्रकार निर्वाचन प्रणाली के अंतर्गत विभिन्न हितों, वर्गों तथा संप्रदायों में परस्पर संघर्ष अथवा फूट व्यापक रूप से फैल गई जो सामान्य प्रजातंत्रीय प्रतिस्पर्धा से भिन्न थी। प्रजातंत्र में सामान्य राजनीतिक दलों की प्रतिस्पर्धा स्थाई रूप से एक सी नहीं रह सकती। कोई दल जो आज बहुसंख्यक है, वह कल अल्पसंख्यक भी बन सकता था। यह संभावना उन्हें एक-दूसरे के प्रति सहनशीलता तथा कुछ क्षेत्रों में सहयोग के लिए विवश करती है। लेकिन भारत में सांप्रदायिक निर्वाचन प्रणाली से यह संभावना समाप्त हो गई। अल्पसंख्यक वर्ग सदा ही अल्पसंख्यक रहेगा। इस दोष के कारण अंग्रेजी नियंत्रण काल में भारत में निर्वाचन प्रणाली से सही अर्थों में प्रजातंत्रीय अथवा उत्तरदायी प्रणाली विकसित नहीं हो सकी।

इस सांप्रदायिक निर्वाचन प्रणाली का परिणाम अन्ततः भारत विभाजन हुआ। अंग्रेजों ने मुसलमानों को पृथक अधिप्रतिनिधित्व देकर उन्हें सदा के लिए बहुसंख्यकों

के प्रभाव से अलग कर दिया और सांप्रदायिक मनमुटाव को प्रोत्साहन दिया। अंग्रेज अधिकारी तथा शिमला शिष्टमंडल के अलीगढ़ विचारधारा के मुसलमान नेता (जिनके आग्रह पर ही ऐसा किया गया) समान रूप से इस प्रणाली के लिए उत्तरदायी थे।

2. 1909 ई. के इंडियन कौंसिल्स एक्ट द्वारा स्थापित सुधारों का अभिप्राय संसदात्मक पद्धति पर प्रशासन का संचालन नहीं था। मोर्ले ने स्वयं पार्लियामेंट में कहा था कि यदि इन सुधारों से किसी प्रकार से संसदात्मक प्रणाली की स्थापना हो सकती तो वह उनको प्रस्तुत न करता। इन सुधारों से कार्यकारिणी और व्यवस्थापिका सभा के आपसी संबधों में कोई परिवर्तन नहीं हुआ। कार्यकारिणी अभी भी पहले जितनी ही स्वेच्छाचारी रही। अधिकांश कानून वही पास होते जो सरकार द्वारा प्रस्तुत थे। मनोनीत भारतीय सदस्यों से यह आशा की जाती थी कि वे नियमपूर्वक सरकारी प्रस्तावों अथवा कानूनों का सरकारी सदस्यों की भांति समर्थन करें। ऐसी स्थिति में अतिरिक्त सदस्यों की संख्या बढ़ा देने से कोई विशेष लाभ नहीं हुआ। सरकारी सदस्यों के बहुमत होने से प्रशासन उसी प्रकार अनुत्तरदायी बना रहा जैसा 1909 ई. के पूर्व था। इस आधार पर इस अधिनियम को पूरी तरह अपर्याप्त तथा अपूर्ण समझा गया। अमृत बाजार पत्रिका ने 17 नवंबर, 1909 ई. को लिखा था, 'शून्य के साथ यदि कई शून्य जोड़ भी दिए जाएँ तब भी वह शून्य-शून्य ही रहता है।' सर एस.पी. सिन्हा (गवर्नर जनरल की कौंसिल के प्रथम भारतीय सदस्य) ने स्वीकार किया कि 1909 ई. के सुधारों से भारतीय सदस्यों को 'शक्ति' के स्थान पर केवल 'प्रभाव' ही मिला था।

3. 1909 ई. के सुधार न केवल अपर्याप्त थे बल्कि उनके आधारभूत सिद्धांत ही दोषपूर्ण थे। उन पर कार्य करने से अथवा उस मार्ग पर चलने से निरंकुश प्रशासन ही सबल बन सकता था। मिंटों और मोर्ले दोनों का उद्देश्य केवल ऐसे भारतीय प्रतिनिधियों को सरकार के साथ मिलाना था जो अधिक उत्तरदायी प्रशासन के पक्ष में ही नहीं थे। लेजिस्लेटिव कौंसिलों का पृथक अस्तित्त्व न होना, कार्यकारिणी पर व्यवस्थापिका सभा का नियंत्रण न होना, स्वायत्त प्रशासन की स्थापना न कर पाना आदि ऐसे मौलिक प्रश्न थे जिनका हल 1909 ई. के आधारों पर संभव नहीं था। इसके लिए कुछ नए सिद्धांतों तथा नए प्रकार के सुधारों की आवश्यकता थी।

4. इंडियन लेजिस्लेटिव कौंसिल का स्वरूप संसदात्मक नहीं बन सका क्योंकि कार्यकारिणी निरंकुश तथा स्वेच्छाचारी थी। सरकार ने इस बात का प्रयत्न तो अवश्य करना चाहा कि देश में उदार विचारों के नेताओं का समर्थन तथा सहयोग उपलब्ध

हो जाए किंतु कौंसिलों की कार्य पद्धति और व्यावहारिक स्वरूप को देखकर उन नेताओं को भी बड़ी निराशा हुई।

इस अधिनियम में उपर्युक्त दोषों की विद्यमानता होते हुए भी यह स्पष्ट रूप से कहा जा सकता है कि 1892 ई. के सुधारों की अपेक्षा 1909 ई. की कौंसिलों में अधिक जागरुकता पाई जाती थी। सामान्य भारतीयों को राजनीतिक शिक्षा प्रदान करने में नई कौंसिलों में हुए वाद-विवाद कुछ अधिक लाभदायक हुए। सरकार भी अब पहले की भाँति निश्चिंत नहीं रहती थी। प्रश्नों और पूरक प्रश्नों के समक्ष उसे अधिक सतर्क रहना पड़ता था।

5. मिंटोमोर्ले सुधार योजना से लेजिस्लेटिव कौंसिल की आलोचना पद्धति में कोई सुधार नहीं हुआ। गैर-सरकारी और निर्वाचित सदस्य सरकार की नीति में परिवर्तन कराने में असमर्थ रहते इसलिए आलोचना उत्तरोत्तर तीव्र और कटु होती गई जिससे अंग्रेजी प्रशासन के वास्तविक स्वरूप को समझने में सहायता मिली। सरकारी सदस्य बढ़ती हुई आलोचना से अधिक दुखी होते और निर्वाचित सदस्यों से अधिक असहयोग करते। वार्टल फ्रेर (बंबई के गवर्नर) ने सरकार और कौंसिलों की तुलना 'दरबार में एक सम्राट' से की थी।

1909 और 1916 के मध्य राजनीतिक घटनाएँ

भारतीय प्रशासन द्वारा कानून बनाये जाने के बाद 1909 में हुए संशोधनों का वास्तविक ढांचा सामने आ गया। इससे कांग्रेस के उदारवादियों को भी भारी निराशा हुई। बंगाल विभाजन के विरुद्ध बढ़ते हुए आंदोलन को कम करने और भारतीय रंगमंच पर शांति स्थापित करने के लिए 1911 ई. में विभाजन को समाप्त कर दिया गया। बंगला भाषी क्षेत्र को एक प्रांत बना दिया और बिहार, उड़ीसा को एक अलग प्रांत बना दिया गया। असम एक चीफ कमिश्नर के अधीन कर दिया गया और राजधानी दिल्ली स्थानांतरित कर दी गई। 1914 ई. में तिलक 6 वर्ष के कारावास के पश्चात मुक्त किए गए। इससे आशा की जा सकती थी कि राष्ट्रीय आंदोलन (जो पिछले कुछ वर्षों से सिथिल सा था) में एक नई स्फूर्ति पैदा हो जाए। इसी वर्ष अगस्त में प्रथम विश्व युद्ध प्रारंभ हुआ। कांग्रेसी नेताओं ने अंग्रेजी साम्राज्य के प्रति निष्ठा एवं भक्ति व्यक्त करनी आरंभ की। वे अंग्रेजी साम्राज्य की कठिनाइयों से लाभ नहीं उठाना चाहते थे। वास्तव में अंग्रेजों को सैनिक भरती के पंजाब और अन्य क्षेत्रों में बल प्रयोग करना पड़ा। अंग्रेज भक्ति की कल्पना केवल कुछ शिक्षित नेताओं तथा सामंती वर्ग तक सीमित थी।

मुसलमानों में अलीगढ़ नेतृत्व तथा अंग्रेजों पर भरोसा करने की नीति के खिलाफ मौलाना मुहम्मदअली और मौलाना अबुलकलाम आजाद ने आन्दोलन प्रारंभ कर दिया। 'अलहिलाल' तथा 'कामरेड' के माध्यम से उन्होंने यह प्रचार साधारण मुसलमानों तक पहुँचाने का प्रयत्न किया। वे चाहते थे कि भारत के मुसलमान विश्व के अन्य भागों के मुसलमानों से अपना संबंध विच्छेद न करें और अंग्रेजों के प्रति दृष्टिकोण उनकी विश्व नीति को समझकर ही अपनाएँ। 1914 ई. में इंग्लैंड ने तुर्की के विरुद्ध युद्ध घोषित कर दिया। तुर्की के विरुद्ध युद्ध आरंभ हो जाने के बाद भी मुसलमानों की अंग्रेजों के प्रति भक्ति में कोई अंतर नहीं पड़ा।

ब्रिटिश प्रशासकों एवं अधिकारियों ने साम्राज्य के विरुद्ध हो रहे आन्दोलन के प्रभाव को कम करने के लिए डिफेंस ऑफ इंडिया नामक एक कानून बनाया तथा प्रेस पर विभिन्न प्रकार के प्रतिबंध लगाए। अंतर्राष्ट्रीय प्रचार के लिए अमेरिका और इंग्लैंड के राजनीतिज्ञों ने कहा कि वे युद्ध में भाग इसलिए ले रहे थे जिसके विश्व में प्रजातंत्रीय प्रणाली सुरक्षित रहे। इस प्रचार से कांग्रेस के नेताओं को यह विश्वास हुआ कि सरकार संभवतः कुछ सुधार प्रदान करने वाली थी। इसलिए इस बात के लिए प्रयत्न किए गए कि विभिन्न राजनीतिक दल एक संगठित तथा सम्मिलित मोर्चा तैयार करें। यह एकता कांग्रेस और उग्र राष्ट्रवादियों में तथा कांग्रेस और मुस्लिम लीग में आवश्यक थी। 1914-15 ई. में तिलक तथा अन्य उदार नेताओं में समझौते के लिए बातचीत आरंभ हुई। लेकिन गोखले और फिरोजशाह मेहता के विरोध के फलस्वरूप यह संभव नहीं हो पाया। 1915 ई. में नरम दल के दोनों नेताओं की मृत्यु हो गई और दिसंबर, 1915 ई. में ऐनिबेसेंट के प्रयत्नों से कांग्रेस संविधान में आवश्यक परिवर्तन करके उग्र राष्ट्रवादी नेताओं का कांग्रेस में मिलन संभव हो सका। दूसरी ओर मुसलमानों में भी अंग्रेजी साम्राज्यवादी नीति से असंतोष बढ़ रहा था। 1915 ई. तथा 1916 ई. में मुस्लिम लीग तथा कांग्रेस के वार्षिक अधिवेशन एक ही स्थान पर हुए। 1916 ई. में लखनऊ अधिवेशन में दोनों संगठनों ने अलग-अलग एक ही योजना स्वीकार की, जिसे कांग्रेस लीग स्कीम अथवा **लखनऊ समझौता** कहते हैं।

लखनऊ समझौता (1916) : 1916 में हुआ लखनऊ समझौता प्रमुख रूप से दो भागों में विभाजित था पहला, मुसलमानों के अधिकारों और दूसरा उन सामान्य सुधारों के संबंध में था जो भारतीय प्रशासन में किए जाएँ। मुसलमानों के अधिकारों के संबंध में सांप्रदायिक निर्वाचन प्रणाली तथा उनके अधिप्रतिनिधित्व की माँग भी कांग्रेस द्वारा स्वीकार कर ली गई। विभिन्न प्रांतीय व्यवस्थापिका सभाओं में निर्वाचित

भारतीय सदस्यों की संख्या का निश्चित भाग मुसलमानों के लिए आरक्षित कर दिया गया। पंजाब में 50 प्रतिशत, बंगाल में 40 प्रतिशत, यू.पी. में 30 प्रतिशत, बंबई (जिसमें सिंध प्रांत सम्मिलित था) 33 प्रतिशत, सी.पी. में 15 प्रतिशत, बिहार में 25 प्रतिशत और मद्रास में 15 प्रतिशत। केंद्रीय लेजिस्लेटिव कौंसिल में निर्वाचित सदस्यों की संख्या का 1/3 मुसलमानों के लिए सुरक्षित रख दिया गया और यह समस्त निर्वाचन सांप्रदायिक निर्वाचन क्षेत्रों द्वारा होंगे। यदि किसी सभा में एक संप्रदाय के 3/4 सदस्य किसी प्रस्ताव का यह कहकर विरोध करें कि वह उनके संप्रदाय के हितों के विरुद्ध था तो उस प्रस्ताव को पारित नहीं किया जाएगा। दूसरे भाग की योजना पर सहमति सरल थी। भारत सचिव की इंडिया कौंसिल को समाप्त कर दिया जाए, गवर्नर जनरल की कार्यकारिणी के आधे सदस्य लेजिस्लेटिव कौंसिल के निर्वाचित सदस्यों द्वारा चुने जाएँ, केंद्रीय तथा प्रांतीय लेजिस्लेटिव कौंसिलों के 80 प्रतिशत सदस्य निर्वाचित हों। सैनिक और विदेशी विभागों को छोड़कर शेष समस्त विषयों पर कौंसिल को नियंत्रण प्राप्त होगा।

लखनऊ समझौते का महत्त्व : हिन्दू-मुस्लिम दोनों वर्गों के मध्य हुए इस समझौते को भारतीय कांग्रेसी नेता ऐनीवेसेन्ट और तिलक ने काफी महत्त्वपूर्ण बतलाया। उनकी सफलता इस बात में थी कि वे मुसलमानों की प्रमुख राजनीतिक संस्था के साथ कुछ माँगों पर सहमति प्राप्त कर सकें। उस समय इस समझौते की खुशी में इसके दूरगामी परिणामों को कांग्रेस नेताओं ने ठीक प्रकार से नहीं समझा अथवा उनकी उपेक्षा की। मुस्लिम लीग को मुसलमानों का एकमात्र प्रतिनिधि मानकर कांग्रेस ने अपने आपको केवल हिंदुओं का प्रतिनिधि बना लिया और अपने राष्ट्रीय होने के दावे को सदा के लिए दुर्बल कर लिया। सैद्धांतिक रूप में कांग्रेस भले ही 'इंडियन नेशनल' विशेषण लगाए रखे लेकिन व्यवहार में यह दोनों ही विशेषण निरर्थक हुए। दूसरे, मुसलामनों की सांप्रदायिक निर्वाचन प्रणाली को स्वीकार कर लेने से भारतीय जन समूह में एकता के सिद्धांत को भी समाप्त कर दिया। कांग्रेसी नेताओं ने तात्कालिक मुस्लिम असंतोष से लाभ उठाकर उन्हें अपनी ओर मिलाने का प्रयत्न किया लेकिन उन्होंने कांग्रेस के मूल आधारों को समाप्त कर दिया और मुस्लिम लीग के दोनों सिद्धांतों–सांप्रदायिक निर्वाचन प्रणाली और अधिप्रतिनिधित्व–को मान्यता प्रदान कर दी। यह समझौता बंगाल और पंजाब (मुसलमानों के बहुमत वाले प्रांत) के मुसलमान नेताओं को स्वीकृत नहीं हुआ क्योंकि वहाँ उन्हें जनसंख्या के अनुपात से कम स्थान दिए गए। इन दोनों प्रांतों में लीग का प्रभाव कम था और उसका नेतृत्व यू.पी., बंबई, बिहार के मुसलमानों के हाथ में था।

1922 ई. के पश्चात इन्हीं मांगों को लेकर कांग्रेस-लीग समझौते की आलोचना हुई। ऐसी स्थिति में यह कहना कि 'लखनऊ समझौता' यह सिद्ध करता था कि कोई असंभव अटूट और मौलिक बाधा ऐसी नहीं थी जो तर्क, सूझबूझ और सहनशीलता के साथ दूर न हो सके तथ्यों के विपरीत है। इस समझौते से भारतीय राष्ट्रीयता की कल्पना को घातक धक्का लगा। लीग इसे एक राजनीतिक सफलता मानती रही। कांग्रेसी नेता इसे स्थाई समझते रहे। उनकी इतनी बड़ी भूल इससे पूर्व कोई नहीं थी।

20 अगस्त, 1917 ई. की घोषणा

जुलाई, 1914 में प्रथम विश्वयुद्ध प्रारंभ हो गया। इस युद्ध में अग्रेजों का भारतीयों ने सम्पूर्ण रूप से मदद की। इंग्लैंड, फ्रांस तथा अप्रैल, 1917 के बाद संयुक्त राज्य अमेरिका ने विभिन्न घोषणाओं में यह कहा था कि युद्ध का एक उद्देश्य विश्व में प्रजातंत्र को सुरक्षित रखना तथा शत्रु अधीन क्षेत्रों में आत्मनिर्णय के आधार पर प्रशासन का गठन करना था। इन घोषणाओं से भारतीय नेता अपरिचित नहीं थे। 1916 ई. में मेसोपोटामिया अभियान की सफलता की जाँच समिति ने भारत सरकार के अकुशल तथा अनुत्तरदायी होने की तीव्र आलोचना की। मोंटेग्यू (जाँच आयोग के एक सदस्य) ने भारत सरकार की कड़े शब्दों में निंदा की और उसे वर्तमान उद्देश्यों (युद्ध के संचालन में भारतीय सहयोग) के लिए अपर्याप्त बताया। मेसोपोटामिया कमीशन रिपोर्ट में आलोचना के फलस्वरूप भारत सचिव, आस्टिन चेंबरलेन ने त्याग पत्र दे दिया और उसके स्थान पर मोंटेग्यू को भारत सचिव बना दिया गया।

भारत में अंग्रेजी साम्राज्य द्वारा अपनायी गयी नीति से व्याप्त असंतोष ने प्रथम विश्व युद्ध में भारतवासियों की मदद की, होमरूल आंदोलन से राष्ट्रीय चेतना को प्रोत्साहन, रूस में मार्च, 1917 ई. की उदारवादी क्रांति, संयुक्त राज्य अमेरिका के राष्ट्रपति विल्सन का युद्ध में सम्मिलित होना और मेसोपोटामिया जाँच आयोग द्वारा भारत सरकार की तीव्र आलोचना आदि से प्रभावित होकर यह आवश्यक हुआ कि अंग्रेज प्रशासन में भारतीयों को अधिक सक्रिय योगदान देने का अवसर प्रदान किया जाए। नए भारत सचिव मोंटेग्यू ने 20 अगस्त, 1917 ई. को कामंस सभा में एक वक्तव्य द्वारा अंग्रेजी नीति का लक्ष्य भारत में उत्तरदायी प्रशासन की उत्तरोत्तर स्थापना घोषित किया। भारतीयों को प्रशासन के प्रत्येक विभाग से अधिकाधिक संबद्ध करने, भारत में स्वायत्त संस्थाओं का विकास करने और इस दिशा में शीघ्र ही कुछ कार्य करने का भी आश्वासन दिया।

भारतीय राजनीतिक विकास में मोंटेग्यू द्वारा की गयी घोषणा एक महत्त्वपूर्ण स्थान रहती है। इस घोषणा में वर्णित 'उत्तरदायी प्रशासन' का लक्ष्य काफी लचीला

था। इस घोषणा के लक्ष्य को तुरंत ही स्थापित नहीं किया गया। इतना अवश्य कहा जा सकता है कि भारतीय नेताओं द्वारा प्रस्तुत किसी भी योजना में उत्तरदायी प्रशासन की माँग नहीं की गई थी। मोंटेग्यू की घोषणा का प्रमुख उद्देश्य अंग्रेजी साम्राज्य के युद्ध की आवश्यकताओं की पूर्ति करना तथा भारतीय असंतोष को सवैधानिक सीमाओं तक सीमित रखना था। अंग्रेजी प्रशासकों का भारतीय सवैधानिक विकास के प्रति दृष्टिकोण युद्ध में उनकी स्थिति के साथ-साथ बदलता रहा। जून-जुलाई, 1918 ई. में युद्ध में सफलता के पश्चात अंग्रेजी दृष्टिकोण में काफी परिवर्तन हुआ और अंततः 1919 ई. के सुधार उत्तरदायी प्रशासन की स्थापना में सहायक नहीं हुए।

मोंट-फोर्ड रिपोर्ट (1918) : मोंटेग्यू ने 20 अगस्त की घोषणा को प्रभावी बनाने के लिए नंवम्बर, 1917 में भारत की यात्रा किया और गवर्नर जनरल चेम्सफोर्ड के साथ विचार विमर्श करके एक रिपोर्ट प्रकाशित की जो मोंटेग्यू चेम्सफोर्ड (मोंट-फोर्ड) रिपोर्ट के नाम से प्रसिद्ध है। इस रिपोर्ट के प्रमुख आधारों को नीचे की पंक्तियों में स्पष्ट किया गया है—

1. उत्तरदायी प्रशासन को सबसे पहले प्रांतों में ही स्थापित किया जाए। केंद्रीय सरकार पूरी तरह निरंकुश तथा पार्लियामेंट के प्रति उत्तरदायी रहेगी।
2. प्रांतीय सरकार की स्वायत्तता के अनुपात में भारत सचिव का नियंत्रण कम हो जाएगा।
3. स्थानीय संस्थाओं में यथा संभव बाह्य नियंत्रण से पूर्ण स्वायत्तता देनी चाहिए। उपर्युक्त वर्णित तीनों आधारों पर भारतीय राज्यों के अन्तर्गत द्वैध प्रशासन, केंद्र में अनुत्तरदायी व्यवस्था, प्रांतीय विधान सभाओं में निर्वाचित बहुमत, केंद्र में द्विसदनात्मक व्यवस्था आदि की सिफारिश की गई।

इस रिपोर्ट पर भारतीय प्रतिक्रिया स्वाभाविक रूप से मिलीजुली थी। नरमपंथी नेता इन सुधारों को प्रगतिशील तथा उपयोगी समझते थे। उग्र विचारों वाले नेता तथा होमरूल आंदोलन के समर्थक इन्हें पूर्णतया अनुचित मानते थे। इन दोनों के मध्य दृष्टिकोण रखने वाला एक तीसरा मत भी था जो रिपोर्ट को असंतोषजनक मानता था लेकिन उसे अस्वीकार नहीं करना चाहता था। इस दल में और नरमपंथी विचारकों में केवल भाषा शैली का अंतर था। नरमपंथी नेताओं ने अपने आपको कांग्रेस से अलग करके एक पृथक दल बना लिया। कांग्रेस में बीच के विचार रखने वालों का बहुमत था। इसलिए रिपोर्ट पर विचारविमर्श करने के लिए विशिष्ट अधिवेशन बुलाया गया। तिलक, मदनमोहन मालवीय आदि नेताओं ने इस बात का प्रयत्न किया कि एक समन्वित दृष्टिकोण अपनाया जाए। इसलिए प्रस्तावों का स्वागत

करते हुए उसके कुछ दोषों को दूर करने के लिए सरकार से अनुरोध किया गया। नरमपंथियों ने नवंबर, 1918 ई. में आल इंडिया मोडरेट कांफ्रेंस का अधिवेशन किया और आल इंडिया लिबरल फेडरेशन का गठन किया। संभवतः इस पृथक गठन में मोंटेग्यू का काफी हाथ था। 1918 ई. में नरमपंथियों का प्रभाव बहुत कम था यद्यपि उनमें से प्रत्येक नेता ने किसी समय में राजनीतिक अधिकारों की माँग प्रस्तुत करने में योगदान दिया था। नरमपंथियों के पृथक संगठन बन जाने के पश्चात दिसंबर, 1918 ई. में कांग्रेस के वार्षिक अधिवेशन में रिपोर्ट की पर्याप्त आलोचना की गई। अभी तक रिपोर्ट के बायकाट का अथवा सरकार से असहयोग का प्रश्न नहीं था।

1919 की घटनाएँ

प्रथम विश्व युद्ध के पश्चात् भारतीय राजननीति में विभिन्न प्रकार के गुणात्मक परिवर्तन आये। 1919 ई. के दौरान कुछ घटनाएँ ऐसी घटित हुईं जिनका प्रभाव भारतीय राष्ट्रीय आन्दोलन पर दूरगामी साबित हुआ। रौलट एक्ट का पास किया जाना, जलियाँवाला बाग का हत्याकांड, खिलाफत आंदोलन का व्यापक होना, कुछ ऐसी घटनाएँ थीं जिनसे सरकार के साथ सहयोग की वह भावना जो 1918 ई. में थी समाप्त होती दिखाई पड़ी। मोंटफोर्ड रिपोर्ट के आधार पर दिसंबर, 1919 ई. में गवर्नमेंट ऑफ इंडिया एक्ट पास कर दिया गया। 1920 ई. में विभिन्न विधान सभाओं के लिए निर्वाचन हुए और 3 जनवरी, 1921 से यह अधिनियम लागू कर दिया गया। इस अधिनियम के फलस्वरूप कुछ प्रमुख परिवर्तन हुए जिसे निम्न शीर्षकों में स्पष्ट किया गया है–

केंद्रीय प्रशासन : केंद्र में द्विसदनात्मक व्यवस्थापिका सभा की स्थापना की गई–कौंसिल आफ स्टेट और लेजिस्लेटिव असेंबली। कौंसिल में 60 सदस्य होंगे जिसमें 27 मनोनीत और 33 निर्वाचित होते थे। असेंबली में 145 सदस्य थे जिनमें 103 निर्वाचित और शेष मनोनीत होते थे। 103 में 51 सदस्य सामान्य निर्वाचित क्षेत्रों से , 30 मुस्लिम, 2 सिक्ख, 7 जमींदारों, 9 यूरोपियन और 4 इंडियन कामर्स के प्रतिनिधि होंगे। असेंबली तीन वर्षों के लिए और कौंसिल पाँच वर्षो के लिए निर्वाचित होती थी। मताधिकार बहुत सीमित था और प्रत्येक प्रांत में भिन्न था।

इन दोनों सदनों के अधिकार बहुत सीमित थे। गवर्नर जनरल किसी भी विधेयक पर विचार-विमर्श रोक सकता था अथवा किसी भी विधेयक को पास किया हुआ घोषित कर सकता था। संकट काल में अध्यादेश प्रसारित करने का अधिकार भी गवर्नर जनरल को था। वह किसी भी पास किए हुए विधेयक को अस्वीकृत कर

सकता था। केंद्रीय सभा के सदस्यों के अधिकार बहुत सीमित थे। बजट का अधिकांश भाग बिना वाद-विवाद के ही पास किया हुआ मान लिया जाता था। शेष भाग के बजट में केंद्रीय सभा कमी कर सकती थी।

प्रांतीय प्रशासन : इस एक्ट की प्रमुख विशेषता प्रांतीय क्षेत्र में द्वैध प्रशासन प्रणाली स्थापित करनी थी। इससे प्रशासन को दो भागों में विभाजित कर दिया गया—आरक्षित तथा हस्तांतरित। आरक्षित विषयों का प्रशासन गवर्नर और उसकी कार्यकारिणी द्वारा और हस्तांतरित विषयों का प्रशासन गवर्नर तथा निर्वाचित मंत्रियों द्वारा किया जाता था। प्रांतीय सभाओं में 70 प्रतिशत निर्वाचित सदस्य होते थे लेकिन उनके अधिकार सीमित तथा नियंत्रित थे।

द्वैध प्रणाली का आशय : 1919 के अधिनियम में एक शासन प्रणाली स्थापित की गयी जिसे द्वैध प्रणाली के नाम से पुकारा जाता है। इस द्वैध प्रणाली में कार्यकारिणी स्तर पर प्रशासन संबंधी विभाजन था। कार्यकारिणी का एक भाग अपने कार्यों के लिए विधान सभा के प्रति उत्तरदायी था। दूसरा भाग अनुत्तरदाई था। दोनों भागों में गवर्नर सम्मिलित था। इस प्रकार की पद्धति का औचित्य यह था कि प्रशासन अधिकार भारतीय प्रतिनिधियों को धीरे-धीरे सौंपा जा सकेगा। पहले कुछ विभागों को जो अपेक्षाकृत कम महत्त्वपूर्ण थे भारतीय मंत्रियों को सौंप दिया गया। जैसे जैसे वे अपनी कुशलता का परिचय देते जाएँगे वैसे-वैसे विभागों को हस्तांतरित कर दिया जाएगा। कुछ उत्तरदायित्व तुरंत ही भारतीय मंत्रियों को सौंप दिया गया।

द्वैध प्रणाली की स्थापना के समय अधिकांश भारतीय नेताओं द्वारा कोई विरोध नहीं किया गया परन्तु कुछ नेता इस प्रणाली के विरोध में थे। 1919 ई. की घटनाओं—जलियाँवाला बाग, रौलट एक्ट और खिलाफत आंदोलन—ने अंग्रजी प्रशासन के प्रति दृष्टिकोण को बहुत सीमा तक प्रभावित किया। 1920 ई. में एक्ट से संबंधित रेगूलेशंस तथा उपनियमों की रचना की जा चुकी थी जिनसे नौकरशाही की नेकनीयत पर संदेह होना स्वाभाविक था। 1921 ई. में सुधारों के आरंभ किए जाने के समय भारतीय नेता असहयोग की नीति पर अग्रसर थे। दूसरी ओर अंग्रेजी नौकरशाही इन सुधारों को असफल करने पर तुली हुई थी। चेम्सफोर्ड ने नौकरशाही को पूरा संरक्षण देने का आश्वासन दिया। ऐसी स्थिति में इस प्रणाली के सफल होने के लिए उचित वातावरण का अभाव था।

द्वैध प्रणाली के परिणामस्वरूप प्रांतीय प्रशासन आरक्षित विषयों में पूरी तरह केंद्र के अधीन तथा हस्तांतरित विषयों में स्वायत्तता प्राप्त हो गया। प्रांतीय नौकरशाही को पहला अवसर केंद्रीय नौकरशाही के नियंत्रण से मुक्त होने का उपलब्ध हुआ।

प्रांतों के गवर्नर स्वयं इस नौकरशाही के ही सदस्य होते थे। वे स्वयं भी निरंकुश होने के अधिक इच्छुक रहते थे। हस्तांतरित विषयों का उत्तरदायित्व निर्वाचित मंत्रियों को इस प्रकार सौंपा गया कि उत्तरदायी प्रशासन का विकास ही न हो सके। राज्यों में अगर सम्पूर्ण चयनित हुए सदस्यों का एक मत हो तो फिर भी मद्रास (चेन्नई) के अलावा किसी भी राज्य में बहुमत प्राप्त नहीं हो सकता था। इन सामान्य निर्वाचन क्षेत्रों से आए हुए सदस्य एक ही दल के नहीं थे। इनमें कुल 'लिबरल' (नरमपंथी) कुछ असहयोगवादी तथा कुछ अन्य विचारधाराओं के थे। सांप्रदायिक तथा विशिष्ट निर्वाचन क्षेत्रों से आए हुए अधिकांश सदस्य सरकार के कृपापात्र बनने के इच्छुक रहते थे और परोक्ष रूप में सरकारी सदस्यों की भाँति सरकारी नीति का समर्थन करते थे। गवर्नरों ने अल्पसंख्यक दल द्वारा समर्थन प्राप्त व्यक्तियों को भी मंत्री नियुक्त करके संसदात्मक प्रणाली के विकास के मार्ग में एक बड़ी कठिनाई पैदा कर दी। विभिन्न प्रांतों के मंत्रियों ने कार्य करने के पश्चात अपने कड़वे अनुभव मुडिमेन कमेटी (जो डाइआर्कि की जाँच के लिए नियुक्त की गई थी) के समक्ष बताए।

प्रांतीय प्रशासन के विभागों का आरक्षित और हस्तांतरित में विभाजन भी भारत स्थित अंग्रेज प्रशासकों ने इस प्रकार किया कि किसी भी हस्तांतरित विभाग को वास्तविक अधिकार उपलब्ध नहीं हुए। उदाहरणार्थ मद्रास के एक मंत्री के.वी. रेड्डी ने कहा कि वह कृषि मंत्री होते हुए भी सिंचाई, वन प्रबंध, कृषि ऋण, भूमि विकास योजनाओं से असंबद्ध थे। उद्योग मंत्री होते हुए फैक्ट्री, बिजली, खान अथवा श्रम विभाग उनके नियंत्रण से बाहर थे। कोई भी मंत्री यदि वास्तविक भलाई का कार्य करना भी चाहता तो वह असमर्थ था।

द्वैध प्रणाली की असफलता—द्वैध प्रणाली के सफल न होने के विभिन्न कारण थे जिसमें से कुछ प्रमुख कारणों को निम्न पंक्तियों द्वारा स्पष्ट किया जा सकता है—

(1) इस द्वैध प्रणाली की असफलता कुछ तो 1919 ई. के एक्ट के दोषों और कुछ इस प्रणाली के लागू करने में प्रशासनिक अधिकारियों द्वारा स्थापित दोषपूर्ण व्यवस्था का परिणाम थी। 1919 ई. के एक्ट में गवर्नरों के निरंकुश अधिकार थे। वे किसी भी नियम को बिना विधानसभा की स्वीकृति के पास कर सकते थे। इस अधिकार ने विधानसभाओं की उपयोगिता को बहुत कम कर दिया। वित्तीय विषयों पर विधान सभा का नियंत्रण और भी कम था। बजट का अधिकांश भाग मताधीन नहीं होता था और मताधीन भाग में विधान सभा के निर्णय को गवर्नर जनरल बदल सकता था। निर्वाचित सदस्यों का बहुमत वास्तविक सत्ता प्राप्त करने में असमर्थ रहा।

(2) प्रांतीय विधान सभाओं में यद्यपि 80 प्रतिशत के लगभग निर्वाचित सदस्य थे लेकिन उन्हें तीन--सामान्य, सांप्रदायिक और विशेष--प्रकार के निर्वाचन क्षेत्रों में विभाजित करके प्रजातांत्रिक प्रणाली के विकास के मार्ग में बाधा खड़ी कर दी। संसदात्मक प्रणाली का विकास उसी समय संभव था जब राजनीतिक दलों का विकास हो। सांप्रदायिक और विशेष निर्वाचन क्षेत्रों ने इस मार्ग में कठिनाइयाँ उत्पन्न कर दीं।

(3) विभागों के विभाजन में सभी महत्त्वपूर्ण विभाग आरक्षित थे। इसमें वित्त सबसे प्रमुख था। वित्त विभाग की स्वीकृति के बिना किसी भी विभाग में कोई भी नियुक्ति अथवा किसी प्रकार का व्यय नहीं किया जा सकता था। हस्तांतरित विभाग सार्वजनिक सेवाओं से संबंधित थे। उनमें बिना अधिक खर्च के कुछ भी उपयोगी कार्य नहीं हो सकता था।

(4) गवर्नर ने निर्वाचित मंत्रियों के योगदान तथा प्रभाव को कम करने का अथक प्रयत्न किया। प्रत्येक प्रांत में उसने मंत्रियों से व्यक्तिगत स्तर पर विचारविमर्श आरंभ किया। सामूहिक उत्तरदायित्व की परंपरा को विकसित नहीं होने दिया। बहुत से अवसरों पर उसने मंत्रियों के परामर्श की अवहेलना करना आरंभ किया। मंत्री अपने पद के लिए गवर्नर की कृपा पर निर्भर करते थे। निर्वाचित सदस्य मंत्रियों को पद से नहीं हटा सकते थे। गवर्नर बहुधा विभाग सचिव से सीधा संपर्क स्थापित करके विभाग की उस स्थिति का पता लगा लेता था जो मंत्रियों को भी मालूम नहीं होती थी। नौकरशाही के सदस्य प्रजातंत्र से पूरी तरह अपरिचित थे। प्रजातीय उच्चता के साथ-साथ भारतीय सदस्यों की अकुशलता के संबंध में उनकी पूर्व परिकल्पना थी। वे भारतीय मंत्रियों के साथ सहयोग बहुम कम करते थे। स्थाई सेवाओं के असहयोग की स्थिति में मंत्रियों का सफलतापूर्वक कार्य करना असंभव सा था।

8

भारत की राजनीति में महात्मा गांधी का आगमन और उनकी विचारधारा

दक्षिण अफ्रीका में गांधीजी का संघर्ष

महात्मा गांधी का जन्म 2 अक्टूबर, 1869 को गुजरात राज्य के पोरबन्दर नामक स्थान पर एक ब्राह्मण परिवार में हुआ था। इनका पूरा नाम मोहनदास करमचंद गांधी था। 1881 में गांधी जी अध्ययन के लिए इंग्लैण्ड चले गये। 1891 में गांधी जी शिक्षा अध्ययन के लिए इंग्लैण्ड चले गये। 1891 में इंग्लैंड से वैरिस्टरी पास करने के बाद भारत वापस लौट आये। सर्वप्रथम इन्होंने राजकोट में और बाद में मुम्बई में अपनी वकालत प्रारंभ की परन्तु उन्हें यहां भी सफलता नहीं मिली। सन् 1893 में दक्षिण अफ्रीका की एक व्यापारिक कम्पनी के निमंत्रण पर वे दक्षिण अफ्रीका चले गये। यद्यपि गांधीजी केवल एक वर्ष के लिए वहाँ पर गए किंतु वे 1914 तक (इस बीच वे दो बार भारत भी आए) वहाँ रहे। दक्षिण अफ्रीका में गांधीजी ने रंगभेद के खिलाफ संघर्ष किया। वास्तव में वहाँ की सरकार की रंग भेद नीति के कारण भारतीय समुदाय को कोई भी ऐसा मानवीय अधिकार प्राप्त नहीं था जो कि एक सभ्य जीवन जीने के लिए आवश्यक था।

भारतीयों की स्थिति

महात्मा गांधी जिस समय दक्षिण अफ्रीका में थे उस समय वहां भारतीयों की संख्या लगभग दो लाख थी। इनमें से अधिकांश अनुबंधित मजदूर और स्वतंत्र मजदूर थे। कुछ व्यापारी थे और कुछ उनके क्लर्क और सहायक। खेतबागान मालिक अनुबंधित मजदूरों के साथ अर्ध दासों जैसा व्यवहार करते थे। अन्य भारतीयों को रंग भेद की नीति से उत्पन्न अनेक प्रकार की कठिनाइयों का सामना करना पड़ता था, जो कि नागरिक अधिकार, व्यापारिक और सम्पत्ति के अधिकार से संबंधित थीं। अपने दैनिक जीवन में उन्हें अनेक प्रकार के अपमानों का सामना करना पड़ता था जिसमें से कुछ प्रमुख अपमान इस प्रकार हैं–

1. भारतीय रेलगाड़ी में प्रथम और द्वितीय श्रेणी में यात्रा भी नहीं कर सकते थे और अक्सर उन्हें रेल के डिब्बे के पायदान पर ही खड़े होकर यात्रा करने पर बाध्य किया जाता था।
2. प्रत्येक भारतीय को बिना किसी फर्क के कुली कहकर पुकारा जाता था।
3. भारतीयों को फुटपाथ पर चलने की अनुमति नहीं थी और रात में वे बिना परमिट के नहीं निकल सकते थे।
4 .ट्रांसवाल में भारतीयों को रहने के लिए और व्यापार के लिए एक निश्चित क्षेत्र दिया गया था। यह क्षेत्र स्वास्थ्य की दृष्टि से हानिकर था, न तो वहाँ पानी और बिजली की ही उचित व्यवस्था थी और न ही नालियों की।
5. इसके अतिरिक्त जो पहले अनुबंधित मजदूर रह चुके थे उन्हें तीन पाउण्ड मतगणना का कर देना पड़ता था।
6. जो होटल पूर्णतः यूरोपियों के लिए आरक्षित थे उनमें भारतीयों को जाने की अनुमति नहीं थी।

अभियान-1

गांधी जी दक्षिण अफ्रीका में पग रखते ही रंग भेद की नीति का अनुमान लगा लिया था। डरबन के एक न्यायालय में यूरोपीय न्यायाधीश ने गांधीजी को अपनी पगड़ी उतारने का हुक्म दिया था, परंतु गांधी जी ने ऐसा करने से इनकार कर दिया और विरोध में कमरे से बाहर चले गए। इसी प्रकार परेडोरिन जाते हुए गांधीजी को प्रथम श्रेणी में यात्रा करने की अनुमति नहीं दी गई और उनसे वैन वाले डिब्बे में जाने को कहा गया। जब गांधीजी ने ऐसा करने से इनकार किया तो उन्हें बलपूर्वक डिब्बे से बाहर फेंक दिया गया। परंतु नैटल की सरकार ने जब एक ऐसा विधेयक

प्रस्तावित किया जो कि प्रवासी भारतीयों से मताधिकार वापस लिए जाने का सुझाव रखता था तो गांधीजी दक्षिण अफ्रीका में संघर्ष छेड़ने के लिए तत्पर हो गए।

जब विदाई के समय गांधीजी के सम्मान में एक भोज दिया गया तो उस समय गांधीजी ने उपर्युक्त प्रस्तावित बिल को पारित किए जाने के संदर्भ में खबर पढ़ी। गांधी जी इससे उत्तेजित हो उठे और उन्होंने यह कहा कि "हमारे कफन में यह पहली कील है।" भारतीय व्यापारियों ने इस बिल के विरुद्ध गांधीजी से सहयोग माँगा। गांधीजी ने भारत लौटने के अपने इरादे को स्थगित कर दिया। वास्तव में यह विदाई समारोह, बिल के विरुद्ध संघर्ष की एक सभा के रूप में बदल गया।

आन्दोलन को प्रभावशाली बनाने के लिए उनका पहला कदम यह था कि नैटाल में निवासित सभी भारतीय भी एकता के बन्धन में बंधने के उद्देश्य से प्रेरित हो। 1893 में उन्होंने इंडियन नैटाल ओरगेनाइजेशन नामक सभा की स्थापना की। इसके साथ-साथ गांधीजी का यह भी प्रयास था कि भारतीयों के कष्टों का अधिक से अधिक प्रचार किया जा सके जिससे कि उन्हें भारत और इंग्लैंड की स्त्रियों और जनता से मदद मिल सके। भारत में भारतीय राष्ट्रीय कांग्रेस ने इस विधेयक के विरोध में एक प्रस्ताव पारित किया और इसी प्रकार इंग्लैंड में भी कुछ अखबारों और गणमान्य व्यक्तियों ने दक्षिण अफ्रीका में भारतीयों के हितों की रक्षा के लिए किए जा रहे संघर्ष के प्रति सहानुभूति प्रकट की।

नैटाल में लगभग चार सौ भारतीय रहते थे जिन्होंने एक जुट होकर उक्त विधेयक के विरुद्ध प्रशासन के सामने एक रिपोर्ट या अर्जी प्रस्तुत की परंतु इसका कोई हल नहीं निकला और अन्त में नैटाल की विधान सभा ने बिल पारित कर दिया और यहाँ तक कि वहाँ के राज्यपाल ने भी उस पर सहमति दे दी। गांधीजी ने लगभग 10 हजार भारतीयों से हस्ताक्षर करवा कर एक लंबी अर्जी इंग्लैंड के औपनिवेशिक सचिव को भेजी जिसमें यह अपील की गई थी कि महारानी विक्टोरिया इस विधेयक को सहमति न दें। इस प्रकार सशक्त विरोध के कारण लंदन के औपनिवेशिक कार्यालय ने इस बिल को इस आधार पर अस्वीकार कर दिया कि यह अंग्रेजी साम्राज्य के एक हिस्सें के बाशिंदों के विरुद्ध साम्राज्य के दूसरे हिस्से में भेद करता है लेकिन इसका नैटाल में रहने वाले यूरोपियों पर कोई प्रभाव नहीं पड़ा। उन्होंने कुछ परिवर्तन कर बिल को पारित कर दिया। अब इस परिवर्तित बिल के अनुसार किसी भी गैर-यूरोपीय देशों के व्यक्ति को जिन देशों में कि अभी तक ऐसा संगठन नहीं है, जो कि संसदीय मताधिकार प्रणाली पर स्थापित हो, मतदान का अधिकार नहीं दिया जाएगा, जब तक की उसे गवर्नर जरनल से जाकर न मिल जाए। इस परिवर्तित विधेयक को मान्यता दे दी गई।

गांधीजी ने रंग भेद के विरुद्ध अपना संघर्ष लेख आदि लिखकर जारी रखा क्योंकि वे जनता की सहायता प्राप्त करना चाहते थे। इससे दक्षिण अफ्रीका में रहने वाले कई यूरोपीय उत्तेजित हो उठे। 1886 में जब गांधीजी अपने परिवार के साथ नैटाल पहुँचे तो उनका विरोध करने के लिए लगभग 4,000 यूरोपियों का समूह वहाँ था। कुछ लोगों ने उन पर हमला भी किया परंतु एक उच्च सैनिक अधिकारी की पत्नी द्वारा गांधीजी बचा लिए गए। यह घटना भी गांधीजी को अपना संघर्ष जारी रखने से निरुत्साहित नहीं कर पाई। अपनी अगली भारत यात्रा में गांधीजी ने क्वेटा में कांग्रेस के अधिवेशन में हिस्सा लिया और इस अधिवेशन में उन्होंने दक्षिण अफ्रीका में भारतीयों की स्थिति पर एक प्रस्ताव पास कराने में सफलता प्राप्त की। 1902 में गांधी पुनः दक्षिण अफ्रीका लौटे और 12 वर्ष तक वहाँ पर रहकर उन्होंने रंग भेद के विरुद्ध संघर्ष किया। 1903 में उन्होंने 'इंडियन ओपीनियन' नामक एक साप्ताहिक पत्रिका का प्रकाशन प्रारंभ किया जिसके द्वारा उनके संघर्ष का प्रचार किया जाता था। 1904 में गांधीजी अपने कुछ अनुयायियों के साथ डरबन के निकट **फौनिक्स** नामक स्थान पर रहने लगे। यहाँ के लोग अत्यंत ही साधारण तरीके से अपना जीवन व्यतीत करते थे। फौनिक्स की महत्ता यह है कि आगे चलकर इसके सभी निवासियों ने गांधीजी के सत्याग्रह में हिस्सा लिया।

गांधीजी ने दक्षिण अफ्रीका में ब्रिटिश हाई कमिश्नर को एक बार यह सुझाव दिया था कि—

> ''हम भारतीय राजनैतिक स्वतंत्रता नहीं चाहते हैं, परंतु हम यह चाहते हैं कि हम अन्य ब्रिटिश बाशिंदों के साथ शांति और भातृत्व के साथ सम्मानपूर्वक रह सकें।''

लेकिन 1906 में ट्रांसवाल प्रशासन ने भारतीयों को नीचा दिखाने के लिए एक विधेयक पास किया। इस विधेयक के आधार पर प्रत्येक भारतीय के लिए, जो कि 8 वर्ष की आयु से ऊपर था, यह आवश्यक था कि वह अपना पंजीकरण कराए और पंजीकरण फार्म पर अपने अँगूठे और उँगलियों की छाप दे। पंजीकरण कराने के लिए एक निश्चित तारीख दी गई थी और उस तारीख तक यदि कोई अपना पंजीकरण नहीं कराता है तो उसे एक अपराध मानते हुए सजा दी जा सकती थी या देश से निकाला भी जा सकता था। भारतीयों से किसी भी समय पंजीकरण सर्टिफिकेट दिखाने को कहा जा सकता था और पुलिस अधिकारियों को यह अधिकार दिया गया था कि वह किसी भी भारतीय के घर में घुसकर उसके कागजात देख सकते थे। इस बिल का विरोध करने के लिए गांधीजी ने जोहन्सबर्ग के अंपायर थियेटर में एक सभा

आयोजित की। अपने सम्मान और प्रतिष्ठा को बनाए रखने के लिए भारतीय किसी भी प्रकार के संघर्ष के लिए तत्पर थे। इस सभा को सम्बोधित करते हुए महात्मा गांधी ने भारतीयों से कहा था कि—

> "मेरे जैसे लोगों के लिए केवल एक ही रास्ता सामने है, हम मर सकते हैं लेकिन ऐसे कानून के आगे झुकेंगे नहीं। शायद यह रास्ता न अपनाना पड़े, परंतु यदि और लोग पीछे हटते हैं और मैं अकेला भी रह जाता हूँ तो भी मैं अपनी प्रतिज्ञा को नहीं छोड़ूँगा।"

अंततः इस सभा में हिस्सा ले रहे प्रत्येक भारतीय ने भगवान को साक्षी मानते हुए यह शपथ ली कि यदि इस विधेयक को कानून बनाया गया तो वे इसके आगे नहीं झुकेंगे।

भारतीयों के कड़े विरोध के बावजूद ट्रांसवाल की विधान सभा ने इस बिल को पारित कर दिया। इस समय गांधीजी एक प्रतिनिधि मंडल लेकर इस उद्देश्य से इंग्लैंड गए कि वे अंग्रेजी सरकार से इस बिल को अस्वीकार (वीटो) करवा देंगे, परंतु यह प्रयास असफल रहा। यह घोषणा की गई कि अप्रैल, 1907 से यह नया कानून लागू होगा। इस विधेयक के विरुद्ध संघर्ष के लिए गांधीजी ने आंदोलन की एक नई तकनीक- सत्याग्रह-अपनाई। **पैसिव रेसिसटेन्स ऐसोसिएशन** नामक संगठन की स्थापना की गई। इस संगठन ने भारतीय मूल के लोगों से यह अपील की कि वे पंजीकरण कार्यालयों का बहिष्कार करें। ट्रांसवाल सरकार के सभी प्रयासों के बावजूद 30 नवंबर, 1907 तक केवल 519 भारतीयों ने अपने को पंजीकृत कराया। पंजीकरण विधेयक का विरोध कराने के कारण गांधीजी को 2 माह की साधारण कैद की सजा दी गई।

इसी दौरान जनरल स्मट्स से मुलाकात करने की बात गांधी जी ने स्वीकार किया। अलबर्ट कार्टराइट ने इस मुलाकात का आयोजन किया। इस मुलाकात के दौरान जनरल स्मट्स ने गांधीजी को यह आश्वासन दिया कि यदि भारतीय स्वैच्छिक रूप से पंजीकरण कर लें तो इस कानून को रद्द कर दिया जाएगा। गांधीजी ने इस प्रस्ताव को स्वीकार कर लिया और इस पर विचार करने के लिए भारतीयों की एक सभा बुलाई। कई भारतीयों ने गांधीजी द्वारा इस प्रस्ताव को स्वीकार किए जाने पर आपत्ति प्रकट की, क्योंकि उन्हें जनरल स्मट्स से किसी भी प्रकार के न्याय की आशा नहीं थी। कुछ भारतीयों ने तो गांधीजी पर यह आरोप भी लगाया कि उन्हें जनरल स्मट्स ने कोई लालच दे दिया था। अगले दिन जब गांधीजी स्वैच्छिक रूप से अपना

पंजीकरण कराने के लिए पंजीकरण कार्यालय की ओर जा रहे थे तो एक पठान ने उन पर हमला भी किया।

भारतीयों ने इस प्रस्ताव को स्वीकार कर लिया लेकिन बाद में स्मट्स ने भारतीयों को अन्धेरे में डाल दिया और कानून को रद्द करने से मुकर गया। भारतीयों ने स्वैच्छिक पंजीकरण के लिए जब अपनी अर्जी सरकार से वापस मांगी तो सरकार ने उन्हें देने से इनकार कर दिया। गांधीजी ने पुनः सत्याग्रह आंदोलन प्रारंभ किया। उन्होंने यह घोषणा की कि भारतीय अपना पंजीकरण सर्टिफिकेट जलाएँगे और इसके जो भी परिणाम निकलें उन्हें शांति के साथ भोगेंगे। अनेक भारतीयों ने पंजीकरण सर्टीफिकेट को आग की लपटों के हवाले कर दिया। इसी समय ट्रांसवाल सरकार ने एक अप्रवासी कानून बनाया जिसका उद्देश्य भारत से आकर बसने वाले नए लोगों को रोकना था। गांधीजी ने यह घोषणा की कि सत्याग्रह आंदोलन इस कानून के विरुद्ध भी होगा।

नैटाल में रह रहे अनेक भारतीयों ने सत्याग्रह आंदोलन में हिस्सा लिया और उन्हें सरकार द्वारा गिरफ्तार कर लिया गया। जेल में सत्याग्रहियों से कड़ा श्रम कराया गया। जेल में गांधीजी के साथ भी दुर्व्यवहार किया गया। परंतु ट्रांसवाल सरकार की दमनकारी नीति गांधीजी और उनके आंदोलन को कमजोर करने में असफल रही। सत्याग्रही छोटे-छोटे समूहों में गिरफ्तारियाँ देते रहे। उनके परिवारों को सत्याग्रह फंड द्वारा आर्थिक सहायता दी गई। वास्तव में सत्याग्रह सभा को भारतीय राष्ट्रीय कांग्रेस और भारत के कई अन्य धनिक, जैसे कि टाटा, हैदराबाद के निजाम आदि पैसा दे रहे थे। आगे चलकर सत्याग्रही **टालस्टाय फार्म** नामक स्थान पर रहने लगे, यहाँ पर वे साधारण जीवन व्यतीत करते थे और वह सब सीखते थे, जो कि एक सच्चे सत्याग्रही के लिए आवश्यक था।

अभियान-2

सन् 1913 में भारतीयों के समक्ष एक विकट समस्या और उत्पन्न हुई दक्षिण अफ्रीका के सुप्रीम कोर्ट ने अपने एक निर्णय के द्वारा उन सभी शादियों को रद्द घोषित कर दिया जो कि ईसाई धर्म विधि से नहीं हुई थीं और जिनका विवाह कार्यालय में पंजीकरण नहीं हुआ था। दूसरे शब्दों में इस निर्णय के द्वारा समस्त हिन्दू, मुस्लिम और पारसी शादियाँ अवैध हो गईं और इस प्रकार इन शादियों से उत्पन्न संतान भी अवैध हो जानी थीं। गांधीजी ने इस निर्णय के दुष्परिणामों के विरुद्ध अपील की और कानून में परिवर्तन लाने को कहा, परंतु तत्काल इसका कोई सकारात्मक नतीजा नहीं

निकला। अतः गांधीजी ने अपने संघर्ष को तीव्र कर दिया। अनेक भारतीय महिलाओं ने, जिनका सम्मान दांव पर लगा हुआ था, विरोध कार्यक्रम में हिस्सा लिया। 6 नवंबर, 1913 के दिन गांधीजी ने ट्रांसवाल की सीमा को पार करने के लिए एक यात्रा प्रारंभ की। उनके साथ जो सत्याग्रही थे उनमें 127 स्त्रियाँ, 57 बच्चे और 237 पुरुष थे। गांधीजी को गिरफ्तार कर लिया गया। सरकार की दमनकारी नीति के बावजूद आंदोलन में किसी प्रकार की कमजोरी नहीं आई। भारत में इस समय गोपाल कृष्ण गोखले ने इस उद्देश्य से सारे देश का दौरा किया कि गांधीजी के आंदोलन के लिए सहयोग जुटाया जा सके। भारत के वायसराय लार्ड हार्डिंग ने भी इस समय यह माँग की कि दक्षिण अफ्रीका की सरकार के विरुद्ध अत्याचार करने का जो आरोप है, उसकी निष्पक्ष जाँच की जाए। इस प्रकार लार्ड हार्डिंग की लंदन और प्रीटोरिया में आलोचना की गई।

अन्त में, भारतीयों के समक्ष स्मट्स ने समझौते का प्रस्ताव रखा। दोनों के बीच बातचीत प्रारंभ हो गया। उस बात-चीत के अन्त में एक ऐसे प्रस्ताव पर समझौता हुआ जो कि भारतीयों की मुख्य समस्याओं का निदान करता था। स्वतंत्र श्रमिकों पर से 3 पाउंड का कर हटा लिया गया। भारतीय तौरतरीकों से किए गए विवाहों को मान्यता प्राप्त हुई और केवल दक्षिण अफ्रीका में आने के लिए ही सर्टिफिकेट पर अँगूठे का निशान लगाया जाना था। इस प्रकार लगभग 8 वर्ष तक चलने वाले सत्याग्रह को वापस ले लिया गया।

गांधी ब्रिटिश साम्राज्य के समर्थक थे और वे यह समझते थे कि अंग्रेजों का न्याय भारतीय के प्रति न्याय संगत होगा। परन्तु ऐसा कुछ भी नहीं हुआ। 1899 में बोअर युद्ध के दौरान उन्होंने इंडियन एम्बूलैंस कार्पस संगठित कर अंग्रेजी सरकार की सहायता भी की थी परंतु शीघ्र ही अंग्रेजों के प्रति उनका यह मोह दूर होने लगा क्योंकि उन्होंने यह महसूस किया कि उनकी याचना के प्रति अंग्रेजों का रवैया बाहरी व्यक्ति का था। अपने साथियों और सहयोगियों के कष्टों को दूर करने के लिए सत्याग्रह उनके लिए एक अंतिम विकल्प था। परंतु अंग्रेजी साम्राज्य के प्रति उनकी सहानुभूति समाप्त नहीं हुई। उनकी सहानुभूति इस आशा पर आधारित थी कि एक न एक दिन अंग्रेज उन नियमों को व्यावहारिक रूप अवश्य देंगे जिनको कि सैद्धांतिक आधार पर मानते थे।

महात्मा गांधी के जीवन और राष्ट्रीय आन्दोलन पर दक्षिण अफ्रीका में हुए संघर्ष का अत्यधिक प्रभाव पड़ा था। उदाहरण के लिए अहिंसात्मक सत्याग्रह की तकनीक गांधीजी का मुख्य अस्त्र बन गई जिस पर आगे चलकर गांधीजी और कांग्रेस ने भारत

में अंग्रेजी शासन के विरुद्ध संघर्ष किया। अंग्रेज इतिहासकार ज्युडिथ ब्राउन ने यह धारणा व्यक्त की कि सत्याग्रह गांधी द्वारा दक्षिण अफ्रीका में अपनाया गया मात्र एक चतुराई से परिपूर्ण हथियार था। लेकिन यदि हम गांधीजी के संघर्ष पर संपूर्ण दृष्टि डालें तो यह स्पष्ट हो जाता है कि गांधीजी को सत्याग्रह में पूर्ण आस्था थी और यह किसी विशिष्ट परिस्थिति में अपनाई गई रणनीति मात्र नहीं थी। गांधीजी के अनुभवों का एक अन्य महत्त्वपूर्ण प्रभाव यह महसूस करना था कि हिंदू और मुस्लिम एकता अति आवश्यक है और इसे प्राप्त करना संभव भी है। इसी कारण उन्होंने भारत में अंग्रेजों के विरुद्ध संघर्ष में हिंदू-मुस्लिम एकता को अत्यधिक महत्त्व दिया। इसके अतिरिक्त दक्षिण अफ्रीका के संघर्ष ने यह भी स्पष्ट कर दिया कि गांधीजी किसी एक क्षेत्र के या किसी धार्मिक सम्प्रदाय के प्रतिनिधि नहीं थे वरन् वे संपूर्ण भारतीय जनता के नेता थे। उनके प्रति इस प्रकार की धारणा का बन जाना भारतीय राजनीति में उनके आगमन में सहायक सिद्ध हुआ।

भारत में गांधीजी का आगमन

महात्मा गांधी इंग्लैंड में भारतीयों के अधिकारों के लिए संघर्ष कर रहे थे। इसी बीच जुलाई, 1914 ई. में प्रथम विश्व युद्ध प्रारंभ हो गया। ऐसी स्थिति में गांधीजी ने अंग्रेजी सरकार की सहायता करना अपना कर्तव्य समझा। उन्होंने भारतीयों का एक एम्बुलैंस दल संगठित करने का निर्णय लिया परंतु कुछ समय उपरांत अंग्रेज अधिकारियों से मतभेद उत्पन्न होने के कारण वे इससे अलग हो गए। 1915 में उन्हें अंग्रेजी सरकार द्वारा **केसर-ए-हिंद** का खिताब भी दिया गया। 9 जनवरी, 1915 के दिन जब गांधीजी भारत लौटे तो भारत के प्रमुख प्रतिनिधियों एवं जनता द्वारा बड़े उल्लासपूर्वक उनका स्वागत किया गया। गोपाल कृष्ण गोखले भारत में उनके राजनीतिक गुरु थे। गोखले चाहते थे कि गांधी **'सर्वेन्ट्स ऑफ इंडियन सोसाइटी'** में शामिल हों पर इस सोसाइटी के कुछ सदस्यों के कड़े विरोध के कारण गांधीजी इसके सदस्य नहीं बन पाए। गोखले ने गांधी से इस समय यह वादा लिया कि भारत में राजनीतिक विषयों पर वे एक वर्ष तक अपना मत जाहिर नहीं करेंगे। वायदे का पालन करते हुए 1915 और 1916 में गांधीजी ने अपना अधिकांश समय भारत के विभिन्न स्थानों का दौरा करने में बिताया। वे सिंध, रंगून, बनारस और मद्रास आदि स्थानों पर गए। उन्होंने रवीन्द्रनाथ ठाकुर के शांतिनिकेतन की भी यात्रा की और वे हरिद्वार तथा कौमुदी मेले में भी गए। इन सब यात्राओं से यह लाभ हुआ कि गांधीजी को भारतीयों और उनकी स्थिति के संदर्भ में अत्यधिक जानकारी हासिल हुई। 1915

में ही गांधीजी ने अहमदाबाद में साबरमती नदी के किनारे अपने आश्रम की स्थापना की थी। यहाँ पर वे अपने निकट सहयोगियों के साथ रहते थे जिनको एक सच्चे सत्याग्रही का प्रशिक्षण दिया जाता था।

इस दौरान गांधीजी राजनीति से जुड़े मुद्दों पर कोई विशेष ध्यान नहीं दे रहे थे। अधिकांश सभाओं में वे केवल अपने दक्षिण अफ्रीका के अनुभवों और जो विचारधारा उनकी वहाँ पर बनी थी, के बारे में ही बोलते थे। जिस समय एनीबेसेंट ने गांधीजी से "होम रूल लीग" की स्थापना में सहयोग देने के लिए कहा तो उन्होंने यह कहकर इनकार कर दिया कि वे युद्ध के दौरान अंग्रेजी सरकार को परेशान नहीं करना चाहते। गांधीजी ने 1915 के कांग्रेस अधिवेशन में भी हिस्सा लिया, लेकिन इस समय स्वायत्त शासन जैसे महत्त्वपूर्ण विषय पर बोलने को उन्होंने टाल दिया। कांग्रेस में गरम दल को वापस शामिल करने के जो एकता के प्रयास हो रहे थे उनका गांधीजी ने स्वागत किया, लेकिन इसके साथ-साथ उन्होंने यह भी स्पष्ट कर दिया कि वे किसी गुट में नहीं हैं। उन्होंने संगठित कांग्रेस के अधिवेशन में हिस्सा लिया, परंतु ऐसे मुद्दों पर बोलने से इनकार कर दिया जिनसे यह अभिप्राय लगाया जा सकता था कि वे किसी विशिष्ट गुट से संबद्ध हैं। यहाँ पर उन्होंने केवल अनुबंधित मजदूरों की भर्ती के संबंध में भाषण दिया और इस प्रथा की समाप्ति की माँग के लिए एक प्रस्ताव पारित किया गया।

भारतीय राजनीति में प्रादुर्भाव

गांधी जी का सन् 1917-18 के मध्य भारतीय राजनीति में विशेष रूप से प्रादुर्भाव हुआ जो कि तीन स्थानीय समस्याओं से संबंधित था। ये समस्याएँ थीं; चंपारन और खेड़ा में किसानों का संघर्ष और अहमदाबाद में मजदूरों का संघर्ष। यहाँ पर गांधी ने सत्याग्रह की तकनीक का इस्तेमाल किया और अंततः इन्हीं स्थानीय संघर्षों के माध्यम से वे संपूर्ण भारत के नेता के रूप में उभर कर आए।

चंपारन

सन् 1917 में गांधी जी ने सत्याग्रह का पहला बड़ा प्रयोग उत्तरी बिहार के चंपारन जिले में किया था। यहां पर 19वीं सदी के प्रारंभ से ही यूरोपीय पूंजीपतियों द्वारा किसानों, मजदूरों का शोषण किया जा रहा था। यूरोपीय बागान मालिकों ने इस क्षेत्र में 19वीं शताब्दी के प्रारंभ से नील के बागान और फैक्टरियाँ स्थापित की थीं। 1916-17 में चंपारन का अधिकांश क्षेत्र केवल तीन भू-स्वामियों के अधीन था। ये भू-स्वामी-बेतिया, राम नगर और मधुबन जागीरों के मालिक थे। इनमें बेतिया की

जागीर सबसे बड़ी थी और उसमें लगभग 1500 गाँव आते थे। भू-स्वामी स्वयं जागीर की देखभाल न कर उसे ठेके पर दे देते थे और ठेकेदारों में सबसे प्रभुत्वशाली वर्ग यूरोपीय बागान मालिकों का था। यहाँ पर असंतोष का मुख्य कारण यह था कि किसानों को भूमि पर स्थाई अधिकार प्राप्त नहीं था। उन्हें बागान मालिकों से जमीन के पट्टे लेने होते थे और ऐसे पट्टे उन्हें इस शर्त पर दिए जाते थे कि वे एक निश्चित भू-भाग पर केवल नील की ही खेती करेंगे। इसके बदले में बागान मालिक किसानों को कुछ अग्रिम धन राशि भी देते थे।

नील की खेती जिस व्यवस्था के अन्तर्गत किया जाता था उसे तिनकठिया कहा जाता था। इसमें किसान को अपनी भूमि के 3/20 हिस्से पर केवल नील की ही खेती करनी होती थी और अधिकांशतः उसकी भूमि के सबसे अधिक उपजाऊ हिस्से पर उसे नील की खेती करने के लिए बाध्य किया जाता था। तिनकठिया व्यवस्था में यद्यपि 1908 में कुछ सुधार लाने की कोशिश की गयी थी, परंतु इससे किसानों की गिरती हुई हालत में कोई परिवर्तन नहीं हुआ था। बागान मालिक किसानों को अपनी उपज एक निश्चित धनराशि पर केवल उन्हें ही बेचने के लिए बाध्य करते थे और यह धनराशि बहुत कम होती थी। इस समय जर्मनी के वैज्ञानिकों ने कृत्रिम नीले रंग का उत्पादन कर लिया था, जिसके परिणामस्वरूप विश्व के बाजारों में भारतीय नील की माँग गिर गई थी। चंपारन के अधिकांश बागान मालिकों ने यह महसूस किया था कि नील के व्यापार से अब उन्हें अधिक मुनाफा नहीं होगा। परंतु मुनाफे को बनाए रखने के लिए उन्होंने अपने घाटे को किसानों पर लादना शुरू कर दिया। इसके लिए जो रास्ते उन्होंने अपनाए उसमें किसानों से यह कहा गया कि यदि वे उन्हें एक बड़ा मुआवजा दे दें तो किसानों को नील की खेती से मुक्ति मिल सकती थी। इसके अतिरिक्त उन्होंने लगान में अत्यधिक वृद्धि कर दी और कई प्रकार के अवैध कर किसानों पर लगाए।

1916 में लखनऊ में आयोजित कांग्रेस सभा में जब चम्पारन के कृषकों पर हो रहे अत्याचारों की चर्चा हो रही थी उस समय गांधी जी ने इस मुद्दे पर कोई विशेष प्रतिक्रिया नहीं जतायी थी परंतु अंततः चंपारन के एक किसान राजकुमार शुक्ल ने गांधीजी को चंपारन आने के लिए बाध्य किया। जब गांधीजी मोतीहारी (चंपारन का जिला-कार्यालय) पहुँचे तो उनकी उपस्थिति को जन शांति के लिए एक खतरा समझा गया। उन्हें चंपारन छोड़ने का आदेश दिया गया, परंतु गांधीजी ने वहाँ की जनता के प्रति अपने दायित्व को समझते हुए इस आदेश को मानने से इनकार कर दिया। तत्काल ही उन्हें गिरफ्तार कर उन पर जिला न्यायालय में मुकदमा चलाया गया।

परंतु बिहार सरकार ने कमिश्नर और जिला न्यायालय को यह आदेश दिया कि इस मुकदमे को वापस ले लिया जाए और गांधीजी को जानकारी हासिल कराने में सहायता दी जाए। इसके साथ-साथ गांधीजी को भी यह चेतावनी दी गई कि वे कोई बखेड़ा खड़ा न करें। परंतु उन्हें किसानों के कष्टों के बारे में जानकारी हासिल करने की पूर्ण स्वीकृति दे दी गई। सरकार ने "चंपारन एगरेरियन कमेटी" का गठन किया। गांधीजी भी इस कमेटी के एक सदस्य थे। इस कमेटी ने यह सिफारिश की कि तिनकठिया व्यवस्था समाप्त कर दी जाए और इसके साथ ही कई अन्य प्रकार के कर भी समाप्त कर दिए जाएँ जो कि किसानों को देने पड़ते थे। बढ़ाए गए लगान की दरों में कमी की गई और जो वसूली अवैध रूप से किसानों से की गई थी उसका 25 प्रतिशत किसानों को लौटाया जाना था। कमेटी की इन सिफारिशों को 1919 के 'चंपारन एगरेरियन एक्ट' के रूप में पारित किया गया।

यद्यपि यह आंदोलन किसानों की समस्याओं से संबंधित था परंतु गांधीजी के अधिकांश सहयोगी शिक्षित मध्यम वर्ग से थे, जैसे कि राजेन्द्र प्रसाद, गोरख प्रसाद, आचार्य कृपलानी आदि। स्थानीय महाजनों और गाँवों के मुख्तियारों ने भी गांधीजी को सहयोग दिया था लेकिन सर्वाधिक सहयोग किसानों और उनके स्थानीय नेताओं ने दिया था। गांधी जी ने स्वयं वहाँ पर बहुत ही साधारण जीवन व्यतीत किया। वे पैदल या बैलगाड़ी पर यात्रा करते थे और किसानों से उन्हीं की भाषा में बातचीत करते थे।

खेड़ा

गांधी जी ने अपना दूसरा सत्याग्रह गुजरात के खेड़ा जिले में छेड़ा। यहाँ पर उनकी सत्याग्रह की तकनीक को वास्तव में एक इम्तहान से गुजरना पड़ा। खेड़ा अधिक उपजाऊ क्षेत्र था और यहाँ पर उगने वाली खाद्य फसलों, तंबाकू और रूई को अहमदाबाद में एक सुलभ बाजार प्राप्त था। यहाँ पर कई धनी किसान थे जो कि पट्टीदार कहलाते थे। इसके अतिरिक्त कई छोटे किसान और भूमिहीन कृषक भी यहाँ पर रहते थे।

सन् 1917 में गुजरात प्रान्त में अत्यधिक वर्षा के कारण खारीपन की फसल तहस-नहस हो गयी थी इसी समय मिट्टी का तेल, लोहा, कपड़ों और नमक की कीमतों में भी वृद्धि हुई जिसने कि किसानों के जीवन स्तर को काफी संकटमय बना दिया था। किसानों ने इस समय यह माँग की कि पूरी फसल न होने के कारण लगान माफ किया जाए। लगान कानून के अंतर्गत ऐसा प्रावधान मौजूद था कि यदि कुल

उपज सामान्य उपज के मुकाबले केवल 25 प्रतिशत हो तो पूरा लगान माफ किया जा सकता था। बंबई के दो वकीलों, श्री वी.जे. पटेल और जी.के. पारख ने इस संबंध में छान-बीन की और वे इस नतीजे पर पहुँचे कि उपज का एक बड़ा हिस्सा नष्ट हो चुका था, परंतु सरकार इससे सहमत नहीं थी। खेड़ा के कलक्टर ने यह निर्णय लिया कि लगान माफ करने की माँग का कोई औचित्य नहीं है। सरकारी धारणा यह थी कि किसानों ने यह माँग नहीं की थी वरन इसके लिए उन्हें बाहर के लोगों ने भड़काया था जो कि होम रूल लीग और गुजरात सभा से संबंध रखते थे। गांधीजी स्वयं इस समय गुजरात सभा के अध्यक्ष थे। सच्चाई यह थी कि यहाँ आंदोलन प्रारंभ करने की पहल न तो गांधीजी ने ही की थी और न ही अहमदाबाद के राजनीतिज्ञों ने। यह माँग तो वास्तव में मोहन लाल पांडे जैसे स्थानीय गाँव के नेताओं ने उठाई थी।

लगान के सन्दर्भ में तहकीकात करने के पश्चात् गांधी जी ने कहा था कि प्रशासनिक अधिकारियों द्वारा उत्पाद का बढ़ा-चढ़ा कर मूल्य निर्धारित किया गया था तथा कृषकों का यह वैध अधिकार था कि वे लगान न दें। इसमें उन्हें कोई सुविधा नहीं प्रदान की जा रही थी लेकिन सरकार ने इस ओर कोई ध्यान नहीं दिया। कुछ हिचकिचाहट के बाद गांधीजी ने 22 मार्च, 1918 से सत्याग्रह का प्रारंभ नदियाद में एक सभा करके किया। इस सभा में गांधीजी ने किसानों को यह राय दी कि वे अपना लगान न दें। किसानों के उत्साह को बढ़ाने के लिए और उनके हृदय से सरकार का भय निकालने के लिए गांधीजी ने अनेक गाँवों का दौरा किया।

गांधी जी के इस सत्याग्रह में इन्दुलाल याज्ञिक, बिट्ठल भाई पटेल और अनसुइया साराभाई ने काफी योगदान दिया था। 21 अप्रैल के दिन सत्याग्रह अपनी चरम सीमा पर पहुँचा। 2,337 किसानों ने यह शपथ ली कि वे लगान नहीं देंगे। अधिकांश पट्टाधारियों ने सत्याग्रह में हिस्सा लिया परंतु सरकार ने अपनी दमनकारी नीति के द्वारा कुछ गरीब किसानों को लगान देने के लिए बाध्य किया। इस समय रबी की फसल अच्छी हुई जिससे कि लगान न देने का मुद्दा कुछ कमजोर पड़ा। गांधीजी यह समझने लगे थे कि किसान सत्याग्रह से थकने लगे हैं। जब सरकार ने यह आदेश जारी किया कि लगान की वसूली केवल उन्हीं किसानों से की जानी चाहिए जो कि उसको दे सकते हैं और गरीब किसानों पर इसके लिए दबाव नहीं डाला जाना चाहिए, तो गांधीजी ने सत्याग्रह को समाप्त करने की घोषणा की। वास्तव में इस सत्याग्रह का सब गाँवों पर समान असर नहीं पड़ा था। खेड़ा के 559 गाँवों में से केवल 70 गाँवों में ही यह सफल रहा था और यही कारण था कि गांधीजी ने

केवल थोड़ी सी रियायत मिलने पर ही सत्याग्रह वापस ले लिया था लेकिन इसमें कोई संदेह नहीं कि इस सत्याग्रह के द्वारा गुजरात के ग्रामीण क्षेत्र में गांधीजी के सामाजिक आधार का विकास हुआ था।

अहमदाबाद

अहमदाबाद का सत्याग्रह गांधी जी द्वारा छेड़ा गया तीसरा सत्याग्रह था। यह सत्याग्रह यहां के मिल मालिकों तथा इसमें कार्य करने वाले मजदूरों से सम्बन्धित था अहमदाबाद, गुजरात के महत्त्वपूर्ण औद्योगिक नगर के रूप में विकसित हो रहा था परंतु मिल मालिकों को अक्सर श्रमिकों की कमी का सामना करना पड़ता था जिससे उन्हें आकर्षित करने के लिए वे मजदूरी की ऊँची दर देते थे। 1917 में अहमदाबाद में प्लेग की महामारी फैली। अधिकांश श्रमिक शहर छोड़कर गाँव जाने लगे। श्रमिकों को शहर छोड़कर जाने से रोकने के लिए मिल मालिकों ने उन्हें "प्लेग बोनस" देने का निर्णय किया जो कि कभी-कभी साधारण मजूरी का लगभग 75% होता था। जब यह महामारी समाप्त हो गई तो मिल मालिकों ने इस भत्ते को समाप्त करने का निर्णय लिया। श्रमिकों ने इसका विरोध किया। श्रमिकों की धारणा थी कि युद्ध के दौरान जो महँगाई हुई थी, यह भत्ता उसकी भी पूर्ति करता था। मिल मालिक 20% की वृद्धि देने को तैयार थे, परंतु मूल्य वृद्धि को देखते हुए श्रमिक 50% की वृद्धि माँग रहे थे।

गुजरात सभा के एक सचिव गांधीजी को अहमदाबाद की मिलों में कार्य करने की दशाओं के बारे में सूचित करते रहते थे। एक मिल मालिक अम्बालाल साराभाई से उनका व्यक्तिगत परिचय था, क्योंकि उसने गांधी के आश्रम के लिए धनराशि दी थी। इसके अतिरिक्त अम्बालाल की बहन अनसुइया साराभाई गांधीजी के प्रति आदर भाव रखती थी। गांधीजी ने अम्बालाल साराभाई से विचार-विमर्श करने के उपरांत इस समस्या में हस्तक्षेप करने का निर्णय लिया। श्रमिक और मिल मालिक इस बात पर सहमत हो गए कि पूरी समस्या को एक मध्यस्थता कराने वाले बोर्ड के ऊपर छोड़ दिया जाए जिसमें कि तीन प्रतिनिधि मजदूरों के हों और तीन मिल मालिकों के। अंग्रेज कलेक्टर इस बोर्ड के अध्यक्ष होने थे। गांधीजी इस बोर्ड में श्रमिकों के प्रतिनिधि के रूप में मौजूद थे, परंतु अचानक मिल मालिक बोर्ड से पीछे हट गए। इसका कारण उन्होंने यह बताया कि गांधीजी को श्रमिकों की तरफ से कोई अधिकार नहीं दिया गया था और इस बात की कोई गारंटी नहीं थी कि श्रमिक इस

बोर्ड के निर्णय को स्वीकार करेंगे। 22 फरवरी से मिल मालिकों ने तालाबंदी की घोषणा की।

गांधी जी ने ऐसी परिस्थिति में इस क्षेत्र के बारे में पूरी जानकारी लेने का फैसला किया। उन्होंने मिलों की आर्थिक स्थिति के बारे में जानकारी हासिल की और उनके द्वारा दी जा रही मजूरी की दरों की तुलना बंबई में दी जा रही मजूरी की दरों से की। इस अध्ययन के उपरांत गांधीजी ने यह निष्कर्ष निकाला कि मजदूरों को 50% के स्थान पर 35% बढ़ोत्तरी की माँग करनी चाहिए। गांधीजी ने मिल मालिकों के विरुद्ध सत्याग्रह प्रारंभ किया। श्रमिकों से यह शपथ लेने को कहा गया कि जब तक मजूरी में 35% वृद्धि नहीं होती वे काम पर नहीं जाएँगे और शांतिपूर्वक सत्याग्रह करते रहेंगे। अनेक स्थानों पर सभाएँ हुईं और गांधीजी ने इनमें भाषण दिए। इस स्थिति के ऊपर उन्होंने कुछ लेख भी लिखे।

मिल मालिकों ने 12 मार्च को यह घोषणा किया कि हम अपना हड़ताल वापस ले रहे हैं परन्तु हम उन्हीं मजदूरों को काम पर लगायेंगे जिन्हें 20% मजदूरी स्वीकार होगी। इसके विपरीत 15 मार्च को गांधीजी ने यह घोषणा की कि जब तक कोई समझौता नहीं होता वे भूख हड़ताल पर रहेंगे। इस समय गांधीजी का उद्देश्य यह था कि जो मजदूर अपनी शपथ के बावजूद काम पर वापस जाने की सोच रहे थे उन्हें उससे रोका जा सके। अंततः 18 मार्च के दिन एक समझौता हुआ, इसके अनुसार, श्रमिकों को उनकी शपथ को देखते हुए पहले दिन की मजूरी 35% वृद्धि के साथ हासिल होनी थी और दूसरे दिन उन्हें 20% की वृद्धि, जो कि मिल मालिकों द्वारा प्रस्तावित की जा रही थी, मिलनी थी। तीसरे दिन से तब तक, जब तक कि एक मध्यस्थता के द्वारा निर्णय नहीं लिया जाता उन्हें 27½% की वृद्धि मिलनी थी। अंततः मध्यस्थ ने गांधीजी के प्रस्ताव को मानते हुए मजदूरों के पक्ष में 35% की वृद्धि का निर्णय दिया।

रौलट सत्याग्रह

गांधी जी ने कुछ राष्ट्रव्यापी मुद्दों पर 1917-18 के मध्य विशेष ध्यान दिया था। उन्होंने एनीबेसेंट की नजरबंदी का विरोध किया था और अली बंधुओं (मुहम्मद अली और शौकत अली), की जेल से रिहाई की भी माँग की थी। अली बंधु 'खिलाफत' को लेकर गिरफ्तार किए गए थे। उस समय के अन्य राजनीतिक नेताओं की भाँति गांधीजी ने सुधार प्रस्तावों में कोई विशेष रुचि नहीं ली थी लेकिन जिस समय अंग्रेजी सरकार ने रौलट ऐक्ट को पारित करने का निर्णय लिया तो गांधीजी ने राष्ट्रीय राजनीति में सक्रिय रूप से हिस्सा लेने का निर्णय लिया।

रौलट ऐक्ट

सन् 1917 में भारतीय सरकार ने जस्टिस सिडनी रौलट की अध्यक्षता में एक कमेटी का गठन किया था जिसका उद्देश्य क्रांतिकारियों के कार्यों की जाँच-पड़ताल करते हुए उनके दमन के लिए कानून प्रस्तावित करना था। स्थिति का जायजा लेने के उपरांत रौलट कमेटी ने कानून में कई प्रकार के परिवर्तन किए जाने का सुझाव रखा। इन सुझावों को ध्यान में रखते हुए भारतीय सरकार ने राष्ट्रीय काउंसिल के सम्मुख दो विधेयक 6 फरवरी, 1919 के दिन प्रस्तुत किये। सरकार का यह दावा था कि षड्यंत्रकारी अपराधों को रोकने के लिए यह विधेयक केवल अस्थायी आधार पर अपनाए जा रहे हैं। ये विधेयक वास्तव में जो प्रतिबंध युद्ध के दौरान लगाए गए थे उन्हें स्थायी रूप देने के उद्देश्य से प्रेरित थे। इनके अंतर्गत अपराधियों पर एक विशेष न्यायालय के द्वारा मुकदमा चलाया जा सकता था जिसमें कि तीन हाईकोर्ट के जज सदस्य होने थे। इस न्यायालय के निर्णय के विरुद्ध अपील का कोई प्रावधान नहीं था और न्यायालयों की कार्यवाही भी खुले तौर पर नहीं होती थी। किसी भी व्यक्ति को बिना वारेंट के गिरफ्तार किया जा सकता था या उसकी तलाशी ली जा सकती थी। बिना मुकदमा चलाए ही किसी भी व्यक्ति को दो वर्ष तक जेल में रखा जा सकता था। भारतीय राष्ट्रवादियों की यह धारणा थी कि यह बिल उस गैर-सरकारी और सरकारी जनमत को संतुष्ट करने के लिए लाए गए थे जिसने कि मोंटेग्यू सुधार प्रस्तावों का विरोध किया था।

आंदोलन

सम्पूर्ण देश में इन बिलों की घोर निन्दा की गयी। गांधी जी ने इन बिलों के सन्दर्भ में आन्दोलन करना प्रारम्भ कर दिया। उनके आधार पर जो शक्तियाँ सरकार को दी जा रही थीं वे खतरे से खाली नहीं थीं और वाइसराय को बहुत पहले से ही आपातकालीन शक्तियाँ प्राप्त थीं। उन्होंने यह भी कहा कि ये ऐसे दमनकारी बिल हैं जो कि सुधारों के सभी प्रस्तावों को रद्द कर देते हैं। गांधीजी केवल बिलों के प्रावधान के ही विरोधी नहीं थे, बल्कि उस प्रक्रिया के भी विरोधी थे जिसमें कि जनमत की अवहेलना करते हुए इन्हें लागू किया जाना था। 24 फरवरी, 1919 के दिन बंबई में इन बिलों का विरोध करने के लिए गांधीजी ने एक सत्याग्रह सभा का संगठन किया। इस सभा के सदस्यों ने यह शपथ ली कि वे अत्यंत ही सभ्य तरीके से, जिनका कि निर्णय एक कमेटी द्वारा लिया जाएगा, इन बिलों का विरोध करेंगे और इन संघर्ष में वे सच्चाई का रास्ता अपनाते हुए किसी भी प्रकार की हिंसा से दूर रहेंगे।

सत्याग्रह आंदोलन का प्रारंभ करते हुए गांधीजी ने यह कहा था: ''मेरा यह पक्का विश्वास है कि हमें कष्ट सहकर ही अपनी मुक्ति प्राप्त होगी, न कि अंग्रेजों द्वारा टपकाये गए सुधारों से। वह क्रूर शक्ति इस्तेमाल करते हैं जबकि हम आत्मा की शक्ति।''

इस बिल का सम्पूर्ण देश में विरोध करने के बाद भी सरकार के रवैये में कोई परिवर्तन नहीं आया। सरकार गैर-सरकारी सदस्यों द्वारा इनके खिलाफ मत दिए जाने के बावजूद काउंसिल ने एक बिल पारित कर दिया। 21 मार्च, 1919 के दिन वाइसराय ने बिल को अपनी सहमति प्रदान कर दी। इस समय उदारवादी नेताओं के गुट ने जिसमें कि सर डी.ई. वादी, सुरेंद्रनाथ बनर्जी, तेज बहादूर सप्रू और श्रीनिवास शास्त्री शामिल थे, गांधीजी द्वारा सत्याग्रह प्रारंभ किए जाने का विरोध किया। उनका तर्क था कि सत्याग्रह सुधारों की प्रक्रिया में बाधा डालेगा। वे यह भी समझते थे कि आम नागरिक सभ्य तरीके से रौलट ऐक्ट का विरोध नहीं कर पाएगा। ऐनीबीसेंट ने भी सत्याग्रह का विरोध किया क्योंकि वह यह समझती थी कि ऐसा करना खतरनाक होगा। सत्याग्रह का प्रारंभ करने के लिए गांधीजी ने देशवासियों को हड़ताल करने को कहा। इस दिन कोई कार्य नहीं होना था। जनता को उपवास रखना था। प्रार्थना करनी थी और इस प्रकार बिलों का विरोध करना था। आरंभ में हड़ताल की तिथि 30 मार्च रखी गई थी परंतु बाद में इसे बदलकर 6 अप्रैल कर दिया गया गया। विभिन्न क्षेत्रों में और विभिन्न नगरों में हड़ताल को सफलता मिली।

30 मार्च को दिल्ली में हड़ताल किया गया। इस हड़ताल में हिस्सा लेने वाले नागरिकों पर पुलिस द्वारा गोली भी चलायी गयी जिसमें 10 व्यक्तियों की जाने चली गयी और कुछ घायल भी हो गये अन्ये बड़े नगरों में हड़ताल 6 अप्रैल को हुई और जनता ने व्यापक सहयोग दिया। गांधीजी ने हड़ताल को एक महान सफलता बताई। 7 अप्रैल को गांधीजी ने सत्याग्रहियों को यह सुझाव दिया कि वे प्रतिबंधित साहित्य संबंधी कानून को और समाचार पत्रों के पंजीकरण संबंधी कानूनों को न मानें। इन कानूनों का विरोध करना, विशेष तौर से इसलिए चुना गया था क्योंकि अन्य कानूनों को व्यक्तियों द्वारा तोड़ने पर हिंसा हो सकती थी। इसके लिए 4 किताबों को, जिनमें गांधीजी की ''हिंद स्वराज'' भी शामिल थी, जिसे बंबई सरकार ने 1910 में प्रतिबंधित कर दिया था, बिक्री के लिए चुना गया। गांधी जी 8 अप्रैल को मुम्बई से दिल्ली और पंजाब की यात्रा पर चल दिये। सरकार ने यह माना कि उनका पंजाब आगमन खतरनाक हो सकता है। अतः दिल्ली के निकट गांधी को गाड़ी से उतारकर वापस बंबई भेज दिया गया। शीघ्र ही गांधीजी की गिरफ्तारी की खबर फैल गई। इससे बंबई

में स्थिति तनावपूर्ण हो गई और अहमदाबाद व विदर्भ में हिंसा भी हुई। अहमदाबाद में सरकार को मार्शल लॉ लगाना पड़ा। अन्य प्रान्तों की अपेक्षा सबसे अधिक हिंसा पंजाब में प्रमुख रूप से अमृतसर में फैली हुई थी। अमृतसर में जिस समय गांधीजी की गिरफ्तारी की खबर पहुँची तो उसी समय वहाँ के दो स्थानीय नेताओं, डॉ किचलू और डॉ सत्यपाल को भी गिरफ्तार किया गया था (10 अप्रैल)। जनता हिंसा पर उतारू हो गई और कुछ सरकारी कार्यालयों में आग लगा दी गई। 5 अंग्रेजों की हत्या कर दी गई और एक अंग्रेज महिला से अभद्र व्यवहार भी किया गया। शहर पर से नागरिक प्रशासन का नियंत्रण लगभग समाप्त हो गया।

13 अप्रैल के दिन जनरल डायर ने जलियाँवाला बाग में निहत्थे लोगों की शांतिपूर्ण सभा पर गोलियाँ चलवाई। अधिकांश लोगों को इस बात की कोई खबर ही नहीं थी कि सरकार द्वारा सभा करने पर प्रतिबंध लगा दिया गया है। जनरल डायर ने बिना किसी चेतावनी के गोलियाँ चलवाई थीं। डायर ने आगे चलकर यह स्वीकार किया कि उसका उद्देश्य मात्र सभा को तितर-बितर करना नहीं था, वह तो जनता को मानसिक तौर से भयभीत करना चाहता था। सरकारी आँकड़ों के अनुसार इस गोली कांड में 379 व्यक्ति मारे गए थे परंतु गैर-सरकारी आँकड़े इससे तीन गुना अधिक थे। 13 अप्रैल की रात को ही पंजाब में मार्शल लॉ लगा दिया गया।

महत्ता

जैसाकि स्पष्ट किया जा चुका है, रौलट एक्ट के खिलाफ आंदोलन किसी योजनावद्ध तरीके पर आधारित नहीं था। सत्याग्रह सभा केवल ऐक्ट के विरुद्ध प्रचार हेतु साहित्य प्रकाशित कर रही थी या उसके विरुद्ध दस्तखत इकट्ठे कर रही थी। एक संगठन के रूप में कांग्रेस कहीं पर भी नजर नहीं आ रही थी। अधिकांश क्षेत्रों में जनता ने अंग्रेजी शासन के विरुद्ध अपनी सामाजिक और आर्थिक शिकायतों के कारण स्वयं हिस्सा लिया था। लेकिन एक बात स्पष्ट है कि गांधीजी द्वारा किए गए सत्याग्रहों ने विभिन्न वर्गों और समुदायों के लोगों को एक स्थान पर लाकर खड़ा कर दिया था। यह इस बात से भी स्पष्ट होता है कि यद्यपि गांधीजी ने पंजाब की यात्रा नहीं की थी तथापि इस आंदोलन में पंजाब की जनता ने व्यापक रूप से हिस्सा लिया था। लेकिन यह आंदोलन अभी भी शहरों में ही तीव्र रूप ले पाया था, भारत के ग्रामीण क्षेत्र तक इसका फैलाव नहीं हो पाया था।

आन्दोलन के समय जो हिंसात्मक घटनाएँ घटित हुई थी। प्रमुख रूप से अहमदाबाद में, उन्हें देखते हुए गांधीजी ने सत्याग्रह वापस ले लिया। गांधीजी ने

यह स्वीकार किया कि उन्होंने यह आंदोलन शुरू करके एक महान भूल की थी क्योंकि जनता अभी सत्याग्रह के लिए आवश्यक अनुशासन को नहीं समझ पाई थी। परंतु इस आंदोलन का सबसे महत्त्वपूर्ण प्रभाव यह निकला कि गांधीजी एक राष्ट्रीय नेता के रूप में उभर कर सामने आए। राष्ट्रीय आंदोलन के नेतृत्व में उनकी स्थिति सबसे ऊपर हो गई और वे कांग्रेस के कार्यों को भी निर्णयात्मक रूप दिया करते थे।

गांधीजी की अवधारणा

यहां पर हम गांधी जी की विभिन्न अवधारणाओं के प्रमुख स्तरों पर प्रकाश डालेंगे लेकिन उन पर व्याख्या करने से पहले यह जानना आवश्यक है कि ऐसे कई प्रभाव थे जिन्होंने गांधीजी की विचारधारा को उभारने और उसे एक निश्चित दिशा देने में योगदान दिया। अपनी आत्मकथा में गांधीजी ने यह स्वीकार किया कि उनके अभिभावकों के दृष्टिकोण और उनके रहने के स्थान पर मौजूद सामाजिक और धार्मिक वातावरण ने उनको व्यापक रूप से प्रभावित किया था। उनकी प्रारंभिक विचारधारा को 'वैष्णव मत'' और जैन धर्म की परंपराओं ने विशेष तौर से प्रभावित किया था। गांधीजी ''भगवद्गीता'' से भी प्रभावित थे। इसके अतिरिक्त ईसा के ''पहाड़ पर उपेदश'' (Sermon of the Mount), टालस्टाय, थोरो और रस्किन के लेखों ने भी उनके चिंतन को प्रभावित किया था। लेकिन इसके साथ-साथ उनकी विचारधारा के विकास और दिशा निर्धारण में सर्वाधिक योगदान, जीवन में उनके अपने व्यक्तिगत अनुभवों का था।

सत्याग्रह

सत्याग्रह गांधीजी की अवधारणा का प्रमुख आधार था। जैसा कि स्पष्ट किया जा चुका है कि गांधी जी ने सत्याग्रह का विकास दक्षिण अफ्रीका में किया था परंतु 1919 के उपरांत भारत के स्वाधीनता संग्राम में यह एक महत्त्वपूर्ण पहलू बना। गांधीजी के अनुसार हिंसा के स्थान पर सत्याग्रह का प्रयोग स्वयं कष्ट सहकर इस प्रकार किया ज़ाना चाहिए था कि शत्रु को अपनी बात मनवाने के लिए बदला जा सके। सत्याग्रह के विचार की व्याख्या करते हुए पट्टाभि सीतारमैया ने लिखा है : ''इसमें स्वयं चुना हुआ कष्ट और विरोधियों के लिए अपमान शामिल है। यदि इसका प्रभाव पड़ता है तो इसलिए पड़ता है कि जिन ख्यालों से इसे इस्तेमाल किया जा रहा है उसमें उनकी नैतिकता पर प्रभाव डाला जाता है। जिस कार्य के लिए इसे प्रयोग किया ज़ाता है, उसके औचित्य के प्रति उनके अंदर विश्वास जगाया जाता है। उनकी

शक्ति को उन्हें यह दर्शाकर कमजोर किया जाता है कि उनके कार्यों द्वारा जो कष्ट दूसरों को हो रहे हैं, इससे उनमें हीनता की भावना उत्पन्न हो।''

गांधीजी ने सत्याग्रह और निष्क्रिय प्रतिरोध के बीच अंतर किया। उन्होंने यह लिखा है कि : ''निष्क्रिय प्रतिरोध एक कमजोर व्यक्ति का वह अस्त्र है जिसमें कि हिंसा और शारीरिक शक्ति का प्रयोग अपने उद्देश्य की पूर्ति के हेतु किया जाता है; जबकि सत्याग्रह शक्तिशाली व्यक्ति का अस्त्र है और इसमें किसी भी प्रकार की हिंसा का प्रयोग नहीं है।''

वास्तव में गांधीजी के लिए सत्याग्रह मात्र एक राजनीतिक अस्त्र नहीं था, वरन् वह जीवन दर्शन और सिद्धांतों के व्यवहार का एक हिस्सा था। गांधीजी का यह विश्वास था कि मानव जीवन का अंतिम उद्देश्य सत्य की खोज है और क्योंकि कोई भी वास्तविक सत्य को नहीं समझ सकता इसलिए उसे दूसरे व्यक्ति के सच की खोज में बाधा नहीं डालनी चाहिए।

अहिंसा

सत्याग्रह का प्रमुख आधार अहिंसा था। इस सन्दर्भ में गांधीजी ने कहा था कि—

> ''जब कोई व्यक्ति अहिंसात्मक होने का दावा करता है तो उससे यह अपेक्षा की जाती है कि जिसने उसको हानि पहुँचाई है उससे वह गुस्सा भी नहीं होगा। वह उसके बुरे की कामना भी नहीं करेगा; वह उसकी अच्छाई चाहेगा और वह उसको किसी प्रकार का शारीरिक कष्ट भी नहीं देगा। बुरा करने वाला चाहे किसी भी प्रकार की हानि उसे पहुँचाए वह उसे सह लेगा। अतः अहिंसा से अभिप्राय पूर्ण भोलेपन से, किसी के प्रति बुरी भावना रखने का पूर्ण अभाव है।''

गांधीजी ने इस तथ्य पर विशेष रूप से महत्त्व प्रदान किया था कि सामान्य नागरिक को भी अपने राजनीतिक लक्ष्य को पूरा करने के लिए हिंसात्मक नहीं, बल्कि अहिंसात्मक सत्याग्रह को अपनाना चाहिए। परंतु कभी-कभी गांधीजी जो निर्णय लेते थे उसमें पूर्ण अहिंसा की कमी नजर आती थी। जैसा कि उन्होंने बार-बार यह कहा कि अन्याय के सामने कायर दिखने की अपेक्षा हिंसा बेहतर है। यहाँ पर 1918 में गांधीजी द्वारा सेना में भर्ती किए जाने के प्रयास में उनके सहयोग को उदाहरण के तौर पर रखा जा सकता है। युद्ध के लिए भर्ती में सहयोग देना अहिंसा के सिद्धांत के विपरीत था परंतु गांधीजी ने यह सहयोग इस आशा से दिया था कि युद्ध के बाद अंग्रेजी सरकार से भारतीयों को कुछ सुविधाएँ प्राप्त होंगी।

व्यक्तिगत तौर पर सत्याग्रह विभिन्न प्रकार का रूप धारण कर सकता है जैसे— उपवास. अहिंसात्मक धरना, विभिन्न प्रकार का असहयोग और सविनय

अवज्ञा, यह जानते हुए भी कि उसके लिए कानूनी संरक्षण भी मिलेगा। गांधीजी का यह पूर्ण विश्वास था कि सत्याग्रह के यह रूप सच्चे उद्देश्य की प्राप्ति के लिए अपनाए गए सच्चे तरीके हैं। गांधीजी के आलोचकों ने यह धारणा व्यक्त की है कि सत्याग्रह की तकनीक को इस्तेमाल करके गांधी जी जन आंदोलनों को नियंत्रित करना चाहते थे। उनकी यह धारणा है कि पूँजीपति और जमींदार, गांधीजी के अहिंसात्मक तकनीक से प्रसन्न थे क्योंकि इसके द्वारा हिंसात्मक सामाजिक क्रांति को रोका जा सकता था। लेकिन इसमें कोई संदेह नहीं कि गांधी और कांग्रेस के द्वारा राष्ट्रीय आंदोलन में सत्याग्रह के अस्त्र के प्रयोग द्वारा समाज के विभिन्न वर्गों को अंग्रेजी शासन के विरुद्ध संघर्ष में एक जुट किया गया।

धर्म

गांधी जी का धर्म के प्रति कैसा रवैया रहा, इस अवधारणा का अध्ययन करना अति आवश्यक है। गांधीजी के लिए धर्म किसी एक विशेष धार्मिक समुदाय की सैद्धांतिक व्याख्या न होकर, समस्त धर्मों में निहित मूलभूत सत्य था। गांधीजी ने धर्म की व्याख्या सच्चाई के लिए संघर्ष के रूप में की। वे यह मानते थे कि धर्म को किसी व्यक्ति की निजी राय बताकर पीछे नहीं ढकेला जा सकता क्योंकि धर्म व्यक्तियों की समस्त गतिविधियों को प्रभावित करता है। उनकी यह धारणा थी कि भारत राजनीतिक कार्रवाई के लिए धर्म का एक आधार प्रस्तुत करता है। यही कारण है कि गांधीजी ने खिलाफत के प्रश्न को संघर्ष का मुद्दा बनाया जिससे कि मुसलमानों को अंग्रेजी सरकार के विरुद्ध आंदोलन में लाया जा सके। परंतु गांधीजी द्वारा ''राम राज्य'' जैसे धार्मिक विचारों का प्रयोग राष्ट्रीय आंदोलन में सांप्रदायिकता की समस्या का समाधान करने में सफल नहीं हो सका।

हिंद स्वराज

गांधी दर्शन का एक प्रमुख पक्ष उनके द्वारा लिखित पुस्तक **'हिंद स्वराज'** में उपलब्ध होता है। इस पुस्तक की रचना इन्होंने 1909 में किया था। इस पुस्तक में गांधीजी ने इस बात की ओर संकेत किया है कि वास्तविक शत्रु अंग्रेजों का राजनीतिक प्रभुत्व न होकर आधुनिक पश्चिम सभ्यता है जो कि धीरे-धीरे भारत को जकड़ती जा रही थी। उनकी धारणा थी कि जो भारतीय पाश्चात्य पद्धति से शिक्षित हुए हैं, जैसे कि वकील, डॉक्टर, अध्यापक और पूँजीपति, वे आधुनिक तौर तरीकों को फैला करके भारत की प्राचीन धरोहर को नष्ट कर रहे थे। इस पुस्तक में गांधी जी ने रेलगाड़ी की इस बात के लिए आलोचना की कि रेल खाद्य पदार्थों के निर्यात में सहायक है और अकाल फैलाने में सहायता देती है। स्वराज और स्वशासन को

उन्होंने जीवन की एक ऐसी स्थिति माना जो कि तभी स्थाई रह सकती थी, जबकि भारतीय अपनी परंपरागत सभ्यता का अनुकरण करें और आधुनिक सभ्यता से भ्रष्ट न हों। गांधीजी ने लिखा था कि "भारतीयों की मुक्ति इसी में है कि उन्होंने जो कुछ पिछले 50 वर्षों में सीखा है उसे भुला दें। रेलगाड़ियों, तार, अस्पताल, वकील, डॉक्टर और इसी प्रकार की सब आधुनिक वस्तुओं को भूल जाना होगा और तथाकथित उच्च वर्ग को साधारण किसान जैसा जीवन व्यतीत करना सीखना होगा।"

20वीं शताब्दी के परिप्रेक्ष्य में इस प्रकार के विचार स्वप्नदर्शी और प्रगति विरोधी प्रतीत होते हैं। परंतु वास्तव में उनके विचार गरीब किसानों और कामगारों पर हो रहे बड़े आधुनिकीरण के दुष्प्रभावों की व्याख्या करते थे। आगे चलकर गांधीजी ने अपने सामाजिक और आर्थिक विचारों को एक निश्चित दिशा देने का प्रयास किया और इसके लिए उन्होंने खादी, ग्रामीण पुनर्गठन और हरिजन कल्याण का कार्यक्रम रखा। इसमें कोई संदेह नहीं कि इस कार्यक्रम से गाँव के लोगों की समस्याओं का पूर्णतः हल नहीं हो पाया लेकिन इस बात से इनकार नहीं किया जा सकता कि इस कार्यक्रम के द्वारा एक निश्चित सीमा तक गांधीजी उनकी स्थिति को सुधारने में सफल रहे। वास्तव में इस कार्यक्रम के माध्यम से गांधीजी ने देश में सामाजिक और आर्थिक सुधारों के लिए एक महत्त्वपूर्ण चेतना जागृत की।

स्वदेशी

गांधी का व्यक्तित्त्व काफी उदारवादी था। यह किसी कार्य को या वस्तु को बल से नहीं, बल्कि उदारता से हासिल करना चाहते थे। इंग्लैंड में मशीन से बने कपड़ों के स्थान पर खादी का इस्तेमाल करना उनकी प्राथमिकता थी। उनकी राय में स्वदेशी के द्वारा किसान अपनी गरीबी को हटा सकते थे क्योंकि वे कताई करके अपनी आय में वृद्धि कर सकते थे। विदेशी कपड़े के इस्तेमाल में कमी करके भारत से इंग्लैंड को हो रही धन की निकासी को भी रोका जा सकता था। यहाँ पर ध्यान देने योग्य बात यह है कि यद्यपि गांधीजी पाश्चात्य औद्योगिक सभ्यता के कड़े विरोधी थे तथापि वे भारत में उभर रहे राष्ट्रीय उद्योगों के विरोधी नहीं थे। जैसा कि पहले ही जिक्र किया जा चुका है, अम्बालाल जैसे उद्योगपति के साथ गांधीजी के घनिष्ठ संबंध थे। 1922 से एक अन्य उद्योगपति जी.डी. बिरला भी गांधीजी ने निकट सहयोगी रहे हैं। गांधीजी श्रम और पूँजी की परस्पर निर्भरता में विश्वास रखते थे। उनके अनुसार पूँजीपति को श्रमिकों के न्यासकर्ता (Trustee) के रूप में कार्य करना चाहिए। गांधीजी ने कभी भी वर्ग आधार पर श्रमिकों में राजनीतिक जागृति उत्पन्न करने का प्रयास नहीं किया। वे वर्ग संघर्ष के विरोधी थे। वर्गीय भेदभाव के स्थान पर वे जनता की एकता में विश्वास करते थे।

9

राष्ट्रीय आंदोलन (1919-1933)

ब्रिटिश साम्राज्य से भारत की स्थिति काफी बिगड़ चुकी थी। 1918-19 ई. के मध्य में भारतीय राजनीति के परिप्रेक्ष्य में कुछ इस प्रकार की घटनाएँ घटित हुई जिसके कारण भारतीयों के भीतर एक बहुत बड़ा असंतोष व्याप्त हो गया। 1920 में राष्ट्रीय कांग्रेस का नेतृत्व महात्मा गांधी के हाथों में चला गया जिन्होंने इस संस्था को जनसंपर्क करने और एक जन आंदोलन संचालित करने योग्य बनाया। वास्तव में 'राष्ट्रीय' आंदोलन 1920 से ही आरंभ हुआ। गांधीजी ने अहिंसात्मक असहयोग, सत्याग्रह और सविनय अवज्ञा आंदोलन के माध्यम से देश में एक नई राष्ट्रीय चेतना जागृत की। उन्होंने दक्षिण अफ्रीका में सत्याग्रह के माध्यम से गोरी सरकार को भारतीयों को सुविधाएँ देने पर बाध्य किया था। जनवरी, 1915 ई. में वह भारत आ गए। 1917 ई. में उन्होंने सत्याग्रह और अहिंसा के आधार पर दो प्रमुख सफलताएँ प्राप्त कीं—भारतीय मजदूरों को बलपूर्वक अंग्रेजी उपनिवेशों में काम करने के लिए ले जाने की पद्धति को बंद करवाना और चंपारण (बिहार) में नील की खेती करने वाले कृषकों पर हो रहे अत्याचारों को दूर करवाना। चंपारण के पश्चात अहमदाबाद में मिल मजदूरों की हड़ताल को सफल बनाना और खेड़ा जिले में कृषकों को लगान में छूट दिलवाना उनके अहिंसात्मक सत्याग्रह की सफलता थी। इससे गांधीजी भारतीय रंगमंच पर एक नए राजनीतिक शस्त्र को लेकर आए जिससे भारतीय जनता को अंग्रेजी शक्ति के भय से मुक्ति दिलवाई।

रौलट एक्ट : भारत ने प्रथम विश्व युद्ध में अंग्रेजों की सुरक्षा के लिए हर तरह से मद्द किया और अंग्रेजों की इस दयनीय स्थिति का कोई फायदा नहीं लिया। भारतीय नेता यह आशा करते थे कि युद्ध समाप्ति के पश्चात अंग्रेज अधिकारी भारतीय आकांक्षाओं को पूरा करने का प्रयास करेंगे। लेकिन अंग्रेज़ नौकरशाही का ऐसा कोई विचार नहीं था। वह क्रांतिकारियों और उग्र विचारों के राष्ट्रीय नेताओं से इतनी अधिक आतंकित थी कि 1918 में एक कमेटी न्यायाधीश रौलट की अध्यक्षता में नियुक्त की, जिसे क्रांतिकारी गतिविधियों की रोकथाम के लिए उपाय बनाने के लिए कहा गया। इस कमेटी ने एक अत्यंत कठोर नियम बनाने का सुझाव दिया, जिसे सरकार ने भारतीय नेताओं के विरोध की उपेक्षा करके 21 मार्च, 1919 ई. को लागू कर दिया। यह अधिनियम ही रौलट ऐक्ट के नाम से विख्यात है। इसके अनुसार किसी भी व्यक्ति पर संदेह मात्र होने से उसे बंदी बनाया तथा उस पर गुप्त रूप से मुकदमा चलाकर उसे दंडित किया जा सकता था। किसी भी व्यक्ति के निवास तथा उसकी गतिविधियों पर नियंत्रण रखा जा सकता था। इस नियम के विरोध में पहले 20 मार्च और फिर 6 अप्रैल को देशव्यापी हड़ताल की गई जिसमें विभिन्न स्थानों पर पुलिस ने निहत्थी भीड़ पर गोली चलाई। गांधीजी को पंजाब प्रवेश की अनुमति नहीं दी गई। पंजाब के उप-गवर्नर माइकेल ओडायर का प्रशासन अधिक क्रूर तथा अमानवीय था। भय और आतंक के आधार पर उसने पंजाब की जनता को शांत रखा था। उसकी युद्ध के लिए बलपूर्वक सैनिक भर्ती करने की नीति से जनता में व्यापक असंतोष था। इस असंतोष को व्यक्त न होने देने के लिए उसने 9 अप्रैल को अमृतसर के दो लोकप्रिय नेताओं--डॉ. सतपाल और डॉ. किचलू-- को नगर से बाहर भेज दिया। इससे क्रूद्ध होकर लोगों ने शांतिपूर्ण प्रदर्शन किया। पुलिस ने अकारण गोली चलाई जिससे कुछ व्यक्तियों की मृत्यु हो गई। भीड़ के एक भाग ने उग्र होकर कुछ यूरोपियनों की हत्या कर दी तथा कुछ सरकारी भवनों को आग लगा दी।

जलियाँवाला बाग हत्याकांड : सत्याग्रह का पूरे देश में काफी प्रभाव रहा। इसी दौरान गांधी जी और कुछ अन्य नेताओं के पंजाब प्रवेश पर रोक लगाने के कारण वहाँ की जनता में अक्रोश व्याप्त था। 11 अप्रैल , 1919 ई. को ब्रिगेडियर जनरल डायर उपद्रव पर नियंत्रण करने के लिए अमृतसर पहुँचा। उसने व्यावहारिक रूप में बिना घोषणा किए मार्शल ला की स्थिति स्थापित कर दी। 12 अप्रैल से व्यक्तियों को धड़ाधड़ बंदी बनाया गया, सभाओं और जुलूसों पर प्रतिबंध लगा दिया गया। यद्यपि नगर के सब भागों में इस प्रतिबंध की सूचना नहीं दी गई। उसी दिन जनता

की ओर से 13 अप्रैल, 1919 ई. को 4.30 बजे सायंकाल जलियाँवाला बाग में एक सार्वजनिक सभा की घोषणा भी की गई। जनरल डायर को इस सभा का पता था लेकिन उसने इसे रोकने के लिए कोई कार्य नहीं किया। सभा यथा समय हुई और लगभग आठ या दस हजार व्यक्ति उपस्थित थे। सभा आरंभ होने के समय जनरल डायर अपनी सैनिक टुकड़ी तथा बख्तरबंद गाड़ियों को लेकर पहुँच गया और भीड़ पर बिना पूर्व चेतावनी के उस समय तक गोलियाँ चलाता रहा जब तक वे समाप्त नहीं हो गईं। 1650 गोलियाँ निशाना बांधकर छोड़ी गईं। इस गोलीकांड में लगभग 1,000 व्यक्तियों की मृत्यु हुई। जनरल डायर, भारत सरकार और इंग्लैंड की जनता के एक भाग ने इस गोलीकांड का समर्थन किया। इस हत्याकांड से समस्त भारत में असंतोष जागृत हुआ। अंग्रेजी सरकार और राष्ट्रीय कांग्रेस ने पृथक-पृथक इस कांड के लिए जाँच समितियाँ नियुक्त कीं। सरकार की ओर से हंटर कमेटी ने रिपोर्ट प्रस्तुत की। इस रिपोर्ट से जनरल डायर के कार्यों का औचित्य स्पष्ट नहीं होता। डायर ने जलियाँवाला बाग के घायल अथवा मृतकों की स्वयं कोई चिंता नहीं की और कर्फ्यू लगाकर उनके संबंधियों को भी देखभाल करने का अवसर नहीं दिया। 15 अप्रैल को अमृतसर में मार्शल लॉ लगा दिया और फिर जिस प्रकार के अमानवीय तथा क्रूर अत्याचार पंजाब में किए गए उसका उदाहरण मिलना अत्यंत दुष्कर है। शांत भीड़ पर हवाई जहाजों से बम गिराए गए, लोगों को नग्न करके कोड़े लगाए गए।

जलियाँ वाला बाग हत्याकांड के सन्दर्भ में ब्रिटिश प्रशासन एवं कुछ प्रमुख अधिकारियों जनरल डायर के कार्यों की पर्याप्त निंदा अथवा आलोचना नहीं की। भारत में अंग्रेजों ने और इंग्लैंड में हाउस ऑफ लार्ड्स ने उनका स्पष्ट समर्थन किया। इंग्लैंड सरकार ने जनरल डायर को सेवा से अवकाश प्रदान कर दिया। भारतवासियों पर सामान्य अंग्रेजों द्वारा जनरल डायर के समर्थन और जलियाँवाला बाग के हत्याकांड की निंदा न करने का बड़ा दूरगामी प्रभाव हुआ। भारतीयों और अंग्रेजों के मध्य अविश्वास की एक खाई पैदा हो गई जो कालांतर में बढ़ती ही गई।

खिलाफत आंदोलन : भारत के मुसलमान तुर्की सुल्तान के समर्थक थे। तुर्की के सुलतान को इस्लामी जगत का धार्मिक नेता (अर्थात खलीफा) समझा जाता था। 1913-15 ई. में मौलाना अबुल कलाम आजाद और मौलाना मोहम्मद अली ने भारतीय मुसलमानों को तुर्की साम्राज्य और पश्चिमी साम्राज्यवादी देशों की तुर्की के प्रति नीति के संबंध में राजनीतिक शिक्षा प्रदान की। प्रथम विश्व युद्ध में तुर्की ने इंग्लैंड के विरुद्ध जर्मनी का साथ दिया। इंग्लैंड के प्रधानमंत्री लायड जार्ज ने युद्ध के प्रचलित रहते हुए यह घोषणा की कि तुर्की की अखंडता और उसके अधीन

एशियाई प्रदेशों पर उसका नियंत्रण यथास्थितिपूर्ण रहेगा। लेकिन 1918 ई. की युद्ध विराम संधि में तुर्की के एशियाई प्रदेश पर इंग्लैंड और फ्रांस का नियंत्रण मेंडेट प्रणाली के अधीन स्थापित किया गया और तुर्की में भी सुलतान के अधिकारों पर नियंत्रण के लिए एक उच्च आयुक्त नियुक्त किया गया।

भारतीय मुसलमानों में यह आन्दोलन 1918-19 के मध्य उग्र रूप धारण कर लिया था। अली बंधु (मौलाना मोहम्मद अली और शौकत अली) तथा अबुल कलाम आजाद इस आंदोलन के प्रभावशाली नेता थे। इन नेताओं के विचारों में कुछ अंतर था। अली बंधु खिलाफत को धार्मिक संस्था और खलीफा के धार्मिक नेतृत्व की आवश्यकता और महत्त्व पर बल देते थे। अबुल कलाम आजाद इसके राजनीतिक पक्ष पर बल देते थे। 1920 ई. में तुर्की में सुलतान के विरुद्ध राष्ट्रीय आंदोलन कमालपाशा के नेतृत्व में हो रहा था लेकिन वे खिलाफत आंदोलन द्वारा प्रस्तुत माँगों का समर्थन नहीं कर रहे थे। वे न तो खिलाफत के समर्थक थे और न एशियाई प्रदेशों पर अपना नियंत्रण स्थापित करने के पक्ष में थे। भारतीय खिलाफत आंदोलन से तुर्की के राष्ट्रवादियों को कोई समर्थन नहीं मिला। 1924 ई. में तुर्की में खिलाफत संस्था को ही समाप्त कर दिया गया। खिलाफत आंदोलन स्वतः असंगत तथा अवास्तविक सिद्ध हुआ।

परन्तु 1919-20 ई. में भारतीय राजनीति के रंगमंच पर ध्यान देने से यह स्पष्ट हो रहा था कि कि मुसलमानों में राजनीतिक चेतना तथा अंग्रेज विरोधी भावनाएँ पहली बार पैदा हुईं। इसलिए राष्ट्रीय नेताओं ने मुसलमानों की धार्मिक संस्था के आंदोलन के समर्थन का निश्चय किया। गांधीजी ने खिलाफत आंदोलन का इसलिए भी समर्थन किया कि उन्हें यह आंदोलन सत्य और न्याय पर आधारित दिखाई पड़ा। नवंबर, 1919 ई. में दिल्ली में हुए आल इंडिया खिलाफत सम्मेलन ने गांधीजी को अध्यक्ष चुना और उनके परामर्श पर असहयोग और बायकाट की नीति की धमकी अंग्रेजों को दी। गांधीजी के समर्थन का एक अन्य कारण यह भी था कि हिंदुओं द्वारा मुसलमानों की न्यायोचित माँग का समर्थन, हिंदू-मुस्लिम एकता राष्ट्रीय आंदोलन में सहायक होगा। एक खिलाफत शिष्टमंडल इंग्लैंड गया लेकिन इंग्लैंड सरकार से उसे कोई सहायता नहीं मिली। गांधीजी ने 1 अगस्त, 1920 ई. को खिलाफत के प्रश्न पर असहयोग आंदोलन आरंभ कर दिया। इस असहयोग आंदोलन की नीति का कांग्रेस द्वारा अनुमोदन सितंबर, 1920 ई. में एक विशेष अधिवेशन में और दिसंबर, 1920 ई. के वार्षिक अधिवेशन में कर दिया गया। असहयोग नीति के पक्ष में व्यापक समर्थन प्राप्त करने के लिए अन्य कारण, पंजाब में अंग्रेजी अत्याचार, रौलट एक्ट और भारतीय स्वराज्य की माँग भी जोड़ दिए गए।

असहयोग आंदोलन की प्रगति

असहयोग आन्दोलन औपचारिक रूप से एक अगस्त, 1920 को प्रारंभ हुआ था। यह आन्दोलन प्रमुख रूप से दो भागों में विभाजित था। पहला सृजनात्मक और दूसरा विध्वंसात्मक। रचनात्मक कार्यों में स्वदेशी को प्रोत्साहन, असहयोग आंदोलन के लिए 'तिलक कोष' में एक करोड़ की राशि एकत्र करना (तिलक की मृत्यु के पश्चात यह कोष स्थापित किया गया), स्वयं सेवकों की एक विशाल संख्या भर्ती करना, 20 लाख चरखों को बेरोजगारों में बँटवाना सम्मिलित थे।

आंदोलन के विध्वंसात्मक कार्यक्रम को तीन वस्तुओं के बायकाट से संबंधित किया जाता है। ये प्रमुख बायकाट थे—अंग्रेजी विधान सभाओं, न्यायालयों, अंग्रेजी वस्तुओं के प्रयोग तथा मदिरापान का त्याग। 1921 ई. में असहयोग आंदोलन अत्यधिक लोकप्रिय रहा। विधान सभाओं के बहिष्कार में असहयोग आंदोलन असफल रहा। कांग्रेसी सदस्यों ने विधान सभा के निर्वाचनों में अवश्य भाग नहीं लिया लेकिन वे मतदाताओं को अथवा अन्य सदस्यों को निर्वाचन में भाग लेने से नहीं रोक सके। निर्वाचित विधान सभाएँ वास्तविक प्रतिनिधित्व नहीं कर सकीं। न्यायालयों के बहिष्कार में यद्यपि सी.आर. दास और पंडित मोतीलाल नेहरू ने बायकाट करके एक उच्च्व उदाहरण प्रस्तुत किया लेकिन यह बायकाट अधिक समय तक उस जोश से प्रचलित नहीं रहा जिस प्रकार आरंभ हुआ था। इसी प्रकार पंचायतों द्वारा मुकदमों के निर्णयों की पद्धति भी कुछ स्थानों को छोड़कर असफल रही। इस बहिष्कार और पंचायती प्रणाली का अंग्रेजी न्यायालयों पर अधिक प्रभाव नहीं पड़ा। सरकारी शिक्षा पद्धति का बहिष्कार अवश्य अधिक व्यापक रूप में आरंभ हुआ। लेकिन शीघ्र ही विद्यार्थी वापस शिक्षा संस्थाओं में आने लगे क्योंकि अधिक विद्यार्थियों की शिक्षा के लिए वैकल्पिक व्यवस्था नहीं हो सकी। सरकारी नौकरियों से त्यागपत्र देने का आंदोलन असफल रहा। इतना अवश्य हुआ कि सरकारी उपाधियों के प्रति आकर्षण बहुत कम हो गया।

इंग्लैंड के राज कुमार तथा उचूक ऑफ कनाट के आगमन का बहिष्कार करने की नीति से असहयोग आन्दोलन को काफी सफलता मिली थी। विदेशी कपड़े और शराब के प्रयोग के बहिष्कार की नीति भी सफल रही। नवंबर, 1921 ई. में प्रिंस ऑफ वेल्स के आगमन के बहिष्कार से भारत सरकार अत्यधिक प्रभावित हुई। उसने कुछ सुविधाओं के बदले में असहयोग आंदोलन को वापस लेने का प्रस्ताव रखा लेकिन इसका कोई विशेष परिणाम नहीं निकला। अंग्रेजी सरकार ने अहिंसात्मक

संबंध में लोगों में विभिन्न प्रकार की भ्रांतियाँ पैदा हो गईं और एक प्रकार की उत्साहहीनता छा गई। 5 फरवरी, 1922 ई. को गोरखपुर जिले में 'चौरी चौरा' के स्थान पर पुलिस ने अहिंसात्मक प्रदर्शनकारियों पर गोली चलाई और जब उनकी गोलियाँ समाप्त हो गईं तब वे भागकर थाने में छिप गए। उत्तेजित प्रदर्शनकारियों ने थाने को आग लगा दी जिससे पुलिस के व्यक्ति और भवन जलकर राख हो गए। गांधीजी ने तुरंत असहयोग आंदोलन को स्थगित कर दिया। आंदोलन के स्थगित करने की तीव्र आलोचना हुई और गांधीजी कुछ समय के लिए अलोकप्रिय हो गए। अंग्रेजी सरकार ने भी इस अवसर से लाभ उठाकर गांधीजी को 10 मार्च, 1922 ई. को बंदी बना लिया और राजद्रोह फैलाने के अपराध में उन्हें 6 वर्ष की कैद की सजा दी गई।

असहयोग आंदोलन का योगदान : असहयोग आन्दोलन के शिथिल पड़ जाने से और सफलता न मिलने की वजह से इस आन्दोलन को स्थगित कर दिया गया। गांधीजी के कार्य की अधिकांश समकालीन राष्ट्रीय नेताओं ने आलोचना की। सी.आर. दास, मोतीलाल नेहरू, लाला लाजपत राय, सुभाषचन्द्र बोस आदि नेताओं ने बन्दी के रूप में होते हुए भी उस गतिविधि की घोर निन्दा की। इन लोगों का कहना था कि आंदोलन को सफलता के निकट पहुँचाकर स्थगित करना अनुचित था। सुभाषचन्द्र बोस स्थगित करने की घटना को राष्ट्रीय आपत्ति समझते थे। सामान्यतः यह समझा जाता है कि गांधीजी ने चौरी चौरा में पुलिस के व्यक्तियों की हत्या के कारण आंदोलन स्थगित किया लेकिन गांधी जी का मूल्यांकन यह था कि असहयोग आंदोलन प्रायः छिन्न-भिन्न हो रहा था। लोगों का अहिंसात्मक संघर्ष की नीति में विश्वास डगमगा रहा था। अंग्रेजी अत्याचार की नीति के फलस्वरूप लोगों में मनोबल का अभाव, हीनता और दुर्बलता की भावना बढ़ी।

असहयोग आंदोलन अपने घोषित लक्ष्यों—खिलाफत के प्रति अंग्रेजी नीति में परिवर्तन, पंजाब के हत्याकांड के लिए अंग्रेज सरकार द्वारा उपचार, एक वर्ष में स्वराज्य प्राप्ति—में सफलता प्राप्त न कर सके, विधान सभाओं, न्यायालयों, विद्यालयों का बहिष्कार भी उतना अधिक सफल नहीं हुआ। रक्षात्मक कार्यक्रम में चर्खे का प्रयोग थोड़े ही दिन लोकप्रिय रहा। बाद में वह भी बहुत कम हो गया। लेकिन इस आधार पर आंदोलन को निष्फल कहना अनुचित है। इस आंदोलन की सफलताएँ भी विभिन्न थीं। सामान्य जनता में अंग्रेजी प्रशासन की न्यायप्रियता में अविश्वास, राजनीतिक अधिकारों के लिए जागरूकता, अत्याचार से लोगों का दमन न कर पाना, उसकी कुछ उपलब्धियाँ थीं। अंग्रेज सरकार ने यह भी स्वीकार किया कि सामान्य

जनता में राजनीतिक अधिकारों और अंग्रेजी भेदनीति के प्रति जागरूकता पैदा हो गई थी। लोगों में राष्ट्र-प्रेम और देश-प्रेम के प्रति बलिदान की भावना पहली बार व्यापक हुई। बाद में इस बलिदान की स्मृति लोगों को और अधिक त्याग करने के लिए प्रेरित करती रही। गांधीजी के इस आंदोलन के पश्चात ही कांग्रेस एक जन आंदोलन संचालित करने वाली संस्था का रूप ग्रहण कर सकी। इस प्रकार इंडियन नेशनल कांग्रेस का स्वरूप ही बदल गया। कुछ राजनैतिक सुविधाओं की माँग करने वाली संस्था अथवा विचार-विमर्श करने वाली संस्था के स्थान पर अब कांग्रेस एक संघर्ष करने वाली संस्था बन गई थी। यह क्रांतिकारी परिवर्तन था। अहिंसात्मक साधन अपनाने के परिणामस्वरूप यह खुले रूप में कार्य कर सकती थी और जन साधारण की सहानुभूति इसे उपलब्ध हो सकती थी। राष्ट्रीय आंदोलन को ये महात्मा गांधी की देन थी।

स्वराज्य दल का निर्माण

1922 ई. में असहयोग आंदोलन के स्थगित कर दिए जाने के बाद कांग्रेस की एक समिति ने अवज्ञा आन्दोलन की उम्मीदों को त्याग दिया। कांग्रेस का एक वर्ग यह अनुभव करता था कि 1919 ई. की सुधार योजना को विधान सभाओं में जाकर अव्यावहारिक तथा असफल सिद्ध किया जाए। लेकिन इस योजना से कांग्रेस का एक बड़ा वर्ग सहमत नहीं था। इसलिए 'कौंसिल प्रवेश' के समर्थन करने वालों ने एक पृथक दल, स्वराज्य पार्टी की स्थापना की। इस दल का नेतृत्व मोतीलाल नेहरू और चितरंजन दास ने किया। सितंबर, 1923 ई. में कांग्रेस ने दल के सदस्यों को आगामी निर्वाचन में मतदान और चुनाव लड़ने की स्वतंत्रता प्रदान करके स्वराज्य दल के गठन को स्वीकार कर लिया।

स्वराज्य गुट के नेताओं का मानना था कि असहयोग आंदोलन के स्थगित कर दिए जाने के बाद राष्ट्रीय कार्यकर्त्ताओं के समक्ष कोई अन्य कार्यक्रम नहीं था। साथ ही वे यह भी चाहते थे कि विधान सभाओं के अन्य सदस्यों के साथ मिलकर सरकारी अत्याचार नीति का विरोध किया जाए और कार्यक्रम के अभाव में हिंदू-मुस्लिम एकता के टूटने की संभावना को रोका जाए। स्वराज्य दल के सदस्य अपने आपको कांग्रेस का सदस्य कहते थे लेकिन उनका सविनय अवज्ञा आंदोलन की शक्ति व ताकत पर खुद भरोसा नहीं था। वे नौकरशाही के दुर्ग को विधान सभाओं के भीतर प्रवेश करके तोड़ना चाहते थे। विधान सभाओं में जाकर ही वे रचनात्मक कार्यक्रम को क्रियान्वित करा सकते थे।

विधान सभा के निर्वाचनों में स्वराज्य गुट के नेताओं ने उदारवादियों को विभिन्न क्षेत्रों पराजित किया। स्वराज्य दल को मध्य प्रदेश (सी.पी.) में बहुमत, बंगाल, यू.पी. तथा बंबई में प्रधानता मिली और केंद्रीय विधान सभा में 145 से में 48 स्थान प्राप्त हुए। केंद्रीय सभा में 24 सदस्य (इंडिपेंडेंट दल) मोहम्मद अली जिन्ना के नेतृत्व में थे। स्वराज्य और इंडिपेंडेंट दल के परस्पर सहयोग से सरकार पर काफी दबाव डाला जा सकता था।

स्वराज्य गुट के नेताओं को 1924-25 के बीच कुछ सफलता हाथ लगी। प्रत्येक वार्षिक बजट को अस्वीकृत करके अंग्रेज सरकार की नीतियों की अव्यावहारिकता स्पष्ट की। सितंबर, 1924 ई. में सरकार चाहती थी कि ली कमीशन (जो सरकारी सेवाओं में प्रजातीय उच्चता को बनाए रखना चाहता था) की रिपोर्ट स्वीकृत हो जाए। लेकिन स्वराज्य दल के सदस्यों ने उसे स्वीकृत नहीं होने दिया। इसी प्रकार द्वैध शासन व्यवस्था संबंधी जाँच कमेटी (मुडिमैन कमेटी) रिपोर्ट पर स्वराज्य दल ने बहुमत (सरकारी) पक्ष का समर्थन नहीं किया और द्वैध शासन को असफल सिद्ध किया। लेकिन फरवरी, 1925 ई. में जिन्ना और मोतीलाल नेहरू में आपसी समझौता समाप्त हो जाने से स्वराज्य दल का प्रभाव केंद्रीय विधान सभा में समाप्त हो गया। मार्च, 1926 ई. में आल इंडिया कांग्रेस कमेटी के आदेशानुसार स्वराज्य दल ने इंडियन लेजिस्लेटिव असेंबली का बहिष्कार कर दिया।

पंडित मोतीलाल नेहरू ने स्वराज्य दल का सरकार से असहयोग घोषित करते हुए कहा कि अंग्रेज सरकार ने भारतीय सहयोग का मूल्य नहीं समझा। बार-बार विरोध करने पर भी सरकार अपनी दमनकारी नीति पर डटी रही। इसलिए कौंसिल प्रवेश का कार्यक्रम स्थगित किया गया। स्वराज्य दल के कार्य का महत्त्व इस बात में है कि इसने अंग्रेजी सरकार के वास्तविक दमनकारी स्वरूप को जनता के समक्ष प्रस्तुत किया।

कांग्रेस का प्रभाव 1926-28 ई. के बीच काफी शिथिल परिलक्षित होने लगा। 1926 ई. के निर्वाचनों में स्वराज्य दल के सदस्यों की संख्या बहुत कम हो गई। कांग्रेस ने पहले ही सरकार के साथ बायकाट की नीति अपना रखी थी। राष्ट्रीय आंदोलन कुछ शिथिल सा हो रहा था कि इंग्लैंड सरकार द्वारा साइमन कमीशन की नियुक्ति की घोषणा से राष्ट्रीय राजनीति ने एक नया मोड़ लिया।

साइमन कमीशन की नियुक्ति और एक नई चुनौती

इंग्लैंड प्रशासन ने 1919 में एक नियम लागू किया था कि 10 वर्ष तक कार्य

कर लेने के पश्चात इंग्लैंड सरकार एक कमीशन द्वारा इस बात की जाँच करवाएगी कि अधिनियम में क्या-क्या परिवर्तन किए जाएँ। भारतीय नेता द्वैध शासन की योजना को मूल रूप में अपर्याप्त समझते थे और शीघ्र परिवर्तन चाहते थे। लेकिन इंग्लैंड सरकार ने इस ओर कोई ध्यान नहीं दिया। अचानक 8 नवंबर, 1927 ई. को इंग्लैंड के प्रधानमंत्री ने एक कमीशन की नियुक्ति की घोषणा की। ऐसा इसलिए किया गया था कि 1929 ई. में यह संभावना थी कि शायद इंग्लैंड में लेबर दल का मंत्रिमंडल बन जाए और उस समय भारत के लिए नियुक्त कमीशन भारतवासियों को अधिक अधिकार प्रदान कर सकता था। उस संभावना को रोकने के लिए कमीशन दो वर्ष पूर्व ही नियुक्त कर दिया गया। यह कमीशन सर जान साइमन की अध्यक्षता में नियुक्त किया गया। उनके अतिरिक्त 6 सदस्य और थे। वे सबके सब अंग्रेज थे तथा इंग्लैंड संसद के सदस्य थे। किसी भी भारतवासी को इस कमीशन का सदस्य नियुक्त नहीं किया गया। इससे बड़ा प्रजातीय विभेद और क्या हो सकता था? फलस्वरूप अधिकांश भारतीय राष्ट्रीय नेता इस कमीशन के बहिष्कार करने पर एकमत थे। इससे राष्ट्रीय गतिविधियों में आई हुई शिथिलता एकदम दूर हो गई।

साइमन कमीशन 3 फरवरी, 1928 को आया तथा देशव्यापी हड़ताल तथा काले झंडों और 'साइमन वापस जाओ' के नारों से उसका स्वागत किया गया। इस कमीशन की रिपोर्ट 7 जून, 1930 ई. को प्रकाशित हुई। उस समय तक राष्ट्रीय आंदोलन बहुत आगे बढ़ चुका था। इस रिपोर्ट में निम्नलिखी विशेषताएं सम्मिलित थी–

(1) केंद्र में कोई उत्तरदायित्व भारतीयों को न दिया जाए।

(2) भारतीय संविधान संघीय होना चाहिए।

(3) प्रांतों को पूर्ण स्वायत्तता प्रदान की जाए तथा गर्वनर को पूर्ण अधिकार प्रदान किए जाएँ।

(4) भारतीय विषयों पर विचार-विमर्श के लिए एक कौंसिल की स्थापना की जाए जिसमें भारतीय राज्यों तथा अंग्रेजी भारत के विभिन्न दलों के प्रतिनिधि हों।

(5) प्रांतीय विधान सभाओं के सदस्यों की संख्या में वृद्धि कर दी जाए।

(6) बर्मा को भारत से अलग कर दिया जाए और सिंध और उड़ीसा को भी अलग-अलग प्रांत बना दिया जाए।

(7) भारत सचिव की कौंसिल के सदस्यों की संख्या और उनके अधिकारों में कमी कर दी जाए।

(8) उच्च न्यायालयों को भारत सरकार के अधीन कर दिया जाए।

साइमन कमीशन ने इस रिपोर्ट के छपने से पहले यह कहा था कि रिपोर्ट पर बातचीत करने के लिए एक गोलमेज सभा का आयोजन किया जाये। नवंबर, 1930 ई. में यह गोलमेज सम्मेलन बुलाया गया। साइमन कमीशन की नियुक्ति विभिन्न भारतीय दलों के आपसी मतभेद समाप्त करने तथा राष्ट्रीय आंदोलन में एक नया जोश पैदा करने में सहायक हुई। इसकी सिफारिशें संवैधानिक विकास की दृष्टि से अधिक महत्त्वपूर्ण नहीं हैं।

साइमन कमीशन की नियुक्ति के साथ ही इंग्लैंड सरकार ने भारतीय नेताओं को यह चुनौती भी दी कि यदि वे विभिन्न संप्रदायों की सहमति से एक संविधान तैयार कर सकें तो इंग्लैंड सरकार उस पर सहानुभूतिपूर्ण विचार करने को तत्पर रहेगी। यह चुनौती 1925 ई. से दी जा रही थी। उस समय सरकार से असहयोग आन्दोलन नीति की काफी चर्चा हो रही थी जिसकी वजह से इस तरफ कोई विशेष कदम नहीं उठाया गया था। नवंबर, 1927 ई. में साइमन कमीशन की नियुक्ति के समय जब यह पुनः दोहराई गई तब भारतीय नेताओं ने इस बात का प्रयत्न किया कि एक सम्मिलित संविधान का प्रारूप तैयार किया जाए। इस प्रयत्न की कठिनाइयों को समझने के लिए मुसलमानों के 1927 ई. तक राजनीतिक चिंतन के विकास की व्याख्या आवश्यक है।

विभिन्न मुसलमान नेताओं द्वारा राजनीतिक अधिकारों की माँग : 1928 के पूर्व : 1916 ई. में लखनऊ समझौते और 1920-22 ई. के मध्य खिलाफत आंदोलन पर सहमति से यह प्रश्न उठना स्वाभाविक ही है कि मुसलमान नेता अधिकांशतः राष्ट्रीय प्रणाली से अलग क्यों हो गए? इस प्रश्न पर हमने 1887 ई. में सर सैयद द्वारा कांग्रेस विरोध के संदर्भ में चर्चा की है लेकिन 1916–22 ई. की पृष्ठभूमि के पश्चात कुछ अन्य तथ्यों का निरूपण करना भी आवश्यक है।

1915 ई. के लखनऊ समझौते से कांग्रेस ने अधिप्रतिनिधित्व और सांप्रदायिक निर्वाचन प्रणाली स्वीकार कर ली थी। 1919-20 ई. में खिलाफत के प्रश्न को राजनीतिक आंदोलन में सम्मिलित करके राष्ट्रीय नेताओं ने मुसलमानों में धार्मिक उत्तेजना और भावनाओं को प्रोत्साहन दिया। इस आंदोलन के माध्यम से मौलाना आजाद और मौलाना मोहम्मद अली यह चाहते थे कि मुसलमानों के राजनीतिक जीवन पर मुस्लिम लीग का नेतृत्व समाप्त हो जाए। मौलाना मोहम्मद अली तुर्की में खिलाफत समाप्त कर दिए जाने के बाद भी खिलाफत आंदोलन को जीवित रखना चाहते थे। उससे वे मुसलमानों में राजनीतिक जागरण और अल्पसंख्यक होने की हीन भावना समाप्त करना चाहते थे। पंजाब में मुसलमान नेताओं ने खिलाफत आंदोलन

का कोई विशेष समर्थन नहीं किया। फजली हुसैन इस आधार पर कांग्रेस से अलग हो गए।

भारत में मुसलमान राजनीति का एक महत्त्वपूर्ण तथ्य यह रहा कि इनकी राजनीति कई दलों में बँटना ही था तथा यह फूट 1920–34 ई. के मध्य अपनी चरम सीमा पर थी। कुछ संगठनों के नाम इस प्रकार थे–जमैयत ए खिलाफत, मुस्लिम लीग (शफी गुट), मुस्लिम लीग (जिन्ना गुट), जमैयत उल उलेमा, अंजुमन ए हिमायत ए इस्लाम (लाहौर), मजलिस ए अहरार (पंजाब) आदि। मुसलमानों में राजनीतिक जागरण पहले मुस्लिम अल्पसंख्यक प्रांतों में आरंभ हुआ, जहाँ अपने अधिकारों की सुरक्षा के लिए उन्होंने अधिप्रतिनिधित्व और सांप्रदायिक निर्वाचन प्रणाली पर बल दिया। 1916 ई. के लखनऊ समझौते में प्रत्येक मुस्लिम अल्पसंख्यक प्रांत में उनके अधिकारों की उचित व्यवस्था हो गई। लेकिन पंजाब और बंगाल में बहुसंख्यक मुस्लमानों की जनसंख्या के अनुपात में भी प्रतिनिधित्व नहीं मिला। बंगाल और पंजाब के नेताओं ने लखनऊ समझौते का विरोध अपने लिए अधिक लाभदायक समझा। फज्ल-उल-हक (बंगाल), मोहम्मद शफी और फजल हुसैन (पंजाब) प्रभावशाली नेता थे। 1919 ई. के पश्चात उन्हें सत्ता प्रयोग का अनुभव हुआ। उन्होंने जनसंख्या के अनुपात में भी प्रतिनिधित्व तथा सांप्रदायिक निर्वाचन के प्रचलित रहने पर बल दिया।

खिलाफत आंदोलन से उत्पन्न सांप्रदायिक सद्भाव कुछ मुसलमान नेताओं के सम्मिलित निर्वाचन क्षेत्रों के पक्ष पर प्रभाव डाल रहा था। मुस्लिम लीग के नेता मौलिक रूप से मुस्लिम अल्पसंख्यक प्रांतों की समस्या पर ध्यान देते थे। इसलिए कांग्रेस लीग समझौता (1916 ई.) अधिक समय तक संतोषजनक नहीं रह सकता था। खिलाफत आंदोलन के काल में (1920–23 ई.) मुस्लिम लीग का वार्षिक अधिवेशन भी नहीं हुआ। 1923 ई. में फजली हुसैन ने पंजाब में यूनियनिस्ट दल की स्थापना की और जनसंख्या के अनुपात में मुसलमानों के लिए प्रतिनिधित्व की माँग प्रस्तुत की। 1923 ई. में सी.आर. दास के नेतृत्व में बंगाल में एक पृथक समझौता प्रांतीय मुस्लिम नेताओं के साथ किया गया, जिसके अनुसार स्थानीय स्तर पर निर्वाचित सदस्यों की संख्या 60:40 के अनुपात में निर्धारित की गई अर्थात प्रत्येक जिले में बहुसंख्यक संप्रदाय को 60 प्रतिशत और अल्पसंख्यक समुदाय को 40 प्रतिशत स्थान दिए गए। राजकीय सेवाओं में बहुसंख्यक संप्रदाय के लिए 55 प्रतिशत स्थान सुरक्षित रखे गए और जब तक यह अनुपात प्राप्त न हो जाए 80 प्रतिशत स्थान उन्हें दिए जाएँ। सी.आर. दास ने लखनऊ समझौते से कहीं अधिक सुविधाएँ मुसलमानों को दीं।

भारत में 1923-25 के मध्य में धर्म से जुड़ी अत्यधिक घटनाएं घटित हुईं जिनसे सांप्रदायिक सद्भावना प्रायः समाप्त होती दिखाई पड़ी। लखनऊ समझौते में संशोधन की आवाज अधिक प्रभावशाली होने लगी। साथ ही उत्तर पश्चिमी सीमा प्रांत में 1919 ई. के सुधारों की माँग भी प्रस्तुत की जाने लगी। जनवरी, 1925 ई. में जिन्ना ने आल पार्टीज सम्मेलन में यह घोषणा की कि लखनऊ समझौते में परिवर्तन आवश्यक था क्योंकि बंगाल और पंजाब में मुसलमानों के लिए बहुमत आवश्यक था। विभिन्न प्रभावशाली मुसलमान नेताओं ने अपनी माँगों को व्यवस्थित ढंग से प्रस्तुत करने के लिए 20 मार्च, 1927 ई. को दिल्ली में एक सम्मेलन किया जिसमें सिंध को पृथक प्रांत बना देने, उत्तर-पश्चिमी सीमा प्रांत में 1919 ई. के सुधार लागू करने, बंगाल और पंजाब में जनसंख्या के अनुपात में प्रतिनिधित्व देने के लिए प्रस्ताव पास किए गए। परन्तु इस सम्मेलन में मुस्लिम प्रतिनिधि जिन्ना ने भाग नहीं लिया था। इस समय सांप्रदायिक निर्वाचन प्रणाली को समाप्त करने का भी सुझाव रखा गया लेकिन मोहम्मद शफी (पंजाब के प्रभावशाली नेता, जो दिल्ली में उपस्थित थे) ने लाहौर पहुँचकर सांप्रदायिक प्रणाली को बनाए रखने की माँग प्रस्तुत की। इसलिए पंजाब प्रांतीय मुस्लिम लीग का एक अधिवेशन लाहौर में बुलाया गया जिसमें सर मोहम्मद इकबाल (प्रसिद्ध उर्दू कवि) और मोहम्मद शफी ने पृथक सांप्रदायिक निर्वाचन प्रणाली को न्यायोचित तथा आवश्यक घोषित किया। पंजाब के नेता अधिप्रतिनिधित्व के पक्ष में नहीं थे और इस प्रकार मुस्लिम लीग से भिन्न विचार रखते थे। 1927 ई. में ही मुस्लिम लीग का दूसरा अधिवेशन कलकत्ता में जिन्ना की अध्यक्षता में हुआ। लाहौर अधिवेशन में साइमन कमीशन के भारत आगमन के पूर्व समझौते की आवश्कता पर बल दिया। इकबाल ने पंजाब और बंगाल विधान सभाओं में मुसलमान सदस्यों के बहुमत के संबंध में प्रस्ताव पास किया। 1928 ई. में पंजाब के नेताओं ने साइमन कमीशन के साथ सहयोग पर बल दिया। इस समय कलकत्ता का मुस्लिम लीग अधिवेशन अत्यंत अलोकप्रिय तथा प्रभावहीन था। मुसलमान नेताओं की विभिन्न और परस्पर विरोधी विचारधाराओं का ज्ञान 1928-29 ई. में नेहरू रिपोर्ट के संबंध से उनकी प्रतिक्रिया को समझने में सहायक हैं।

नेहरू रिपोर्ट 1928 : भारत सचिव की चुनौती का जवाब देने के लिए कांग्रेस ने विभिन्न राजनीतिक तथा सांप्रदायिक संगठनों को फरवरी, 1928 ई. में दिल्ली में आयोजित एक सर्वदलीय सम्मेलन में भाग लेने के लिए आमंत्रित किया। इस सम्मेलन में विभिन्न दलों के दृष्टिकोणों में अत्यधिक मतभेद था। इसलिए मोतीलाल नेहरू की अध्यक्षता में एक समिति का गठन करके भारत के लिए एक संविधान

का प्रारूप तैयार करने के लिए कहा गया। लखनऊ में अगस्त, 1928 ई. में एक सर्वदलीय सम्मेलन में इस रिपोर्ट के प्रारूप पर विचार किया गया। इस सम्मेलन में स्वीकृत प्रस्तावों अर्थात नेहरू रिपोर्ट पर दिसंबर, 1928 ई. में एक सर्वदलीय सम्मेलन में विचार किया गया। 1928 ई. का वर्ष इस प्रकार अत्यधिक राजनीतिक सरगर्मी का वर्ष था। 1928 की मोलीलाल नेहरू के रिपोर्ट की प्रमुख विशेषताएं इस प्रकार थी—

1. भारत को अन्य अंग्रेजी डोमिनियनों की भाँति स्वाधीनता प्रदान की जाए। केंद्र में द्विसदनात्मक प्रणाली—सीनेट और हाउस आफ रिप्रजेंटेटिव—स्थापित की जाए। कार्यकारिणी पूर्ण रूप से व्यवस्थापिका सभा के प्रति उत्तरदायी रहे। समस्त उत्तरदायित्व भारतीय प्रतिनिधियों को सौंप दिया जाए।

(2) भारत में संघीय प्रणाली स्थापित की जाए। अविशिष्ट अधिकार केंद्र के पास रहें। प्रांतों में एक सदनात्मक व्यवस्था होनी चाहिए।

(3) समस्त निर्वाचन क्षेत्रीय निर्वाचन के आधार पर होंगे। सांप्रदायिक प्रतिनिधित्व समाप्त कर दिया जाए। यह निर्वाचन वयस्क मताधिकार के आधार पर होगा और किसी भी बहुसंख्यक वर्ग के स्थान आरक्षित नहीं किए जाएँगे। अल्पसंख्यकों के लिए जनसंख्या के अनुपात में स्थान आरक्षित होंगे। पंजाब और बंगाल को छोड़कर अन्य प्रांतों में मुसलमानों के लिए और उत्तर-पश्चिमी सीमा प्रांत से हिंदुओं के लिए स्थान आरक्षित होंगे। 10 वर्ष पश्चात इस पद्धति का पुनः निरीक्षण किया जाएगा।

कोलकाता में दिसम्बर, 1928 ई. में एक सर्वदलीय सभा का आयोजन किया गया। इस सभा में नेहरू रिपोर्ट पर विशेष रूप से अध्ययन किया गया। इस सम्मेलन में मौलाना मोहम्मद अली ने नेहरू रिपोर्ट की आलोचना आरंभ की, रुष्ट होकर वे इस अधिवेशन से चले गए और घोर सांप्रदायिकता का प्रचार आरंभ कर दिया। अली भाइयों ने नेहरू रिपोर्ट को अस्वीकार करने के लिए विभिन्न प्रांतीय मुसलमान संगठनों को प्रोत्साहित किया। दिसंबर, 1928 ई. में जिन्ना के नेतृत्व वाली मुस्लिम लीग प्रभावहीन थी इसलिए जिन्ना द्वारा प्रस्तुत आपत्तियों पर कांग्रेस ने कोई ध्यान नहीं दिया। मोहम्मद शफी ने 'आल पार्टीज मुस्लिम कांफ्रेंस' का अधिवेशन 31 दिसंबर, 1928 ई. से दिल्ली में आयोजित किया जिसकी अध्यक्षता के लिए आगा खाँ को बुलाया गया। मोहम्मद शफी का लक्ष्य जिन्ना के पक्ष को दुर्बल बनाना था क्योंकि जिन्ना संयुक्त निर्वाचन क्षेत्रों के पक्ष में थे। दिल्ली सम्मेलन में यह पास किया गया कि मुसलमानों को बहुसंख्यक प्रांतों में बहुमत और अल्पसंख्यक प्रांतों

में अधिप्रतिनिधित्व जो उस समय तक मिला हुआ था उपलब्ध रहे। इससे जिन्ना के नेतृत्व को बहुत ठेस लगी। जिन्ना ने अपनी स्थिति को दृढ़ करने के लिए मार्च, 1929 ई. में 14 सूत्रीय माँगपत्र तैयार किया जिसमें मुसलमानों के प्रत्येक वर्ग द्वारा प्रस्तुत माँगों को सम्मिलित कर लिया गया लेकिन नेतृत्व पुनः स्थापित न हो सका। इस स्थिति से वह इतने दुखी हो गए कि उन्होंने इंग्लैंड जाकर रहने की योजना बना ली। मोहम्मद शफी और फजली हुसैन जिन्ना से इतने अधिक असंतुष्ट थे कि उन्होंने इस बात का प्रयत्न किया कि आगामी गोलमेज सम्मेलन में मुसलमानों को प्रतिनिधित्व केवल जिन्ना द्वारा न हो और राष्ट्रीय विचारधारा वालों की अपेक्षा ऐसे मुसलमान भी उसमें भाग लें जो पंजाब और बंगाल के मुसलमानों का प्रतिनिधित्व कर सकें।

भारतीय राजनीतिक प्रतिनिधियों द्वारा इस रिपोर्ट को अस्वीकार कर दिया गया। इस रिपोर्ट में भारतीय राष्ट्रीय आंदोलन का लक्ष्य डोमिनियन स्टेट्स रखा गया जबकि 1927 ई. में कांग्रेस ने 'स्वतंत्रता' को लक्ष्य घोषित कर दिया था। इस विषय पर काफी वाद-विवाद कांग्रेस अधिवेशन में हुआ। युवा वर्ग, जिसमें जवाहरलाल और सुभाषचंद्र बोस थे, पूर्ण स्वतंत्रता चाहता था। गांधीजी के बचाव करने पर यह तय हुआ कि यदि अंग्रेजों ने एक वर्ष के भीतर डोमिनियन स्टेट्स नहीं दिया तब पूर्ण स्वतंत्रता राष्ट्रीय लक्ष्य हो जाएगा। इसी संदर्भ में यह भी प्रस्ताव पास किया गया कि अंग्रेज सरकार द्वारा नेहरू रिपोर्ट अस्वीकृत हो जाने पर सविनय अवज्ञा आंदोलन आरंभ किया जाएगा।

पूर्ण स्वराज्य दिवस (26 जनवरी, 1930) : ब्रिटिश प्रशासन नेहरू रिपोर्ट द्वारा बनाया गया संविधान 1929 में पारित न कर सका। इसी वर्ष इंग्लैंड के निर्वाचन में लेबर दल को सफलता मिली लेकिन स्पष्ट बहुमत उसे नहीं मिला। उसने लिबरल तथा कंजर्वेटिव दलों के कुछ सदस्यों के सहयोग से मंत्रिमंडल बनाया। अक्तूबर, 1929 ई. में गवर्नर जनरल लार्ड इरविन को इंग्लैंड विचार-विमर्श के लिए बुलाया गया। लौटने पर इरविन ने 31 अक्तूबर, 1929 ई. को घोषित किया कि 1917 ई. की घोषणा से भारत के लिए डोमिनियन स्टेट्स परिलक्षित होता था। इस घोषणा पर इंग्लैंड में लिबरल और कंजर्वेटिव दलों ने तीव्र आपत्ति उठाई और व्यावहारिक रूप में यह घोषणा व्यर्थ हो गई। दिसंबर, 1929 ई. में कांग्रेस का वार्षिक अधिवेशन हुआ। इस बीच इंग्लैंड सरकार ने नेहरू रिपोर्ट को स्वीकार नहीं किया। कांग्रेस द्वारा निर्धारित एक वर्ष की अवधि समाप्त हो गई। कांग्रेस ने पूर्ण स्वराज्य का लक्ष्य अपना

लिया और कांग्रेस कमेटी को यह अधिकार दिया कि सविनय अवज्ञा आंदोलन उपयुक्त समय पर आरंभ कर दे। 26 जनवरी, 1930 ई. को पूर्ण स्वतंत्रता दिवस मनाने की घोषणा कर दी गई। इसी से 26 जनवरी भारतीय इतिहास में विशेष महत्त्व रखती है और हमने अपने गणतंत्रीय संविधान को इसी तिथि से लागू किया है।

सविनय अवज्ञा आंदोलन

फरवरी, 1930 में कांग्रेस वर्किंग कमेटी ने पूर्ण स्वराज्य हासिल करने हेतु इस आन्दोलन की शुरुआत करने का दायित्व महात्मा गांधी के कमान में सौंप दिया वह ही उचित समय का चयन करें और अवज्ञा आरंभ करें। गांधीजी ने 2 मार्च, 1930 ई. को गवर्नर जनरल इरविन को एक पत्र लिखा जिसमें उन 11 माँगों का वर्णन किया गया जो जनवरी, 1930 ई. में भी सरकार के समक्ष प्रस्तुत की गई थीं। ये 11 माँगें थीं, शराब व्यापार बंद करना, रुपए का पुनर्मूल्यन, सेना और नौकरशाही पर किए जाने वाले खर्च में कमी, भूराजस्व में 50 प्रतिशत कमी, विदेशी कपड़े के आयात पर प्रतिबंध, नमक कर को समाप्त करना, भारतीय जहाजों के लिए समुद्र व्यापार की सुविधा, सी.आई.डी. को समाप्त करना, राजनीतिक बंदियों को जेल से छोड़ना, भारतीयों को हथियार रखने की सुविधा। उन्होंने कहा कि यदि अंग्रेजी सरकार ने उन माँगों को पूरा करने का कोई प्रयत्न नहीं किया तो वह 12 मार्च, 1930 ई. को नमक कानून का उल्लंघन करेंगे। वह गुजरात के समुद्री तट पर दांडी नामक गाँव में नमक बनाना आरंभ कर देंगे। उन्होंने अपना पक्ष स्पष्ट करने के लिए गवर्नर जनरल से भेंट करने का अवसर भी चाहा। इरविन ने इस भेंट से मना कर दिया।

गांधी जी ने 12 मार्च, 1930 की दांड़ी यात्रा प्रारंभ कर दी। इस यात्रा में इनके कुल 78 सहयोगी सम्मिलित थे। यह स्थान साबरमती आश्रम से 385 किलोमीटर दूर था। 6 अप्रैल को प्रातः गांधीजी ने समुद्र तट से नमक एकत्र किया और इस नमक कानून का उल्लंघन आरंभ किया। देशव्यापी सत्याग्रह और अबरा आंदोलन 6 अप्रैल, 1930 ई. के बाद आरंभ हो गया। 5 मई, 1930 ई. को गांधीजी को कैद कर लिया गया। अंग्रेज अधिकारियों ने आरंभ में इस आंदोलन को तुच्छ समझा था लेकिन हर महीने इसका प्रभाव बढ़ता गया। पुलिस के अत्याचारों तथा सेना की गोलियों से डरने के स्थान पर सत्याग्रहियों की संख्या बढ़ती गई। साठ हजार प्रतिमाह के स्थान पर एक लाख लोग प्रतिमाह जेल जाने लगे। तब इरविन को यह आभास हुआ कि यह आंदोलन अधिक गंभीर हो रहा है। विभिन्न प्रांतों में लोगों ने विभिन्न नियमों का उल्लंघन आरंभ कर दिया। इरविन की चिंता प्रतिदिन बढ़ रही थी। सरकार के

विरुद्ध असंतोष अधिक व्यापक हो रहा था। साइमन कमीशन की रिपोर्ट भी जून, 1930 ई. में प्रकाशित हुई। इस रिपोर्ट से इरविन को काफी धक्का पहुँचा था क्योंकि उसमें डोमिनियन स्टेट प्रदान करने का कहीं वर्णन नहीं था।

इरविन के सामने मात्र एक ही मार्ग था संवैधानिक सुधारों की आवश्यकता पर तुरंत जोर देना तथा गोलमेज सम्मेलन बुलवाकर भारत के विभिन्न राजनीतिक दलों के प्रतिनिधियों से बातचीत करना। इरविन ने भारत सचिव पर काफी दबाव डालकर गोलमेज सम्मेलन की योजना को स्वीकार करवाया और साइमन कमीशन रिपोर्ट को एक ओर अलग रख दिया। लेकिन इरविन किसी भी प्रकार की आशाजनक घोषणा इंग्लैंड सरकार से न करवा सका।

गांधी-इरविन समझौता : जब इरविन यह पूर्ण रूप से समझ गये कि सविनय अवज्ञा आंदोलन किसी भी प्रकार से कुचला या दबाया नहीं बनाया जा सकता तो उसने गांधी से समझौता करने के सिलेसिले में बातचीत करनी शुरू कर दी। इसी बीच गोलमेज सम्मेलन का प्रथम अधिवेशन लंदन में आरंभ हो गया। लेकिन कांग्रेस ने उसमें भाग नहीं लिया। प्रधानमंत्री रेम्जे मैकडोनल्ड ने यह आशा व्यक्त की कि कांग्रेस दूसरे अधिवेशन में भाग ले सकेगी। फलस्वरूप गांधीजी को जेल से 26 जनवरी, 1931 ई. को छोड़ दिया गया। फिर गांधीजी और लार्ड इरविन में 17 फरवरी से दिल्ली में बातचीत आरंभ हुई और 5 मार्च, 1931 ई. को एक समझौते की घोषणा की गई जिसके अनुसार दोनों पक्षों ने भारत के आगामी संविधान के विषय में संघीय प्रणाली को स्वीकार किया। प्रशासन में भारतीय उत्तरदायित्व की स्थापना स्वीकार की गई लेकिन अल्पसंख्यकों, प्रतिरक्षा, विदेशी मामलों तथा भारतीय वित्तीय कुशलता के लिए कुछ विशिष्ट अधिकारों का अंग्रेजों के हाथ में रखना भी स्वीकार कर लिया गया। कांग्रेस को दूसरे गोलमेज सम्मेलन में भाग लेने के लिए आमंत्रित और सविनय अवज्ञा आंदोलन स्थगित किया गया। स्वदेशी के प्रचार की अनुमति थी लेकिन बायकाट के राजनीतिक प्रयोग को भी स्थगित कर दिया गया। पुलिस के अत्याचारों की जाँच नहीं की जाएगी। सरकारी निषेधात्मक अध्यादेश वापस ले लिए जाएँगे। भारतीय संस्थाओं और संगठनों को जिन्हें अवैध घोषित किया गया था पुनः कार्य करने की सुविधा प्रदान की जाएगी। राजनीतिक बंदियों को छोड़ दिया जाएगा। उनकी जब्त की हुई संपत्ति उन्हें लौटा दी जाएगी। सरकार की ओर से लोगों को नमक बनाने की छूट दे दी गई यदि उनके निकटवर्ती क्षेत्रों में यह कार्य हो सकता हो।

इस समझौते को गांधी जी ने उचित बतलाया। इस समझौते के सन्दर्भ का कहना था कि पहली बार अंग्रेज सरकार ने भारतीय नेताओं के साथ समानता के स्तर

पर बातचीत की थी। वह इस समझौते को दोनों पक्षों की विजय कहते थे। लेकिन अधिकांश नेता गांधीजी के इस मूल्यांकन से सहमत नहीं थे। एक ओर गांधीजी पूर्ण स्वराज्य के समर्थक थे दूसरी ओर उन्होंने कुछ विषयों से संबंधित अंग्रेजों के विशेषाधिकारों को भी स्वीकार कर लिया। जवाहरलाल नेहरू इस समझौते से अत्यधिक दुखी थे क्योंकि साल भर के प्रयत्न के पश्चात अब पूर्ण स्वराज्य का लक्ष्य व्यावहारिक रूप में छोड़ दिया गया। गांधीजी तीन क्रांतिकारियों—भगतसिंह, राजगुरु और सुखदेव—को दिए गए मृत्युदंड में कुछ कमी न करवा सके। गांधीजी द्वारा किए गए समझौते से युवा वर्ग बहुत असंतुष्ट हुआ। दूसरी ओर इरविन की नीति से अंग्रेजी नौकरशाही अत्यधिक असंतुष्ट थी। वह इस समझौते को अंग्रेजी सरकार की हार मानती थी और इरविन के चले जाने के बाद इस समझौते को निरर्थक बनाने के लिए हर संभव प्रयत्न करती रही।

कांग्रेस की आज्ञा के बिना यह समझौता लागू नहीं किया जा सकता था। इसलिए कांग्रेस का वार्षिक अधिवेशन (जो दिसंबर, 1930 ई. में होने वाला था और अवज्ञा आंदोलन के फलस्वरूप नहीं हुआ था) मार्च, 1931 ई. में कराची में बुलाया गया। वहाँ इस समझौते को स्वीकृत कर लिया गया। कांग्रेस की नई वर्किंग कमेटी ने दूसरे गोलमेज सम्मेलन में भेजे जाने वाले कांग्रेसी शिष्टमंडल के सदस्यों से विचार विमर्श किया और अंत में अकेले गांधीजी को कांग्रेसी प्रतिनिधि के रूप में भेजा गया। गांधीजी के लंदन जाने के पूर्व ही नए गवर्नर जनरल विलिंगडन ने यह दिखा दिया कि वह गांधी-इरविन समझौते के उल्लंघन में संकोच नहीं करता था। कई बार गांधी जी को यह चेतवनी देनी पड़ी कि वह लंदन नहीं जाएँगे यदि यू.पी. तथा अन्य स्थानों पर सरकारी दमन कम नहीं किया गया। गांधीजी और विलिंगडन में कुछ समझौता होने के बाद ही वह गोलमेज सम्मेलन में भाग लेने के लिए लंदन गए।

गोलमेज सम्मेलन (1930-32)

लार्ड इरविन और साइमन कमीशन ने इंग्लैण्ड प्रशासन पर विशेष रूप से बल दिया कि भारत के विभिन्न राजनीतिक दलों के प्रतिनिधियों का एक सम्मेलन बुलाया जाए जो भारतीय संवैधानिक समस्याओं पर विचार-विमर्श करे। इरविन की योजना थी कि कांग्रेस के प्रभाव को कम किया जाए और भारतीय प्रतिनिधियों को इस प्रकार चुना जाए कि राष्ट्रीय विचारधारा अल्पमत में दिखाई पड़े। गोलमेज सम्मेलन की योजना को इंग्लैंड सरकार ने स्वीकार कर लिया। सम्मेलन में प्रायः सभी विचारधाराओं के व्यक्तियों को आमंत्रित किया गया। सांप्रदायिक (मुसलमान, हिंदू

महासभा, सिक्ख, ईसाई, अनुसूचित जातियाँ) वर्गों, जमींदारों, उद्योगपतियों, यूरोपियनों, भारतीय नरेशों, इंग्लैंड के विभिन्न राजनीतिक दलों और भारतीय नरमपंथियों के प्रतिनिधियों को आमंत्रित किया गया। मुसलमान प्रतिनिधियों को चुनने में इरविन फजली हुसैन से अधिक प्रभावित हुआ। मार्च, 1930 ई. में गांधीजी ने अवज्ञा आंदोलन आरंभ कर दिया इसलिए कांग्रेस ने प्रथम गोलमेज सम्मेलन में भाग नहीं लिया। अन्य दलों तथा हितों के प्रतिनिधि सदस्यों का चयन इस प्रकार किया गया कि भारतीय प्रतिनिधियों में मतभेद स्पष्ट हो जाए। अधिकांश सदस्यों का चयन किसी विशेष हित के समर्थन तथा पोषण के लिए किया गया था। अंग्रेज प्रशासक यह भी दिखाना चाहते थे कि अंग्रेजी नियंत्रण के बिना भारतीय व्यवस्था नहीं चल सकेगी। इस गोलमेज सम्मेलन के तीन अधिवेशन हुए।

पहला अधिवेशन (12 नवंबर, 1930-19 जनवरी, 1931) : जार्ज पंचम के द्वारा इस सम्मेलन का उद्घाटन किया गया था। सम्मेलन की अध्यक्षता इंग्लैंड के प्रधानमंत्री रेम्जे मैकडोनल्ड ने की। जार्ज ने भारत के राष्ट्रीय विकास का वर्णन किया और विभिन्न वर्गों तथा अल्पसंख्यकों के हितों की सुरक्षा की आवश्यकता पर बल दिया। आरंभ में ही कंजर्वेटिव और लिबरल दलों के प्रतिनिधियों और भारतीय प्रतिनिधियों में मौलिक मतभेद स्पष्ट हो गया। भारतीय वक्ता भारत के लिए एक संघीय व्यवस्था चाहते थे जिसमें भारतीयों को अधिकार सौंप दिए जाएँ। इंग्लैंड के प्रतिनिधि भारत में डोमिनियन स्टेट्स लागू करने के पक्ष में नहीं थे। सम्मेलन के कार्य को पूरा करने के लिए विभिन्न उपसमितियाँ बनाई गईं जिनमें विभिन्न विषयों पर विचार-विमर्श आरंभ हुआ। अल्पसंख्यकों संबंधी उपसमिति को छोड़कर शेष समितियों का कार्य सुचारु रूप से चलता रहा। इस समिति में अंबेडकर ने अनुसूचित जातियों के लिए पृथक निर्वाचन की माँग की। यह संभव था कि मुसलमानों के उचित अधिकारों की माँग की समस्या हल हो जाती लेकिन मुसलमानों में दो विचारधाराएँ समान रूप से प्रभावशाली थीं। सांप्रदायिक पृथक निर्वाचन और संयुक्त निर्वाचन प्रणाली, जनसंख्या के अनुपात तथा अधिप्रतिनिधित्व की माँग। बंगाल व पंजाब के नेता जनसंख्या के अनुपात में प्रतिनिधित्व चाहते थे लेकिन शेष क्षेत्रों में अधिप्रतिनिधित्व की बात अधिक प्रभावशाली थी। इसलिए कोई सहमति न हो सकी। 19 जनवरी, 1931 ई. को पहला अधिवेशन समाप्त हुआ। इस अधिवेशन की समाप्ति पर रेम्जे मैकडोनल्ड ने इंग्लैंड सरकार की नीति संबंधी एक घोषणा की जिसके अन्तर्गत निम्नलिखित तथ्यों पर विशेष ध्यान दिया गया—

1. प्रांतों में पूर्ण उत्तरदायी प्रशासन लागू किया जाएगा और संघीय तथा प्रांतीय सरकारों का कार्यक्षेत्र स्पष्ट कर दिया जाएगा।
2. सांप्रदायिक समस्या का निवारण विभिन्न संप्रदायों पर निर्भर करेगा।
3. भारतीय प्रशासन का उत्तरदायित्व विधान सभाओं को दिया जाएगा। लेकिन अल्पसंख्यकों के हितों की सुरक्षा के लिए उचित व्यवस्था की जाएगी।
4. एक अखिल भारतीय संघ की स्थापना की जाए।
5. प्रतिरक्षा और विदेशी विभागों तथा संकटकालीन अधिकारों को छोड़कर शेष क्षेत्रों में केंद्र में कार्यकारिणी का विधानसभा के प्रति उत्तरदायित्व स्थापित करने का प्रयत्न किया जाएगा।

प्रथम अधिवेशन की समाप्ति पर मैकडोनल्ड की इस घोषणा से कांग्रेस वर्किंग कमेटी बहुत असंतुष्ट हुई लेकिन थोड़े ही दिनों पश्चात गांधी-इरविन बातचीत आरंभ हो गई जिसका परिणाम 5 मार्च, 1931 ई. को गांधी-इरविन समझौता हुआ।

दूसरा अधिवेश (7 सितंबर, 1931 से 1 दिसंबर, 1931) : प्रथम सम्मेलन के समाप्त तथा द्वितीय सम्मेलन के शुरू होने में भारतीय राजनीति में प्रमुख रूप से बदलाव हुए। भारत में इरविन के स्थान पर विलिंगडन गवर्नर जनरल बन गया और इंग्लैंड में लेबर मंत्रिमंडल के स्थान पर सर्वदलीय मंत्रिमंडल बना जिसमें कंजर्वेटिव दल का बहुमत था। अक्टूबर, 1931 ई. में इंग्लैंड में निर्वाचन के परिणामस्वरूप कंजर्वेटिव दल का मंत्रिमंडल बना। इसके बाद सवैधानिक विकास अत्यधिक कठिन था।

इस अधिवेशन में मात्र महात्मा एक ऐसे कांग्रेस प्रतिनिधि थे जो इसमें भाग लिए। गांधीजी अपने साथ डॉ. अंसारी को ले जाना चाहते थे लेकिन वह इसमें असमर्थ रहे। यह अधिवेशन 7 सितंबर, 1931 ई. को आरंभ हो गया। यद्यपि गांधी जी 12 सितंबर को लंदन पहुँच सके।

दूसरे अधिवेशन में गांधी जी का व्यक्तित्त्व अत्यधिक प्रभावशाली रहा। अन्य राजनीतिक नेताओं की अपेक्षा उनका आग्रह प्रेम और सद्भावना पर था। वह इंग्लैंड और भारत के परस्पर संबंध समानता के आधार पर चाहते थे। अधिवेशन के समक्ष मुख्य समस्या संघीय ढाँचे और अलपसंख्यकों के हितों की रक्षा की व्यवस्था थी। दोनों ही विषयों से संबंधित समितियों में गांधीजी थे। गांधीजी ने कांग्रेस के राष्ट्रीय होने, भारत में पूर्ण रूप से उत्तरदायी सरकार की स्थापना की आवश्यकता और गवर्नर जनरल के विशेषाधिकारों की आवश्यकता पर बल दिया। लेकिन इन बातों का व्यावहारिक निर्णयों पर कोई प्रभाव नहीं पड़ा। अल्पसंख्यकों के हितों के प्रश्न पर

सबसे अधिक वाद-विवाद हुआ। विभिन्न अल्पसंख्यक समुदायों ने आपसी विचार-विमर्श से एक योजना तैयार की जिसे गांधीजी ने स्वीकार करने से मना कर दिया। डॉ. अंबेडकर ने गांधीजी के समक्ष यह प्रस्ताव भी रखा था कि अनुसूचित तथा दलित वर्गों के लिए कुछ स्थान आरक्षित कर दिए जाएँ और संयुक्त निर्वाचन क्षेत्रों द्वारा उनका चुनाव हो। गांधीजी ने इसे अस्वीकार कर दिया। मैकडोनल्ड ने यह भी कहा कि अल्पसंख्यकों द्वारा किया गया समझौता साढ़े ग्यारह करोड़ जनसंख्या द्वारा स्वीकृत था। गांधीजी ने इसका प्रतिकार किया और कांग्रेस को 85 प्रतिशत जनसंख्या का प्रतिनिधि बताया। उन्होंने यह बात कही कि यदि भारतीय प्रतिनिधि आपस में सांप्रदायिक समस्या का हल नहीं कर सकते तो उन्हें अंग्रेज सरकार पर इसका निर्णय छोड़ देना चाहिए। अधिकांश वर्गों ने मैकडोनल्ड के निर्णय के प्रति आस्था प्रकट की। गांधीजी ने भी केवल मुसलमानों और सिक्खों के लिए मैकडोनल्ड की मध्यस्थता स्वीकार की। सांप्रदायिक समस्या के जटिल होने का मूल कारण अंग्रेज सरकार की वह नीति थी जिसके अनुसार इस समस्या के हल को संवैधानिक प्रगति के लिए आवश्यक बताया गया। दूसरा अधिवेशन कोई भी समस्या हल करने में असफल रहा।

भारत के अंग्रेजों नेताओं और अल्पसंख्यक नेताओं के मध्य एक प्रकार से गठजोड़ था जो राष्ट्रीय प्रयत्नों को असफल कराने के लिए उत्तरदायी था। इंग्लैंड में कंजर्वेटिव दल के सत्तारूढ़ हो जाने के पश्चात भारतीय संवैधानिक प्रगति के प्रति दृष्टिकोण ही बदल चुका था। गांधीजी की असफलता भी स्पष्ट ही थी। वह जिस स्तर पर सम्मेलन में बातचीत करना चाहते थे वह आदर्श, भ्रातृत्व, प्रेम और सद्भावना पर आधारित था। सुलझे हुए राजनीतिज्ञों को यह बात कम समझ में आती थी।

दूसरे अधिवेशन की असफलता के पश्चात गोलमेज सम्मेलन प्रायः असफल हो गया। यद्यपि एक तीसरा अधिवेशन (17 नवंबर से 24 दिसंबर, 1932 ई.) भी हुआ लेकिन उसका कोई महत्त्व नहीं था। इंग्लैंड की कंजर्वेटिव सरकार और भारत में विलिंगडन का अत्याचार और आतंक के आधार पर प्रशासन चलाने की नीति से वह वातावरण समाप्त हो गया जो 1929-30 ई. में था जब लेबर दल और इरविन भारतीय स्थिति में समझौते के आधार पर परिवर्तन चाहते थे।

सांप्रदायिक निर्णय (कम्यूनल एवार्ड) 16 अगस्त, 1932

भारतीय अल्पसंख्यक संप्रदायों की समस्या आपसी समझौते से हल न कर सकने के कारण रेम्जे मैकडोनल्ड ने सांप्रदायिक निर्णय की घोषणा की। इस घोषणा

के आधार पर अल्पसंख्यक तथा महत्त्वपूर्ण लाभों वाले वर्गों की तदाद में काफी वृद्धि कर ली गयी--मुसलमान, सिक्ख, दलित वर्ग, पिछड़े हुए क्षेत्र, भारतीय ईसाई, ऐंग्लो-इंडियन, यूरोपियन, व्यापारिक और औद्योगिक वर्ग आदि। प्रत्येक अल्पसंख्यक संप्रदाय के लिए स्थान निर्धारित कर दिए गए और उनके प्रतिनिधियों के निर्वाचन के लिए भिन्न प्रणालियाँ अपनाई गईं।

कुछ ऐसे सांप्रदायिक फैसले की योजना तैयार की गयी कि वास्तविक उत्तरदायी प्रशासन का विकास प्रांतों में भी न हो सके। केंद्र के संविधान के स्वरूप का स्पष्टीकरण हो जाने के बाद इन्हीं आधारों पर वहाँ भी ऐसा संभव न हो सकेगा। उदाहरणार्थ : पंजाब और बंगाल में मुसलमान बहुमत में होते हुए भी मुसलमान सदस्यों को बहुमत नहीं दिया गया। यू.पी., बिहार, मद्रास में मुसलमानों को जनसंख्या के अनुपात से दोगुने के लगभग स्थान दिए गए। पंजाब और बंगाल में क्रमशः 55 प्रतिशत और 54.8 प्रतिशत जनसंख्या होते हुए उन्हें 49 प्रतिशत और 47.5 प्रतिशत स्थान दिए गए। गांधीजी को इस निर्णय से सबसे अधिक दुःख दलित वर्गों के लिए सांप्रदायिक निर्वाचन प्रणाली की स्थापना से हुआ। गांधीजी ने 18 अगस्त को इस निर्णय के विरोध में मैकडोनल्ड को पत्र लिखा और इसी पत्र में 20 सितंबर की दोपहर से आमरण अनशन करने की सूचना दी यदि उस समय तक दलित वर्गों के पृथक निर्वाचन को समाप्त नहीं कर दिया गया। सरकार पर इसका कोई विशेष प्रभाव नहीं पड़ा लेकिन हिंदू नेताओं पर अवश्य इसका प्रभाव पड़ा।

पंडित मदनमोहन मालवीय तथा अन्य हिंदुओं ने डॉ. अंबेडकर के साथ 19 से 24 सितंबर तक विचार-विमर्श किया। डॉ. अंबेडकर ने इस अवसर से पूरा लाभ उठाया और 71 के स्थान पर 148 स्थान दलित वर्गों के लिए आरक्षित करा लिए। इस प्रकार उसी आधार पर समझौता हुआ जो अंबेडकर ने लंदन में गांधीजी के समक्ष प्रस्तुत किया था। यद्यपि इनके लिए निर्वाचन हिंदुओं के साथ सम्मिलित चुनाव क्षेत्रों द्वारा ही होगा। इस निर्वाचन की प्रणाली यह थी कि पहले दलित वर्ग प्रत्येक आरक्षित स्थान के लिए चार सदस्यों का चुनाव करेंगे और बाद में हिंदू चुनाव क्षेत्रों से उनमें से किसी एक को चुन लिया जाएगा। यह निर्णय 25 सितंबर को हुआ और गांधीजी ने 26 सितंबर को अपना अनशन समाप्त कर दिया।

गांधीजी के इस भूख हड़ताल से सांप्रदायिक निर्णय हमेशा-हमेशा के लिए पास हो गया।अब तक सांप्रदायिक समस्या हिंदुओं और मुसलमानों के परस्पर अधिकारों का निपटारा करने में सीमित थी। अब दलित वर्गों की समस्या अधिक जटिल हो गई और गांधीजी की अधिकांश शक्ति इस समस्या के हल करने में लग गई। गांधीजी के अनशन से साधारण जनता का ध्यान 1932-33 ई. में पुनः चल रहे सविनय

अवज्ञा आंदोलन से हट गया। गांधीजी ने यह अनुभव किया कि साधारण जनता सरकार के अत्याचारों से भयभीत हो चुकी थी और हताश होकर उसका मनोबल कम हो रहा था। इसलिए उन्होंने अवज्ञा आंदोलन को 9 मई, 1933 ई. को स्थगित कर दिया और सरकार से अनुरोध किया कि वह बंदी बनाए गए सत्याग्रहियों को मुक्त कर दे लेकिन सरकार ने इस ओर ध्यान नहीं दिया। शीघ्र ही 'कौंसिल प्रवेश' की नीति पुनः अपनाई गई।

जिस दौरान अवज्ञा आन्दोलन महात्मा गांधी ने स्थगित कर दिया था उस समय कांग्रेसी नेताओं को काफी बुरा लगा था। गांधीजी की नीति उन्हें बड़ी ढुलमुल-सी दिखाई दी। इस नीति पर चलते रहने से किसी समस्या का हल नहीं हुआ और सांप्रदायिक निर्णय भी भारतीय राजनीतिक व्याख्या का एक अंग बन गया। इस निर्णय को और सांप्रदायिक निर्वाचन पद्धति को समाप्त करने के लिए एक अंतिम प्रयत्न अक्टूबर-नवंबर, 1932 ई. में हुआ। दोनों संप्रदायों के विभिन्न प्रतिनिधि राजनीतिक दलों का एक सम्मेलन बुला कर इस समस्या पर विचार किया गया। पंजाब, बंगाल में मुसलमानों को बहुमत, केंद्र में 32 प्रतिशत निर्वाचित स्थान देकर सांप्रदायिक निर्वाचित प्रणाली को समाप्त करने का प्रयत्न किया गया। लेकिन इसी बीच भारत सचिव ने केंद्र में मुसलमानों को 33 1/3 प्रतिशत स्थान देकर आपसी समझौते के प्रयत्न को समाप्त कर दिया। अंग्रेजी भेद नीति का इससे अधिक स्पष्ट उदाहरण बहुत कम उपलब्ध है। अक्टूबर-नवंबर 1952 ई. में भी मुसलमानों में सम्मिलित निर्वाचन क्षेत्रों को स्वीकार करने की इच्छा थी लेकिन अंग्रेज साम्राज्यवादियों ने अधिक संरक्षण देकर मुसलमानों को राष्ट्रीय धारा से अलग करने का सफल प्रयास किया। 1919 ई. के अधिनियम में सांप्रदायिक निर्वाचन प्रणाली के स्थापित करने का औचित्य अंग्रेज अधिकारियों ने यह बातया था कि 1916 ई. में कांग्रेस लीग समझौते द्वारा वह स्वीकृत हो चुका था और 1932 ई. में कम्यूनल एवार्ड की घोषणा का आधार यह था कि दोनों पक्षों में समझौता नहीं हुआ था। इसलिए अंग्रेजी सरकार की 'फूट डालो और शासन करो' की नीति भारतीय समस्या को जटिल बनाने में अत्यधिक सहायक रही। अंग्रेज लेखकों तथा प्रशासकों ने बहुत बार भारतीय राष्ट्रीयता के विकास में मुख्य बाधा हिंदू मुसलमानों के मतभेद बताए लेकिन यह वास्तविकता के विपरीत हैः सांप्रदायिक निर्णय अथवा 1919 ई. के सुधारों के आधार पर भारतीय निर्वाचन मंडलों को केवल हिंदू मुसलमान क्षेत्रों में ही विभक्त नहीं किया गया। 1919 ई. में ऐसे 10 वर्ग थे जिन्हें विशिष्ट प्रतिनिधित्व दिया गया था। 1933 ई. में यह संख्या बढ़ाकर 18 कर दी गई। इस भेदभाव नीति के बाद की यदि राष्ट्रीयता कमजोर न होती तो काफी अद्‌भुत होता।

10

स्वतंत्रता तथा देश विभाजन

गोलमेज सम्मेलनों में भारत के भावी संविधान की रूपरेखा पर हुए विचार-विमर्श के परिणामों को कंजर्वेटिव दल ने एक श्वेत पत्र के रूप में प्रकाशित किया। यह श्वेतपत्र पार्लियामेंट के दोनों सदनों की एक सम्मिलित सिलेक्ट कमेटी के समक्ष प्रस्तुत किया गया। इस सिलेक्ट कमेटी की रिपोर्ट के आधार पर गवर्नमेंट ऑफ इंडिया एक्ट 1935 ई. में पास किया गया। इस एक्ट की विभिन्न विशेषताएं थी जिनमें से कुछ विशेषताओं को निम्नलिखित शीर्षकों में स्पष्ट किया गया है–

अखिल भारतीय संघ की स्थापना : यह एक सुनहरा मौका था जब भारतीय राज्यों तथा प्रांतों का एक संघ स्थापित किया गया। राज्य के नरेशों को अधिमिलन पत्र पर हस्ताक्षर करके संघ में सम्मिलित होने का अधिकार था। संघ के दोनों सदनों में राज्यों को उचित प्रतिनिधित्व दिया गया था। संघीय असेंबली में 375 में से 125 सदस्य और संघ के दूसरे सदन–कौंसिल ऑफ स्टेट्स–में 260 में से 104 सदस्य नियुक्त करने का उन्हें अधिकार था। भारतीय संघ की स्थापना के लिए दो पूर्व शर्तें रखी गई थीं जिनका अभिप्राय यह था कि भारतीय राज्यों की पर्याप्त संख्या संघ में सम्मिलित होने को तैयार हो। वे शर्तें निम्नलिखित हैं–

1. इतने राज्य सम्मिलित होने के लिए तैयार हों जिन्हें कौंसिल ऑफ स्टेट्स में 52 प्रतिनिधि भेजने का अधिकार हो; और

संघीय संविधानों में दो पद्धतियाँ थीं। संघ के अधिकार क्षेत्र की स्पष्ट व्याख्या और अवशिष्ट क्षेत्र को इकाइयों को सौंपना (संयुक्त राज्य अमरीका) अथवा इकाइयों के अधिकार क्षेत्र की व्याख्या और अवशिष्ट क्षेत्र को संघ को सौंपना (कनाडा)। भारत के दो राजनीतिक दल—कांग्रेस और लीग—परस्पर भिन्न विचार रखते थे। इसलिए इस अधिनियम में तीन सूचियाँ तैयार की गईं—संघीय, प्रांतीय और समवर्ती।

एक संघीय न्यायालय की स्थापना : किसी भी संघीय संविधान में यह संभावना होती है कि विभिन्न इकाइयों और संघीय सरकारों में अधिनियम की धाराओं पर परस्पर मतभेद हो। अधिनियम की धाराओं के सही अर्थ और विभिन्न पक्षों के उचित कार्यक्षेत्र की स्पष्ट व्याख्या के लिए एक उच्चसंघीय न्यायालय की आवश्यकता थी। इसलिए 1935 ई. के अधिनियम में एक फेडरल कोर्ट की स्थापना की गई। लेकिन इस न्यायालय द्वारा की गई अधिनियम की व्याख्या अंतिम नहीं थी। इसके निर्णय के विरुद्ध लंदन में प्रीवी कौंसिल को अपील की जा सकती थी।

भारत सचिव के अधिकारों को कम करना : प्रांतीय स्वायत्तता और केंद्रीय स्तर पर आंशिक रूप में उत्तरदायी प्रशासन को लागू करने के प्रयत्न का स्वाभाविक परिणाम यह था कि लंदन स्थित भारत सचिव के अधिकारों को कम किया जाए। इस एक्ट में भारतीय परिषद का पतन कर दिया गया तथा तीन सदस्यों को सुझाव देने के लिये चयनित किया गया। भारत सचिव उनका परामर्श मानने के लिए बाध्य नहीं था। भारत सचिव का नियंत्रण अब सामान्यतः उन क्षेत्रों तक ही सीमित रह गया जिनमें गवर्नर जनरल संघीय मंत्रिमंडल की सलाह नहीं मानता था अथवा अपने विशेषाधिकारों का प्रयोग करता था। यह क्षेत्र भी कम व्यापक नहीं था। व्यावहारिक रूप में इससे कोई अंतर नहीं पड़ा क्योंकि 1935 ई. के अधिनियम का संघीय पक्ष कभी लागू ही नहीं हुआ और केंद्रीय प्रशासन 1919 ई. के अधिनियम के अधीन ही चलता रहा।

गवर्नर जनरल और गवर्नरों के विशेषाधिकार : सन् 1935 में बनाये गये अधिनियम की सबसे बड़ी गुणवत्ता यह रही कि भारत में राष्ट्रीय आंदोलन के दबाव के होते हुए भी वास्तविक सत्ता भारतीय उत्तरदायी प्रशासन को न सौंपकर गवर्नर जनरल के हाथों में केंद्रित कर दी गई। प्रांतीय और केंद्रीय स्तर पर विभिन्न संप्रदायों तथा हितों के प्रतिनिधियों से विधानसभाओं के प्रभाव को कम करने का प्रयत्न किया गया। जो कुछ सत्ता उनको मिली भी थी उसे भी गवर्नरों और गवर्नर जनरल के विशेष अधिकारों के माध्यम से कम करने का प्रयत्न किया गया।

1935 ई. के अधिनियम उक्त विशेषताओं पर दृष्टिपात करते हुए इस अधिनियम के प्रति राष्ट्रीय प्रतिनिधियों की प्रतिक्रिया अनुकूल नहीं थी। इंग्लैंड में भी लेबर दल के नेता एटली की यह धारणा थी कि इस अधिनियम से संघीय स्तर पर रूढ़िवादी और प्रतिक्रियावादी तत्त्वों को इतनी अधिक प्रधानता दी गई कि किसी भी प्रकार का प्रजातंत्रीय विकास संभव नहीं था। अधिनियम में भारत के लिए डोमिनियन स्टेट्स के लक्ष्य की भी घोषणा नहीं की गई। भारतीय नरेशों के प्रतिनिधियों को प्रांतों तथा अंग्रेजी भारत की जनता के विकास संबंधी विषयों पर निर्णायक मतदान का अधिकार दिया गया। आगामी प्रगति भारतीय नरेशों के प्रतिनिधियों की स्वीकृति के बिना असंभव कर दी गई। संघीय विधान सभा के लिए सीधे चुनाव की परंपरा स्थापित नहीं की गई। इंडियन सिविल सर्विस पर भारत सचिव का ही नियंत्रण था। गवर्नर जनरल के अधिकार इतने व्यापक थे कि वह इंग्लैंड के प्रधानमंत्री अथवा अमरीका के राष्ट्रपति से भी अधिक शक्तिशाली था।

प्रांतीय स्वायत्तता : मुस्लिम लीग ने गोलमेज सम्मेलनों में राज्यीय स्वतन्त्रता पर काफी जोर दिया था— अंग्रेज प्रशासक भी भारत में राष्ट्रीय आंदोलन की प्रगति को देखते हुए यह आवश्यक समझते थे कि 1917 ई. की घोषणा को पूरा करने के लिए कुछ स्वायत्तता तथा अधिकार भारतीय मंत्रियों को सौंपे जाएँ। इसलिए 1935 ई. के अधिनियम में प्रांतीय स्वायत्तता स्थापित की गई। प्रांतीय स्वायत्तता के लिए प्रांतों का कार्यक्षेत्र अलग निर्धारित करना, उन्हें वित्तीय स्वायत्तता, गवर्नर जनरल के नियंत्रण से मुक्ति देना अनिवार्य था। इसलिए प्रांतीय स्तर पर भारतीय मंत्रियों को पूर्ण सत्ता सौंपी गई।

एक अप्रैल, 1937 से 1935 में बनाये गये अधिनियम को प्रान्तीय क्षेत्रों में लागू करने के लिए निर्देशित किया गया। यद्यपि सभी राजनीतिक दलों ने इसे अस्वीकृत किया लेकिन निर्वाचन में भाग लेने के लिए वे सब तैयार हो गए। प्रांतीय विधान सभाओं के निर्वाचनों से कुछ महत्त्वपूर्ण तथ्य सामने आए। कांग्रेस का मुसलमानों पर नहीं के समान प्रभाव था। कुल मुसलमान सदस्यों (482) में इसे केवल 26 स्थान प्राप्त हुए थे और उनमें से 15 उत्तर-पश्चिमी सीमा प्रांत में थे। मुस्लिम लीग को भी मुसलमान सदस्यों की संख्या में कुल 23 प्रतिशत से कम स्थान मिले। पंजाब में इसको 86 में से केवल 2 और बंगाल में 119 में से केवल 40 स्थान मिले। मुस्लिम लीग की सफलता मुसलमानों के अल्पसंख्यक प्रांतों में थी। इसकी सफलता कम होते हुए भी आश्चर्यजनक थी। कांग्रेस की असफलता भी उतनी ही स्पष्ट थी।

50 वर्षों से राजनीतिक राष्ट्रीय आंदोलन का संचालन करते हुए भी वह मुसलमानों में लोकप्रिय नहीं थी।

मद्रास, बिहार, यू.पी. और उड़ीसा जैसे हिन्दू बहुसंख्यक राज्यों में कांग्रेस को बहुमत हासिल हुआ। बंबई, असम और उत्तर-पश्चिमी सीमा प्रांत में कांग्रेसी सदस्यों की सबसे बड़ी संख्या थी।

चुनाव होने के बाद राज्यों में मंत्रिमंडल गठित करने का प्रश्न खड़ा हुआ। परन्तु इसमें दो प्रश्न प्रमुख थे जो निम्न है—:

(1) मंत्रिमंडल केवल बहुसंख्यक दल द्वारा अपने सदस्यों से ही बनाया जाए अथवा कई दलों का मिला-जुला हो। यह प्रश्न केवल उन प्रांतों में विचारणीय था जहाँ कांग्रेस का स्पष्ट बहुमत था। अन्य स्थानों पर किसी एक दल का मंत्रिमंडल बन ही नहीं सकता था।

(2) अधिनियम में प्रांतीय गवर्नरों को अत्यधिक अधिकार दिए गए थे जिनसे वे दैनिक प्रशासन में हस्तक्षेप कर सकते थे। ऐसी स्थिति में मंत्रिमंडल बनाना उस समय तक व्यर्थ था जब तक गवर्नर जनरल की ओर से यह आश्वासन न मिल जाए कि गवर्नर सांविधानिक अध्यक्ष की भाँति ही कार्य करेंगे।

इस विषय पर कई सप्ताहों तक कोई निर्णय नहीं हुआ। अंत में 21 जून को गवर्नर जनरल ने इस प्रकार का आश्वासन दिया और 7 जुलाई, 1937 ई. को कांग्रेस बहुमत वाले प्रांतों में मंत्रिमंडल बनाए गए।

बहुमत प्राप्त प्रांतों में कांग्रेसी नेता मुस्लिम लीग के सदस्यों को मंत्रिमंडल में सम्मिलित करने के पक्ष में थे, यदि विधान सभाओं में मुस्लिम लीग के पृथक अस्तित्त्व को समाप्त कर दिया जाए। मुस्लिम लीग इस पर सहमत नहीं हुई और कांग्रेसी मंत्रिमंडलों में सम्मिलित नहीं हुई। दूसरी ओर कांग्रेसी नेताओं ने 'जन संपर्क' कार्यक्रम आरंभ किया जिससे मुसलमानों में कांग्रेस की लोकप्रियता बढ़ सके।

कांग्रेस की सरकार बनने के पश्चात् बन्दी बनाये गये सभी राजनीतिक कार्यकर्ताओं को जेल से रिहा कर दिया गया। सामाजिक क्षेत्र में हरिजन उद्धार, शराबबंदी और प्रारंभिक शिक्षा की ओर प्रायः सभी स्थानों पर समान रूप से ध्यान दिया गया। लेकिन 3 सितंबर, 1939 ई. को दूसरा विश्व युद्ध आरंभ हो गया। गवर्नर जनरल ने भारत को बिना मंत्रिमंडलों से पूछे युद्ध में सम्मिलित कर दिया। कांग्रेस ने साम्राज्यवादी युद्ध में भाग लेने से मना कर दिया। उसका कहना था कि विश्व में प्रजातंत्र और स्वतंत्रता को भी तभी बचाया जा सकता था जबकि भारत स्वयं भी स्वतंत्र हो इसलिए कांग्रेस वर्किंग कमेटी और ए.आई.सी.सी. ने अंग्रेजी सरकार से

युद्ध के लक्ष्य संबंधी घोषणा करने के लिए कहा तब ही भारत युद्ध में अंग्रेजों का सहयोग कर सकता था।

गवर्नर जनरल लिनलिथगो ने कांग्रेस प्रस्ताव का गलत अर्थ लगाया। भारत सचिव ने इसे कांग्रेस की सौदेबाजी समझी। गवर्नर जनरल ने भारत सचिव को यह आश्वासन दिया कि युद्ध प्रयत्नों में कांग्रेस के असहयोग से कोई अंतर नहीं पड़ेगा। कांग्रेस नेताओं—गांधीजी, जवाहरलाल नेहरू और डॉ. राजेंद्र प्रसाद—ने गवर्नर जनरल से भेंट करके उन्हें अंग्रेज समर्थक भावनाओं से अवगत कराया। लिनलिथगो अपने मित्रों—मुसलमानों और भारतीय नरेशों—को प्रसन्न करना चाहता था इसलिए उसने 17 अक्टूबर, 1939 ई. को घोषणा की कि युद्ध समाप्ति पर भारत के विभिन्न हितों, राजनीतिक दलों, संप्रदायों के प्रतिनिधियों से विचार-विमर्श करके संविधान में आवश्यक संशोधन किए जाएँगे। इस घोषणा से यह स्पष्ट हो गया कि अगर अंग्रेज प्रजातंत्र की प्रगति रोक सकेंगे तो वे अवश्य ही रोक देंगे। परिणाम स्वरूप कांग्रेस के सामने अब कोई रास्ता नहीं बचा और कांग्रेस प्रतिनिधियों ने मंत्रिमंडल के इस्तीफा दे दिया।

मुस्लिम राजनीति (1930-1940)

मुस्लिम भी दो गुटों में विभाजित थी। 1929 ई. में जिन्ना मुसलमानों के परस्पर विरोधी गुटों की राजनीति से दुखी होकर इंग्लैंड चला गया। 1930 ई. में इकबाल ने मुस्लिम लीग में अपना अध्यक्षीय भाषण देते हुए यह लक्ष्य प्रस्तुत किया कि उत्तर पश्चिमी भारत के मुसलमान बहुमत वाले प्रांतों को एक राज्य बना दिया जाए। उस वर्ष लीग ने इस संदर्भ में कोई प्रस्ताव इसलिए पास नहीं किया था क्योंकि लीग के अधिवेशन में उपस्थित सदस्यों की संख्या कोरम से कम थी। इकबाल ने जिस आधार पर उत्तर पश्चिमी भारत के मुसलमानों के लिए एक राज्य की कल्पना की (मिल्लत की एकता) वह ही आगे चलकर पाकिस्तान की माँग के लिए औचित्य बनी। गोलमेज सम्मेलन और कम्यूनल एवार्ड (सांप्रदायिक निर्णय) के पश्चात जिन्ना भारत लौट आए और उन्होंने मुस्लिम लीग को चुनाव लड़ने के लिए पुनः संगठित करने का प्रयत्न किया। 1937 ई. के निर्वाचनों में लीग की सफलता उल्लेखनीय थी क्योंकि इसके पूर्व लीग का भारतीय मुसलमानों के सामान्य वर्गों में कोई विशेष कार्य अथवा प्रभाव नहीं था।

किसी भी जन आंदोलन में इसने भाग नहीं के समान ही लिया था। यह मुसलमानों के अल्पसंख्यक प्रांतों में ही प्रभावशाली थी और वहाँ इसकी सफलता

आश्चर्यजनक थी। 1937 ई. के पश्चात जिन्ना ने मुस्लिम लीग को वास्तव में मुसलमानों की प्रतिनिधि पार्टी और मुस्लिम बहुमत वाले प्रांतों में प्रभावशाली बनाने का प्रयत्न किया जिससे वह यह तर्क प्रभावशाली ढंग से रख सके कि लीग मुसलमानों का प्रतिनिधित्व करने वाली एकमात्र पार्टी है। बंगाल, पंजाब और सिंध के प्रांतीय मुस्लिम दल भी यह चाहते थे कि अखिल भारतीय स्तर पर कांग्रेस के समक्ष मुसलमानों का पक्ष प्रस्तुत करने के लिए उनका भी एक संगठित दल होना चाहिए। इसलिए जिन्ना को अपना लक्ष्य प्राप्त करने में बहुत कठिनाई नहीं हुई। बंगाल में कुल 250 विधान सभा क्षेत्र थे जिसमें से फल्ज-उल-हक दल को मात्र 35 विधान सभा निर्वाचनों में सफलता मिली जबकि मुस्लिम लीग पार्टी को 40 विधान सभा क्षेत्रों में सफलता मिली थी फज्ल-उल-हक ने मंत्रिमंडल बनाने के लिए प्रत्येक प्रकार के प्रयत्न किए। उसने लीग में सम्मिलित होना स्वीकार किया यदि उसे मंत्रिमंडल का नेता स्वीकार कर लिया जाए। इसी प्रकार मई, 1937 ई. में पंजाब के नेता भी अखिल भारतीय स्तर पर जिन्ना के नेतृत्व को स्वीकार करने के लिए तैयार थे। अल्पसंख्यक प्रांतों में मुस्लिम लीग को कांग्रेस मंत्रिमंडलों में प्रतिनिधित्व नहीं मिला। इन प्रांतों में कांग्रेस को मुसलमान सीटों में नगण्य सफलता मिली थी। यू.पी. में 64 में 1, बिहार में 40 में 5, मद्रास में 28 में 5 स्थान कांग्रेस को मिले। इसलिए कांग्रेस का मुस्लिम लीग के सदस्यों को मंत्रिमंडल में इस शर्त पर सम्मिलित करना कि वे कांग्रेस में सम्मिलित हों, भारतीय परिप्रेक्ष्य में अनुचित था जबकि कांग्रेस राष्ट्रीय होने का दावा करती थी और उत्तर-पश्चिमी सीमा प्रांत को छोड़कर शेष प्रांतों में मुसलमानों के लिए निर्धारित सीटों में उसे 2 प्रतिशत से भी कम स्थान उपलब्ध हुए थे। कांग्रेसी मंत्रिमंडलों के विरुद्ध मुस्लिम लीग ने यह प्रचार आरंभ किया कि हिंदू राज्यों में मुसलमानों पर अत्याचार होते थे और झूठी तथा मनगढ़ंत घटनाओं का वर्णन करके कांग्रेस के विरुद्ध मुसलमानों में घृणा बढ़ानी आरंभ की। बंदे मातरम गीत का कांग्रेस द्वारा प्रयोग, मस्जिदों के सामने गायन, हिंदी को प्रोत्साहन, नौकरियों में असमानता तथा मुसलमानों के विरुद्ध पक्षपात का प्रचार आरंभ किया।

मुस्लिम लीग का वार्षिक अधिवेशन 1937 ई. में लखनऊ में आयोजित किया गया। इस सम्मेलन व अधिवेशन में पंजाब के मुख्यमंत्री सर सिकंदर हयात खाँ और मोहम्मद अली जिन्ना में एक समझौता हुआ जो 'सिकंदर जिन्ना पैक्ट' के नाम से प्रसिद्ध है। पंजाब में युनियनिस्ट दल के मुसलमान सदस्यों को मुस्लिम लीग की सदस्यता स्वीकार कराने के लिए सिकंदर हयात खाँ ने घोषणा की किंतु मंत्रिमंडल युनियनिस्ट दल का ही कहलाएगा। यह पैक्ट वास्तव में सर सिकंदर की एक घोषणा

थी। यह कोई लिखित समझौता, जिस पर दोनों नेताओं के हस्ताक्षर हों, नहीं था। सिकंदर यह आशा करता था कि इस घोषणा से मुस्लिम लीग द्वारा उसके नेतृत्व के विरुद्ध प्रयत्न नहीं होंगे। 1937 ई. के निर्वाचन में जिन्ना पंजाब में पूरी तरह असफल रहा था। इसलिए वह सिकंदर के साथ समझौते का इच्छुक था। वह जानता था कि पंजाब में लीग का प्रभाव युनियनिस्ट दल के सहयोग से ही संभव था। इसलिए 1938 ई. में पंजाब की पुरानी मुस्लिम लीग के स्थान पर नई मुस्लिम लीग को जिसमें युनियनिस्ट दल का प्रभुत्व था, मान्यता प्रदान की गई। बंगाल के फज्ल-उल-हक की स्थिति इतनी दृढ़ नहीं थी। बंगाल में मुस्लिम लीग के भी 40 सदस्य थे और प्रजापार्टी (फज्ल-उल-हक का दल) के केवल 35 सदस्य ही थे। सिंध का अपना महत्त्व कम था। इन दोनों प्रांतों पर जिन्ना का प्रभुत्व स्थापित हो जाने के बाद सिंध का नियंत्रण कठिन नहीं था।

1938 ई. में लीग ने कांग्रेस प्रशासन द्वारा मुसलमानों पर तथाकथित अत्याचारों की जाँच करने के लिए पिरपुर के राजा मोहम्मद मेहदी की अध्यक्षता में एक समिति नियुक्त की। इस समिति द्वारा प्रस्तुत पिरपुर रिपोर्ट कपोल कल्पित कांग्रेसी अत्याचारों का एक वर्णन है। इस रिपोर्ट के आधार पर मुस्लिम लीग यह सिद्ध करना चाहती थी कि संसदात्मक प्रणाली भारत के लिए उपयुक्त नहीं थी। पिरपुर रिपोर्ट की भाँति बिहार में 'शरीफ रिपोर्ट' प्रकाशित की गई जिसमें बिहार में किए गए कल्पित अत्याचारों का वर्णन था। इसी प्रकार की रिपोर्ट फज्ल-उल-हक ने प्रकाशित की जिसका शीर्षक था 'कांग्रेस प्रशासन में मुसलमानों पर अत्याचार'। यह भी पहली दो रिपोर्टों की भाँति कल्पित घटनाओं पर आधारित थी। इन रिपोर्टों में कोई नया आक्षेप नहीं लगाया गया। इनका अभिप्राय इतना अवश्य था कि मुस्लिम लीग को मुसलमानों का एकमात्र प्रतिनिधि मान लिया जाए और सरकार में सम्मिलित कर लिया जाए। 1938 ई. में नेहरू के साथ पत्र व्यवहार में जिन्ना ने मुस्लिम लीग के लिए कांग्रेस के साथ समानता चाही थी। नेहरू 1937 ई. के पश्चात भारतीय समस्या का हल दो पक्षों—कांग्रेस और अंग्रेजी सरकार—के द्वारा संभव मानते थे। वहाँ जिन्ना 1931 ई. से यह कहते चले आ रहे थे कि यह समस्या चार पक्षों के मध्य हल हो सकती थी। दो अतिरिक्त पक्ष थे—मुस्लिम लीग और भारतीय राज्य। दिसंबर 1938 ई. में जिन्ना ने कांग्रेस को राष्ट्रीय संगठन की अपेक्षा केवल एक हिंदू संगठन कहा।

1937 के बाद जिन्ना को यह पूर्ण रूप से आभास हो गया था कि किसी भी प्रजातंत्रीय व्यवस्था के अन्तर्गत मुस्लिम लीग पार्टी को पूर्ण बहुमत नहीं मिलने वाला

है और कांग्रेस ने जो नीति अपनाई थी उसके अनुसार मुस्लिम लीग को केवल कांग्रेस की कृपा पर आश्रित रहना पड़ेगा। इसलिए वे किसी ऐसी योजना के विषय में सोच रहे थे जिससे लीग और मुसलमानों की यह समस्या हल हो सके। 1930 ई. में इकबाल द्वारा प्रस्तुत योजना तथा 1933 ई. के पश्चात कुछ अन्य उसी प्रकार की योजनाएँ जिन्ना के समक्ष थीं जिनके अनुसार भारतीय मुसलमानों के लिए पृथक राज्य की कल्पना की गई थी। जिन्ना की समस्या भारत विभाजन योजनाओं के प्रति अंग्रेज सरकार की प्रतिक्रिया जानने की थी। अक्टूबर, 1938 ई. में भारत से चार मुसलमान (जिनमें दो मुस्लिम लीग कार्यकारिणी के भी सदस्य थे) मिस्र में हो रहे पैलेस्टाइन सम्मेलन में भाग लेने के लिए गए। लीग की कार्यकारिणी के सदस्य इंग्लैंड में भारत उपसचिव तथा सचिव से मिले और भारतीय समस्या के हल के रूप में भारत विभाजन की योजना की चर्चा की। उन अधिकारियों ने परोक्षरूप में इस योजना पर सहमति प्रकट की। मई, 1939 ई. में वे सदस्य भारत लौट आए। उसके पश्चात जिन्ना अधिक सक्रिय हुए।

यूरोप में द्वितीय विश्व युद्ध सितम्बर, 1939 में शुरू हो गया तथा भारत में गवर्नर जनरल ने इंग्लैंड के समर्थन में भारत को भी युद्ध में धकेल दिया। कांग्रेसी मंत्रिमंडल ने सरकार से युद्ध के उद्देश्यों के संबंध में स्पष्टीकरण माँगा। गवर्नर जनरल के स्पष्टीकरण न देने पर कांग्रेस कार्यकारिणी के आदेशानुसार अक्टूबर-नवंबर, 1939 ई. में कांग्रेसी मंत्रिमंड़लों ने त्यागपत्र दे दिए। जिन्ना ने देश के मुसलमानों को 22 दिसंबर, 1939 ई. को 'मुक्ति दिवस' के रूप में मनाने के आदेश दिए। भारतीय मुसलमानों को इस प्रकार उत्तेजित किया गया कि वे कांग्रेसी प्रशासन के विरुद्ध जिन्ना द्वारा लगाए गए काल्पनिक आक्षेपों को सही समझने लगे।

जनवरी, 1940 में जिन्ना के रवैये में कुछ परिवर्तन दिखाई देने लगा इन्होंने एक सभा को सम्बोधित करने हुए अपनी भावनाओं को स्पष्ट करते हुए कहा कि हिन्दू और मुसलमानों को पृथक सभ्यताओं तथा कौमों के सदस्य बताया। भारत का भावी संविधान ऐसा होना चाहिए जिसमें कांग्रेस और लीग को समान अधिकार उपलब्ध हों। मार्च, 1940 ई. में जिन्ना ने घोषणा की कि कोई भी संवैधानिक योजना भारत में उस समय तक लागू नहीं होनी चाहिए जब तक दल उस पर सहमत न हों। यदि कोई संविधान बिना मुसलमानों की सहमति के लागू किया गया तब मुसलमान उसका विरोध करेंगे। 1937-40 ई. के मध्य जिन्ना की दो प्रमुख उपलब्धियाँ थीं—पहली उन्होंने मुस्लिम लीग का प्रभाव भारत के सभी प्रांतों पर स्थापित कर दिया। दूसरी मुसलमानों को एक अलपसंख्यक समुदाय की अपेक्षा एक

कौम कहना आरंभ किया और उसी प्रकार के वाक्यों तथा तर्कों का प्रयोग किया जो इकबाल ने 1930 ई. में किए थे। इसी स्थिति में उन्होंने यह भी स्पष्ट किया कि मुसलमान किसी भी ऐसी व्यस्था को स्वीकार नहीं करेंगे जिसमें बहुसंख्यक हिंदुओं की सरकार स्थापित हो सके। इन दोनों भावनाओं का साकार रूप 23 मार्च, 1940 ई. को लीग के वार्षिक अधिवेशन में पाकिस्तान प्रस्ताव के रूप में प्रस्तुत हुआ।

पाकिस्तान प्रस्ताव : मुस्लिम लीग के वार्षिक सम्मेलन में मशहूर लाहौर प्रस्ताव को 23 मार्च, 1940 को स्वीकृति प्रदान कर दी गयी। इस प्रस्ताव की रूपरेखा तैयार करने में सर सिंकदर हयात खाँ, फज्ल-उल-हक, खलीक उज्जमाँ का काफी हाथ था। प्रस्ताव का मुख्य भाग था : 'इस देश में कोई भी संवैधानिक योजना पर उस समय तक मुसलमानों की स्वीकृति नहीं होगी जब तक वह इस आधार पर न बनी हो कि उत्तर-पश्चिमी और पूर्वी भारत में मुसलमानों के बहुसंख्यक भौगोलिक दृष्टि से संलग्न क्षेत्रों को पृथक स्वायत्त संपन्न स्वतंत्र राज्यों में न बना दिया जाए।' इस प्रस्ताव को फज्ल-उल-हक ने प्रस्तुत किया और खलीक उज्जमाँ ने इसका अनुमोदन किया। इस प्रस्ताव में कोई स्पष्ट योजना अथवा रूपरेखा प्रस्तुत नहीं की गई थी। लीग का वर्किंग कमेटी को यह अधिकार दे दिया गया कि वह आवश्यक रूपरेखा तैयार करे।

प्रस्ताव की अस्पष्टता और जिन्ना द्वारा इसकी स्पष्ट व्याख्या से इनकार करने के आधार पर यह कहा जा सकता है कि पाकिस्तान प्रस्ताव की माँग निश्चित नहीं थी और यह केवल सौदेबाजी का एक ढंग था। किंतु यह ध्यान रखने योग्य बात है कि 1940-46 ई. के मध्य जितने संवैधानिक प्रस्ताव रखे गए उन्हें मुस्लिम लीग ने उस समय तक स्वीकार नहीं किया जब तक केंद्रीय प्रशासन में लीग कांग्रेस में समानता, मुस्लिम बहुमत वाले प्रांतों को प्रायः पूर्ण स्वायत्तता और केंद्र के नियंत्रण से मुक्ति न मिल गई। चूँकि ये माँगें कांग्रेस के लिए स्वीकार करना प्रायः असंभव था इसलिए उत्तरोत्तर यह स्पष्ट होता गया कि देश विभाजन ही एकमात्र राजनीतिक हल था।

देश विभाजन की योजना अथवा रूपरेखा बनाने में मुसलमान के अन्य प्रतिनिधियों की अपेक्षा जिन्न का सबसे कम सहयोग था सबसे पहले इसकी रूपरेखा इकबाल ने 1930 ई. में प्रस्तुत की थी। उस समय भारतीय संघ की योजना विचाराधीन थी। इसलिए उसमें पृथक स्वतंत्र राज्यों का वर्णन नहीं था। 1933 ई. में कैंब्रिज के कुछ मुसलमान विद्यार्थियों (रहमत अली तथा अन्य) ने इस प्रकार की योजना प्रस्तुत की। जुलाई, 1939 ई. में सर सिकंदर हयात खाँ ने भी एक योजना

प्रकाशित की जिसने भारत में सात क्षेत्रीय राज्यों और इन सातों क्षेत्रों के एक संघ की व्यवस्था थी जिसे कम से कम कार्य सौंपे गए। सिकंदर हयात खाँ ने स्वयं अपनी योजना की व्याख्या करते हुए कहा कि यदि आवश्यक हुआ तो केंद्रीय संगठन को समाप्त भी घोषित किया जा सकता था। फज्ल-उल-हक ने स्वयं पाकिस्तान प्रस्ताव को प्रस्तुत किया था। इसलिए यह कहना अनुचित होगा कि यह प्रस्ताव केवल जिन्ना का था। 1940-46 ई. में जिन्ना के नियंत्रण से मुक्त होने के लिए पंजाब, बंगाल और सिंध के मुख्य मंत्रियों ने प्रयत्न किए और इस दिशा में उनमें और जिन्ना में मतभेद भी काफी हुए। फज्ल-उल-हक ने लीग का साथ छोड़कर अन्य दलों के साथ बंगाल में मंत्रिमंडल बनाया। 1946 ई. में युनियनिस्टों ने भी पंजाब में इसी प्रकार का प्रयत्न किया लेकिन इसका अभिप्राय यह नहीं था कि वे पाकिस्तान अथवा मुसलमान बहुसंख्यक प्रांतों के पृथक संघ के पक्ष में नहीं थे बल्कि वे दोनों—फज्ल-उल-हक और खिज्र हयात खाँ (पंजाब में सिकंदर हयात खाँ का उत्तराधिकारी) अपनी सत्ता को बनाए रखना चाहते थे। जिन्ना केंद्र में हिंदू बहुसंख्यकों के नियंत्रण को खत्म कर देना चाहते थे। इसलिए फज्ल और खिज्र हिंदुओं के प्रति सामान्यतः वैसा दृष्टिकोण नहीं अपना सकते थे जैसा जिन्ना के लिए संभव था। इस विवशता पर ध्यान रखते हुए यह कहना अनुचित होगा कि जिन्ना अकेला ही मुस्लिम सांप्रदायिकता के अत्यधिक विकास अथवा पाकिस्तान की माँग के लिए उत्तरदायी था।

1937 ई. में मुसलमानों द्वारा पाकिस्तान को एक अलग राज्य बनाने की माँग में कुछ कांग्रेसी प्रतिनिधियों का भी हाथ था। इस मत के अनुसार इंग्लैंड में प्रचलित पार्लियामेंटरी पद्धति के आधार पर केवल बहुमत को ही मंत्रिमंडल बनाने का अधिकार उस स्थिति में तो ठीक हो सकता था जहाँ जनता के निर्णयों से बहुमत बदल सकता हो लेकिन भारत में जहाँ सांप्रदायिक निर्वाचन प्रणाली प्रचलित हो और उत्तर-पश्चिम सीमा प्रांत को छोड़कर शेष 10 प्रांतों में कांग्रेस को मुसलमानों के लिए निर्धारित स्थानों में 2 प्रतिशत भी स्थान प्राप्त नहीं हुए हों केवल बहुमत के आधार पर मंत्रिमंडल का गठन सैद्धांतिक रूप में भले ही ठीक हो लेकिन व्यावहारिक रूप में इसका परिणाम दूरगामी तथा हानिकारक हुआ। इस मत के अनुसार कांग्रेस के राष्ट्रीय संस्था होने की जाँच का सबसे पहला अवसर 1937 ई. में था जिससे यह स्पष्ट अवश्य हुआ कि मुसलमानों की सदस्यता तथा नेतृत्व उपलब्ध होने के बाद भी कांग्रेस मुसलमानों में लोकप्रिय नहीं थी।

लाहौर प्रस्ताव (पाकिस्तान प्रस्ताव) द्वारा प्रमुख सहायक कारक मुसलमानों के प्रभावशाली नेताओं की हिंदुओं के समान राजनीतिक अधिकारों की कल्पना थी। सर

सैयद के समय से विभिन्न प्रभावशाली नेताओं—मौलाना मोहम्मद अली, सर मोहम्मद इकबाल और मोहम्मद अली जिन्ना—ने बदली हुई परिस्थितियों में इस भावना को व्यक्त किया। जिन्ना एक अत्यंत कुशल वार्ताकार थे। 1940 ई. के पश्चात जिन्ना पाकिस्तान की माँग का स्पष्टीकरण अन्य राष्ट्रीय नेताओं द्वारा सैद्धांतिक रूप में मान्यता के पश्चात ही करना चाहते थे। लाहौर प्रस्ताव पास किए जाने के पश्चात भी जिन्ना ने 1940-46 ई. के मध्य लीग और कांग्रेस के आपसी समझौते की आवश्यकता पर बल दिया। लेकिन इस समझौते का जिन्ना के अनुसार आधार केंद्रीय सरकार में हिंदू-मुस्लिम समानता थी। मुसलमानों को केंद्रीय प्रशासन में समानता देना यद्यपि जनसंख्या में वे एक चौथाई से अधिक नहीं थे, कांग्रेस द्वारा स्वीकार नहीं किया जा सकता था जहाँ एक ओर यह प्रजातांत्रिक सिद्धांतों के विरुद्ध था, दूसरी ओर इसका अर्थ कांग्रेस के राष्ट्रीय रूप को समाप्त कर देना था। बहुधा यह प्रश्न पूछा जाता है कि क्या भारत विभाजन 'अवश्यंभावी' था? सैद्धांतिक स्तर पर इसका उत्तर 'नहीं' में ही दिया जा सकता है। लेकिन व्यावहारिक स्तर पर मुसलमान नेताओं की 'समानता' की माँग को अन्य किसी आधार पर पूरा ही नहीं किया जा सकता था।

अंग्रेजी साम्राज्यवादी नीति (1939-1946)

1939 ई. के बाद भारत के विभिन्न प्रान्तों में घटनाओं का घटित होना कम नहीं हो रहा था तथा आने वाले 6-7 वर्षो के दौरान कुछ ऐसे अवसर पैदा हुए जब कि ईमानदारी के साथ यदि अंग्रेज प्रशासक भारतीय समस्या का हल ढूँढ़ना चाहते तो ढूँढ़ सकते थे। लेकिन वे भारत की स्वाधीनता के मार्ग में विभिन्न बाधाएँ खड़ी करना चाहते थे जिससे उनका भारत पर नियंत्रण अधिक से अधिक समय तक रह सके। विभिन्न प्रांतों में कांग्रेसी मंत्रिमंडलों के त्यागपत्र दे देने से लिनलिथगो को अत्यधिक स्वतंत्रता मिल गई। उसने लीग और अन्य अंग्रेज समर्थक तत्त्वों पर अधिक आश्रित होना आरंभ कर दिया। कांग्रेस मंत्रिमंडलों का त्यागपत्र न केवल लीग और अंग्रेजों के गठबंधन तथा मुसलमानों पर जिन्ना को नियंत्रण बढ़ाने में निर्णायक सिद्ध हुआ बल्कि भारतीय राजनीतिक गतिविधियों को प्रभावित करने की भी क्षमता कांग्रेस के हाथों से जाती रही। इन घटनाओं के अनुभव के आधार पर यह कहा जा सकता है कि कांग्रेस मंत्रिमंडलों का त्यागपत्र देना बड़ी भारी गलती थी। कांग्रेस ने गवर्नर जनरल से युद्ध संबंधी उद्देश्यों का स्पष्टीकरण करने के लिए कहा था और लिनलिथगो से सांप्रदायिक समस्या के हल को उसके साथ जोड़ दिया।

था। कम्युनिस्ट दल ने अंतर्राष्ट्रीय समस्याओं से प्रभावित होकर राष्ट्रीय समस्याओं के प्रति अपना दृष्टिकोण शीघ्र ही बदल लिया।

1942 ई. के आन्दोलन का संचालन जयप्रकाश नारायण ने किया और बिहार के विभिन्न भागों में कई सप्ताहों तक अंग्रेजी प्रशासन का नामों निशान नहीं रहा। लेकिन कुछ समय पश्चात अंग्रेजी सेना और पुलिस ने पुनः अपना नियंत्रण स्थापित कर लिया। जनता पर अकथनीय अत्याचार किए गए। पूर्वी उत्तर प्रदेश में भी आंदोलन अत्यधिक प्रभावशाली रहा। बलिया जिले में अंग्रेजी राज्य प्रायः समाप्त हो चुका था। बनारस, गाजीपुर में भी जनता ने अंग्रेजी प्रशासन को अस्त-व्यस्त कर दिया। सेना ने शीघ्र ही अंग्रेजी नियंत्रण पुनः स्थापित कर लिया। गाजीपुर, आजमगढ़, बलिया तथा जौनपुर के जिलों में गाँव के गाँव जला दिए अथवा नष्ट कर दिए। गाजीपुर के एक गाँव में अंग्रेजी सेना के अत्याचारों का वर्णन केंद्रीय विधान सभा में दिया गया। 'चार गोरे सिपाही 150 सैनिकों के साथ एक गाँव में पहुँचे। वहाँ से सब पुरुषों को घरों के बाहर सड़क पर लाइन में खड़ा किया गया। स्त्रियों को घर के बाहर निकालकर उनके जेवर आदि लूट लिया गए और फिर समस्त गाँव को लूटा गया तथा प्रत्येक पुरुष के पाँच-पाँच कोड़े लगाए गए।' मध्य प्रदेश, बंगाल, उड़ीसा में आंदोलन प्रभावशाली रहा। दक्षिणी भारत, पंजाब, राजस्थान, सिंध, उत्तर-पश्चिमी सीमा प्रांत में आंदोलन का बहुत कम प्रभाव रहा।

आंदोलन पर टिप्पणी : यह आन्दोलन मात्र अहिंसात्मक आंदोलन नहीं था। अहिंसात्मक आंदोलन का प्रचार पिछले 20 वर्षों से गांधीजी कर रहे थे लेकिन नेताओं के एकदम जेल में बंद कर दिए जाने के पश्चात जनता ने स्वतः प्रेरणा से हिंसात्मक आंदोलन किया। बहुत सीमा तक यह अंग्रेजी अत्याचारों का परिणाम था। इस आंदोलन में भाग लेने वाले हजारों और लाखों व्यक्तियों ने अदम्य साहस और सहनशीलता का परिचय दिया जो एक सत्याग्रही का आवश्यक गुण है। सैकड़ों नवयुवकों ने शांतचित्त राष्ट्रीय ध्वज की रक्षा के लिए अपना जीवन बलिदान कर दिया। 1942 ई. का आंदोलन 1920 ई. के आंदोलन से भिन्न रहा।

1942 ई. के आन्दोलन को मात्र दो महीने के भीतर ही बड़ी निर्दयता पूर्वक दबा दिया गया। गांधीजी को स्वयं यह आशा नहीं थी कि अंग्रेज इतनी शीघ्रता से कांग्रेस के विरुद्ध कार्यवाही करेंगे। अंग्रेज शासकों ने गांधीजी को बदनाम करने तथा इस हिंसात्मक आंदोलन और अव्यवस्था के लिए यह प्रचार आरंभ किया कि इस आंदोलन का संचालन गांधीजी के आदेशों द्वारा किया गया। गांधी-लिनलिथगो पत्र-व्यवहार में गांधीजी ने स्वयं इस आक्षेप को निराधार बताया कि उन्होंने अथवा

कांग्रेस ने इस आंदोलन का संचालन किया। गांधीजी ने अंततः अपनी ईमानदारी के लिए तीन सप्ताह का उपवास (10 फरवरी, 1943—3 मार्च, 1943) रखा। इस उपवास की देश भर में तथा अंतर्राष्ट्रीय स्तर पर प्रतिक्रिया हुई। अंग्रेज सरकार समझती थी कि बर्बरतापूर्ण नीति से कांग्रेस तथा गांधीजी का प्रभाव समाप्त हो जाएगा। यह उनकी भ्राँति थी, 1945 ई. में जेल से छूटने पर तथा 1946 ई. में निर्वाचनों में जनता ने उन कांग्रेसी नेताओं में अपना अटूट विश्वास व्यक्त किया।

आंदोलन का महत्त्व : हालांकि ब्रिटिश प्रशासन ने अपने अत्याचारी नीति से आन्दोलन को कुचलकर भारतवासियों को चुप तो करा दिया परन्तु यह आन्दोलन पूर्ण रूप से विफल नहीं हुआ। सबसे पहला महत्त्वपूर्ण परिणाम यह हुआ कि स्वतंत्रता संघर्ष अब केवल कुछ संस्थाओं अथवा दलों तक सीमित नहीं रह गया। देश के विभिन्न क्षेत्रों में एक साथ आंदोलन की लहर फैल गई। सामान्य व्यक्ति तथा जनसमूह भारतीय स्वतंत्रता के लिए जीवन बलिदान देने के लिए तैयार हो गया। ये इस बात के स्पष्ट लक्षण थे कि भारतीय जनता अंग्रेजी नियंत्रण से मुक्त होने के लिए व्याकुल थी।

इस आंदोलन ने अंग्रेजी युद्ध प्रयत्नों को काफी सीमा तक प्रभावित किया केवल इतना ही नहीं हुआ कि पूर्ण भारत में यातायात के साधनों में अव्यवस्था उत्पन्न हो गई बल्कि सैनिकों के लिए कुछ आवश्यक वस्तुओं का अभाव भी हो गया। जैसे हड़तालों के फलस्वरूप खाकी कपड़े का उत्पादन 45 प्रतिशत तथा चमड़े की वस्तुओं का उत्पादन 50 प्रतिशत कम हो गया। सूती धागा, सिगरेट के कागज के उत्पादन पर भी इसी प्रकार असर पड़ा। यह भी संभव है कि बर्मा के मोर्चे पर अंग्रेजी सेना की हार में 1942 ई. का आंदोलन कुछ सीमा तक उत्तरदायी रहा।

सशस्त्र विद्रोह की परंपरा और आई.एन.ए.

भारतीय राष्ट्रीय आंदोलन में अहिंसात्मक आंदोलन तथा सत्याग्रह के साथ-साथ सशस्त्र विद्रोह की भावना भी काफी प्रबल थी। 1920-30 के मध्य उत्तरी भारत के विभिन्न प्रांतों में क्रांतिकारियों का आंदोलन काफी महत्त्वपूर्ण था। इन क्रांतिकारियों का लक्ष्य केवल अधिकारियों की हत्या ही नहीं था अपितु सामान्य जनता में अहिंसात्मक आंदोलन से उत्पन्न निष्क्रियता को दूर करना था। इनका यह भी विश्वास था कि अहिंसात्मक प्रयत्न पर्याप्त नहीं थे। 'इनकलाब जिंदाबाद' का नारा देश में इन क्रांतिकारियों की ही देन था। भगतसिंह और बटुकेश्वर दत्त ने केंद्रीय विधान सभा भवन में बम फेंककर उस व्यापक असंतोष की अभिव्यक्ति की जो

भारतीय जनता में फैला हुआ था। क्रांतिकारियों ने कुछ तकनीकी ज्ञान भी प्राप्त कर लिया था जिससे आवश्यकता पड़ने पर अंग्रेजी साम्राज्य के प्रशासन में बाधाएँ उत्पन्न की जा सकें। 1942 ई. के आंदोलन में पूर्वी भारत में संचार व्यवस्था को भंग करने में आवश्यक रूप से इन क्रांतिकारियों का हाथ था।

सुभाषचन्द्र बोस कांग्रेस दलके नेताओं से विशेषकर गांधी जी से मनमुटाव होने की वजह से कांग्रेस दल से इस्तीफा दे दिये। इस दल से इस्तीफा देने के बाद उन्होंने अप्रैल, 1939 ई. में फारवर्ड ब्लाक का निर्माण किया। अंग्रेज सरकार ने उनकी क्रांतिकारी गतिविधियों पर रोकथाम रखने के लिए उन्हें जुलाई, 1940 ई. में कैद कर लिया। सुभाष बोस ने जेल में अनशन आरंभ कर दिया और उनकी स्थिति बिगड़ती देखकर उन्हें जेल से 5 दिसंबर, 1940 ई. को मुक्त कर दिया गया। उन्हें उनके मकान में पुलिस की कड़ी निगरानी में रखा गया। 17 जनवरी, 1941 ई. को सुभाष बोस कलकत्ता से भाग निकले यद्यपि इस बात का पता 10 दिन बाद चला। सुभाषचंद्र बोस पेशावर, काबुल, मास्को होते हुए बर्लिन पहुँचे (28 मार्च, 1941)। हिटलर के प्रमुख सलाहकार रिबेंट्रोप के साथ सुभाष बोस ने अंग्रेज विरोधी कार्य करना आरंभ किया और भारतीय युद्ध बंदियों से एक सेनादल तैयार किया।

1941 ई. के उत्तरार्द्ध से जापान ने पूर्वी एशिया को अपने अधिकार में कर लिया और अंग्रेजी साम्राज्य का नियंत्रण क्षेत्र कम होता चला गया। सिंगापुर, मलाया और बर्मा पर जापानी सेनाओं का कब्जा हो गया। जापान में एक भारतीय क्रांतिकारी रासबिहारी बोस 1915 ई. से रह रहे थे। वह जापान के नागरिक बन चुके थे। उनके नेतृत्व में 28-30 मार्च, 1942 ई. में टोक्यों में एक सम्मेलन हुआ जिसमें 'इंडियन नेशनल आर्मी' के गठन का निर्णय लिया गया। साथ ही एक इंडियन इंडिपेंडेंस लीग की भी स्थापना की गई जिसमें भारत से बाहर रहने वाले भारतीय सम्मिलित थे। इस लीग का अधिवेशन बैंकाक में जून, 1942 ई. में हुआ। विभिन्न प्रस्तावों में से एक के अनुसार सुभाष बोस को पूर्वी एशिया आने के लिए आमंत्रित किया गया। दिसंबर, 1941 ई. में अंग्रेजी सेना उत्तरी मलाया में हार गई और कप्तान मोहनसिंह एक छोटी सैनिक टुकड़ी के साथ एक जंगल में गिरफ्तार कर लिए गये। काफी चर्चा होने के बाद मोहनसिंह के नेतृत्व में आई.एन.ए. का गठन आरंभ हुआ। सिंगापुर के जापानियों के नियंत्रण में आने के पश्चात बहुत से भारतीय सैनिकों ने आई.एन.ए. में सम्मिलित होना स्वीकार किया। औपचारिक रूप से आई. एन.ए. (आजाद हिंद फौज) की स्थापना 1 सितंबर, 1942 ई. को हुई।

8 फरवरी, 1943 ई. को सुभाष चन्द्रबोस एक जर्मन पानी की जहाज में सवार होकर जापान के लिए रवाना हुए और टोक्यों जा पहुँचे। 4 जुलाई को सुभाष ने आई.

एन.ए. और इंडिपेंडेंस लीग का नेतृत्व सँभाल लिया। 21 अक्तूबर, 1943 ई. को नेताजी सुभाष बोस ने अस्थाई भारत सरकार की स्थापना सिंगापुर में की। सुभाष बोस ने जापान के सेनाध्यक्षों को इस बात के लिए सहमत कर लिया कि आजाद हिंद फौज की चुनी हुई टुकड़ियाँ जापानी सेना के साथ मिलकर भारत-बर्मा सीमा पर युद्ध करे। शाहनवाज खाँ आजाद हिंद फौज की पहली ब्रिगेड के कमांडर हुए। फरवरी, 1944 ई. से जून, 1944 ई. तक बड़ी सफलतापूर्वक आजाद हिंद फौज की तीन ब्रिग्रेडों ने जापानियों के साथ मिल कर अंग्रेजों के विरुद्ध युद्ध किया और अपनी बहादुरी तथा कौशल का परिचय दिया। इस बीच अमरीकी नौसेना ने प्रशांत महासागर में जापान की स्थिति को कठिन बनाना आरंभ किया। जापान जून, 1944 ई. के बाद आगे न बढ़ सका और उसे बर्मा से अपनी सेना हटानी पड़ी। आई.एन. ए. के सैनिकों तथा कमांडरों को अंग्रेजों ने 1945 ई. में बंदी बना लिया। 18 अगस्त, 1945 ई. को एक जहाज की दुर्घटना में सुभाष चन्द्र बोस जी का देहान्त हो गया।

आजाद हिंद फौज का योगदान : यह फौज अल्पावधि तथा कम क्षेत्रों में प्रभावशाली रूप से कार्य को अन्जाम दे सकी। अंग्रेजों के पुनः बर्मा और पूर्वी एशिया पर नियंत्रण हो जाने के बाद इस फौज के सैनिकों को बंदी बना लिया गया। अंग्रेजों ने विद्रोहों के लिए उन सैनिकों तथा उनके कमांडरों पर दिल्ली के लाल किले में मुकदमा चलाया। इस घटना से शायद अंग्रेजों को यह आशा थी कि वे आजाद हिंद फौज को भारत में अपमानित कर सकेंगे। लेकिन उन्हें सबसे बड़ा धक्का उस समय लगा जबकि सारे भारत में उन सैनिकों की सराहना की गई। भारत में प्रायः सभी विचारधारा के नेताओं ने विदेशी शासकों के विरुद्ध संघर्ष करने की कम या अधिक प्रशंसा की और इस भावना को राष्ट्रीयता का सफल प्रतीक कहा। इसके विपरीत उन भारतीय सैनिकों के प्रति (जिन्होंने अंग्रेज भक्ति के कारण आजाद हिंद फौज में सम्मिलित होना ठीक नहीं समझा) कोई सहानुभूति जनता द्वारा व्यक्त नहीं की गई। इससे अंग्रेजों को यह पता चला कि भविष्य में वे भारतीय सेना की भारत के विरुद्ध अंग्रेजों के प्रति भक्ति पर निर्भर नही रह सकते। सेना में राष्ट्रीयता की भावना का प्रतीक आजाद हिंद फौज थी। संभवतः अंग्रेजों के भारत छोड़ने के निर्णय पर इस अनुभव का प्रभाव पड़ा।

विभाजन की भूमिका

राजगोपालाचारी (सी.आर.) फार्मूला (1944) : भारतीय स्वतन्त्रता संग्राम में राजगोपालाचारी का एक प्रमुख योगदान रहा। वे मद्रास (चेन्नई) राज्य के एक

यर्थाथवादी तथा बहुत ही कर्मठशील नेता थे 10 अप्रैल, 1942 ई. को पास किए गए कांग्रेस वर्किंग कमेटी के प्रस्ताव में भारत विभाजन के सिद्धांत को परोक्ष रूप में स्वीकार कर लिया गया था। वह इसे प्रत्यक्ष रूप से पास करना चाहते थे। इस प्रश्न पर मतभेद होने से 1943 ई. में उन्होंने कांग्रेस दल से तथा वर्किंग कमेटी से अपना त्यागपत्र भी दे दिया। लिनलिथगो के स्थान पर लार्ड वेवल अक्टूबर, 1943 ई. में भारत के गवर्नर जनरल बने। 10 जुलाई, 1944 को राजगोपालाचारी ने देश की सांप्रदायिक समस्या को सुलझाने के लिए एक फार्मूला प्रकाशित किया जो उनके नाम से प्रसिद्ध है। इस फार्मूल में निम्नलिखित तथ्य सम्मिलित थे।

1. देश विभाजन की स्थिति में आवश्यक विषयों—प्रतिरक्षा, संचार, आवागमन आदि—के लिए दोनों में कोई समझौता हो जाए।
2. ये बातें उसी स्थिति में स्वीकृत होंगी जब अंग्रेज पूर्ण रूप से भारत को स्वतंत्र कर देंगे।
3. मुस्लिम लीग भारतीय स्वतंत्रता की माँग का समर्थन करे।
4. युद्ध समाप्ति के पश्चात एक कमीशन उत्तर-पश्चिमी तथा उत्तर-पूर्वी भारत में उन क्षेत्रों को निर्धारित करे जहाँ मुसलमान स्पष्ट बहुमत में हैं। उस क्षेत्र में एक जनमत द्वारा यह निर्णय किया जाए कि वे भारत से अलग होना चाहते हैं अथवा नहीं।

इस फार्मूला को उस समय नेताओं ने स्वीकार नहीं किया लेकिन अंततः उसी आधार पर भारत का विभक्तिकरण सुनिश्चित हुआ।

गांधी-जिन्ना वार्ता (1944) : गांधी और मुस्लिम लीग के नेता जिन्ना में भारत में व्याप्त सांप्रदायिक समस्या के सन्दर्भ में बातचीत शुरू हुई। दो सप्ताहों से अधिक समय तक चलने के पश्चात भी यह वार्ता असफल रही। गांधीजी ने सी. आर. फार्मूला की भाँति पंजाब और असम के विभाजन की बात कहीं जिसे जिन्ना ने स्वीकार नहीं किया। जिन्ना द्वारा मुसलमानों के पृथक कौम (नेशन) होने की बात गांधीजी ने नहीं मानी। गांधीजी बँटवारे को स्वीकार करने के लिए तैयार थे लेकिन उसी भाँति जैसे एक संयुक्त परिवार के सदस्य पारिवारिक संपत्ति का बँटवारा करा लेते हैं। दोनों नेताओं में इस बात पर भी मतभेद था कि बँटवारा स्वतंत्रता प्राप्ति के पूर्व हो अथवा बाद में। जिन्ना यह बँटवारा पहले चाहते थे गांधीजी बाद में। गांधीजी इस बात के इच्छुक थे कि दोनों राज्यों में कुछ सम्मिलित विषयों के प्रबंध की भी व्यवस्था हो। इस वार्ता के असफल होने से समस्त लाभ जिन्ना को हुआ। जहाँ एक ओर देश विभाजन की समस्या अधिक चर्चा का विषय बनी दूसरी ओर गांधीजी के

साथ वार्ता के बाद जिन्ना का अखिल भारतीय महत्त्व अत्यधिक बढ़ा। मुसलमानों के बहुसंख्यक प्रांतों के विभिन्न नेताओं के समक्ष भी अब कोई विकल्प नहीं रहा और वे जिन्ना के नेतृत्व को स्वीकार करने पर सहमत होने लगे। उनके लिए जिन्ना के बढ़ते हुए महत्त्व को रोकना कठिन होता गया।

शिमला सम्मेलन (1945) : लार्ड वेवल वे मार्च, 1945 ई. को इंग्लैंड पहुँचे और भारत की समस्याओं पर बातचीत करके जून में भारत आये 14 जून, 1945 ई. को वेवल ने भारतीय नेताओं के एक सम्मेलन के विषय में घोषणा की और 25 जून से शिमला सम्मेलन में भारतीय नेताओं को वार्ता के लिए बुलाया। साथ ही कांग्रेस वर्किंग कमेटी के सदस्यों को जेल से छोड़ने के आदेश भी प्रसारित कर दिए। सम्मेलन ने निम्नलिखित उद्देश्यों की घोषणा की–

1. सांप्रदायिक समस्या का हल जो भारत की संवैधानिक प्रगति में मुख्य बाधा थी।
2. गवर्नर जनरल की एक नई कार्यकारिणी कौंसिल का गठन जिसमें सभी राजनीतिक विचारधारा का प्रतिनिधित्व हो। इस कौंसिल में मुसलमानों और हिंदुओं (हरिजनों को छोड़कर) को समान प्रतिनिधित्व दिया जाएगा। गवर्नर जनरल और सेनाध्यक्ष को छोड़कर शेष सभी सदस्य भारतीय होंगे। विदेश विभाग भी भारतीय सदस्यों को सौंप दिया जाएगा। इस कौंसिल का कार्य युद्ध संचालन, प्रशासन तथा नए संविधान निर्माण पद्धति का निर्णय करना होगा।

25 जून, 1945 से 14 जुलाई, 1945 तक यह वार्ता सम्मेलन जारी रहा परन्तु कोई हल नहीं निकला। इस सम्मेलन की विफलता का प्रमुख कारण यह रहा कि जिन्ना ने यह दावा प्रस्तुत किया कि समस्त मुसलमान लीग द्वारा ही मनोनीत होने चाहिए। इस आधार पर कांग्रेस अध्यक्ष मौलाना अबुल कलाम आजाद भी कौंसिल के सदस्य नहीं हो सकते थे। अनुसूचित जातियों के प्रतिनिधियों ने कांग्रेस द्वारा प्रस्तुत सदस्यों के नाम पर आपत्ति की और पृथक नामांकन करने का अधिकार माँगा। इन मतभेदों के अतिरिक्त वेवल ने विभिन्न दलों से नामों की एक सूची प्रस्तुत करने के लिए कहा और उसमें से निर्धारित संख्या में चयन का अधिकार अपने लिए सुरक्षित रखा। इस पर लीग सहमत नहीं हुई।

इस वार्ता सम्मेलन की विफलता का प्रमुख जिम्मेदार जिन्ना की अपेक्षा वेवल थे। यदि वेवल जिन्ना के दृष्टिकोण को इतना अधिक महत्त्वपूर्ण मानता था तो उसे पहले जिन्ना और कांग्रेस अध्यक्ष से समझौता कर लेना चाहिए था। जिस प्रकार शिमला सम्मेलन में विचार-विमर्श हुआ उसका परिणाम जिन्ना को एक ऐसा 'वीटो'

का अधिकार प्रदान करना था जिससे उसका महत्त्व अत्यधिक बढ़ा। इस सम्मेलन से केंद्र में हिंदू-मुस्लिम समानता भी जिन्ना को उपलब्ध हो गई। अब भारत विभाजन और निकट दिखाई देने लगा। वेवल ने मुसलमानों के नामों की सूची स्वयं तैयार की थी और इसमें कांग्रेस का एक भी मुसलमान सदस्य नहीं था। चार मुस्लिम लीग के और एक युनियनिस्ट दल का सदस्य था। जिन्ना ने इसे स्वीकार नहीं किया। सम्मेलन असफल रहा।

शिमला सम्मेलन के निर्णय को, लीग द्वारा अस्वीकृत कर दिए जाने पर वेवल ने सम्मेलन को समाप्त घोषित कर दिया। इसका एक कारण यह था कि इंग्लैंड में मंत्रिमंडल में कुछ परिवर्तन हो रहे थे। लेबर दल अलग हो चुका था। चर्चिल सत्ताधारी था और उसे आगामी निर्वाचनों में सफल होने की पूरी आशा थी। वह लीग के बिना कांग्रेस द्वारा मंत्रिमंडल बना लेने पर सहमत नहीं था। इसलिए भारत सचिव ने 14 जुलाई को सम्मेलन समाप्त करने की सलाह दी।

शिमला सम्मेलन में हिस्सा लेने का औचित्य कांग्रेस अध्यक्ष मौलाना आजाद ने यह बताया था कि युद्ध खत्म होने के बाद इंग्लैंड को भारतीय सहयोग की कोई विशेष आवश्यकता न होती। लेकिन यह तर्क भ्राँतिपूर्ण है। जहाँ एक ओर कांग्रेसी नेताओं ने 1942 ई. में क्रिप्स प्रस्तावों के समय इंग्लैंड की स्थिति को अत्यधिक निराशाजनक समझने में गलती की वहाँ 1945 ई. में उसकी स्थिति को दृढ़ समझने में भी भूल की। वास्तव में इंग्लैंड में आर्थिक संकट तथा अंतर्राष्ट्रीय स्तर पर इंग्लैंड के घटते हुए प्रभाव के विषय में भारतीय नेताओं को पर्याप्त ज्ञान नहीं था। कंजर्वेटिव दल का जाते-जाते यह उपहार था कि उसने कांग्रेस-लीग समानता को मनवा लिया तथा कांग्रेस को केवल एक हिंदू संस्था के रूप में प्रस्तुत कर दिया। क्रिप्स प्रस्तावों की अपेक्षा शिमला सम्मेलन में कम सुविधाओं का आश्वासन होते हुए भी कांग्रेस का बातचीत के लिए तैयार होना कुछ अप्रासंगिक ही था।

1946 के निर्वाचन : इंग्लैंड में जुलाई 1945 ई. में चुनाव हुआ जिसमें लेबर पार्टी को बहुमत प्राप्त हुआ। उसने भारत की प्रांतीय तथा केंद्रीय विधान सभाओं के लिए आगामी शरद ऋतु से निर्वाचन कराने की घोषणा की। दिसंबर, 1945 ई. में केंद्रीय विधान सभा के निर्वाचन का परिणाम आ गया। कांग्रेस को सामान्य स्थानों पर और लीग को मुसलमानों के लिए आरक्षित स्थानों पर भारी सफलता मिली। 1934 ई. में हुए निर्वाचन की तुलना में नेशनलिस्ट मुसलमानों तथा स्वतंत्र सदस्यों को करारी हार मिली।

	कांग्रेस	मुस्लिम लीग	स्वतंत्र	नेशनलिस्ट दल	यूरोपीयन	सिक्ख	योग
1934	36	25	21	10	8	0	100
1945	57	30	5	0	8	2	102

इसी प्रकार प्रांतों में मुस्लिम लीग को मुसलमानों के लिए 492 स्थानों में 425 (86% से अधिक) स्थान मिले।

भारत में हुए इस चुनाव से यह स्पष्ट हो गया कि कांग्रेस अथवा नेशनलिस्ट दल का मुसलमानों में कोई विशेष प्रभाव नहीं था और भारतीय मुसलमानों का वास्तविक प्रतिनिधित्व मुसलिम लीग ही करती थी। 18 फरवरी, 1946 ई. को भारतीय नौसेना के एक भाग ने प्रजातीय विभेद तथा अन्य असुविधाओं के लिए विद्रोह कर दिया और उसके तुरंत बाद ही बंबई शहर में एक विद्रोह हुआ। अगले ही दिन लेबर दल के नेताओं ने उच्चस्तरीय मंत्रिमंडल का एक शिष्टमंडल (केबिनेट मिशन) भारतीय नेताओं से विचार-विमर्श के लिए भारत भेजने की घोषणा की। भारतीय नौसैनिकों की समस्या को वल्लभ भाई पटेल ने बड़ी कुशलता से सुलझा लिया। केबिनेट मिशन मार्च, 1946 ई. में भारत पहुँचा। इस मिशन के सदस्य थे—स्टेफर्ड क्रिप्स (अध्यक्ष, बोर्ड ऑफ ट्रेड) पैट्रिक लारेंस (भारत सचिव), ए. वी एलेक्जेंडर (नौसेना मंत्री)। इस मिशन के स्वागत के लिए भारत में उचित वातावरण था। इंग्लैंड के प्रधान मंत्री एटली ने 15 मार्च, 1946 ई. को हाउस आफ कामंस में कहा, 'हमें अल्पसंख्यकों के हितों का ध्यान है। उन्हें भय से मुक्त रहने का अवसर होना चाहिए लेकिन बहुसंख्यकों की प्रगति को रोकने को अल्पसंख्यकों को अधिकार नहीं दिया जा सकता।' यह 1940 ई. के प्रस्ताव से बिल्कुल भिन्न था। भारतीय स्वतंत्रता की समस्या इतनी जटिल ही नहीं होती यदि इंग्लैंड की सरकार अल्पसंख्यकों को इतना अधिक महत्त्व न देती।

केबिनेट मिशन प्रस्ताव : केबिनेट मिशन 24 मार्च, 1946 को भारत की वर्तमान राजधानी दिल्ली में विराजमान हुआ। पहले तीन सप्ताहों में विभिन्न राजनीतिक पक्षों, सरकार के अधिकारियों आदि से विचार-विमर्श होता रहा—जिन्ना को पहली बार यह अनुभव हुआ कि अंग्रेजी सरकार उसकी सहमति के बिना भी सत्ता हस्तांतरित करने को तैयार थी। 16 मई, 1946 ई. को मिशन ने अपने प्रस्ताव प्रकाशित कर दिए। विभिन्न दलों में समझौता न होते हुए भी मिशन ने भावी संविधान बनाने के लिए कुछ प्रस्ताव प्रकाशित किए जिले नीचे की पंक्तियों में स्पष्ट किया गया है—

1. संविधान निर्माण के लिए एक संविधान सभा का गठन किया जाए जिसमें प्रत्येक प्रांत को उसकी जनसंख्या के अनुपात में स्थान दिए जाएँ (10 लाख पर एक स्थान) अल्पसंख्यकों का अधिप्रतिनिधित्व समाप्त कर दिया गया। इस प्रकार कुल सदस्यों की संख्या 389 होगी जिसमें 93 भारतीय राज्यों के प्रतिनिधि होंगे।
2. भारतीय संघ की स्थापना की जाए जिसमें भारतीय राज्य तथा प्रांत सम्मिलित हों और इस संघ के पास प्रतिरक्षा, विदेशी संबंध तथा संचार व्यवस्था का उत्तरदायित्व रहे। संघ को स्पष्ट रूप से दिए हुए विभागों के अतिरिक्त समस्त अधिकार प्रांतों अथवा राज्यों को उपलब्ध रहेंगे।
3. प्रांतों को तीन समूहों में रखा गया, ग्रुप 'ए' में मद्रास, बंबई, यू.पी., बिहार सी.पी. और उड़ीसा थे। ग्रुप 'बी' में पंजाब, उत्तर-पश्चिमी सीमा प्रांत तथा सिंध थे। ग्रुप 'सी' में बंगाल और असम थे। तीनों ग्रुपों के प्रांतों के प्रतिनिधि अपने-अपने ग्रुप के लिए तथा अपने प्रांत के लिए संविधान बनाएँगे। यदि कोई प्रांत एक ग्रुप से निकलकर दूसरे ग्रुप में आना चाहे तो नए संविधान के अंतर्गत हुए निर्वाचनों के पश्चात ऐसा कर सकेगा। दस वर्ष पश्चात संविधान को पुनः संशोधित करने का अवसर होगा।
4. इस प्रकार से तैयार किए हुए संविधान को अंग्रेज सरकार पूरी तरह लागू करेगी।
5. पाकिस्तान की माँग के प्रति कुछ आपत्तियाँ थीं जिसके कारण मिशन ने इसे स्वीकार नहीं किया। सांप्रदायिक समस्या का हल पाकिस्तान के बनने से नहीं हो सकेगी क्योंकि दोनों राज्यों में सांप्रदायिक अल्पसंख्यक बड़ी मात्रा में रहेंगे। प्रत्येक वह तर्क जो पाकिस्तान बनने के पक्ष में था वह ही हिंदू बहुसंख्यक जिलों अथवा क्षेत्रों को पाकिस्तान से अलग रखने के लिए भी दिया जा सकता था। पंजाब और बंगाल के विभाजन के बिना पाकिस्तान की रचना नहीं हो सकती थी। इन दोनों प्रांतों में जनमत विभाजन के विरुद्ध था। इसके अतिरिक्त सिक्ख दोनों राज्यों में विभक्त हो जाएँगे। प्रशासनिक, आर्थिक तथा सैनिक आधारों पर पाकिस्तान की माँग न्यायोचित नहीं थी।
6. पैरामाउंट्सी (भारतीय राज्यों के प्रति अंग्रेजी नियंत्रण का अधिकार) भारतीय संघ को नहीं दी जाएगी न ही वह अंग्रेजों के पास रहेगी।

इस मिशन के रूपरेखा की एक प्रमुख विशेषता यह रही कि इसने कांग्रेस तथा लीग दोनों के दृष्टिकोण के मध्य एक मार्ग निकालने का प्रयत्न किया। कांग्रेस को

संतुष्ट रखने के लिए संगठित भारत की व्यवस्था की गई और मुस्लिम लीग तथा भारतीय नरेशों को संतुष्ट करने के लिए उस संघ को दुर्बल रखा गया। संवैधानिक सभा का जनसंख्या के अनुपात में गठन किया गया। इसमें यूरोपियन सदस्यों को सम्मिलित नहीं किया गया। अंतरिम सरकार में समस्त उत्तरदायित्व भारतीयों को सौंप दिया गया और संविधान सभा को पूर्ण स्वतंत्रता तथा अधिकार दिए गए।

कैबिनेट मिशन की इस रूपरेखा में सबसे बड़ा अवगुण रहा है प्रान्तों को खण्ड में विभाजित करना। इस विभाजन के सन्दर्भ में दोनों राजनीतिक दलों में सबसे बड़ा मतभेद था। कांग्रेस के अनुसार प्रांतों को ग्रुप में रहना अथवा ग्रुप के संविधान को मानना आवश्यक नहीं था। मुस्लिम लीग के अनुसार प्रांतों को ग्रुप के बाहर रहने का अधिकार नहीं था। कैबिनेट मिशन तथा अंग्रेजी सरकार ने मुस्लिम लीग की व्याख्या को उचित ठहराया। कांग्रेस ने इस आधार पर इस योजना को स्वीकार नहीं किया।

16 जून, 1946 की घोषणा

उपर्युक्त वर्णित रूपरेखा या योजना भारत हेतु भावी संविधान से जुड़ी थी। तुरंत सत्ता हस्तांतरण के लिए एक अंतरिम सरकार की व्यवस्था की गई जिसमें 14 मंत्री–6 कांग्रेस (1 अनुसूचित जाति), 5 मुस्लिम लीग, 1 सिक्ख, 1 पारसी, 1 भारतीय ईसाई होंगे। कांग्रेस किसी मुसलमान सदस्य को मनोनीत नहीं करेगी। (आजाद ने स्वयं इस आशय का पत्र वेवल को लिखा था)। लेकिन कांग्रेस वर्किंग कमेटी ने इस योजना को अस्वीकृत कर दिया।

29 जून को कैबिनेट मिशन के सदस्य इंग्लैंड लौट गए। कांग्रेस ने 16 मई की योजना को स्वीकार कर लिया। 10 जुलाई को नेहरू ने एक वक्तव्य दिया जिसमें प्रांतों के ग्रुप की व्यवस्था की इस प्रकार से व्याख्या की गई कि 16 मई की योजना का अर्थ ही बदल गया। 29 जुलाई को मुस्लिम लीग कौंसिल ने इन योजनाओं को अस्वीकृत कर दिया और 16 अगस्त को 'डायरेक्ट एक्शन डे' के रूप में मनाने का निर्णय लिया। भारत सचिव ने मुस्लिम लीग के मना करने पर भी कांग्रेस को अंतरिम सरकार बनाने के लिए आमंत्रित किया। 8 अगस्त को कांग्रेस वर्किंग कमेटी के कांग्रेस अध्यक्ष नेहरू को मंत्रिमंडल बनाने के निमंत्रण को स्वीकार करने के आदेश दिए। लीग ने कांग्रेस के साथ मंत्रिमंडल में सम्मिलित होकर कार्य करने से मना कर दिया। 16 अगस्त से देश में सांप्रदायिक उपद्रवों का वह सिलसिला आरम्भ हुआ जिसमें लाखों जानों और करोड़ों की संपत्ति की हानि हुई। अंग्रेज सरकार ने विभिन्न

प्रांतों में आवश्यक सुरक्षा कार्यवाही नहीं की। बंगाल में जहाँ मुस्लिम लीग मंत्रिमंडल था सबसे अधिक उपद्रव हुए। 24 अगस्त, 1946 ई. को घोषणा की गई कि 2 सितंबर को अंतरिम मंत्रिमंडल को शपथ दिलाई जाएगी।

अंतरिम सरकार : 24 अगस्त, 1946 के बाद वेवल ने मुस्लिम लीग के पक्ष में बोलना प्रारंभ कर दिया और उधर वेबल और भारत के सचिव में मनमुटाव तीव्रगति से बढ़ने लगा। वेवल का कहना था कि मुस्लिम लीग को उसकी शर्तों पर शीघ्र मंत्रिमंडल में सम्मिलित कर लिया जाए। वेवल ने लीग को खुश करने के लिए संवैधानिक सभा का अधिवेशन स्थगित करने की सोची लेकिन उसका समर्थन भारत सचिव ने नहीं किया। लीग कौंसिल के 29 जुलाई, प्रस्ताव को वापस लिए बिना वेवल ने लीग को अंतरिम सरकार में सम्मिलित कर लिया। दोनों दलों के सम्मिलित हो जाने के बाद वेवल ने संयुक्त उत्तरदायित्व को स्थापित करने का कोई प्रयत्न नहीं किया। देश में मुस्लिम लीग द्वारा एक कठिन परिस्थिति पैदा की जा रही थी। एक ओर उसने संविधान सभा में भाग नहीं लिया, दूसरी ओर वह अंतरिम सरकार में सम्मिलित होकर कांग्रेस की नीतियों को समाप्त करना चाहती थी। लीग को महत्त्वपूर्ण विभागों में वित्त विभाग दिया गया था। नया बजट प्रस्तुत करते समय लियाकत अली ने उद्योगपतियों और व्यापारियों पर अत्यधिक कर लगाए। 1 लाख से अधिक आय पर 25 प्रतिशत आय कर लगाया गया। कहने के लिए ये कर कांग्रेसी उद्देश्यों—समाज में आर्थिक विषमताओं को दूर करना—की पूर्ति के लिए लगाए गए थे लेकिन इसमें सांप्रदायिक कारण छिपे हुए थे। अधिकांश व्यापारी और उद्योगपति हिंदू थे। उन पर अत्यधिक कर लगाए गए। इसके अतिरिक्त भाषा तथा आंतरिक व्यवस्था के संबंध में दोनों दलों में भारी मतभेद था। नवंबर, 46 से मार्च, 47 तक का अनुभव इस तथ्य को स्पष्ट करने में पर्याप्त था कि कांग्रेस तथा लीग मिलकर कार्य नहीं कर सकती थी। इस अनुभव से बहुत सीमा तक कांग्रेस में देश विभाजन के लिए जनमत बनना आरंभ हुआ।

एटली की 20 फरवरी, 1947 की घोषणा : भारत की बिगड़ती हुई स्थिति के बारे में इंग्लैंड मंत्रिमंडल अच्छी प्रकार से अवगत था। वेवल कांग्रेस-लीग मतभेद को इसी स्थिति में रखना चाहता था। एटली ने समस्या को हल करने का एकमात्र तरीका यह निकाला कि इंग्लैंड को भारत से अपना अधिकार समाप्त करने की एक निश्चित तिथि निर्धारित कर देनी चाहिए। इसलिए 20 फरवरी, 1947 ई. को एटली ने घोषणा की कि जून, 1948 ई. के पूर्व अंग्रेजी सरकार भारतीयों को सत्ता सौंप देगी और इस कार्य के लिए माउंटबेटन को भारत का गवर्नर जनरल बनाकर भेजा गया।

एटली की इस नीति की कंजर्वेटिव दल ने संसद में भारी आलोचना की लेकिन अंततः यह नीति स्वीकृत हुई। 24 मार्च, 1947 ई. को माउंटबेटन ने गवर्नर जनरल का उत्तरदायित्व ग्रहण किया।

भारत विभाजन : माउंटबेटन को भारत में गवर्नर जनरल का पद संभालते ही यह समझने में देर न लगी कि कांग्रेस और मुस्लिम लीग में किसी एक संयुक्त नीति पर सहमति होने की संभावना नहीं के समान थी। बहुत विचार विमर्श के पश्चात माउंटबेटन ने 3 जून, 1947 ई. को भारत विभाजन की योजना प्रकाशित कर दी। उसी दिन एटली ने इस योजना को इंग्लैंड की संसद के समक्ष देश किया जिसमें निम्नलिखित विशेषताएँ सम्मिलित थीं–

1. संविधान सभा द्वारा पारित संविधान भारत के उन भागों में नहीं लागू किया जाएगा जो इसे स्वीकार करने हेतु राजी न हों
2. बंगाल और पंजाब में हिंदू तथा मुसलमान बहुसंख्या जिलों के प्रांतीय विधान सभा के सदस्यों की अलग-अलग बैठक बुलाई जाए और उसमें यदि कोई भी पक्ष प्रांत विभाजन की मन्सूबा बनाता है तो विभाजन हो जायेगा
3. उत्तर पश्चिमी सीमा प्रांत में जनमत द्वारा यह पता लगाया जाए कि वह भारत के किस भाग के साथ रहना चाहेगा।
4. असम के सिलहट जिले से भी इसी प्रकार जनमत द्वारा निर्णय कराया जाए।
5. भारतीय नरेशों के प्रति पुरानी नीति रहेगी कि पैरामाउंटसी के अधिकार उन राज्यों को वापस लौटा दिये जाएँगे।

कांग्रेस और मुस्लिम लीग दोनों के नेताओं ने इस योजना या प्रस्ताव को मान लिया और देश के बंटवारे की तैयारी की। बंगाल, पंजाब में जिलों में विभाजन तथा सीमा निर्धारण का कार्य एक कमीशन के अधीन सौंपा गया जिसकी अध्यक्षता रेडक्लिफ ने की।

उपर्युक्त योजनानुसार एक कानून बनाया गया जिसे इंग्लैंड की संसद ने 16 जुलाई, 1947 ई. को पास कर दिया। इसके अनुसार देश को 15 अगस्त, 1947 ई. को दो डोमिनियनों में–भारत और पाकिस्तान–बाँट दिया जाएगा। दोनों डोमिनियनों को पूरी स्वतंत्रता तथा प्रभुसत्ता सौंप दी गई। बहुत बार यह प्रश्न पूछा जाता है कि राष्ट्रीय नेताओं ने देश विभाजन क्यों स्वीकार किया। इसका उत्तर उस अनुभव में निहित है जो 1937 और 1947 ई. के मध्य राष्ट्रीय नेताओं को हुआ। राष्ट्रीय नेताओं का 1946 ई. के पूर्व यह तर्क था कि पहले स्वतंत्रता मिलनी चाहिए और बाद में कांग्रेस और मुस्लिम लीग अपने झगड़ों को निपटा लेंगे। अंग्रेजी शासकों

ने झगड़े को तय करने की पूर्व शर्त रखी थी। मुस्लिम लीग किसी भी शर्त पर बहुमत का नियंत्रण स्वीकार करने के लिए तैयार नहीं थी। इसलिए राष्ट्रीय नेताओं के समक्ष एक विकल्प अंग्रेजी नियंत्रण को और अधिक लंबी अवधि तक स्वीकार करने का था। शायद यह विकल्प भी स्वीकृत होता लेकिन 1946-47 ई. के मध्य कांग्रेस लीग की मिली-जुली सरकार का अनुभव इतना अप्रिय था कि दोनों दलों में मिलकर सरकार संचालन की समस्त संभावनाएँ समाप्त हो गईं। सरदार पटेल ने यह स्पष्ट किया कि यदि भारत विभाजन पर कांग्रेस सहमत न होती तो एक पाकिस्तान के स्थान पर कई पाकिस्तान होते। अंग्रेजों के विशेषाधिकारों, भारतीय राज्यों पर पैरामाउंटसी के प्रयोग तथा लोकसेवाओं पर अंग्रेजी नियंत्रण ने भारतीय नेताओं को देश विभाजन स्वीकार करने पर बाध्य किया। पंजाब में उपद्रव के समय कुछ जिलाधीशों ने सांप्रदायिक दंगों को प्रोत्साहन दिया। गृहमंत्री होते हुए भी पटेल उन्हें स्थानांतरित नहीं करवा सके। भारतीय नरेशों पर नियंत्रण से राज्यों के साधनों का दुरुपयोग आरंभ हो चुका था। ऐसी स्थिति में अंग्रेजी साम्राज्य को शीघ्रतम समाप्त करवाना ही भारत के हित में था। देश विभाजन को स्वीकार करने में विलंब करने से देश का ही नाश हो जाता।

भारत को स्वतन्त्रता तो मिल गयी परन्तु उसके सामने दो प्रमुख समस्याएँ थी। पहली के राज्यों का विलय और दूसरा भारत के लिये नवीन संविधान का निर्माण।

भारतीय राज्यों की समस्या

सबसे पहले गोलमेज अधिवेशन में भारत के राज्यों की समस्याओं पर बातचीत प्रारंभ हुआ। 1935 ई. के अधिनियम में उन्हें भारतीय संघ में सम्मिलित होने का अधिकार भी दिया गया। लेकिन 1937 ई. में जब संघीय व्यवस्था को लागू करना चाहा तब भारतीय राज्यों की जटिल समस्या ने उसमें बाधा खड़ी कर दी। 1946 ई. में कैबिनेट मिशन ने यह घोषणा कर दी थी कि पैरामाउंटसी समाप्त कर दी जाएगी और भारतीय नरेश अपने संबंध स्थापित करने में पूरी तरह स्वतंत्र होंगे।

सम्पूर्ण भारत में कुछ 562 राज्य स्थापित थे। इन राज्यों में भारत के 2/5 क्षेत्रफल पर 1/4 आबादी निवास करती थी। राज्यों में आपस में जनसंख्या, क्षेत्रफल तथा वित्तीय साधनों के आधार पर बड़ी विषमताएँ थीं। 20 राज्यों में कुल राज्यों की जनसंख्या का 2/3 और 542 राज्यों में शेष 1/3 जनसंख्या थी। 1858 ई. तक ईस्ट इंडिया कंपनी के राज्यों से संबंधों का विकास संधियों, सैनिक विजयों तथा परंपराओं के आधार पर था। 1858 ई. के पश्चात क्राउन के साथ वह संबंध अस्पष्ट रहा। इस

संबंध को पैरामाउंटसी से संबोधित किया जाता है। अंग्रेजी प्रशासन के सदा बढ़ते हुए हस्तक्षेप के लिए कोई न कोई औचित्य प्रस्तुत किया जाता था। राज्य के हित, समस्त भारत के हित, सामान्य जनता की भलाई, नए आदर्शों के लिए प्रयत्न आदि ऐसे तर्क थे जो किसी भी हस्तक्षेप को उचित सिद्ध कर सकते थे। कई बार वायसराय (गवर्नर जनरल का वह नाम जो भारतीय राज्यों के संदर्भ में प्रयोग होता था) ने इन राज्यों को उनकी वास्तविक स्थिति से अवगत कराया। सैद्धांतिक रूप में भारतीय राज्य आंतरिक मामलों में स्वतंत्र कहे जाते थे लेकिन वास्तव में प्रत्येक क्षेत्र में वे अंग्रेजी नियंत्रण में थे।

1946 ई. के पश्चात् ब्रिटिश प्रशासन के द्वारा जब यह घोषणा किया गया कि पैरामाउंटसी का अधिकार भारत के राज्यों पर से खत्म हो जायेगा परन्तु यह अधिकार भारतीय प्रशासन को नहीं सौपा जायेगा। तब भारतीय नरेशों ने यह स्वप्न देखने आरंभ किए कि वे पूरी तरह स्वतंत्र हो जाएँगे और फिर वे किन्हीं भी शर्तों पर भारत अथवा पाकिस्तान अथवा अन्य किसी राज्य के साथ संबंध स्थापित करने के लिए स्वतंत्र होंगे। इस प्रकार अंग्रेज प्रशासकों ने भारतीय समस्या को जटिलतम बनाने में कोई कसर शेष नहीं रखी। एक अन्य समस्या यह थी कि इन राज्यों में वहाँ की जनता को कोई अधिकार नहीं थे। 1937 ई. के पश्चात कुछ राज्यों में प्रजामंडल आंदोलन आरंभ हुए थे लेकिन कोई विशेष सफलता किसी राज्य में नहीं मिली। कैबिनेट मिशन ने भारतीय राज्यों को भी संविधान सभा में प्रतिनिधित्व उसी आधार पर देने का प्रस्ताव रखा जिस प्रकार प्रांतों को था अर्थात 10 लाख जनसंख्या के आधार पर 1 प्रतिनिधि। 3 जून, 1947 ई. की माउंटबेटन योजना के अंतर्गत राज्यों के प्रति नीति का विकास अत्यंत आवश्यक हो गया।

सरदार पटेल और भारतीय राज्यों के प्रति नई नीति : सरदार पटेल की अध्यक्षता में 5 जुलाई, 1947 को स्टेट विभाग की स्थापना की गयी। उन्होंने राज्य नरेशों से अपील की कि भारत के सामूहिक हितों को ध्यान में रखते हुए वे देश की अखंडता को बनाए रखने में मदद करें। प्रतिरक्षा, विदेशी संबंध और संचार व्यवस्था—इन तीन विषयों के संबंध में ही राज्यों को संघ में सम्मिलित होने के लिए कहा गया। उन्होंने नरेशों को विश्वास दिलाया कि कांग्रेस किसी प्रकार से राज्यों के आंतरिक मामलों में हस्तक्षेप करने को तैयार नहीं थी। उन्होंने मैत्री और सद्भावना का हाथ बढ़ाया। सांस्कृतिक तथा आर्थिक हितों की सामान्यता पर बल दिया।

भारतीय राज्यों का भारतीय संघ में तीन विषयों के लिए भी सम्मिलित होना कितना कठिन था इसका अनुमान इस बात से हो सकता है कि 1937-39 ई. के

मध्य ये राज्य इन तीन विषयों पर भी संघ में सम्मिलित नहीं हुए थे। इसके अतिरिक्त 1947 ई. में दो अन्य कठिनाइयाँ भी थीं–एक जिन्ना द्वारा राज्यों को पथभ्रांत करना और दूसरा कुछ नरेशों का अपने आपको पूर्ण स्वतंत्र घोषित करने तथा दोनों डोमिनियनों से कूटनीतिक संबंध स्थापित करने का प्रयत्न, जैसे भोपाल के नवाब द्वारा किया गया। लार्ड माउंटबेटन ने राज्य नरेशों को भौगोलिक तथा ऐतिहासिक बंधनों का स्मरण दिलाया और राज्यों को दो दस्तावेजों पर हस्ताक्षर करने का सुझाव दिया जो निम्नलिखित है।

(1) इंस्ट्रुमेंट आफ एक्सेशन

(2) स्टेंडस्टिल एग्रीमेंट।

यह इंस्ट्रेमेंट ऑफ एक्सेशन अथवा प्रवेशपत्र एक ऐसा पत्र था जिस पर कोई नरेश हस्ताक्षर करके भारतीय संघ में शामिल हो सकता था और प्रतिरक्षा, विदेशी मामले तथा यातायात एवं संचार व्यवस्था का उत्तरदायित्व संघीय सरकार को सौंप देता था। स्टेंडस्टिल एग्रीमेंट के अनुसार उस व्यावहारिक स्थिति को स्वीकृति प्रदान करना होता था जो अंग्रेजी साम्राज्य में केंद्रीय सरकार को उपलब्ध थी। सरदार पटेल ने 15 अगस्त, 1947 ई. के पूर्व जूनागढ़, हैदराबाद और कश्मीर को छोड़कर अन्य सब राज्यों को भारतीय संघ में सम्मिलित होने के लिए सहमत करा लिया। इस कार्य में सफलता का रहस्य यह था कि सरदार पटेल ने राजाओं को भौगोलिक, आर्थिक तथा जनता की इच्छाओं का ध्यान रखकर कार्य करने के लिए कहा। जूनागढ़ के शासक ने 15 अगस्त, 1947 ई. को पाकिस्तान में सम्मिलित होने की घोषणा की लेकिन जनता का असंतोष इतना अधिक बढ़ा कि उसे अपनी जान बचाने के लिए पाकिस्तान भाग जाना पड़ा और जूनागढ़ भारत में सम्मिलित हुआ। हैदराबाद का निजाम भी स्वयं को पूरी तरह स्वतंत्र समझता था। निजाम की सबसे बड़ी महत्त्वाकांक्षा अधिक से अधिक सोना, जवाहरात एकत्र करने की थी। कहा जाता है कि उसकी व्यक्तिगत संपत्ति 300 करोड़ की थी। उसने राजसत्ता का अपने हाथों में केंद्रीयकरण किया हुआ था। वह प्रजातंत्र को अत्यंत दूषित प्रणाली समझता था और राजा के अधिकारों को दैवी मानता था।

नवंबर, 1947 ई. में निजाम ने भारत के साथ स्टेंडस्टिल एग्रीमेंट पर हस्ताक्षर किए। कश्मीर की समस्या अधिक जटिल रही। स्वतंत्रता प्राप्ति के शीघ्र बाद ही पाकिस्तान की ओर से कुछ कबाइलियों ने उस पर आक्रमण कर दिया। इस आक्रमण को कश्मीर का शासक रोकने मे विफल रहा। आक्रमणकारी तेजी से आगे बढ़ते चले गए। राज्य को सुरक्षित रखने के लिए वहाँ के महाराजा ने 26 अक्तूबर, 1947 ई.

को भारतीय संघ में सम्मिलित होना स्वीकार किया। भारतीय सेनाओं ने कश्मीर की सुरक्षा की उचित व्यवस्था की और आक्रमणकारियों को हटाकर पीछे धकेल दिया। 31 दिसंबर, 1947 ई. को भारत ने संयुक्त राष्ट्र संघ से अनुरोध किया कि वह पाकिस्तान को उत्तर-पश्चिमी कबाइलियों को भारत आक्रमण में सहायता देने से रोके। सुरक्षा परिषद इस समस्या को सुलझाने में पूर्णतया असमर्थ रही। 1 जनवरी, 1949 ई. को भारत पाकिस्तान में युद्ध विराम पर हस्ताक्षर हुए। सुरक्षा परिषद द्वारा इस समस्या को सुलझाने में कोई प्रगति नहीं हुई।

भारतीय राज्यों में प्रजातंत्रीय व्यवस्था : नरेशों के भारत के राज्यों में शामिल होने के बाद सरदार पटेल इन भारतीय राज्यों के अन्तर्गत प्रजातंत्रीय व्यवस्था स्थापित करने के पक्ष में थे। उन्होंने नरेशों को परामर्श दिया कि अंग्रेजी नियंत्रण को केवल जन आंदोलन के माध्यम से ही समाप्त किया गया था। इसलिए राजसत्ता का प्रयोग जनता द्वारा ही होना चाहिए। नरेशों के निरंकुश अधिकारों को अंग्रेजों द्वारा समर्थन मिलता था इसलिए वे बचे रहते थे। भारत सरकार ने नरेशों की निरंकुशता का समर्थन करने से इनकार कर दिया। साथ ही वह चेतावनी भी दी कि वह देश में अशांति तथा अव्यवस्था फैलने भी नहीं देगी। इस प्रकार राज्यों के नरेशों को उनकी विवशता स्पष्ट दिखाई दी। दूसरी ओर सरदार पटेल ने नरेशों की सहमति प्राप्त करने के लिए उनकी व्यक्तिगत संपत्ति तथा अधिकारों को सुरक्षित रखने का आश्वासन दिया। सभी नरेशों ने सरदार की बात स्वीकार की और इस प्रकार एक रक्तहीन क्रांति को सफल बनाने में योगदान दिया।

प्रजातंत्रीय प्रणाली की स्थापना से एक परिवर्तन होना स्वाभाविक ही था कि हर राज्य में यह क्षमता नहीं थी कि वह जनकल्याण के लिए साधन उपलब्ध करा सके। इसलिए छोटे राज्यों के अस्तित्त्व का औचित्य नहीं था। सरदार पटेल ने दो प्रकार की पद्धतियों को प्रोत्साहन दिया—बाह्य विलय तथा आंतरिक संगठन। बाह्य विलय में छोटे-छोटे राज्यों को मिलाकर अथवा पड़ोसी प्रांतों में विलय करके एक बड़ा राज्य बनाना। आंतरिक संगठन के आधार पर इन राज्यों में प्रजातंत्रीय प्रणाली की स्थापना जिससे सामान्य जनता का सहयोग दैनिक प्रशासन में उपलब्ध हो सके। दिसंबर, 1947 ई. में उड़ीसा और छत्तीसगढ़ के 39 राज्यों का उड़ीसा तथा सी.पी. में विलय हुआ। बंबई प्रदेश के साथ 17 दक्षिणी राज्यों का फरवरी 1948 ई. में और गुजरात तथा काठियावाड़ राज्यों का जून, 1948 ई. में विलय हुआ। पूर्वी पंजाब, पटियाला तथा पहाड़ी राज्यों का एक संघ बनाया गया जिसे पेप्सू कहा गया। इसी आधार पर मत्स्य, विंध्य प्रदेश, राजस्थान का निर्माण किया गया। राजस्थान संघ बनाने

में सबसे पहले दक्षिणी पूर्वी राज्यों ने—बाँसवाड़ा, बूंदी, डूँगरपुर, झालावाड़, किशनगढ़, कोटा, प्रतापगढ़, शाहपुरा और टोक—भाग लिया। इसकी स्थापना 25 मार्च, 1948 ई. को हुई। उदयपुर भी इस संघ में अप्रैल, 1948 ई. में सम्मिलित हुआ। शीघ्र ही राजस्थान के चार बड़े राज्यों— जयपुर, जोधपुर, बीकानेर, जैसलमेर—ने भी इस संघ में सम्मिलित होना स्वीकार कर लिया और 30 मार्च 1949 ई. को सरदार पटेल ने राजस्थान संघ का उद्घाटन किया। 15 मई, 1949 ई. को मत्स्य संघ भी राजस्थान में सम्मिलित हो गया।

सरदार पटेल की सबसे बड़ी व अभूतपूर्व सफलता यह थी कि भारतीय राज्यों का बड़ी शन्तिपूर्ण ढंग से प्रान्तों या भारतीय संघों में सम्मिलित करना। केवल हैदराबाद में शांति स्थापना के लिए सेना को हस्तक्षेप करना पड़ा और वह भी इसलिए कि निजाम ने अपनी सेना के बल पर राज्य में अत्याचार आरंभ कर दिए थे। भारत विभाजन से जितने क्षेत्र तथा जनसंख्या की हानि हुई भारतीय राज्यों के विलय से वह क्षति पूरी हुई।

भारतीय स्वतंत्रता में सहायक तत्त्वों का योगदान

भारत की स्वतंत्रता भारतवासियों की एक महत्त्वपूर्ण उपलब्धता थी। इस स्वतंत्रता में सबसे महत्त्वपूर्ण भूमिका राष्ट्रीय जनजागरण तथा स्वतंत्रता आंदोलन का था। गांधीजी के नेतृत्व में साधारण जनता स्वतंत्रता के लिए जागरूक हो चुकी थी और वह सहयोग (जिसके बिना कोई विदेशी शासन अधिक समय तक नहीं चल सकता) समाप्त होना आरंभ हो चुका था। बाह्य रूप से यह दिखाई पड़ता है कि 1921-22 ई. का असहयोग आंदोलन, 1929-30 ई. का सविनय अवज्ञा आंदोलन तथा 1942 ई. का भारत छोड़ो आंदोलन अपने अपने उद्देश्यों को पूरा करने में विफल हो गये परन्तु इन आंदोलनों ने साम्राज्यवादी शासकों के साथ सहयोग और उनकी शक्ति में विश्वास समाप्त कर दिया। स्थानीय जनता के सहयोग के बिना कोई भी विदेशी सत्ता अपना नियंत्रण अधिक समय तक स्थापित नहीं रख सकती। एटली ने भी इंग्लैंड संसद में यह स्वीकार किया था कि इंग्लैंड भारत पर अपना नियंत्रण कुछ समय और अधिक स्थापित रख सकता था लेकिन उसके लिए बहुत अधिक अंग्रेजी सेना भारत भेजनी पड़ती। शांतिपूर्ण असहयोग और राष्ट्रीय आंदोलन का प्रभाव राष्ट्रव्यापी हो चुका था। इंग्लैण्ड को यह अच्छी तरह से मालूम था कि यदि असहयोग आन्दोलन सशस्त्र रूप धारण कर लेता है तो उसे काफी मुश्किलों का सामना करना पड़ सकता है।

राष्ट्रीय जागरण का प्रभाव इतना बढ़ गया था कि भारतीय सेना तथा पुलिस तक पहुँच चुका था। आजाद हिंद फौज के खुले मुकदमे से समस्त देश में उसके प्रति सहानुभूति पैदा हुई। इससे यह भी स्पष्ट हुआ कि देश में अंग्रेजों के विरुद्ध सेना के विद्रोह पर प्रशंसनीय माना गया। 1946 ई. में नौसेना के विद्रोह से भी यह सिद्ध होता था कि अंग्रेजी रंगभेद तथा प्रजातीय विभेद की नीति अब असह्य थी। 1946-47 ई. के सांप्रदायिक विद्रोह की घटनाओं से यह पता चलता था कि सेना, पुलिस तथा प्रशासन में सांप्रदायिक प्रभाव फैल चुका था और अंग्रेजों के लिए उसकी सहायता से अधिक समय प्रशासन चलाना कठिन था।

कुछ ऐसी सम्भावना बनने लगी थी कि इंग्लैण्ड भारत को स्वतन्त्र करने के लिये विवश होता जा रहा है। विवशता कई प्रकार से थी। विश्व में साम्राज्यवाद के विरुद्ध जनमत अधिक प्रबल हो रहा था। इंग्लैंड की आर्थिक स्थिति भी बिगड़ रही थी। उसे अमरीका से भारी मात्रा में ऋण लेना पड़ता था। युद्ध काल में भारत का भी ऋण इंग्लैंड पर चढ़ चुका था और व्यापार संतुलन भारत के पक्ष में था। इंग्लैंड में राजनीतिज्ञ इस बात से सहमत थे कि भारत पर नियंत्रण बनाए रखना बहुत महंगा पड़ेगा संभवतः कुछ वर्ष और नियंत्रण बनाए रखा जा सकता था लेकिन उसका कालांतर में प्रभाव हानिकारक होता। अंग्रेजी हितों की सुरक्षा के लिए भारत से अंग्रेजी नियंत्रण समाप्त करना ही लाभदायक था। अंग्रेजी प्रशासन की एक विवशता यह भी थी कि सांप्रदायिक भेदभाव को प्रोत्साहन देने के बाद अब वह इस विषैले तत्त्व को नियंत्रित रखने में असमर्थ था। लेबर दल ने विभाजन करके देश पर नियंत्रण समाप्त करना ही लाभदायक समझा।

महात्मा गांधी की देन

महात्मा गाँधी जिनका पूरा नाम मोहनदास करमचन्द गाँधी है, ने भारतीय इतिहास में एक महत्त्वपूर्ण जगह प्राप्त किया। आधुनिक भारतीय इतिहास में 1919 ई. से 1947 ई. के काल को महात्मा गांधी युग से संबोधित किया जाता है। इसलिये नहीं कि गांधीजी ने राष्ट्रीय जागरण को राष्ट्रव्यापी बनाया बल्कि देश के सामाजिक तथा सांस्कृतिक क्षेत्रों पर अपने सिद्धांतों तथा चिंतन की अमिट छाप भी छोड़ दी और देश की भावी प्रगति के लिए एक मार्ग निर्धारित किया। बाल गंगाधर तिलक का स्वर्गवास हो जाने के बाद महात्मा गांधी का प्रभाव बढ़ा और वे भारतीय जनता के दिलों में बस गये। उन्होंने इस युग पर सत्याग्रह और अहिंसा की मोहर लगाई। सत्याग्रह का शाब्दिक अर्थ है सत्य के लिए आग्रह। यह सिद्धांत सामान्यतः

व्यक्तियों के निजी जीवन के लिए उचित माना जाता था लेकिन गांधीजी ने इसे देश के राजनीतिक जीवन का आधार भी बना दिया। उनके अनुसार व्यक्तिगत और सार्वजनिक जीवन का भेद समाप्त होना चाहिए। सत्याग्रह में सत्य को सर्वोपरि माना गया है। सत्य पर आग्रह अहिंसात्मक साधनों से होना चाहिए। इन साधनों के प्रयोग करने में भावनाओं की शुद्धता अत्यंत आवश्यक है। सत्य और अहिंसा में वही संबंध है जो लक्ष्य और साधन में होता है। अहिंसा केवल दूसरों को हानि न पहुँचाने को ही नहीं कहते हैं बल्कि बुराई करने वाले के प्रति प्रेम भाव रखना और उसके लिए भलाई करना अहिंसा का रचनात्मक पक्ष है। एक सत्याग्रही के लिए कोई शत्रु नहीं होता केवल पथभ्रष्ट गलती करने वाला होता है जिसे गलती छोड़ने के लिए समझाया जाता है। इस प्रकार अहिंसा का सबसे अधिक शक्तिशाली शस्त्र विशाल प्रेम भावना है।

अहिंसा के शस्त्र का प्रयोग वही व्यक्ति कर सकता है जो उच्च मनोबल का हो हर कोई इसे नहीं अपना सकता। अहिंसा का अर्थ बुराई करने वाले के समक्ष झुकना नहीं है बल्कि अत्याचारी का अपने पूरे मनोबल से विरोध करना है। अहिंसा से कष्ट झेलने और दुःख सहन करने की अपार क्षमता का पता लगता है। गांधीजी व्यक्ति की स्वतंत्रता के भारी समर्थक थे। उनके चिंतन में व्यक्ति के प्रयत्न तथा परिश्रम पर अत्यधिक जोर था। गांधीजी के सत्याग्रह और व्यक्ति की स्वतंत्रता पर अधिक महत्त्व देने से लोग उन्हें अराजकतावादी कहते हैं। लेकिन प्रत्येक विचारक का चिंतन किसी पृष्ठभूमि विशेष में होता है। गांधीजी का राज्य के प्रति दृष्टिकोण अंग्रेजी साम्राज्यवादी राज्य को देखकर विकसित हुआ। समाज से हिंसा को दूर करने के लिए वह राज्य को कम से कम कार्य सौंपना चाहते थे जिससे राज्यसत्ता के प्रयोग में हिंसा तथा द्वेष का कम से कम योगदान हो। गांधीजी की राजनीति को सबसे बड़ी देन यह है कि उन्होंने उसे नैतिकता पर आधारित किया। अहिंसात्मक असहयोग तथा सविनय अवज्ञा आंदोलन की उनकी नीति भारतीय परिस्थितियों में अत्यधिक उपयोगी थी।

समाज सुधार : महात्मा गाँधी एक आदर्श समाजसुधारक थे। उनका समाज सुधार कार्यक्रम उनके राजनीतिक कार्यक्रम का एक अभिन्न अंग था। इस क्षेत्र में उन्होंने हरिजनों तथा दलित वर्गों के उद्धार पर बहुत बल दिया। हिंदू समाज में उन्हें अछूत कहा जाता था इस अत्याचारी तथा अमानवीय संस्था को दूर करने का गांधीजी का साधन भी विचित्र था। उनका कहना था कि हरिजन उद्धार के लिए हरिजनों की अपेक्षा हिंदुओं को ही प्रयत्न करना चाहिए। उच्च जातियों के हिंदुओं ने शताब्दियों

से हरिजनों पर अत्याचार किए हैं इसलिए उन्हें ही इसको दूर करने के लिए प्रयत्न करना पड़ेगा। हरिजनों के लिए अन्य हिंदुओं के साथ समानता प्राप्त करने के लिए गांधीजी ने 'मंदिर प्रवेश' कार्यक्रम को सबसे अधिक प्राथमिकता दी। इस कार्यक्रम की सफलता से आध्यात्मिक स्तर पर समानता स्थापित हो जाएगी। उनके प्रयत्नों का ही परिणाम है कि स्वतंत्र भारत के संविधान ने **'अछूत'** परंपरा को वैधानिक और व्यावहारिक रूप से समाप्त कर दिया है।

गाँधी जी पर किसी धर्म विशेष का कोई प्रभाव नहीं था वे सभी धर्मों का सम्मान करते थे। उनके समाज सुधार कार्यक्रम का दूसरा मुख्य अंग हिंदू-मुस्लिम एकता था। वह हिंदू-मुस्लिम मतभेदों को भारत की स्वतंत्रता प्राप्ति में एक बाधा मानते थे। उन्होंने 1919 ई. में खिलाफत को देशव्यापी आंदोलन का आधार इसीलिए बनाया था कि देश के दोनों संप्रदायों में सद्‌भावना पैदा हो सके। यह दुर्भाग्य की बात है कि गांधीजी के अथक प्रयत्नों के बावजूद राजनीति में ये दोनों संप्रदाय मिलकर कार्य नहीं कर सके और देश का विभाजन हुआ।

गाँधी जी महिला सम्मान को भी प्राथमिकता देते थे। स्त्रियों की स्थिति सुधारने के लिए उन्होंने कई उल्लेखनीय कार्य किये। वे बालविवाह के विरुद्ध थे। वे विधवा पुनर्विवाह के भारी समर्थक थे। पर्दा प्रथा के वह बड़े आलोचक थे। वह स्त्रियों के सार्वजनिक जीवन में पुरुषों की भाँति काम करने के समर्थक थे। अहिंसात्मक संघर्ष के लिए उनके अनुसार स्त्रियाँ पुरुषों से भी अधिक उपयुक्त हैं क्योंकि उनमें दुःख और कष्ट सहन करने की अपार क्षमता है और स्नेह, प्रेम सद्‌भावना स्त्रियों में पुरुषों से कहीं अधिक होता है। दहेज प्रथा के वह बहुत आलोचक रहे और शादी विवाह में वह कम से कम खर्च में विश्वास रखते थे। गांधीजी की ही प्रेरणा के फलस्वरूप राष्ट्रीय आंदोलन में स्त्रियों का भारी योगदान रहा है।

गाँधी जी के समाज सुधार कार्यक्रम में मदिरापान को रोकना भी प्रमुख था। वे नियमों द्वारा मदिरापान को बंद करवाना चाहते थे। वह जानते थे कि श्रमिकों और गरीबों के लिए वह बुरी लत विनाश का कारण थी। भारत की परिस्थितियों को जानते हुए वह समझते थे कि यहाँ नियम बनाकर शराबबंदी लागू करना सरल था क्योंकि यहाँ शराब पीने को न तो सामाजिक मान्यता उपलब्ध थी और न धार्मिक समर्थन था।

भारत की तत्कालीन परिस्थितियाँ क्या हैं, यह गाँधी जी को भली भाँति पता था अतः वे कोई भी नया कार्य करने से पहले इसे ध्यान में रखते थे। वह सिद्धांतवादी विचारक न होकर व्यावहारिक तथा प्रयोगात्मक थे। उनका आश्रम उनके विचारों की सार्थकता की जाँच करने वाली प्रयोगशाला था। वह स्वतंत्रता के पुजारी थे और उनके चिंतन में मनुष्य के सर्वांगीण विकास की ओर ध्यान दिया गया था। वह राजनीतिक,

सामाजिक सत्ता और व्यक्ति के अधिकारों में कोई मतभेद नहीं मानते थे। भारत सचिव मोंटेग्यू ने गांधीजी को हवा में रहने वाला शुद्ध दार्शनिक कहा था लेकिन उसी दार्शनिक ने अंग्रेजी साम्राज्य की जड़ें हिला दीं, समाज में मौलिक परिवर्तन कर दिया और देश की असहाय जनता को शक्ति प्रदान की।

भारतीय संविधान का निर्माण

भारतीय इतिहास में देश में संविधान का निर्माण काफी महत्त्व रखता है। कैबिनेट मिशन योजना के अनुसार संविधान सभा का अधिवेशन 9 दिसंबर, 1946 ई. को आरंभ हुआ। आरंभ में सभा के सदस्यों में इस बात पर वाद-विवाद हुआ कि संविधान सभा प्रभुसत्ता संपन्न थी अथवा नहीं। लेकिन इस सभा ने कार्य इस मान्यता के आधार पर ही किया कि वह प्रभुसत्ता संपन्न थी। संविधान निर्माण के लिए विभिन्न उपसमितियाँ बनाई गईं और एक ड्राफ्टिंग कमेटी डॉ. अंबेडकर की अध्यक्षता में नियुक्त की गई। संविधान का मसौदा तैयार हो जाने के पश्चात इसे सामान्य जनता के विचार-विमर्श के लिए प्रकाशित किया गया। इस ड्राफ्ट पर पुनः विचार करते समय दो हजार से अधिक संशोधनों पर विचार-विमर्श हुआ। नवंबर, 1949 ई. में संविधान पास कर दिया गया और 26 जनवरी, 1950 ई. से देश में यह संविधान लागू कर दिया गया।

भारतीय संविधान के निर्माण में देश की समस्त समस्याओं व परिस्थितियों को ध्यान में रखा गया है। सम्भवतः यही कारण है कि यह विश्व के सभी लिखित संविधानों में सर्वाधिक लम्बा है। संघीय व्यवस्था को पहली बार स्थापित किया गया। नए भारत के निर्माण करने के लिए नए मौलिक अधिकारों तथा नीतियों का वर्णन करना भी आवश्यक था। बहुत सी ऐसी समस्याएँ थीं जो नई व्यवस्था के स्थापित करने तक के लिए आवश्यक थीं। संविधान निर्माता 1935 ई. के अधिनियम से भी प्रभावित थे। साथ ही वे एक नई सामाजिक आर्थिक व्यवस्था को वैधानिक व्यवस्था द्वारा ही स्थापित कर देना चाहते थे। इसलिए संविधान का आकार बहुत विस्तृत हो गया। इस संविधान की मुख्य विशेषताएँ निम्नलिखित हैं :

1. गणतंत्र की स्थापना : संविधान की प्रस्तावना के अनुसार भारत में एक प्रभुत्व संपन्न लोकतंत्रात्मक गणराज्य की स्थापना की गई है। गणराज्य शब्द का प्रयोग समस्त संविधान में केवल प्रस्तावना में ही किया गया है। इस शब्द की स्पष्ट व्याख्या नहीं की गई है। गणराज्य का अभिप्राय राज्य के अध्यक्ष के निर्वाचन तक ही सीमित है, ऐसे राज्य में राज्याध्यक्ष वंशानुगत नहीं होगा। गणतंत्र की स्थापना से

हमने इंग्लैंड के सम्राट से सब प्रकार के सवैधानिक संबंध विच्छेद कर लिए। कामनवेल्थ के सदस्य रहने पर भी हम इंग्लैंड के सम्राट की प्रधानता को नाममात्र में भी स्वीकार करने पर सहमत नहीं थे।

2. संघीय संविधान : भारतीय संविधान में संघ शब्द के प्रयोग के स्थान पर 'यूनियन' शब्द का प्रयोग किया गया लेकिन संघात्मक प्रणाली की मुख्य विशेषताएँ संविधान में विद्यमान हैं जैसे संघ तथा प्रांतों में कार्यक्षेत्रों तथा अधिकारों का विभाजन, संविधान की सर्वोच्चता, संविधान की व्याख्या करने के लिए सर्वोच्च न्यायालय की प्रधानता और संविधान परिवर्तन के लिए साधारण नियम की अपेक्षा विशेष पद्धति स्थापित करना। आर्थिक तथा दृढ़ प्रशासनिक विकास के लिए संघात्मक प्रणाली रखते हुए देश में एक शक्तिशाली केंद्र की स्थापना की गई है। प्रांतों के राज्यपालों का राष्ट्रपति (व्यावहारिक रूप में केंद्रीय सरकार) द्वारा नियुक्त किया जाना, अखिल भारतीय लोक सेवाओं की स्थापना, राज्यसभा द्वारा 'राज्य सूची' संबंधी अधिनियम बनाना तथा केंद्रीय प्रशासन को प्रांतों में संकटकालीन घोषणा करने और प्रांतीय प्रजातंत्रीय पद्धति के स्थान पर राज्यपाल का शासन लागू करने के अधिकारों से यह स्पष्ट होता है कि एक शक्तिशाली केंद्र की स्थापना की गई है। लेकिन इस व्यवस्था से संघीय प्रणाली पर अंतर नहीं पड़ता है क्योंकि राज्यों का अपना कार्यक्षेत्र निर्धारित है और वे केंद्रीय सरकार के एजेंट के रूप में कार्य नहीं करते हैं।

3. मौलिक अधिकार तथा नीति निर्देशक तत्त्व : भारतीय संविधान एक उदारवादी संविधान है। अंग्रेजी साम्राज्यवादी प्रशासन के निरंकुश स्वरूप के अनुभव के पश्चात संविधान में मौलिक अधिकारों का वर्णन आवश्यक समझा गया। इन अधिकारों का वर्णन वैधानिक दृष्टि से बहुत महत्त्वपूर्ण है क्योंकि संविधान निर्माता इन अधिकारों को किसी बहुमत के विकल्प पर नहीं छोड़ना चाहते थे। इन अधिकारों को संविधान में बहुत स्पष्ट किया गया है। साथ ही उन पर लगे बंधनों का भी उल्लेख किया गया है। इन मौलिक अधिकारों संबंधी संशोधन भी पास किए गए हैं क्योंकि सामाजिक परिवर्तनों तथा आर्थिक विकास के मार्ग में ये अधिकार कुछ बाधाएँ प्रस्तुत करते थे। इन अधिकारों को न्यायालय द्वारा स्थापित किया जा सकता है। समानता, स्वतंत्रता, संपत्ति का तथा धार्मिक अधिकार नागरिकों को दिए गए हैं।

नीति निर्देशक तत्त्वों द्वारा यह स्पष्ट किया गया है कि स्वतन्त्रोपरान्त नये भारत का निर्माण किस रूप में होगा। इन तत्त्वों से एक व्यापक राजनीतिक, सामाजिक तथा आर्थिक कार्यक्रम की योजना प्रस्तुत की गई है जिसे लागू करने के लिए विभिन्न राज्य सरकारों को प्रयत्न करना है उनमें और मौलिक अधिकारों में मुख्य अंतर यह ही है कि नीति निर्देशक तत्त्वों को न्यायालयों द्वारा मनवाया नहीं जा सकता। कुछ आलोचकों ने

इन नीति निर्देशक तत्त्वों की इसी आधार पर आलोचना भी की है लेकिन यह ठीक नहीं है। किसी भी राज्य में आर्थिक तथा सामाजिक समानता उस देश की राजनीतिक प्रजातंत्र को सुरक्षित रखने में सहायक है। नीति निर्देशक तत्त्वों से वास्तविक प्रजातंत्र की स्थापना को सुरक्षित रखा गया है। इनमें उस उत्तरदायित्व की व्याख्या की गई है जो राज्य तथा संघ की सरकारों को पूरा करना चाहिए। इनमें बहुत से सिद्धांत दूरगामी हैं उन्हें भी संविधान में इस लिए रखा गया है ताकि सामाजिक और आर्थिक परिवर्तनों को सवैधानिक तरीके से प्राप्त कर लिया जाए।

4. संसदात्मक सरकार : संविधान निर्माताओं ने अतीत के साथ संबंध विच्छेद नहीं किया है। 1946 ई. के पूर्व सवैधानिक सुविधाओं की माँग करते समय भारतीय नेता सदा उत्तरदायी कार्यकारिणी पर बल देते रहे। नए संविधान में भी उन्होंने संसदात्मक प्रणाली की स्थापना की। ऐसा करते समय मंत्रियों के केवल सामूहिक उत्तरदायित्व पर बल दिया है उनके व्यक्तिगत उत्तरदायित्व का वर्णन नहीं किया है। राष्ट्रपति के अधिकारों के संबंध में भी आरंभ में काफी चर्चा होती रही लेकिन अब यह निश्चित है कि वह एक संवैधानिक अध्यक्ष है।

5. न्यायपालिका की सर्वोच्चता : संघीय संविधान में तथा लिखित संविधान में विभिन्न राज्यों अथवा विधानसभाओं और न्यायालय अथवा कार्यपालिका में अथवा राज्यों और संघीय सरकार में संविधान की धाराओं के अर्थ समझने में मतभेद हो सकता है। इस विवाद को हल करने के लिए संविधान में सर्वोच्च न्यायाल को संविधान के सही अर्थ बताने का उत्तरदायित्व सौंपा गया है। अमरीकी संविधान की भाँति न्यायालय को संविधान का व्याख्याता तथा संरक्षक बना दिया गया है। न्यायालय की व्याख्या करते समय संविधान का रूप भी बदल सकता है जैसा कई प्रसिद्ध अवसरों पर हो चुका है।

6. धर्म निरपेक्ष राज्य : भारतीय संविधान में धर्मनिर्पेक्षता पर बल दिया गया है। भारत विभाजन का औचित्य जिन्ना ने भारतीय मुसलमानों का धर्म के आधार पर एक कौम होना बताया था। स्वतंत्रता संघर्ष में राष्ट्रीय नेताओं ने धर्म पर आधारित राजनीति की भारी आलोचना की। इसलिए संविधान में धर्म को राजनीति से अलग कर दिया गया है। नागरिकों को धार्मिक विश्वास, पूजा की स्वतंत्रता, किसी भी धर्म के मानने, प्रचार करने अथवा परित्याग करने की स्वतंत्रता होगी। किसी भी व्यक्ति के साथ धर्म के आधार पर भेदभाव नहीं किया जाएगा। प्रत्येक धर्मावलंबियों को राज्य के हस्तक्षेप से मुक्त रखा गया है। अल्पसंख्यकों को अपनी संस्कृति, शिक्षा तथा धार्मिक संस्थाओं के संचालन का पूर्ण अधिकार होगा।

11

स्वातंत्र्योत्तर भारत (1947-1964)

भारत काफी समय तक ब्रिटिश प्रशासन के अधीन रहने के बाद 15 अगस्त, 1947 को स्वतन्त्र हुआ और एक लोकतान्त्रिक देश के रूप में विश्व के मानचित्र पर जगह प्राप्त की। पं. जवावहर लाल नेहरू को प्रधानमन्त्री बनाया गया। आजादी के बाद देश को कई प्रकार की विकट समस्याओं का सामना करना पड़ा। कुछ युद्ध भी लड़ने पड़े। इस अध्याय में हम सन् 1947 से 1964 अर्थात् नेहरू जी के प्रधानमन्त्रित्वकाल में देश की परिस्थितियों पर प्रकाश डालेगें।

विदेश नीति 1947-1964

देश की आन्तरिक समस्याओं व पड़ोसी देशों के साथ अपनाये जाने वाले विरोधात्मक रवैये के कारण यह आवश्यक हो गया था कि विदेश नीति को प्रभावशाली बनाया जाय। नेहरू जी ने इस दिशा में विशेष ध्यान दिया और एक आदर्श विदेश नीति बनाया भारतीय विदेश नीति के आधारभूत सिद्धांतों की व्याख्या इस प्रकार की जा सकती है:

(i) भारत कभी भी द्विपक्षीय या बहुपक्षीय सैन्य संधि के पक्ष में नहीं रहा है। विश्व की समस्याओं को सुलझाने में सैन्य शक्ति की भूमिका का भारत ने हमेशा विरोध किया है। शीत युद्ध शुरू होने के बाद अमरीका और सोवियत संघ में

अस्त्र बढ़ाने की होड़ लग गई। नए-नए आण्विक अस्त्र तैयार हुए और नई-नई सैन्य संधियाँ कायम की गईं। भारत का विचार था कि ऐसा करने से देशों के बीच तनाव बढ़ेगा और इसकी परिणति सशस्त्र संघर्ष में होगी। अतः भारत ने शांति कायम करने की दृष्टि से अपने को हर तरह के गुटों से अलग रखा।

(ii) भारतीय विदेश नीति अपने आप में स्वतंत्र है, भारत दो बड़ी शक्तियों में से किसी के गुट में शामिल नहीं है। पर ऐसा मानना सही नहीं कि भारत की विदेश नीति "तटस्थ" है। वस्तुतः अंतर्राष्ट्रीय मुद्दों पर भारत कभी "तटस्थ" नहीं रहा बल्कि इसके गुण और दोष के आधार पर विभिन्न अंतर्राष्ट्रीय मंचों से अपनी सम्मति स्पष्ट रूप से जाहिर करता रहा है। भारत की इस नीति से कुछ बड़ी शक्तियाँ खुश नहीं थीं लेकिन तीसरे विश्व के कई देशों ने भारत की इस नीति की प्रशंसा की।

(iii) भारत ने सभी देशों से मित्रता बनाए रखने की कोशिश की। खास बात यह है कि भारत ने अमरीकी गुट (पूँजीवादी व्यवस्था) और सोवियत गुट (साम्यवादी व्यवस्था) के देशों से बिना किसी भेदभाव के मित्रता की। भारत ने कभी भी एक देश को दूसरे देश से लड़ाने की नीति पर अमल नहीं किया। भारत में सरकार का ढाँचा लोकतांत्रिक है। लेकिन विदेश नीति के मामले में भारत न पश्चिमी लोकतांत्रिक देशों से अधिक जुड़ा और न ही साम्यवादी देशों से इस कारण दूर हुआ।

(iv) भारत बहुत दिनों तक ब्रिटेन का उपनिवेश रहा, अतः इसने स्वतंत्रता प्राप्ति के बाद से ही उपनिवेशवाद विरोधी नीति का अनुगमन किया। विश्व के मानचित्र पर भारत के एक स्वतंत्र शक्ति के रूप में उभरने के साथ ही एशिया- अफ्रीका-लातिनी अमरीका के देशों में उपनिवेशों के स्वतंत्र होने का सिलसिला शुरू हुआ। भारत की आजादी के बाद श्रीलंका, बर्मा और इंडोनेशिया आजाद हुए। इसके बाद भारत ने विभिन्न अंतर्राष्ट्रीय मंचों से उपनिवेशवाद के खिलाफ बोलकर अफ्रीकी देशों की स्वतंत्रता में महत्त्वपूर्ण भूमिका निभाई।

(v) भारत ने अपनी विदेश नीति के तहत नस्लवाद विरोधी नारा बुलंद किया। गांधी जी ने 19वीं शताब्दी के आरंभ में दक्षिण अफ्रीका में नस्लवाद के खिलाफ संघर्ष किया था। लेकिन मानव सभ्यता के लिए यह शर्मनाक बात है कि नस्लवाद अपने क्रूर रूप में आज भी दक्षिण अफ्रीका में मौजूद है। यह

नस्लवाद विश्व मत और सभ्यता के सभी सिद्धांतों को नकारता हुआ आज भी वर्तमान है। भारत ने सबसे पहले 1946 में संयुक्त राष्ट्र संघ में यह मुद्दा उठाया था। उसके बाद आज तक भारत विश्वव्यापी नस्लवाद विरोधी आंदोलन में सक्रिय हिस्सा ले रहा है।

(vi) भारत इस विचार का समर्थक रहा है कि अस्त्रों की होड़ और सैन्य संधियों को रोके बिना विश्व-शांति कायम करना असंभव है। भारत निरस्त्रीकरण को विश्वशांति की कुंजी मानता है। इसके अतिरिक्त निरस्त्रीकरण से अस्त्रों पर खर्च की जाने वाली विशाल राशि की बचत होगी और इस राशि का उपयोग गरीब देशों के विकास के लिए किया जा सकता है।

भारतीय विदेश नीति विश्व के अन्य देशों की अपेक्षा काफी अलग थी। इसलिये स्वतंत्रता के आरंभिक वर्षों में कुछ लोग भारतीय विदेश नीति को "तटस्थ" मानते थे। क्योंकि भारत दोनों गुटों (पश्चिमी गुट और सोवियत गुट) से अलग था, लेकिन तटस्थता एक विधिक अवधारणा है और इस दृष्टि से भारत कभी भी "तटस्थ" नहीं रहा। वस्तुतः इसने सभी महत्त्वपूर्ण अंतर्राष्ट्रीय मुद्दों पर उनकी गुणवत्ता के आधार पर अपनी राय (सम्मति) प्रकट की है। अतः भारत की विदेश नीति को स्वतंत्र विदेश नीति कहना चाहिए न कि तटस्थ। 1955 की बाडुंग कांफ्रेंस के बाद "गुट निरपेक्ष" शब्द सामने आया और गुट-निरपेक्ष देशों की पहली कांफ्रेंस 1961 में बेलग्रेड में हुई। पहली बार जब भारतीय विदेश नीति के सिद्धांत सामने आए, उस समय विश्व दो गुटों में बंटा हुआ था। संयुक्त राज्य अमरीका और सोवियत संघ इन दो गुटों का प्रतिनिधित्व कर रहे थे और इनके बीच विश्व पर प्रभाव जमाने के लिए प्रतिस्पर्धा चल रही थी। पचास और साठ के दशकों में भारत ने कई अंतर्राष्ट्रीय मुद्दों पर अपनी अलग राय व्यक्त की। जिसे सशक्त देशों ने कई बार मानने से इंकार कर दिया।

धीरे-धीरे लोगों की धारणा में बदलाव आया और भारतीय विदेश नीति की प्रशंसा की जाने लगी। दो बड़ी शक्तियों के बीच तनाव में कमी आने पर भारतीय विदेश नीति का महत्त्व और भी बढ़ गया। दोनों देशों के बीच आण्विक और परंपरागत अस्त्रों की होड़ ने विश्व में एक नई स्थिति उत्पन्न कर दी। शक्ति संतुलन में कुछ प्रमुख कारणों से आधारभूत परिवर्तन आया जो निम्न प्रकार हैं–

1. वियतनाम में अमरीकी हस्तक्षेप।
2. चीन-सोवियत संघ टकराव।
3. चीन द्वारा आण्विक हथियारों का निर्माण।

4. फ्रांस का स्वतंत्र आण्विक क्षमता हासिल करने का निर्णय।

इस प्रकार शक्ति संतुलन द्विध्रुवीय से बदल कर विश्व के बहुत से देशों में बँटकर बहुध्रुवीय हो गया। बाद में भारत ने भी अपनी सैन्य शक्ति बढ़ा ली जिसे नजरअंदाज नहीं किया जा सकता था। परिस्थितियों के बदलने के साथ भारतीय विदेश नीति में भी परिवर्तन आया पर इसने अपने आधारभूत सिद्धांतों को नहीं छोड़ा। भारतीय विदेश नीति में निम्नलिखित बातों का भी योगदान था–

1. दूसरे देशों के साथ व्यापार का विकास।
2. विदेश से अनुदान और सहायता प्राप्त करने की जरूरत।
3. हिंद महासागर क्षेत्र में होने वाले परिवर्तन से उत्पन्न चुनौतियाँ।
4. उत्तरी और परिश्चमी सीमाओं पर सुरक्षा की माँग।

गुट-निरपेक्ष आंदोलन

गुट-निरपेक्ष आंदोलन भारत के प्रयासों का ही परिणाम था जो धीरे-धीरे काफी प्रभावी हुआ। इस आंदोलन ने अंतर्राष्ट्रीय मसलों पर बड़ी शक्तियों की "गुट राजनीति" को चुनौती दी। इसके अतिरिक्त इससे उन देशों के बीच मैत्री संबंध स्थापित हुए, जो उपनिवेशवादी प्रभुत्व से स्वतंत्र होना चाहते थे। विश्व के सभी देशों के मध्य उचित तालमेल व वैश्विक स्तर पर शान्ति बनी रहे, इस दिशा में गुटनिरपेक्ष आन्दोलन से काफी योगदान मिला। 1961 की बेलग्रेड कांफ्रेंस में गुट-निरपेक्ष आंदोलन का स्वरूप स्पष्ट रूप से सामने आया।

गुट-निरपेक्ष आंदोलन के पाँच पथ-प्रदर्शक नेता थे :

1. मिस्र के राष्ट्रपति नासिर
2. घाना के राष्ट्रपति नकरूमाह (Nkrumah)
3. यूगोस्लाविया के राष्ट्रपति टीटो
4. भारत के प्रधानमंत्री नेहरू
5. इंडोनेशिया के राष्ट्रपति सुकार्नो

पहली गुट-निरपेक्ष कांफ्रेंस की प्रारंभिक समिति ने गुट-निरपेक्ष देशों के लिए निम्नलिखित मानक सुत्रबद्ध किए :

(i) इन देशों को सहअस्तित्त्व और गुट निरपेक्षता के आधार पर स्वतंत्र नीति अपनानी चाहिए या इस नीति के पक्ष में रहना चाहिए।

(ii) इन्हें हमेशा राष्ट्रीय स्वतंत्रता का समर्थन करना चाहिए।

(iii) इन्हें बहुपक्षीय सैन्य संधियों में हिस्सा नहीं लेना चाहिए और बड़ी शक्तियों के आपसी टकराव के साथ नहीं जुड़ना चाहिए।

(iv) अगर इन्होंने दूसरे देश की सेना को अपने यहाँ अड्डा बनाने की छूट दी है तो यह रियायत बड़ी शक्तियों के संघर्ष के संदर्भ में नहीं दी जानी चाहिए।

(v) अगर ये किसी द्विपक्षीय या क्षेत्रीय रक्षा समझौता के सदस्य हैं तो यह समझौता बड़ी शक्तियों की राजनीति के संदर्भ में नहीं होना चाहिए।

साधारणतः गुट-निरपेक्ष कांफ्रेंस हर तीसरे साल होती है। इसकी दूसरी बैठक 1964 में काहिरा में हुई।

निरस्त्रीकरण

भारत अस्त्र-शस्त्र के भण्डारण का हमेशा विरोधी रहा है। इसने अंतर्राष्ट्रीय स्तर पर हमेशा निरस्त्रीकरण के लिए काम किया। संयुक्त राष्ट्र के घोषणा पत्र की तैयारी की प्रक्रिया में भारत गहरे रूप से जुड़ा हुआ था। अंतर्राष्ट्रीय निरस्त्रीकरण के लक्ष्य को हासिल करने के लिए घोषणा पत्र के अनुच्छेद ग्यारह में यह कहा गया कि आम सभा अंतर्राष्ट्रीय शांति और सुरक्षा कायम करने के लिए सहयोग के सिद्धांत को मद्देनजर रख सकती है। इसके अंतर्गत निरस्त्रीकरण और शस्त्रीकरण को नियंत्रित करने से संबंधित बातें भी शामिल की जा सकती हैं और सदस्यों या सुरक्षा परिषद या दोनों से ही ऐसे सिद्धांतों की सिफारिश कर सकता है। भारत ने 1947 मे गठित परमाणु ऊर्जा आयोग का समर्थन किया और 1962 में अठारह राष्ट्रों की निरस्त्रीकरण कांफ्रेंस आयोजित की। संयुक्त राज्य अमरीका और सोवियत संघ संपूर्ण या आंशिक निरस्त्रीकरण की प्रक्रिया पर असहमत थे इसलिए यह मुद्दा सुलझ नहीं सका है।

पाकिस्तान

पाकिस्तान जो विश्व के मानचित्र पर 14 अगस्त, 1947 को अवतरित हुआ पहले भारत का ही एक अंग था। विभाजन के बाद से यह हमेशा भारत का विरोधी रहा है। पाकिस्तान और भारत के बीच अनबन का कारण पाकिस्तान और भारत के विभाजन के तरीके में निहित है। 1947 के विभाजन से दोनों देशों के सामने कुछ नई समस्याएँ खड़ी हो गईं। दोनों देश अस्त्रों की होड़ में लग गए, जिसका परिणाम हुआ भारत-पाक युद्ध। इसके कारण दोनों देशों के विकास में बाधा पड़ी, क्योंकि अधिकांश पूँजी युद्ध में खर्च हो गई। आरंभ से ही पाकिस्तान सभी क्षेत्रों में भारत की बराबरी करने की कोशिश कर रहा था। इसकी दूसरी समस्या अपनी अलग पहचान बनाने की भी थी। विभाजन बनावटी और अप्राकृतिक था, 1947 तक यह हिस्सा (जो बाद में पाकिस्तान बना) भूगोल, इतिहास, परंपरा और संस्कृति की दृष्टि से भारत

का एक अंग था। इसलिए पाकिस्तान के लिए यह जरूरी हो गया कि वह अपनी स्वतंत्र पहचान स्थापित करे। इसलिए सभी अंतर्राष्ट्रीय मंचों पर पाकिस्तान ने भारत से होड़ शुरू कर दी और प्रमुखता प्रात करने के लिए सभी प्रकार के हथकंडों का उपयोग करने लगा। उदाहरण के लिए, पाकिस्तान ने पश्चिमी एशिया के मुस्लिम राज्यों से धार्मिक संबंध स्थापित करने शुरू किए। लेकिन इसके बावजूद पश्चिमी एशियाई देशों के साथ भारत के संबंध बहुत सौहार्दपूर्ण रहे।

पाकिस्तान की प्रतिरक्षा की दृष्टि में भारत का आकार, जनसंख्या, संसाधन और कार्यक्षमताएँ गंभीर चुनौती बने हुए थे। इसका परिणाम यह हुआ कि पाकिस्तान अपनी सैन्य शक्ति बढ़ाने में विशेष रूप से संलग्न रहा। इस उद्देश्य से उसने विश्व के अनेक देशों से सैनिक सहायता माँगी। पाकिस्तान पश्चिमी गुट में शामिल हो गया और इस तरह वह भी शीत युद्ध का भागीदार बन गया। भारत ने भी प्रतिरक्षा के लिए अपनी सैन्य शक्ति को मजबूत बनाया। हालाँकि भारत ने हमेशा एक साथ बैठकर विभिन्न मुद्दों को सुलझाने की नीति की वकालत की।

कश्मीर

जिस समय भारत का विभाजन कर पाकिस्तान नामक नया राष्ट्र बनाया गया उस समय कश्मीर एक स्वतन्त्र राज्य के रूप में था। पाकिस्तान की गलत नीतियों के कारण कश्मीर के शासक ने अपने राज्य का विलय 26 अक्टूबर, 1947 को भारत में कर दिया जो पाकिस्तान को रास नहीं आया और उसने जनजातीय कबीलों की आड़ में छुपकर आक्रमण किया। भारत ने पाकिस्तानी आक्रमणकारियों को कश्मीर से खदेड़ दिया। इसमें शेख अब्दुल्लाह के नेतृत्व में जन-समुदाय ने महत्त्वपूर्ण भूमिका अदा की। दुर्भाग्य की बात यह है कि भारत ने इस काम को पूरा किए बगैर संयुक्त राष्ट्र संघ की सुरक्षा परिषद में शिकायत दायर कर दी। यह मामला जनवरी, 1948 में दायर किया गया। फलतः 1 जनवरी, 1949 को युद्ध-विराम की घोषणा की गई। 1947 में भारत ने अंतर्राष्ट्रीय निरीक्षण के अंतर्गत कश्मीर में जनमत संग्रह कराने का प्रस्ताव रखा लेकिन 1955 में कुछ बदली हुई परिस्थितियों के कारण, इसे वापस ले लिया गया। हालाँकि कश्मीर के मसले पर संयुक्त राष्ट्र और अन्य अंतर्राष्ट्रीय मंचों पर कूटनीतिक लड़ाई चलती रही, यह युद्ध/की नौबत 1964 तक नहीं आई। लेकिन कश्मीर की समस्या का कोई समाधान नहीं निकला और दोनों देशों के संबंधों पर इसका प्रतिकूल असर पड़ा। वस्तुतः अब दोनों देश अपनी सीमा की रक्षा करने में तत्पर हो गए और इनमें से कोई भी बलपूर्वक इसे बदलने की इच्छा भी जाहिर नहीं कर रहा था।

सिंधु नदी जल विवाद

भारत और पाकिस्तान के बीच विभाजन से उत्पन्न समस्याओं में सिंधु नदी जल विवाद भी एक है। दोनों देश सिंधु और उसकी सहायक नदियों के जल का ज्यादा से ज्यादा उपयोग करना चाहते थे। भारत और पाकिस्तान खाद्यान्न में आत्मनिर्भर होना चाहते थे, अतः वे सिंधु के जल का अधिक से अधिक उपयोग करना चाहते थे। विभाजन के बाद सिंधु नदी से सिंचित होने वाले 280 लाख एकड़ क्षेत्र में से 50 लाख एकड़ भूमि भारत के पास रह गई। अधिकांश पश्चिमी नदियाँ समुद्र में मिल जाती थी। जबकि पाकिस्तानी नहरें पूर्वी नदियों पर आश्रित थीं। इन नदियों का पानी पूर्वी पंजाब से होकर पाकिस्तान में जाता था। भारत का कृषि विकास भी रावी, व्यास और सतलुज जैसी पूर्वी नदियों के जल पर आश्रित था। पाकिस्तान की नहरों का वह भाग, जो नदी से जुंड़ा था, भारतीय भू-भाग में पड़ता था। तनाव का कारण यही था। पाकिस्तान में बाढ़ आने या अकाल पड़ने पर पाकिस्तानी शासक भारत को दोषी ठहराते थे। उन्होंने पानी की समस्या के लिए भारत को दोषी ठहराया और न्यायसंगत बटवारे की माँग की। दूसरी ओर भारत इस समस्या को सुलझाने के लिए तत्पर था। विश्व बैंक की देख-रेख में 17 अप्रैल, 1959 को वाशिंगटन में नहर के जल के बटवारे से संबंधित अंतरिम समझौता हुआ। इसके बाद दोनों देशों के बीच व्यापक समझौतों का एक सिलसिला चला। 19 सितंबर, 1969 को कराची में नहर जल संधि पर हस्ताक्षर किए गए।

पाकिस्तान को सैन्य सहायता

पाकिस्तान बँटवारे के पश्चात् अन्तर्राष्ट्रीय सैन्य सहयोग प्राप्त करने का प्रयास करने लगा। उसने संयुक्त राज्य अमरीका के साथ परस्पर प्रतिरक्षा सहयोग समझौता किया और सितंबर, 1954 में वह दक्षिण पूर्व एशिया संधि संगठन (South-East Asia Treaty Organization SEATO) का सदस्य बन गया। 1955 में पाकिस्तान केंद्रीय संधि संगठन (बगदाद समझौता) का सदस्य बन गया। 1959 में पाकिस्तान ने संयुक्त राज्य अमरीका के साथ सहयोग का द्विपक्षीय समझौता किया जिससे अमरीका ने पाकिस्तान को बड़े पैमाने पर आर्थिक और सैनिक सहायता देना शुरू किया। इसके कारण पाकिस्तान की सैनिक शक्ति बढ़ गयी। इससे भारत को अपनी सुरक्षा का खतरा पैदा हो गया। फिर भी इसने किसी शक्तिशाली देश का सहयोग प्राप्त करने का प्रयास नहीं किया।

चीन

चीन भारत का एक पड़ोसी देश है। भारत ने हमेशा इसके साथ सकारात्मक रवैया अपनाने का प्रयास किया स्वतंत्रता के बाद भारत ने सबसे पहले चीन से राजनयिक (Diplomatic) संबंध स्थापित किये। उस समय चीन में च्यांग काई शेक की राष्ट्रीय सरकार का शासन था। 1949 में साम्यवादियों ने राष्ट्रीय सरकार को उखाड़ फेंका और माओत्से तुंग के नेतृत्व में नयी सरकार का गठन हुआ। भारत ने 30 दिसंबर, 1949 को इस सरकार को मान्यता दे दी। उसके बाद भारत ने लगातार यह कोशिश की कि चीनी जनतांत्रिक गणराज्य संयुक्त राष्ट्र संघ में शामिल कर लिया जाए। आजादी के बाद से ही भारत ने चीन के साथ मित्रता का संबंध रखा लेकिन इसका परिणाम बहुत ही निराशाजनक रहा। भारत-चीन संबंध के तनाव को समझने के क्रम में तिब्बत की गतिविधियों, सीमा विवादों और 1962 के चीनी आक्रमणों से संबंधित विभिन्न पहलुओं को जानना जरूरी है।

तिब्बत विवाद

सन् 1950 में चीन की जन मुक्ति सेना (Chinese People's Liberation Army) तिब्बत में प्रवेश कर गई और इसे अपने अधीन कर लिया। तिब्बत पर चीन का कब्जा भारत के लिये काफी चिन्ता का विषय बन गया था। तिब्बत क्षेत्र में 2,000 मील की सीमा परंपरागत रूप से भारत के अधीन थी। भारत को यह अधिकार अंग्रेज शासन से प्राप्त हुआ था। इसके बावजूद भारत ने चीन से लड़ाई नहीं की और मित्रता का संबंध बनाए रखा। 1954 में भारत ने चीन से समझौता करके तिब्बत पर चीन के अधिकार को मान लिया। इस संधि में पाँच सिद्धांत शामिल थे। अतः इसे पंचशील भी कहा जाता है। जो भारत और चीन के संबंधों के निर्देशक सिद्धांत बने। ये पाँच सिद्धांत निम्नलिखित थे :

- एक-दूसरे की क्षेत्रीय अखंडता और संप्रभुता का सम्मान,
- एक-दूसरे पर आक्रमण नहीं करना,
- एक-दूसरे के मामले में हस्तक्षेप नहीं करना,
- समानता और आपसी हित, और
- शांतिपूर्ण सह-अस्तित्त्व।

सन् 1954 की संधि के तहत भारत ने चीन को नई दिल्ली, कलकत्ता और कलिंगपोंग में अपने वाणिज्यिक एजेंसियों की स्थापना की छूट दी। इसके जवाब में चीन ने भारत को तिब्बत में व्यापार केंद्र स्थापित करने की इजाजत दी।

तिब्बतवासी चीन के शासन से खुश नहीं थे। सन् 1959 में वहाँ व्यापक रूप से विद्रोह की चिन्गारी भड़की जिसे चीन ने शीघ्रता से दबा दिया। इसके परिणामस्वरूप भारत में गहरा रोष प्रकट किया गया। जब दलाई लामा तिब्बत से भागकर भारत आए तब उन्हें राजनीतिक शरण दी गई। चीन को यह बात जरा भी पसंद नहीं आई। 1959 में चीन ने लौंगणू पर कब्जा कर लिया और लद्दाख में भारतीय क्षेत्र का 12,000 वर्ग मील यू क्षेत्र हथिया लिया। इसके बाद दोनों देशों के बीच सीमा समस्या पर विरोध पत्र, स्मरण पत्र, ज्ञापन पत्र भेजे गए। इनमें दोनों देशों द्वारा अपने-अपने दावों की बात की गई।

भारत-चीन सीमा पर तनाव

तिब्बत पर कब्जा करने के बाद भारत के प्रति भी चीन की नीयत खराब हो गयी। उसने भारतीय सीमा का उल्लंघन करना शुरू कर दिया। चीन ने भारतीय भूक्षेत्र के बड़े भाग पर अपना दावा किया जिसे भारत ने दृढ़तापूर्वक अस्वीकार कर दिया। अप्रैल, 1960 में चीन के प्रधानमंत्री चाउ-एन-लाई सीमा विवाद को सुलझाने के लिए नई दिल्ली आए, लेकिन समस्या का कोई समाधान सामने नहीं आया। दोनों देशों के अधिकारियों ने एक-दूसरे के देश का दौरा किया। लेकिन कोई समझौता नहीं हो सका और सीमा पर छिटपुट आक्रमण होते रहे। भारतीय सीमा का उल्लंघन करके चीनी लगातार भारत पर दबाव डालते रहे।

1962 का चीनी आक्रमण

चीन द्वारा भारतीय सीमा पर की जाने वाली दखलअन्दाजी ने अक्टूबर, 1962 में उग्र रूप ले लिया। उत्तरी पूर्वी सीमांत एजेंसी (NEFA नेफा, आधुनिक अरुणाचल प्रदेश) और लद्दाख पर आक्रमण कर दिया। इस प्रकार चीन और भारत के बीच युद्ध शुरू हो गया जिसमें भारत की हार हुई। नवंबर, 1962 में चीन ने वापस लौटने की एकतरफा घोषणा कर दी। युद्ध के दौरान पश्चिमी शक्तियों ने भारत को सैनिक सहायता दी। सोवियत संघ ने भी भारत का समर्थन किया। लेकिन चीन ने लद्दाख के बड़े भाग पर अपना अधिकार जमाए रखा। इससे चीन के अधिकार क्षेत्र में सिन कियांग और दक्षिणी चीन को जोड़ने वाला सामरिक महत्त्व का क्षेत्र कब्जे में आ गया। फलस्वरूप लोग भारत की विदेश नीति पर सवाल उठाने लगे। भारत ने ऐसा राजनयिक (Diplomatic) रास्ता खोजने की कोशिश की जिसमें चीन पर यह दवाब डाला जा सके कि वह भारत का हिस्सा लौटा दे। पर उसे सफलता नहीं मिली। 1962 में कोलंबों में

भारत-चीन विवाद के शांतिपूर्ण समझौते के लिए अफ्रीका और एशिया के देशों की एक बैठक हुई। इसमें इंडोनेशिया, कंबोडिया, बर्मा, संयुक्त अरब गणराज्य, घाना और श्रीलंका शामिल हुए। पर चीन के नकारात्मक रवैये के कारण कोई समाधान नहीं निकल सका और दोनों देशों के बीच सीमा विवाद के कारण तनाव बना रहा।

1962 के बाद चीन ने दक्षिण और दक्षिण पूर्व एशियाई क्षेत्र में अपनी स्थिति मजबूत करनी शुरू कर दी। जहाँ भी संभव हुआ उसने भारतीय प्रभाव को रोकने की कोशिश की और पाकिस्तान तथा बर्मा के साथ गहरे संबंध स्थापित किए। दूसरी ओर, इन परिस्थितियों के दबाव में आकर भारत अपनी सैन्य शक्ति बढ़ाने के लिए मजबूर हुआ।

दक्षिण और दक्षिण-पूर्व एशिया

भारत ने दक्षिण और दक्षिण-पूर्व एशियाई देशों से संबंध विकसित करने पर विशेष बल दिया और इस क्षेत्र के शांति और विकास में महत्त्वपूर्ण भूमिका अदा की। दो बड़ी शक्तियों के बीच चल रहे शीत युद्ध से भारत उस क्षेत्र में शांति दूत की भूमिका नहीं निभा सका। लेकिन भारत ने इन सभी देशों के साथ मित्रता का संबंध और सहयेाग बनाए रखा। जेनेवा कांफ्रेंस में भारत को उस क्षेत्र का शांतिदूत बनाया गया और वह अंतर्राष्ट्रीय नियंत्रण आयोग का अध्यक्ष बना। हमने यहाँ भारत और दक्षिण तथा दक्षिण-पूर्व एशियाई देशों के आपसी संबंधों की आपको जानकारी दी है।

नेपाल : नेपाल और भारत के बीच हमेशा सकारात्मक सम्बन्ध रहा है। नेपाल हिमालय के दक्षिणी ढलान और भारत की उत्तरी सीमा के बीच बसा हुआ है। अतः भारतीय सुरक्षा की दृष्टि से नेपाल का सामरिक महत्त्व है। भारत इस तथ्य को समझ रहा था, अतः जुलाई, 1950 में उसने नेपाल के साथ एक संधि की। भारत ने नेपाल की संप्रभुता, क्षेत्रीय अंखडता और स्वतंत्रता को मान्यता दी। यह समझौता हुआ कि किसी भी प्रकार के मन-मुटाव, किसी समस्या पर हुई गलतफहमी से दोनों देश एक-दूसरे को अवगत कराएँगे।

भूटान : भूटान एक छोटा देश है जिसके चारों ओर हिमालय का विस्तार है। इसकी सीमा चीन से भी मिलती है। भूटान सामरिक रूप से भारत से जुड़ा हुआ है। अगस्त, 1949 में दोनों देशों ने चिरस्थायी शांति और मित्रता के लिए एक संधि की। भारत ने यह वादा किया कि वह भूटान के घरेलू मामलों में हस्तक्षेप नहीं करेगा। दूसरी तरफ भूटान विदेशी संबंधों के लिए भारत के परामर्श पर चलने के लिए तैयार हो गया।

श्रीलंका : हिंद महासागर में स्थित श्रीलंका भारत का पड़ोसी देश है। यहाँ होने वाली किसी भी गतिविधि का भारत की सुरक्षा और शांति पर प्रभाव पड़ता है। श्रीलंका में मुख्य रूप से सिंहली और तमिल रहते हैं। इन दोनों समुदायों में लगातार संघर्ष और झगड़े होते रहते हैं। 1958 और उसके बाद के सिंहली-तमिल दंगे काफी गंभीर प्रकृति के थे। इन अवसरों पर भारतीयों ने संसद में और संसद के बाहर तमिलों के पक्ष में सहानुभूति व्यक्त की। हालाँकि श्रीलंका की सरकार को यह बात अच्छी नहीं लगी। भारत श्रीलंका के जातीय झगड़ों को उनका आंतरिक मामला मानता है। भारत का श्रीलंका से मित्रता का संबंध है और दोनों के बीच आर्थिक और व्यापारिक संबंध भी कायम है। श्रीलंका गुट-निरपेक्ष आंदोलन का समर्थक है। यह किसी सैन्य संबंध का सदस्य नहीं है।

बर्मा : भारत और बर्मा के काफी अच्छे सम्बन्ध रहे हैं। यू-नू के नेतृत्व में बर्मा को भारत के साथ काफी सकारात्मक सम्बन्ध रहा। दोनों देशों ने अफ्रीकी-एशियाई भाईचारे की चेतना जगाने का काफी प्रयास किया। लेकिन यू-नू को हटाए जाने के बाद वहाँ तानाशाही कायम हो गई और 1962 के बाद बर्मा की विदेश नीति अपने आप में सिमट कर रह गई। हालाँकि, भारत ने बर्मा से एक पड़ोसी के नाते सौहार्द और मित्रता का संबंध बनाए रखा।

थाईलैंड : थाईलैंड, जो अतीत में कभी भी उपनिवेश नहीं रहा था, सितंबर, 1954 में दक्षिण-पूर्व एशियाई संधि संगठन (सीटो) का सदस्य बना। द.पू.ए.सं. (सीटो) का मुख्यालय बैंकॉक में स्थापित हुआ। शीत युद्ध में सोवियत गुट के खिलाफ थाईलैंड ने अमरीकी गुट का समर्थन किया। इसके बाद भी कुछ सांस्कृतिक साम्य और सामान्य आर्थिक हितों को मद्देनजर रखते हुए भारत ने थाइलैंड से मित्रता का संबंध बनाए रखा। आर्थिक संबंध सुधारने के लिए दोनों देशों के बीच आपसी समझौते होते रहे।

कम्बोडिया : प्रिंस नरोदम सिंहानुक की अध्यक्षता में कंबोडिया और भारत के मध्य काफी सौहार्दपूर्ण सम्बन्ध रहा। इन दोनों देशों ने मिलकर शीत-युद्ध का हिस्सा बनने से अपने को बचाया। अंतर्राष्ट्रीय नियंत्रण आयोग का अध्यक्ष होने के नाते भारत ने संतोषजनक ढंग से इस देश की भारत और चीन के साथ लगी सीमाओं का निर्धारण किया। 1955 के बांडुंग कांफ्रेंस में कंबोडिया और भारत ने सक्रिय हिस्सा लिया। नेहरू और सिंहानुक एक-दूसरे के प्रशंसक थे और इससे दोनों देशो के सौहार्दपूर्ण संबंधों में वृद्धि हुई।

लाओस : भारत लाओस को पूर्ण समर्थन देता रहा है। भारत ने लाओस की तटस्थता की नीति का समर्थन किया। लाओस ने गुटनिरपेक्ष नीति का अनुकरण किया और दोनों देशों के विचार अंतर्राष्ट्रीय मुद्दों पर एक समान रहे।

फिलीपींस : दक्षिण पूर्व एशियाई संधि संगठन (सीटो) के सदस्य के रूप में फिलिपींस पश्चिमी गुट का मित्र था। इस देश के साथ भारत के राजनयिक संबंध थे और भारत ने इसके साथ आर्थिक संबंध स्थापित करने की कोशिश की लेकिन भारत अपने इस उद्देश्य में सफल नहीं हुआ। भारत यह चाहता था कि अफ्रीका और एशिया के देश पश्चिमी गुट के साथ सैन्य संधि न करें। लेकिन फिलिपींस ने न केवल सैन्य संधि की, बल्कि अमरीका को क्लार्क वायुसेना अड्डा और सुबिक सेना अड्डा भी प्रदान किया।

वियतनाम (उत्तर और दक्षिण) : वियतनाम के साथ सम्बन्ध सही रखने में भारत ने काफी सूझबूझ का परिचय दिया है। भारत, वियतमिन्ह की समाप्ति, इसके दो भागों में बंटने तथा इन दोनों वियतनामों के आपसी संघर्ष से काफी चिंतित था। भारत का संबंध एक परामर्शदाता के स्तर पर वियतनाम लोकतांत्रिक गणराज्य और वियतनाम गणराज्य दोनों से था। भारत उस क्षेत्र के विकास और शांति के लिए काम करना चाहता था। लेकिन दक्षिण वितयनाम में जहाँ न्गो-दिंह-दियेम का शासन था, वह भारत को सहयोग नहीं दे रहा था। यह शासन अमरीका के प्रभाव में था। भारत ने क्रमशः 1957-58 में दिल्ली आने पर न्गो-दिन्ह-दियेम और यो-ही-मिन्ह का भरपूर स्वागत किया। भारत दोनों वियतनामों की एकता पर असंबद्ध रहना चाहता था। हो-यी-मिन्ह और हिंद-चीन में उसके स्वतंत्रता संग्राम को भारतीय जनता का पूर्ण समर्थन प्राप्त था।

इंडोनेशिया : यह दक्षिण पूर्व एशियाई क्षेत्र का सर्वाधिक बड़ा देश है। इंडोनेशिया स्वतंत्रता आंदोलन के नेता सुकार्नो नेहरू के दोस्त थे। मार्च, 1951 में चिरस्थायी शांति और अपरिवर्तनीय मित्रता को बढ़ाने के लिए भारत और इंडोनेशिया ने मैत्री की संधि की। आरंभ में इंडोनेशिया ने अफ्रीकी-एशियाई एकता को दृढ़ करने के प्रयास का समर्थन किया। उसने उपनिवेशवाद को समाप्त करने में भी भारत का साथ दिया। इसने 1955 में बांडुंग में अफ्रीकी-एशियाई कांफ्रेंस के नेतृत्व में पुरानी स्थापित शक्तियों के खिलाफ नई उदित शक्तियों के संघर्ष की अवधारणा सामने रखी। इसने उपनिवेशवाद, नव उपनिवेशवाद, साम्राज्यवाद के खिलाफ जिहाद छेड़ दिया। अंतर्राष्ट्रीय संबंधों में भारत ने इन उग्र विचारों का समर्थन नहीं किया। भारत ने नई उदित शक्तियों का सदस्य बनने से इनकार कर दिया। इससे भारत इंडोनेशिया

संबंधों पर असर पड़ा। जब चीन ने भारत पर आक्रमण किया तब इंडोनेशिया चुप रहा और भारत के साथ सहानुभति भी जाहिर नहीं की। यहाँ तक कि सुकार्नो ने पश्चिमी गुट के विरोध में जकार्ता-पिन्डी-पेकिंग-प्योंग-यॉंग के निर्माण का समर्थन किया। सितंबर, 1964 में अयूब-सुकार्नो ने कश्मीर के मामले पर पाकिस्तान का समर्थन किया और अगले वर्ष इंडोनेशिया ने नई उदित शक्तियों से अनुरोध किया कि पाकितान-भारत के युद्ध में पाकिस्तान की सहायता करें। इसके बावजूद भारत और इंडोनेशिया के बीच राजनयिक, सांस्कृतिक और आर्थिक संबंध कायम रहे। भारत ने कभी भी इंडोनेशिया का विरोध नहीं किया।

मलेशिया : मलेशिया में मलय, चीन और भारतीय समुदाय के लोग रहते हैं और वहाँ लोकतांत्रिक सरकार है। इसने अफ्रीकी-एशियाई बंधुत्व को मजबूत करने की दिशा में भारत का समर्थन किया। यह भी दक्षिण और दक्षिण पूर्व एशिया के प्रति चीनी जनवादी गणराज्य के रवैये से आशंकित था। मलेशिया ने अंतर्राष्ट्रीय मंचों पर भारत का समर्थन किया। भारत के साथ इसके गहरे आर्थिक संबंध रहे। मलेशिया ने भारतीय संयुक्त उद्योगों का स्वागत किया। नेहरू और टुंकु अब्दुल रहमान दोनों की शिक्षा ब्रिटेन में हुई थी और अधिकांश अंतर्राष्ट्रीय मुद्दों पर दोनों का दृष्टिकोण समान था। इस तरह भारत और मलेशिया का संबंध आपसी विश्वास और सहयोग पर आधारित था। भारत ने इंडोनेशिया की ''मलेशिया को ध्वस्त करने की योजना'' का विरोध किया और मलेशिया के राष्ट्र निर्माण को अपना समर्थन दिया।

पश्चिमी एशिया

पश्चिम एशिया के कई देशों जैसे— मिस्र, ईरान, सऊदी अरब, इराक, जोर्डन, तुर्की, सुडान, यमन, कुवैत आदि के साथ सौहार्दपूर्ण सम्बन्ध स्थापित करने हेतु भारत सदैव प्रयत्नशील रहा है। पश्चिमी एशिया के देशों में विश्व तेल का 60% भंडार है। यह क्षेत्र दो सामरिक महत्त्व के समुद्री मार्गो को जोड़ता है। काला सागर और भू-मध्य सागर यहीं आकर मिलते हैं और लाल सागर स्वेज नहर के जरिए भू-मध्य सागर से जुड़ता है। भारत ने इस क्षेत्र में फैले मनमुटाव को दूर करने में महत्त्वपूर्ण भूमिका निभाई है।

(i) फिलिस्तीनी समस्या : फिलिस्तीन की समस्या एक अन्तर्राष्ट्रीय समस्या है। अरब-इजराइल मनमुटाव या स्वेज संकट, किसी भी मामले को गौर से देखने पर यह स्पष्ट हो जाता है कि भारत ने हमेशा अरब देशों का समर्थन किया ताकि उस देश में शांति और विकास हो सके। फिलिस्तीन समस्या और पश्चिमी एशिया के

अनेक झगड़ों का मामला संयुक्त राष्ट्र संघ में दर्ज हुआ, लेकिन फिलिस्तीन का मसला सबसे ज्यादा उलझा हुआ था। संयुक्त राष्ट्र के सामने फिलिस्तीन का मसला सबसे पहले अप्रैल, 1947 में ग्रेट ब्रिटेन द्वारा रखा गया था। इसने आम सभा में फिलिस्तीन के भविष्यगत ढाँचे पर विचार करने की माँग की। ब्रिटेन के अनुरोध पर आम सभा ने फिलिस्तीन पर विचार करने के लिए विशेष समिति नियुक्त की। अगस्त, 1947 में इस समिति ने अपनी रिपोर्ट प्रस्तुत की जिसमें यह प्रस्तावित किया गया कि फिलिस्तीन को अरब राज्य, यहूदी राज्य और अंतर्राष्ट्रीय निरीक्षण में विशेष क्षेत्र में विभक्त कर दिया जाए। जेरूसेलम को विशेष क्षेत्र में शामिल होना था। समिति के प्रस्ताव को आम सभा में दो तिहाई मतों से स्वीकार कर लिया गया। आम सभा ने फिलिस्तीन से संबंधित अनुमोदन को कारगर करने के लिए एक आयोग गठित किया। अंतर्राष्ट्रीय क्षितिज पर इजराइल उभरता हुआ राज्य था जिसे पश्चिमी शक्तियों का सहयोग प्राप्त था। लेकिन अरब देश इसके अस्तित्त्व को स्वीकार करने के लिए तैयार नहीं थे। इसके बाद फिलिस्तीनियों द्वारा स्वदेश की माँग को जनसमर्थन प्राप्त हुआ और यह समस्या उलझती ही चली गई। प्रत्येक चरण में भारत ने संयुक्त राष्ट्र के बाहर और भीतर फिलिस्तीनियों का पक्ष लिया।

(ii) स्वेज संकट : एक अन्तर्राष्ट्रीय खतरे का विषय जुलाई, 1956 में मिस्र के राष्ट्रपति ने स्वेज नहर के राष्ट्रीयकरण की घोषणा की और मिस्र में स्वेज नहर कंपनी के कोष को जब्त कर लिया। ग्रेट ब्रिटेन और फ्रांस ने इस राष्ट्रीयकरण पर नाराजगी व्यक्त की। उनके विचार में मिश्र की सरकार की यह कार्रवाई 1968 की कौंसटैनटिनोपोल की संधि के अनुकूल नहीं थी जिसमें स्वेज नहर को अंतर्राष्ट्रीय चार्टर के अधीन रखा गया था। ब्रिटेन और फ्रांस तथा मिस्र की सरकार ने एक-दूसरे के खिलाफ आरोप लगाया और अपने-अपने दावे की घोषणा की। भारत और संयुक्त राज्य अमरीका ने झगड़े को मिटाने के लिए अपने प्रस्ताव सामने रखे, पर मिस्र ने उसे मंजूर नहीं किया। भारत ने यह सुझाव दिया कि स्वेज नहर को मिस्र के अभिन्न अंग के रूप में मान्यता दी जानी चाहिए। इसने संयुक्त राष्ट्र संघ की सुरक्षा परिषद में इस सवाल पर मिस्र का समर्थन किया।

अक्तूबर, 1956 में इजराइल, फ्रांस और ब्रिटेन ने स्वेज नहर क्षेत्र के मिस्री ठिकानों पर हमला बोल दिया। भारत और अफ्रीकी एशियाई गुट ने मिस्र के प्रति अपनी सहानुभूति व्यक्त की और तत्काल युद्ध रोकने की माँग की। अंततः नवंबर में युद्ध विराम की घोषणा हुई और इस प्रकार संयुक्त राष्ट्र संघ ने अपनी आपात सेना भेजने की योजना बनाई ताकि झगड़े के निपटारे का निरीक्षण कर सके। मिस्र ने

संयुक्त राष्ट्र संघ की सेना को रखना मंजूर कर लिया और एक बार फिर कॉन्सटैंटिनोपोल की संधि की शर्तों को मानने के लिए तैयार हो गया। इस स्वेज संकट को सुलझाने में भारत ने महत्त्वपूर्ण भूमिका निभाई।

बड़ी शक्तियाँ और अन्य प्रमुख शक्तियाँ

जिस समय भारत को ब्रिटिश प्रशासन से मुक्ति मिली उस समय विभाजन के कारण इसकी दशा बहुत अच्छी नहीं कही जा सकती थी। अतः इसने आजाद होने के बाद से ही बड़ी शक्तियों और विश्व की अन्य प्रमुख शक्तियों के साथ अपने संबंध में संतुलन बनाए रखने की कोशिश की है। इस भाग में हम इन संबंधों की चर्चा करेंगे।

संयुक्त राज्य अमेरिका

संयुक्त राज्य अमेरिका एक शक्तिशाली देश है। हालाँकि भारतीय स्वतंत्रता संघर्ष को अमरीका के तत्कालीन राष्ट्रपति रूजवेल्ट ने अपना समर्थन दिया था, पर चीन में साम्यवाद के उदय के पहले अमरीका ने इस क्षेत्र में कोई विशेष रुचि नहीं दिखाई। भारत की आजादी के आरंभिक वर्षों में अमरीका ने कश्मीर के मसले पर सुरक्षा परिषद् में पाकिस्तान का समर्थन किया। अमरीका चाहता था कि भारत उसके द्वारा संरक्षित सैन्य संधि में शामिल हो जाए। भारत और अमरीका के दृष्टिकोण का मतभेद गहरा होता चला गया। इसके बाद भारत ने किसी भी प्रकार के उपनिवेशवाद का विरोध किया जबकि अमरीका ने उपनिवेशवाद का विरोध अपनी नीति के लाभ के अनुरूप किया। अमरीका ने उस उपनिवेशवाद का विरोध नहीं किया जहाँ साम्यवादी शक्तियाँ इसके खिलाफ लड़ रही थीं। इस मामले में उसने उपनिवेशवादी शक्तियों का समर्थन किया। भारत ने चीनी जनवादी गणराज्य को मंजूरी दी। उसने लगातार यह कोशिश की कि चीन को संयुक्त राष्ट्र संघ में शामिल कर लिया जाए। इन सब बातों से अमरीका और भारत के संबंध मित्रतापूर्ण नहीं रह सके। इन मतभेदों के बावजूद आर्थिक और तकनीकी क्षेत्रों मे भारत को अमरीका से सहायता मिलती रही। 1962 के भारत-चीन युद्ध के दौरान अमरीका ने भारत को सैनिक सहायता प्रदान करने का प्रस्ताव रखा। इस काल के दौरान आइजेनहॉवर (अमरीका के भूतपूर्व राष्ट्रपति) और केनेडी (अमरीकी राष्ट्रपति) ने भारत की यात्रा की। इन सहयोगों के बावजूद भारत ने अमरीका की ''नियंत्रण नीति'' को स्वीकार नहीं किया और गुटनिरपेक्ष बना रहा।

सोवियत संघ

सोवियत संघ हालाँकि अब विघटित हो गया है, फिर भी इसकी गणना विश्व के सर्वशक्तिमान देशों में होती है। सोवियत संघ ने भारतीय स्वतंत्रता संघर्ष का समर्थन किया था। 1947 के बाद अंतर्राष्ट्रीय क्षितिज पर भारत और सोवियत संघ एक-दूसरे के करीब आते गए। सोवियत नेता भारत से निम्नलिखित कारणों से प्रभावित हुए :

1. भारत ने चीनी जनवादी गणराज्य को मंजूरी दी।
2. संयुक्त राष्ट्र संघ में इसने उपनिवेशवाद विरोधी संघर्ष का समर्थन किया।
3. कोरिया में युद्ध विराम का प्रयत्न और चीन को आक्रमणकारी मानने से इनकार किया।
4. इसने सोवियत गणराज्य के खिलाफ गुट में शामिल होने से इनकार कर दिया।

कश्मीर मुद्रदा जो भारत पाकिस्तान के मध्य संघर्ष की जड़ है, के सम्बन्ध में सोवियत संघ ने भारत का समर्थन किया। 1955 में सोवियत नेता बुल्गानिन और खुश्चेव भारत आए और दोनों देशों के बीच व्यापार समझौते हुए। बाद में गोआ के मसले पर सोवियत संघ ने भारत का समर्थन किया। स्वेज संकट के दौरान भारत और सोवियत संघ ने समान रूप से आक्रमण का विरोध किया था। तृतीय पंचवर्षीय योजना में सोवियत संघ ने भारत को 5000 लाख डॉलर दिए। इसने भारत को तेल भी दिया, जबकि पश्चिमी कंपनियों ने भारत को तेल देने से इनकार कर दिया था। जब 1962 में चीन ने भारत पर आक्रमण किया तब सोवियत संघ ने न केवल अपनी सहानुभूति व्यक्त की बल्कि मिग लड़ाकू जहाज बनाने में सहयोग प्रदान किया। सोवियत नेताओं ने भारत की गुटनिरेपक्षता और शांतिपूर्ण सहअस्तित्त्व की नीति का समर्थन किया।

ब्रिटेन

हालाँकि भारत ब्रिटेन के नेतृत्व वाले राष्ट्रमंडल का सदस्य था पर यह ब्रिटेन की गतिविधियों के प्रति सतर्क था। ब्रिटेन के रवैये ने भारत को और भी सतर्क कर दिया। इसने कश्मीर के मसले पर पाकिस्तान का समर्थन किया और दोनों देश दक्षिण पूर्व एशिया संधि संगठन (सीटो) के सदस्य की हैसियत से मित्र भी बन गए। स्वाभाविक रूप से भारत इन गतिविधियों से नाराज हुआ। भारत ने ब्रिटेन की पश्चिम एशियाई नीति का भी विरोध किया। भारत ने स्वेज नहर का कब्जा करने के लिए आक्रमण करने और मिस्र की आजादी को खतरा पहुँचाने की ब्रिटेन की कार्रवाई की

निंदा की। इस प्रकार, भारत ने सोवियत संघ के साथ मिलकर आंग्ल-फ्रांसीसी आक्रमण का विरोध किया। इससे ब्रिटेन नाराज हुआ, पर अंततः पश्चिम एशिया में उसे अपनी कार्रवाई बंद करनी पड़ी और संकट के राजनीतिक हल के लिए राजी होना पड़ा। हालाँकि ब्रिटेन और भारत के बीच बहुत से मामलों में विरोध था, पर कई अवसरों पर ब्रिटेन ने भारत के प्रति सहानुभूति व्यक्त की। 1962 में जब चीन ने भारत पर आक्रमण किया था, तब सहानुभूति का पहला संदेश ब्रिटेन ने भेजा था और भारत का समर्थन किया था।

फ्रांस

भारत ने फ्रांस के साथ भी कुछ ऐसे प्रयास किये जिससे दोनों देशों के मध्य सम्बन्ध मधुर बना रहे। अफ्रीकी एशियाई देशों से संबद्ध मसलों पर विचार करते समय फ्रांस ने भारतीय दृष्टिकोण को महत्त्व दिया। भारत के हिंद-चीन राज्यों से उपनिवेशवाद समाप्त करने के प्रयास ने फ्रांस को काफी प्रभावित किया। वियतनाम, लाओस और कंबोडिया के सत्ता के हस्तांतरण में भारत।य सुझावों को वरीयता दी गई। पर स्वेज संकट में भारत द्वारा आक्रमण का विरोध किए जाने पर फ्रांस नाराज हुआ। बाद में फ्रांस ने भारत फ्रांसीसी संबंध को सुधारने की कोशिश की। चीनी आक्रमण के समय भारत के प्रति फ्रांस का रवैया सहानुभूतिपूर्ण था।

जापान

भारत ने द्वितीय विश्व युद्ध में जापान की भूमिका पर मित्र शक्तियों के विचार को स्वीकार नहीं किया। भारत ने जापान से द्वितीय विश्व युद्ध का हर्जाना माँगने से इनकार कर दिया। जून, 1952 में भारत और जापान के बीच शांति संधि पर हस्तांक्षर हुए, जिसके बाद दोनों देशों के बीच आर्थिक और वाणिज्यिक संबंध स्थापित हुए। निम्नलिखित गतिविधियों से भारत और जापान संबंध और भी दृढ़ हुए :

1. नागरिक उड्डयन समझौता (नवंबर, 1955)
2. सांस्कृतिक समझौता (फरवरी, 1956)
3. प्रथम येन ऋण समझौता (फरवरी, 1958)
4. भारत-जापान व्यापार समझौता (फरवरी, 1958)

लघु उद्योग में भारत और जापान के एक साथ काम करने और इसमें जापान के सहयोग से दोनों देशों के आपसी संबंध मजबूत हुए। अन्य तकनीकी क्षेत्रों में भी जापान ने भारत को सहयोग दिया।

अफ्रीकी देश

अफ्रीकी महाद्वीप के कई देश गुलामी की जंजीर से जकड़े हुये थे जो स्वतन्त्रता के लिये संघर्ष कर रहे थे। भारत ने अफ्रीकी देशों में चल रहे स्वतंत्रता आंदोलनों को अपना समर्थन दिया। इसने एशिया में उपनिवेशवाद के खिलाफ चल रहे संघर्ष को अफ्रीका के साथ जोड़ने की कोशिश की और उपनिवेशवाद के खिलाफ विश्व मत बनाने में सक्रिय भूमिका निभाई। 1949 के बाद संयुक्त राष्ट्रसंघ में अफ्रीकी-एशियाई गुट का उदय, अफ्रीका और एशिया के लोगों की सामान्य इच्छा का प्रतिफलन था। बाद में जब भारत, मिस्र और अन्य देशों ने मिलकर गुटनिरपेक्ष आंदोलन की शुरुआत की तो कई अफ्रीकी देशों ने इसका सदस्य बनकर अफ्रीकी-एशियाई बंधुत्व को मजबूत किया। भारत ने अपनी आजादी के पहले ही दक्षिण अफ्रीका की नस्लवादी नीति का विरोध किया था।

आस्ट्रेलिया

आस्ट्रेलिया प्रशांत और हिंद महासागर से लगा हुआ है अतः दक्षिण-पूर्व एशिया और इस उप-महाद्वीप के लिए इस देश का सामारिक महत्त्व है। इसी वजह से भारत ने आस्ट्रेलिया के साथ अपने सम्बन्ध प्रगाढ़ करने की कोशिश की। आस्ट्रेलिया चीन के खिलाफ तटस्थीकारक की भूमिका अदा कर सकता है और इस क्षेत्र के देशों के प्रतिरक्षा संबंधी हितों का ख्याल रख सकता है। भारत और आस्ट्रेलिया राष्ट्रमंडल के सदस्य हैं। जब आस्ट्रेलिया दक्षिण-पूर्व एशियाई संधि संगठन (सीटो) में शामिल हुआ और दक्षिण तथा दक्षिण पूर्ण एशियाई देशों के साथ उसने संबंध स्थापित किए तो भारत ने इसके प्रति अपना कोई उत्साह नहीं दिखाया। भारत आस्ट्रेलिया के साथ गहरा आर्थिक और सांस्कृतिक संबंध स्थापित करना चाहता था और आस्ट्रेलिया ने भी भारत की इस इच्छा का सम्मान किया। आस्ट्रेलिया ने कभी भी पाकिस्तान का पक्ष नहीं लिया और भारत के हितों के खिलाफ कभी भी चीन के साथ दोस्ती नहीं की।

●●●